EMPEROR OF ROME

RULING THE ANCIENT ROMAN WORLD

羅馬皇帝

瑪莉・畢爾德

MARY BEARD

廣袤帝國，權力之顛，重現古羅馬帝制萬象

馮奕達　譯

目錄

主角群／4
歡迎……／13
序幕　埃拉加巴盧斯的座上賓／17
第一章　一人統治的基本規則／41
第二章　誰是接班人？——繼承的算計／75
第三章　權力饗宴／101
第四章　宮裡有什麼／141
第五章　宮內：宮中帝王／191
第六章　勤政／237
第七章　皇帝休假？／275
第八章　巡狩／311

第九章　面對面／349
第十章「我感覺我快成仙了」／395
劇終　時代落幕／423
名裡乾坤？／435
延伸閱讀與參觀建議／439
圖次／505
年表／515
謝辭／521

主角群
The Main Characters

尤利—克勞狄朝（JULIO-CLAUDIAN DYNASTY）

尤利烏斯・凱撒（Julius Caesar），擊敗大龐培（Pompey the Great），西元前四十八年成為羅馬獨裁官；西元前四十四年遇刺。

奧古斯都（Augustus，屋大維〔Octavian〕），尤利烏斯・凱撒的養子。西元前三十一年擊敗安東尼（Antony）與克麗奧佩脫拉（Cleopatra），成為唯一的統治者，直到西元十四年過世為止。第二任妻子為利薇雅（Livia）。

提比留（Tiberius），利薇雅的親生兒子，奧古斯都的養子，西元十四年至三十七年治世。謠傳卡利古拉跟他的死有關。

卡利古拉（Caligula，**蓋烏斯**〔Gaius〕），奧古斯都曾外孫，西元三十七年至四十一年治世。遭麾下衛兵刺殺。

克勞狄烏斯（Claudius），提比留的外甥，西元四十一年至五十四年治世。第三任妻子為梅薩麗娜（Messalina），第四任妻子為小阿格麗普庇娜（Agrippina the Younger）——謠傳她謀殺了克勞狄烏斯。

尼祿（Nero），阿格麗普庇娜的親生兒子，克勞狄烏斯的養子。西元五十四年至六十八年治世。軍隊嘩變後被迫自殺。

內戰，西元六十八年至六十九年

加爾巴（Galba）、**奧托**（Otho）與**維特爾利烏斯**（Vitellius）這三位皇帝分別統治了幾個月。

弗拉維朝（FLAVIAN DYNASTY）

維斯帕先（Vespasian），內戰的最後贏家。西元六十九年至七十九年治世。

提圖斯（Titus），維斯帕先的親生兒子。西元七十九年至八十一年治世。謠傳他的死與圖密善有關。

圖密善（Domitian），維斯帕先的親生兒子。西元八十一年至九十六年治世。政變中遇刺。

「繼」帝們——安敦寧朝（ANTONINE DYNASTY）

涅爾瓦（Nerva），由元老院選出。西元九十六年至八年治世。

圖拉真（Trajan），涅爾瓦的養子，西班牙人。西元九十八年至一一七年治世。妻子為普羅蒂娜（Plotina）。

哈德良（Hadrian），圖拉真的養子，西班牙人。西元一一七年至三十八年治世。妻子為薩比娜（Sabina）。

安敦寧・庇護（Antoninus Pius），哈德良的養子。西元一三八年至一六一年治世。妻子為老法烏絲蒂娜（Faustina the Elder）。

馬可・奧里略（Marcus Aurelius），安敦寧・庇護的養子。西元一六一年至一八〇年治世。妻子為小法烏絲蒂娜（Faustina the Younger）。

盧奇烏斯・烏耶魯斯（Lucius Verus），安敦寧・庇護的養子。西元一六一年至一六九年與馬可・奧里略共治。死於瘟疫（傳說是被繼母毒殺）。

康茂德（Commodus），馬可・奧里略與小法烏絲蒂娜的親生兒子。西元一八〇年至一九二年治世（自一七七年起與馬可・奧里略共治）。政變中遇刺。

內戰，西元一九三年

其間有四個帝祚短暫的皇帝或篡位者：**佩勒蒂那克斯**（Pertinax）、**狄狄烏斯・尤利阿努斯**（Didius Julianus）、**克洛狄烏斯・阿爾比努斯**（Clodius Albinus）、**佩斯肯尼烏斯・尼格爾**（Pescennius Niger）

塞維魯朝（SEVERAN DYNASTY）

塞普提米烏斯・塞維魯斯（Septimius Severus），內戰的最後贏家，北非人。西元一九三年至二一一年治世。第二任妻子尤莉亞・多姆娜（Julia Domna）是敘利亞人。

卡拉卡拉（Caracalla），塞普提米烏斯・塞維魯斯與尤莉亞・多姆娜的親生兒子。西元二一一年至二一七年治世（初期與塞普提米烏斯及蓋塔共治）。出征時遇刺。

蓋塔（Geta），塞普提米烏斯・塞維魯斯與尤莉亞・多姆娜的親生兒子。西元二〇九年至二一一年與父親、兄長共治。遭卡拉卡拉命人殺害。

馬克里努斯（Macrinus），騎士出身，卡拉卡拉遇刺後掌權。西元二一七年至二一八年治世。遭埃拉加巴盧斯支持者推翻。

埃拉加巴盧斯（Elagabalus），尤莉亞・多姆娜的外甥孫，敘利亞人。遭麾下衛兵刺殺。

亞歷山大・塞維魯斯（Alexander Severus），埃拉加巴盧斯的表弟與養子，敘利亞人。西元二二二年至二三五年治世。出征時遇刺。

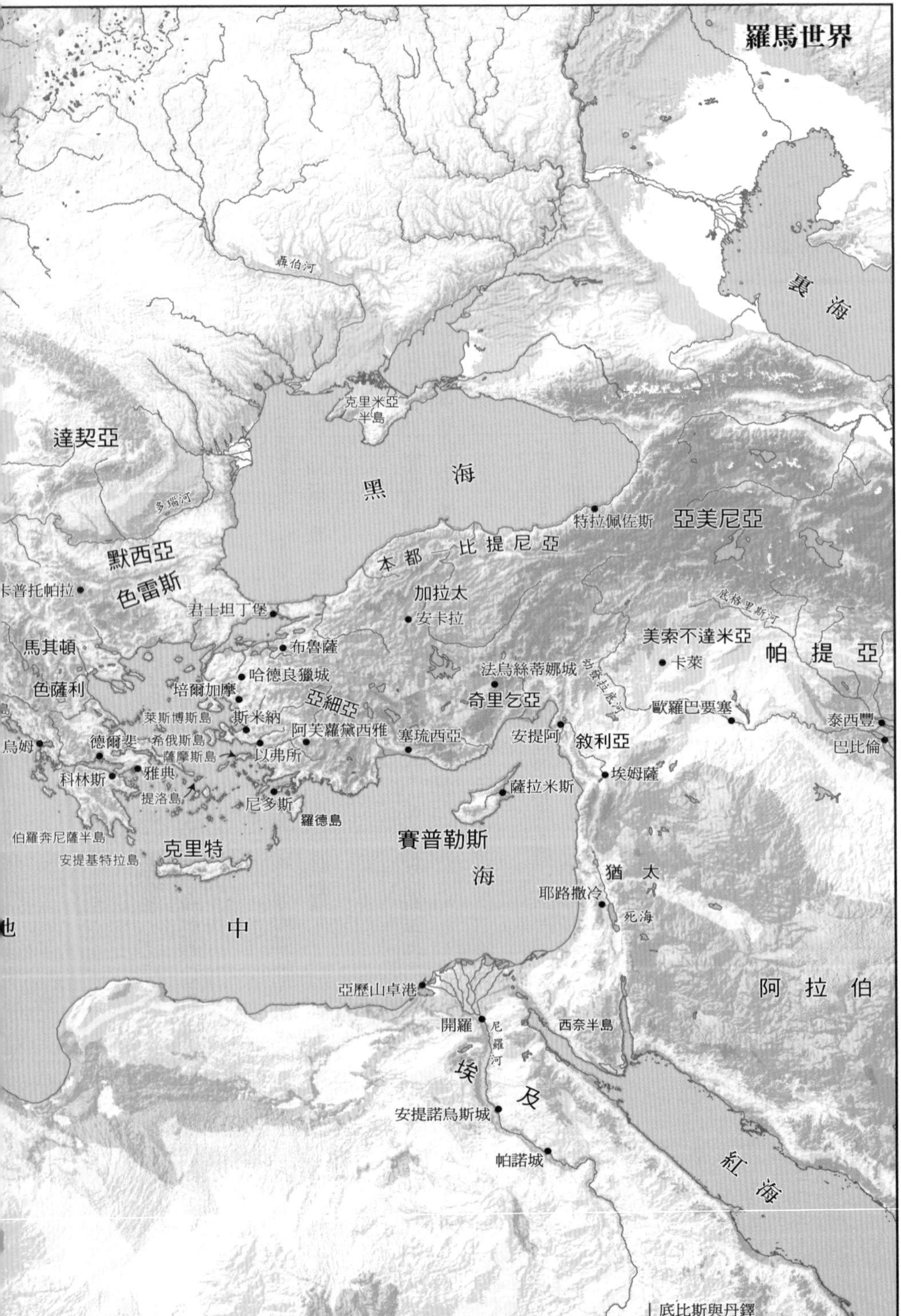

羅馬世界
聶伯河
裏海
克里米亞半島
達契亞
黑海
多瑙河
特拉佩佐斯
亞美尼亞
默西亞
本都－比提尼亞
卡普托帕拉
色雷斯
加拉太
底格里斯河
君士坦丁堡
安卡拉
馬其頓
布魯薩
美索不達米亞
帕提亞
法烏絲蒂娜城
卡萊
哈德良獵城
幼發拉底河
色薩利
培爾加摩
亞細亞
奇里乞亞
歐羅巴要塞
萊斯博斯島
斯米納
阿芙蘿黛西雅
塞琉西亞
安提阿
敘利亞
泰西豐
烏姆
德爾斐
希俄斯島
以弗所
巴比倫
薩摩斯島
科林斯
雅典
埃姆薩
提洛島
薩拉米斯
尼多斯
羅德島
伯羅奔尼薩半島
賽普勒斯
安提基特拉島
克里特
海
猶太
耶路撒冷
死海
中
亞歷山卓港
阿拉伯
開羅
尼羅河
西奈半島
埃及
安提諾烏斯城
帕諾城
紅海
底比斯與丹鐸

哈德良長城
約克
不列顛
科爾切斯特
倫敦
英吉利海峽
易北河
條頓堡森林
日耳曼
萊茵河
多瑙河
大西洋
高盧
雷蒂亞
諾里庫姆
阿爾卑斯山
阿奎萊亞
潘諾尼亞
里昂
隆河
科姆
波河
烏耶雷亞
伊利里
亞得里亞海
義大利
尼波羅河
西班牙
科西嘉
羅馬
盧西塔尼亞
那不勒斯
薩丁尼亞
巴利阿里群島
巴耶堤河
西西里
敘拉古
努米底亞
茅利塔里亞
蘭巴埃西斯
阿非利加
大萊普提斯
撒哈拉沙漠
0 200 400 600 公里
0 100 200 300 哩

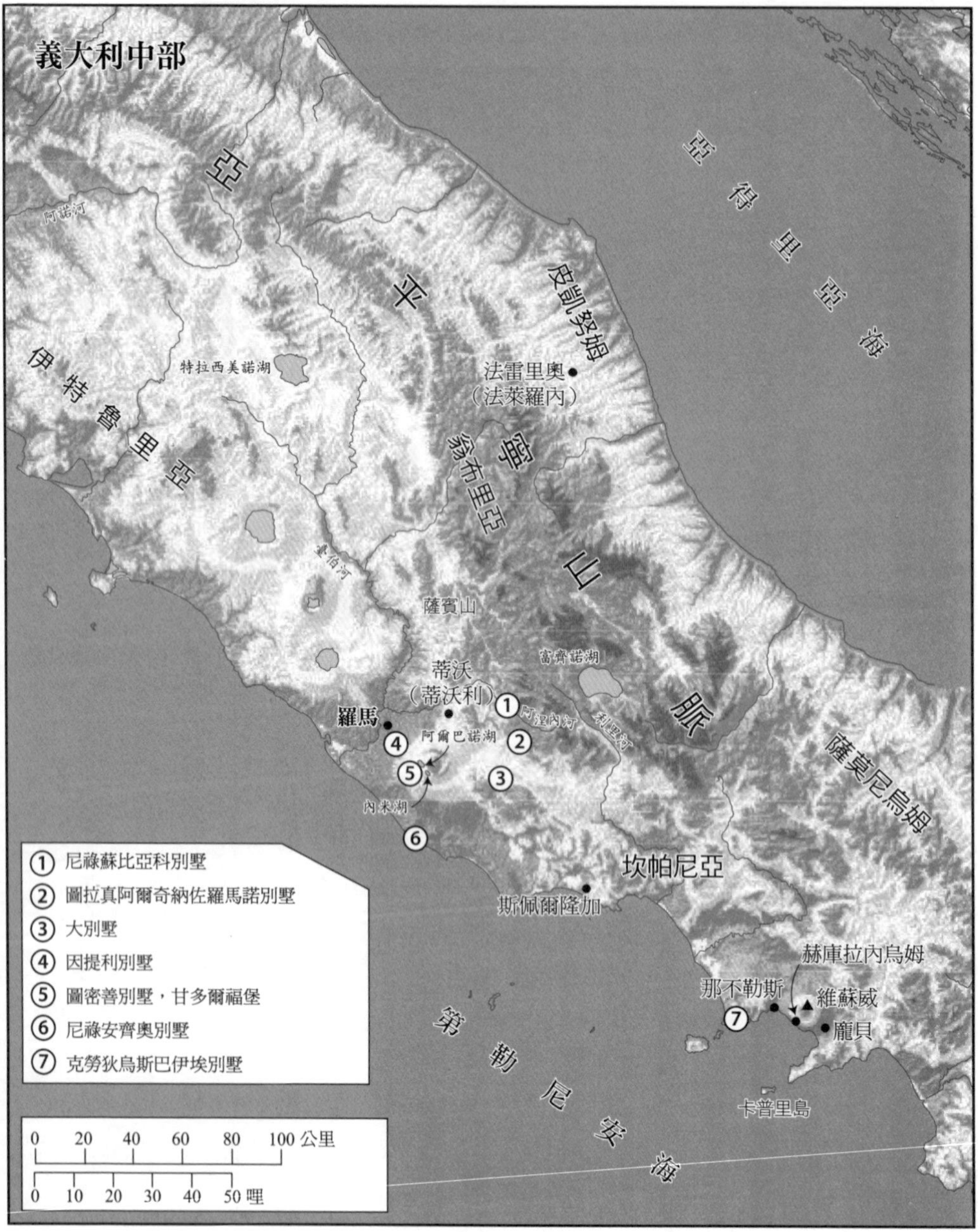

義大利中部
亞平寧山脈
亞得里亞海
伊特魯里亞
阿諾河
特拉西美諾湖
皮凱努姆
法雷里奧
（法萊羅內）
翁布里亞
臺伯河
薩賓山
富齊諾湖
蒂沃
（蒂沃利）
阿涅內河
利里河
羅馬
阿爾巴諾湖
內米湖
薩莫尼烏姆
坎帕尼亞
斯佩爾隆加
赫庫拉內烏姆
那不勒斯
維蘇威
龐貝
卡普里島
第勒尼安海
① 尼祿蘇比亞科別墅
② 圖拉真阿爾奇納佐羅馬諾別墅
③ 大別墅
④ 因提利別墅
⑤ 圖密善別墅，甘多爾福堡
⑥ 尼祿安齊奧別墅
⑦ 克勞狄烏斯巴伊埃別墅
0 20 40 60 80 100 公里
0 10 20 30 40 50 哩

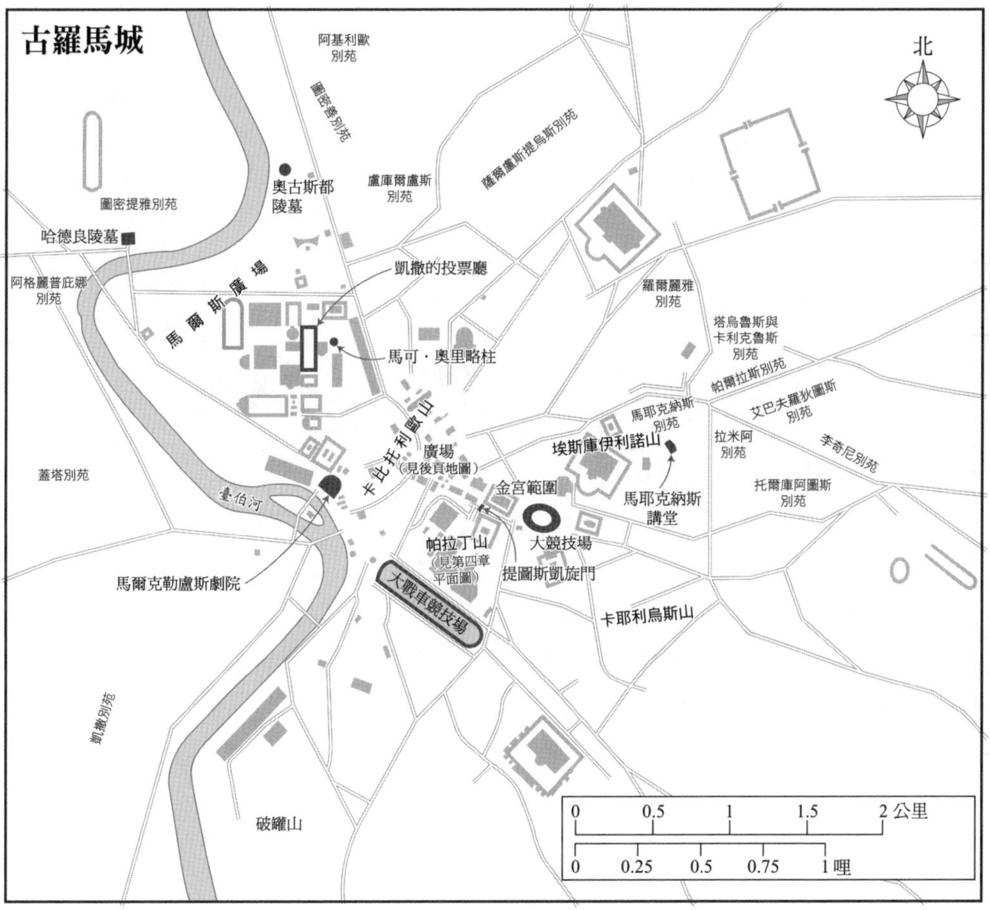
古羅馬城
北
阿基利歐
別苑
圖密善別苑
奧古斯都
陵墓
盧庫爾盧斯
別苑
薩爾盧斯提烏斯別苑
圖密提雅別苑
哈德良陵墓
阿格麗普庇娜
別苑
馬爾斯廣場
凱撒的投票廳
馬可・奧里略柱
羅爾麗雅
別苑
塔烏魯斯與
卡利克魯斯
別苑
帕爾拉斯別苑
艾巴夫羅狄圖斯
別苑
馬耶克納斯
別苑
卡比托利歐山
廣場
（見後頁地圖）
埃斯庫伊利諾山
拉米阿
別苑
李奇尼別苑
蓋塔別苑
臺伯河
金宮範圍
馬耶克納斯
講堂
托爾庫阿圖斯
別苑
帕拉丁山
（見第四章
平面圖）
大競技場
提圖斯凱旋門
馬爾克勒盧斯劇院
大戰車競技場
卡耶利烏斯山
凱撒別苑
破罐山
0
0.5
1
1.5
2 公里
0
0.25
0.5
0.75
1 哩

羅馬共和時期與帝制時期的廣場

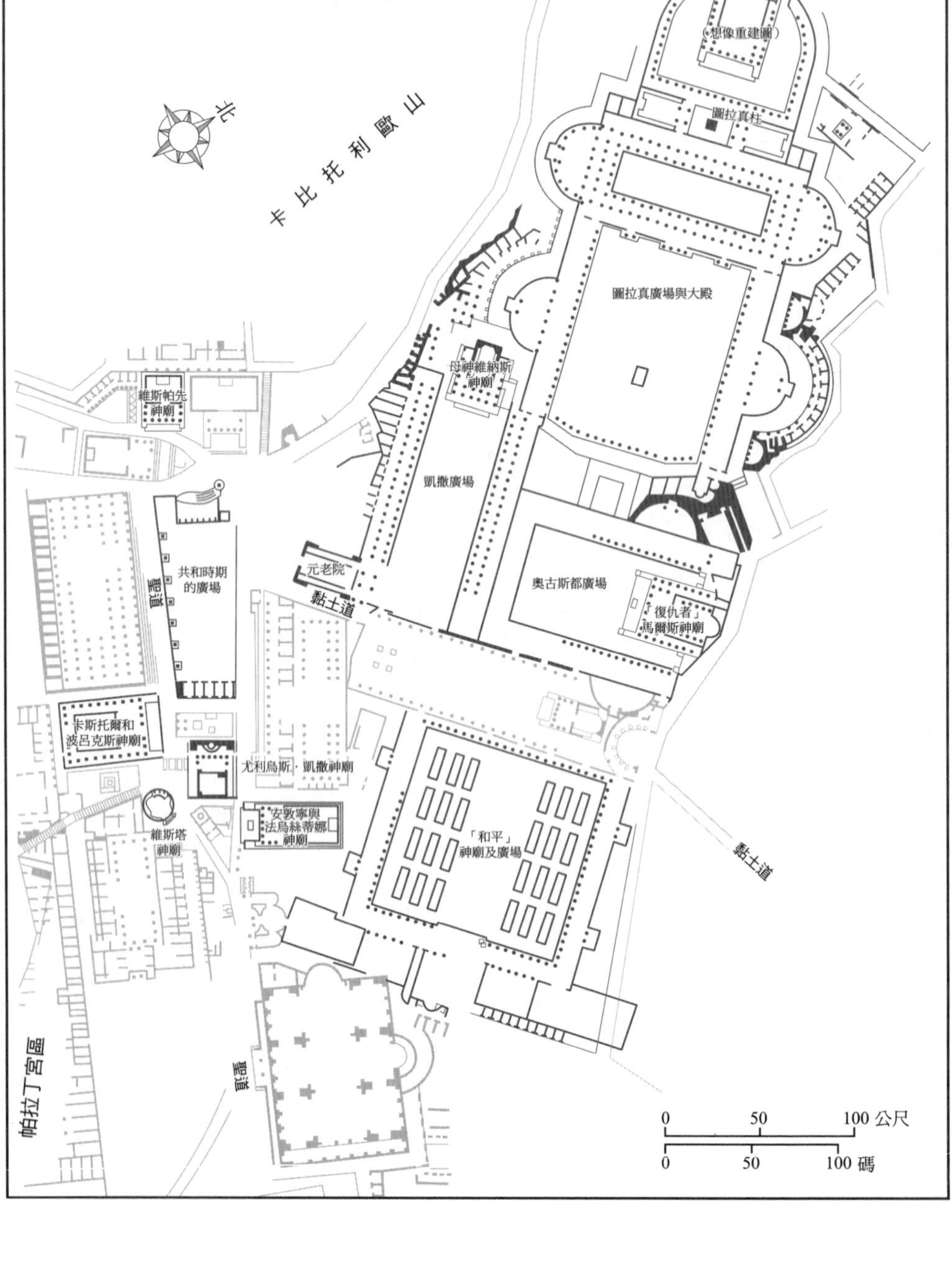
(想像重建圖)
圖拉真柱
卡比托利歐山
北
圖拉真廣場與大殿
母神維納斯神廟
維斯帕先神廟
凱撒廣場
共和時期的廣場
聖道
元老院
黏土道
奧古斯都廣場
「復仇者」馬爾斯神廟
卡斯托爾和波呂克斯神廟
尤利烏斯・凱撒神廟
安敦寧與法烏絲蒂娜神廟
維斯塔神廟
「和平」神廟及廣場
黏土道
帕拉丁宮區
聖道
0 50 100 公尺
0 50 100 碼

歡迎……

Welcome ...

……光臨羅馬皇帝的世界。有些皇帝的大名即便到了今天，仍然是放縱、殘忍和隨心所欲虐待狂的代名詞，像是卡利古拉（**Caligula**）和尼祿（**Nero**）。也有馬可·奧里略（**Marcus Aurelius**）這樣的「哲學家皇帝」，他的《沉思錄》（*Meditations*，我覺得稱之為「給自己的便條」比較貼切）至今依舊暢銷全球。有些皇帝幾乎沒人聽過，連專家都不見得知道。如今誰還記得狄狄烏斯·尤利阿努斯（**Didius Julianus**）？當年禁衛軍把帝國拿來拍賣，看誰出價最高，據說他在西元一九三年買下王位，坐了幾個星期。

《羅馬皇帝》爬梳這些古代羅馬世界統治者的虛實，探討他們做了什麼、為何這麼做以及人們為什麼要以浮誇、有時甚至堪稱聳動的方式傳誦他們的故事。本書將著眼於權力、腐敗、陰謀等大哉問。但本書也要細看他們人生當中的實際日常。他們吃什麼，在哪裡吃？他們跟誰上床？他們怎麼旅行？

隨著本書的進行，我們會遇到許多不是皇帝，或一點也不想當皇帝，卻讓帝國體系得以運作的人，例如警覺的貴族、奴隸廚子、勤懇的文書、弄臣——甚至還有一名替小王子治療扁桃腺發炎的醫生。我們也會遇見男男女女，他們帶著自己大大小小的問題去找層峰，從失去繼承權，到高樓窗邊夜壺掉下來致死等。

不過呢，我的主角陣容，是從尤利烏斯．凱撒（Julius Caesar，西元前四十四年遭暗殺）到亞歷山大．塞維魯斯（Alexander Severus，西元二三五年遭暗殺）之間將近三十位統治過羅馬帝國的皇帝，以及他們的伴侶。我先前完成的著作《SPQR》，內容講述的是羅馬的發展故事，時間是從西元前八世紀到西元三世紀，而這些人在這本書中所占的篇幅相對少。我這麼做有個明確的緣由。西元一世紀時，第一位皇帝奧古斯都（Augustus）徹底確立了一人統治體系，此後兩百五十多年間，此制度並沒有大幅變化——羅馬帝國版圖幾乎沒有擴大，行政管理大同小異，連羅馬本身的政治生活也遵循同樣的大框架。而在本書中，我希望皇帝們回到鎂光燈下。我不會一個個介紹他們的職業生涯，也不打算對於類似狄狄烏斯．尤利阿努斯之人多加著墨。我當然不會期待讀者把每個統治者都記在腦海裡。何必呢?所以，頁4-7有一份簡介，方便大家參考完整的陣容。與其背誦，我寧可探討身為羅馬皇帝**代表什麼**。我會提出一些基本的問題，例如他們實際上如何統治名義上由其控制的廣土眾民，他們的子民如何跟他們互動，以及我們能否重現坐在寶座上究竟是什麼感覺。

《羅馬皇帝》裡有幾個精神變態，不過人數少於電影裡帝制羅馬給人的印象。從你我的角度來看，羅馬世界是個難以壽終正寢的殘酷世界，而我說變態沒那麼多，並不是想否定其殘酷。姑且不論數以萬計因瘟疫、無意義的戰爭或競技場倒塌而身亡的無辜受害者，謀殺向來是解決爭端的究極手段，無論是政爭或是其他齟齬。「權力走廊」（corridors of power）以及羅馬其他相對不起眼的走廊，總是血跡斑斑。不過，要是羅馬帝國是由一連串失心瘋的獨裁者所統治，那怎麼可能形成一套制度？我更感興趣的是那些瘋狂故事出現的方式、帝國實際上經營的方法，以及羅馬人為何不怕皇帝的治世沾滿血腥（他們期待流血），反倒擔心帝國的走向太奇怪、令人不安，是建築在欺騙及偽裝之上的反烏托邦國度。

在歷任皇帝的治世當中，就數偶爾浮上水面，但多半為人所遺忘的埃拉加巴盧斯（Elagabalus）的統治，最是能體現羅馬人對於反烏托邦的恐懼。《羅馬皇帝》就從他開始。

瑪麗・畢爾德，二〇二二年十二月於劍橋

序幕 埃拉加巴盧斯的座上賓
Prologue: Dinner with Elagabalus

真是個要命的東道主
The deadly host

敘利亞少年埃拉加巴盧斯在西元二一八年成為羅馬皇帝，及至二二二年遭暗殺身亡為止；這位東道主設宴之奢華鋪張，鬼點子奇多，還偶有施虐，直教人難以忘懷。據古代作者所說，他的菜單十分獨特精巧。有時候，菜色會有顏色規則，例如全綠或全藍。有時候，桌上會出現以羅馬高檔標準而言仍屬珍奇，甚至令人作嘔的珍饈（駱駝蹄或火鶴腦，他的寵物狗則享用鵝肝）。有時候，他會盡情發揮自己噁爛——或者說中二的幽默感，根據「主題」請客吃飯，像是邀請八個禿頭男、八個獨眼男、八個疝氣男，又或者八個肥男，一看他們沒法同時擠進一張長椅，便當場惡劣地放聲大笑。

1. 埃拉加巴盧斯的大理石頭像。這位年輕皇帝就是個少年，留著長長的鬢角，還有一點冒頭的鬍髭，實在不像文人描寫他治世時，筆下的那種禽獸。

他還有其他宴會把戲，像是一坐上去就會慢慢洩氣、座上賓最後變成坐在地上的放屁坐墊（西方文化最早的紀錄）；把蠟或玻璃製成的假食物端給身分最低下的賓客，害他們整晚肚子咕嚕叫，只能眼睜睜看著地位更高的人享用真正的食物；又或者趁狂歡達旦的客人醉倒睡著時，把馴化的獅、豹、熊放出來到他們之間，有些客人醒來不是被咬死，而是被嚇死。據說埃拉加巴盧斯曾經往赴宴的人身上灑花瓣，結果花瓣灑得太多，覆滿賓客全身，導致他們窒息；而這件跟放野獸一樣要命的事情，也成了十九世紀畫家勞倫斯．阿爾瑪—塔德瑪（Lawrence Alma-Tadema, 1836-1912）的靈感來源（圖1）。

這位皇帝宴客用餐時，有問題的還不只這些令人眉頭一皺的待客規矩。他顯然異常揮霍，一雙鞋絕不穿第二次（不禁令人想起菲律賓前「第一夫人」伊美黛・馬可仕〔Imelda Marcos〕，外傳她的鞋櫃裡擺了三千雙鞋）。反常又極度鋪張的他，不僅在避暑的花園裡堆起從山上運來的冰雪，更是只有在離海很遠的時刻才想要吃魚。此外，據說他娶了一名維斯塔貞女（Vestal Virgin，她們是地位最為崇高的羅馬女祭司之一，只要未守貞，就得受死），藉此輕慢宗教規矩。他在宗教方面還有更超乎尋常的舉動，謠傳他曾掀起一場顛覆卻為時短暫的革命，以故鄉埃姆薩（Emesa，今敘利亞荷姆斯〔Homs〕）的神「埃拉加巴盧」（Elagabal）取代朱庇特（Jupiter）羅馬主神的地位；正是因為埃拉加巴盧之名，如今人們多稱這位皇帝為「埃拉加巴盧斯」，畢竟這比他的正式頭銜「馬爾庫斯・奧雷利烏斯・安托尼努斯」（Marcus Aurelius Antoninus）之一來得簡明扼要多了。「性」與「性別」的傳統規範，他也沒有放過。有好幾個故事是以他的異性穿著、妝容，乃至他試圖手術變性為主題。與他同時代的卡斯西烏斯・狄歐（Cassius Dio, 165-235）*寫過一部大部頭的羅馬史，內容從羅馬起源到西元三世紀，共有八十卷。狄歐聲稱這位皇帝「要醫生幫他割出女性私處」。時至今日，人們有時奉他為跨性別先驅，對僵化的二元刻板印象帶來激進的挑戰。不過，大多數羅馬人恐怕會認為，此人正在顛覆他們的世界。

古代關於埃拉加巴盧斯治世的記載，用了一頁又一頁的篇幅，大肆條列這位皇帝令人費解的

* 編注：古羅馬政治家及歷史學家，曾任執政官。本文所指作品，即《Roman History》，為重要歷史參考書目。

怪癖、令人不安的顛覆以及十惡不赦的暴行——其中最令人髮指的，無非是以兒童獻祭。前述傳言與其他類似的故事，是《羅馬皇帝》的重點之一。這些故事來自何方？羅馬帝國的一般平民有多麼熟悉這些傳聞？是誰在私底下抱怨埃拉加巴盧斯的宴會？為何抱怨？無論是真是假，這些故事能讓我們對於羅馬皇帝，乃至於對整體羅馬人有什麼樣的了解？

古今專制意象
Images of autocracy, then and now

除了阿爾瑪—塔德瑪，埃拉加巴盧斯（亦拼作「赫利奧加巴盧斯」〔Heliogabalus〕）罄竹難書的惡行（或者你覺得他是奮不顧身，想突破羅馬慣習之侷限）也成了從埃德加．愛倫．坡（Edgar Allan Poe）、尼爾．蓋曼（Neil Gaiman）乃至安色莫．基弗（Anselm Kiefer）*等現代作家、行動家和藝術家的靈感來源，但他的名字其實稱不上家喻戶曉。早先帝制羅馬的惡棍及其行徑比埃拉加巴盧斯出名的可不少，例如一邊彈奏里拉琴（lyre），一邊目睹羅馬陷入火海的尼祿；拿筆穿刺蒼蠅打發無聊的圖密善（Domitian）；還有西元二世紀末的康茂德（Commodus，電影《神鬼戰士》〔*Gladiator*〕的反派魔頭），會拿弓箭朝競技場的觀眾亂射。然而，埃拉加巴盧斯的罪愆與越軌遠非這些人所能及。埃拉加巴盧斯的恐怖故事可怕多了。而對於這些故事，我們該信幾分？

答案通常是「能信的不多」。即便是為埃拉加巴盧斯作傳的羅馬作者，也是在皇帝駕崩將近兩世紀之後才寫下他的生平故事，以及他那些宴會花招與珍奇飲饌的聳動細節。連立傳者自己都坦承，傳記裡提到的那些難以置信的軼聞，多半是在皇帝遭到暗殺之後，由那些想巴結其對手和繼位者的人所捏造出來的。謹慎的現代歷史學家已經找出一條路，小心翼翼穿過這些誇大的故事。他們試圖明辨虛實，偶爾才能從其他獨立史料佐證下，淘洗出零碎的資訊（例如那名維斯塔貞女的名字曾出現在埃拉加巴盧斯統治時期所鑄造的錢幣上，意味著兩人確有關聯，只是不見得是婚姻）。而剩餘的訊息，不過就是他實際的統治期間和其他非常基礎的訊息。史家也苦口婆心，提醒人們：就連相對無害的活動，也有可能結出偏見之繭。是正面看法抑或是偏見，往往取決於你對皇帝整體的看法，取決於你把以顏色為主題的宴會當成無恥、縱情之豪奢，還是（的確也可能是）最最精緻可口的高級料理形式。不過，埃拉加巴盧斯的年紀才是關鍵。他登基時才十四歲，十八歲便遭人殺害。放屁坐墊呀，搞不好有；精心設計的宗教政策呢，恐怕不可能。

然而，「信史」不只是單純的事實。無論這些羅馬皇帝是仁慈老成的政治家、幼稚的暴君、被大位耽誤的哲學家，還是對格鬥士心嚮往之的人，也無論他們有名與否，我都試著從各種不同角度照亮他們，試著面對一些基本的問題，像是為什麼有這麼多皇帝，例如埃拉加巴盧斯，最後都因為刺客的匕首或毒菇而一命嗚呼？研究這類問題時，古時候那些誇誇其詞、虛構和謊言扮演著吃重的

＊ 編注：安色莫・基弗（Anselm Kiefer, 1945-），德國畫家。作品風格深沉，意在反思，直接表達歷史禁忌及議題。

戲份。世人在建構統治者的形象、批判他們、為某個獨裁者的權力特質而爭辯，乃至於凸顯「他者」與「我們」之間的距離時，所使用的素材裡一定會有幻想、謠言、誹謗以及都市傳說。

舉例來說，伊美黛．馬可仕那三千雙鞋的傳說（咦，根本沒有找到那麼多雙鞋啊），其實旨在抹黑一個難以想像、不知所云的特權世界，而不是秉筆直書一名富有女性對鞋子的熱愛。換個沒那麼招搖的故事：據說女王伊莉莎白二世寵柯基犬，讓牠們用純銀碗吃狗食，而這個故事則是讓我們有了談資，體認到「皇室」生活與你我日常體驗的天差地別，也讓我們能夠拿宮裡炫耀性消費的愚蠢來開個無傷大雅的玩笑。

古代人對於埃拉加巴盧斯治世的敘述，雖然充滿了誇大荒誕的故事，但無論緣由為何，這些故事都是我們手頭上的寶貴證據，顯示羅馬人認為最糟糕的皇帝會是什麼樣子。這些謊言與駭人聽聞的誇大其辭，作用幾乎就像放大鏡，足以揭穿、凸顯羅馬「壞」統治者究竟「壞」在哪裡。有些「壞」不難想像，約莫就是殘酷又讓人受辱的作為，諸如以小孩獻祭或者拿一張擠不進所有人的長椅來羞辱倒楣的胖子，還有毫無必要的奢華（埃拉加巴盧斯的狗享用的可是美味的鵝肝，只不過牠們不是用銀盤狼吞虎嚥）。不過，埋藏在這位反常皇帝的荒謬軼事裡的，則是截然不同的恐怖專制，卻也同樣令人戰慄。

毫無節制的權力，是其中一項驚悚之處。埃拉加巴盧斯有些奇聞軼事，諸如要求用冰雪妝點他的避暑花園，或者只在沒有海的地方大啖海鮮，抑或是像另一個故事說他在晚上活動、工作，白天睡覺云云——這些敘事點出來的可不只是他古怪、所費不貲的自我放縱（「天之驕子」症候群）。這些故事凸顯出的問題，在於皇帝令出必行的範圍有多大，在於它們描繪出的埃拉加巴盧斯統治形象，是試圖強迫大自然聽任己意、擾動萬物自然秩序（夏天用冰？）、改變既定時空間，甚至為了滿足自身樂趣而重畫生理性別分野。埃拉加巴盧斯不是第一個引發這種恐懼的人。此前的兩百五十年前，尤利烏斯・凱撒的評論者之一、妙語如珠的共和派政客兼哲學家馬爾庫斯・圖勒利烏斯・西塞羅（Marcus Tullius Cicero, 106-43 BC）便開玩笑暗批凱撒，說他甚至強迫星辰聽自己的話。

而前面提到的軼事，只是埃拉加巴盧斯反烏托邦世界的其中一環。這也是個充滿欺瞞的噩夢，真與假在夢裡不斷交融混雜。事情不若表面。皇帝的慷慨大度最後要了人命，他的好意是真的可以殺人（這正是豪擲玫瑰花瓣的其中一層寓意）。對於身居啄序底端的人來說，宮廷宴會時自己盤裡那些令人食指大動的食物，到底只是不能吃的精巧複製品。反過來看，假也有可能幻化為真。埃拉加巴盧斯的傳記作者有一回提到，舞臺上演出通姦場面時，皇帝居然要求演員「真槍實彈」。毫無疑問，如實的性愛場面會讓表演變成更加淫穢的春宮秀。只是人們之所以坐立難安，是因為他顛倒虛實，創造出顛三倒四的世界，而這其中沒有人知道自己扮演的是誰（或者扮演什麼）。腐敗的獨裁體制不過就是空中樓閣與哈哈鏡。或如羅馬傳記作者贊曰，埃拉加巴盧斯過的是「假的生活」。

拿這些故事當放大鏡，有助於我們清楚看見時人對羅馬帝制統治的焦慮。令人焦慮的不光是生殺大權。皇帝的權勢無所不及，足以扭曲色聲香味觸法，在惡意的混沌中茁壯。

眾皇帝的歷史
A history of emperors

接下來，我會時不時回頭講埃拉加巴盧斯，特別是說明一個來自敘利亞的少年怎麼會登上王座（不出所料，羅馬人有個說法，重點便是放在他母親與祖母的陰謀畫策）。我也會再度談起那些以古羅馬宮廷為中心的幻夢（包括反烏托邦式及其他的夢境），深入爬梳羅馬人講述更多自家皇帝的荒謬故事。有一大堆劇情牽強的故事以埃拉加巴盧斯為主角，其他羅馬統治者也出現在粗俗笑話及諷刺短劇中，而我會探討他們在其中的形象。我們甚至會談到臣民夢境中形象各異的皇帝（夢到皇帝不見得是好事，西元二世紀有個解夢者說：「凡有恙者夢見己身為皇帝，則死期不遠」）。

不過，這些只是書的一部分。我一方面要跟這些「想像中的皇帝」並肩而行，一方面則要探究這些羅馬統治者日常生活相關的務實問題，像是政壇的風口浪尖、軍事安全的要求，以及統治一大帝國的無聊例行公事——那些繪聲繪影的殘忍、奢華軼事過於耀眼，常常讓人忽略尋常生活。我想到文書工作、行政事務、收支平衡與招募解雇。皇帝本人插手的程度有多深？從妻子、繼承人、執事、帳房、廚子到弄臣，有哪些人在幫他做事，處在這支援網絡裡？如果他只有十四歲，怎麼辦？

我們還會看到另一種強而有力，卻大不相同的帝王風範：羅馬皇帝不再是危險的浪蕩子，而是埋頭苦幹的官僚。這兩種人都會在《羅馬皇帝》中擔綱演出。

工作人生
A working life

埃拉加巴盧斯算是第二十六任羅馬皇帝，至於確切是第幾任，端看你有沒有把篡位失敗的人算進來。皇帝來來去去，好幾位沒人記得。有幾位則在西方文化中留下獨特的印記。人人都記得卡利古拉（**Caligula**，西元三十七年至四十一年在位）提議任命自己的愛駒出任政府高位；哈德良（**Hadrian**，一一七年至一三八年在位）則是因為興建橫亙北英格蘭的「長城」而聲名遠播。但時至今日，聽說過維特爾利烏斯（**Vitellius**，曾經在西元六十九年當過幾個月皇帝，以暴食聞名），或者一絲不苟的佩勒蒂那克斯（**Pertinax**，一九三年短暫在位），乃至於埃拉加巴盧斯的人已經不多了。不是每個皇帝都能讓人永誌不忘。

這些人（都是男人，從來沒有「女王」能榮登大位）統治遼闊的版圖，極盛時期北起蘇格蘭，南至撒哈拉，西起葡萄牙，東至伊拉克，即便不算義大利本土，其人口據估計也有五千萬人之譜。皇帝可以制定法律、發動戰爭、開徵稅賦、仲裁爭端、贊助建設及娛樂、用自己的肖像淹沒整個羅馬世界，與現代獨裁者把臉貼在成千上萬的看板上差不多。皇帝個人擁有並開發帝國的大片土地，從營利的農場、莎草沼澤到銀礦，不一而足；某些皇帝的足跡踏遍了帝國，而且這麼做不只是為了軍事榮譽與戰利品，更是為了歌頌腳下的土地。如今，觀光客聚集在尼羅河畔的盧克索（**Luxor**）城外，凝視一對古埃及巨像（年代可回溯至西元前一三五〇年）。他們所站之處，就跟西元一三〇年的哈德良及其隨員的立足點一模一樣，同樣也是為了觀光而來。皇帝一行人把感激涕零的情緒特別寫成詩，刻在其中一尊雕像的腿上——羅馬菁英風格的「到此一遊」（圖64）。

皇帝究竟如何實質發揮其控制力？這是個大哉問。除了駐紮在某些「熱點」的軍事單位，只有最基本的一些資深行政人員，零星分布在整個帝國（以高級官僚來說，他們跟居民的人數比大約是一比三十三萬）。因此，相較於某些現代帝國，皇帝的控制力大致上想必相對薄弱。此外，由於遼闊的距離使然，在時間方面，帝國中心若想把最起碼的資訊或指示傳遞到羅馬世界最邊緣的地方，有時甚至得花上幾個月（反之亦然），因此不可能對帝國領土進行日常微觀管理。話雖如此，我們往往愈貼近羅馬皇帝本人，就愈發現他有多忙碌。

古代文人提到的統治者，顯然埋在我們所謂的「紙本作業」底下（以古人的話來說，應該是蠟版和莎草紙便條）。尤利烏斯．凱撒一邊看賽馬，一邊處理往來書信，據說其他觀眾對此大為憤慨，覺得他是看不起常民的娛樂。維斯帕先（Vespasian，少數壽終正寢的皇帝，時為西元七十九年）天還沒亮就會起床閱讀信件及官方報告。埃拉加巴盧斯的繼任者亞歷山大．塞維魯斯顯然放不下工作，甚至在私人寓所擺了一系列軍事紀錄，以便「在獨處時能審視預算與軍隊部署」。但文書工作只是一部分。民眾期待上達天聽，無論是親身接觸或透過文件都好。哈德良有個故事，頗能具體而微地表現出這種看法：一次旅途中，有個婦人想攔駕求助。哈德良答說自己沒空，婦人立刻嚴厲反駁：「那就別擺皇帝架子」，於是哈德良就任她暢所欲言。

我們必須小心處理這些故事。某些皇帝之勤政，顯然甚於別的皇帝。每一種一人統治體系，皆會有克勤克勉的喬治六世（George VI，伊莉莎白二世之父，是個責任感爆棚、謙遜愛家的男人），亦有風流成性的愛德華七世（Edward VII，情婦難以數計，責任感為零）。但是，我們絕不能以為平凡無奇的施政故事，就比渲染聳動的越軌故事更可信。前者同樣有強烈的意識形態層面，旨在建構出完美的皇帝形象。哈德良和攔駕婦女的故事，其實跟早先希臘世界某些統治者的故事並無二致，反映出的無非是古代「明君」的陳腔濫調。即便如此，古羅馬文件仍保有一些吉光片羽，足以證明上述形象的可信度。這就是皇帝答覆帝國各地人民和尋常城鎮提出的要求、請願以及求助時，所留下的決策紀錄——有時會刻在石頭上（八成是請願成功的人在慶祝皆大歡喜的結果），有時謄寫在莎草紙上，或乾脆一律寫進古代一板一眼的法律彙編當中。最吸睛之處在於民眾盼望皇帝來解決的問題，其所涉及的範圍居然這麼局部、這麼瑣碎（當事人自然不做如是想）。

「夜壺掉落案」就是個例子。西元前六年，皇帝奧古斯都應邀仲裁尼多斯（Knidos，位於今日土耳其海邊）的一樁嚴重糾紛。當地有兩家族長期不合，過程中其中一位重要人士不幸喪命。此君參與了一場發生在對手住所外的混亂鬥毆，一個夜壺砸中他的腦袋，而夜壺是某個奴隸從樓上丟下來的（這名奴隸也許只是想把夜壺裡的排泄物倒出去，但也難說）。地方當局原本有意以非法殺人罪名起訴奴隸主，但根據現存的判決書，奧古斯都卻是持相反的觀點：無論是不是意外，這起殺人事件都屬正當防衛。將近整整三百年後，巡遊多瑙河地區的今上則碰到數以百計的個人糾結或兩造爭端，在在有勞他來化解——有女子把牛租出去給人，誰知牛在一次「敵人入侵」時被殺，她想得到補償；兩艘河船相撞，結果引發一起棘手的財務責任糾紛；還有某男子的投訴，他訂價讓妻子賣春，因為嫖客沒付錢所以興訟（皇帝草草打發他，真是大快人心）。我們不曉得皇帝自己有沒有為這些法律細節傷過腦筋。偶爾他可能會，有時又只是在幕僚構思好的判決書上簽名而已（我不認為年輕的埃拉加巴盧斯除了簽名以外還會什麼）。但重點在於無論做事的是誰，皇帝才是人們**眼中**的那個公親。

這些判例是化解帝權夢魘的良方。它們提醒了我們，固然有人視皇帝為反烏托邦恐怖世界的總指揮，卻也有人認為，皇帝能解決人們的問題——哪怕只是要還她牛。它們同時確保了這本以「皇帝」這號人物為重點的書，絕不會只談菁英階級中最頂層的人。絕非如此。弔詭就弔詭在羅馬人民與他們的帝國往往是隱形的，說不定我們得透過皇帝的雙眼、透過他如何跟子民應對，才能清楚照見，才能看出最豐富的細節。《羅馬皇帝》談統治者，**也談**被統治者。

帝王的文本和蛛絲馬跡
Imperial texts and traces

我打算把古代文獻從課堂與研討會中解放出來，剛剛提到的皇帝決策紀錄，以及從決策中驚人展現的羅馬帝國平民生活（及其難處），只不過是其中一小部分。當然，某幾部最有名的古代文學經典，可以為我們的探索指點迷津。名氣最響亮的作者正是塔西陀（Tacitus, 56-120），他的《編年史》（*Annals*）和《歷史》（*Histories*）寫於西元二世紀初，其中對於一世紀統治者的敘述以及對專制腐敗的憤慨剖析，可謂無人能出其右；約莫同時代的還有蘇埃托尼烏斯（Suetonius, 69?-130?），他是宮中之人（於圖拉真〔Trajan〕和哈德良執政時受雇擔任皇帝的檔管及書記），為前「十二名凱撒」（Twelve Caesars，從尤利烏斯．凱撒開始，寫到穿刺蒼蠅的圖密善）留下多采多姿的傳記，是過去五百年的史家案頭書。不過，我也會把名氣沒那麼響亮，卻更有意思、更出人意料的作品推上舞臺中心，以凸顯我們所擁有的傳世文獻有多麼豐富。古代羅馬作者的字句經過一而再、再而三的傳抄，仔細彙編，最後付梓，從手寫筆與卷軸化為現代的書頁或螢幕影像——這段隨時可能出錯的過程，保留下來的史料其實遠比你我所想的更多元。

有些古代作品旨在讓人捧腹大笑。我們手邊有一部皇帝笑話迷你集（例如奧古斯都嘲弄女兒尤莉亞，笑她拔自己的白頭髮），以及各式各樣的諷喻作品。內容包括出自四世紀皇帝尤利安（Julian）的手筆、取笑歷任皇帝的短劇（埃拉加巴盧斯在裡面是個跑龍套的角色，名叫「埃姆薩的小鬼」）；還有尼祿的導師塞涅卡（Seneca）撰寫的滑稽諷刺劇，挖苦皇帝克勞狄烏斯（Claudius）於西元五十四年過世後，人們竟將之封神的這整件事（劇情中，有點糊塗的老皇帝奮力地爬上奧林帕斯山，來到「真」神的居所，結果才剛到就被直接趕回人間）。

有些文獻以意想不到的方式讓人一窺幕後。一名希臘修辭學老師寫了一本手冊，為有需要跟皇帝講話的人提供適當的建議。哲學家愛比克泰德（Epictetus, 50?-135?）寫下對宮廷生活的觀察

（同時提到士兵擔任臥底時的刺激場面），他曾是尼祿手下一名書記的奴隸；另外，御醫們也留下許多處方，他們診治的不只是名流病患的喉嚨痛，還有他們的腹部問題及藥方——兩千年後，我們仍然可以研究這些病例。我們依舊可以讀到西元二世紀時，一名叫普林尼（Pliny）的官員對人在羅馬的皇帝所做的匯報。普林尼的駐地可是在黑海海濱，距離羅馬有數百哩之遙，他在報告中鉅細靡遺說明大小事，像是麻煩的基督徒、年久失修的澡堂建物，以及某座偷工減料的劇場預算浮報程度令人憂心等。

其他傳世的文獻比我們料想的還要匪夷所思。例如埃拉加巴盧斯的**生平**，以及其中對於這個「小夥子」生活方式維妙維肖的幻想及誇大其辭，其實是出自一套涵蓋五十多位皇帝的傳記（包括篡位者、繼承人以及其他爭奪大位者），其內容始於西元一一七年的哈德良，終於某個死在二八五年的嗜血無名人士。這些個別的「生平」雖然相當簡短（我們現代人會稱之為「簡介」，而非「傳記」），但放到現在，全部加起來也是好幾百頁，統稱為《帝王紀》（*Historia Augusta*）。整部作品號稱為集體創作，是在三世紀末由六個名字相當浮誇的作者，諸如特雷貝勒利烏斯．波勒利歐（Trebellius Pollio）、敘拉古的弗拉維烏斯．渥比斯庫斯（Flavius Vopiscus of Syracuse）……共筆寫成。然細究其用詞與行文風格，便能戳破這套說詞：作者只有一個人（姓名不詳），而且寫成的時代比自稱的晚了一百年。古代文學有許多未解之謎，例如這種偽託的情況便是其一。怎麼會有人玩這種把戲？是想造假嗎？是長篇笑話，或是諷刺之作？抑或是一場偽史敘事手法的激進實驗？無論答案為何，這部作品顯然跨越了歷史和虛構之間的邊界。

2. 青銅銘文殘片，十六世紀時於里昂出土，上面記錄了克勞狄烏斯對元老演說的內容，呼籲強化高盧人的政治權利。字體難得刻得這麼整齊，很容易讀懂。這段文字的第一行寫著「TEMPUS EST」，即「現在是時候了」。見頁260-1。

數以千計的原始文獻，讓羅馬皇帝故事豐富且多樣。有些文句刻在石頭或青銅上示人，有些則是寫在莎草紙上，埋在埃及的沙漠中，經現代考古學家過往一個世紀的發掘而大量出土（許多仍未解讀）。例如在西元四十八年，皇帝克勞狄烏斯發表演說，主張授予高盧人更多的政治影響力，同時向聽眾講了一段羅馬簡史，這篇演講詞後來銘刻在青銅上。我們也仍然可在莎草紙上讀到皇子日耳曼尼庫斯（Germanicus，皇帝卡利古拉之父）的話，他在亞歷山卓港（Alexandria）向群眾發表演說時，特別提到自己多麼懷念「奶奶」（奧古斯都之妻，人稱利薇雅〔Livia〕，不過她的名聲可比「奶奶」一詞所指涉的意含可怕多了）。從利薇雅數以百計的隨員

（包括一名女按摩師、幾名侍裝人、一名畫家，甚至還有一人專事擦窗子）留下的墓誌銘，以及埃及某官員寫信抱怨自己籌辦皇帝巡視之所需時碰到的各種難題，我們也有機會一窺幕後發生的事情。

我們同樣得以進入皇帝的物質世界。時至今天，我們仍可以信步走在他們的宮殿裡，不只是羅馬城中間的帕拉丁山（Palatine Hill，「宮邸」〔palace〕的詞源），連他們在郊外的休閒花園及別墅也不例外。皇帝哈德良位於蒂沃利（Tivoli，距離羅馬約二十哩）的別墅是其中之一，裡頭有開闊的草坪、宿舍區、多間用餐室和藏書間，整體占地幾乎是古代龐貝城的兩倍。說是「別墅」，實在太過委婉。這裡更像是一座私人城鎮。我們還可以親見他們的尊容。現存的皇帝肖像，只不過是曾經的一小部分（據合理推測，光是奧古斯都皇帝一人，在羅馬世界就有兩萬五千至五萬尊雕像）。雖然說是一小部分，如今博物館展出的也有數以千計。皇帝像的種類、形狀、大小各異。羅馬帝國甚至有人會吃印有皇帝像的餅乾（至少傳世至今的烤模上可以看到皇帝像）。大約西元二〇〇年，有個羅馬女士更上一層樓：她把自己的金耳環鑄成埃拉加巴盧斯的其中一名前任，也就是皇帝塞普提米烏斯·塞維魯斯（Septimius Severus）的頭像。

當然，由於缺乏實證，有各種關於皇帝世界的問題（比方說，這個世界在女性眼中的樣子，或者實際的財務運作細節）是我們無法回答的。但整體而論，假如讀者闔上這本書，我希望不是因為我們對這些兩千年前的統治者**所知太少**而大失所望，而是因為**知道太多**所以愕然卻步。

3. & 4. 皇帝的圖案居然出現在這兩種物件上，可真是少見。左邊是古代糕點模具的現代復刻（製作的糕點也許是要在宗教慶典時分送的），上面是皇帝在凱旋式時立於戰車上（頁61），接受勝利女神加冕。另參見圖12。右邊是出現在耳環上的皇帝頭像（頭像不可能上下顛倒，也就是說，耳環勾本來就是這樣）。

到底有哪些皇帝？
Which emperors?

埃拉加巴盧斯之後還有多位皇帝。其實，只要把注意力放在帝國東半壁——西元四世紀時，帝都最後落腳在君士坦丁堡（今伊斯坦堡），此後直到一四五三年帝都被鄂圖曼土耳其人攻陷為止，羅馬統治者世系從未中斷。**我們認為**，往後那些統治者屬拜占庭人。**他們**卻覺得自己是羅馬人。不過在這本書裡，我不會把焦點放得太遠，頂多就到埃拉加巴盧斯的表弟、養子兼繼位者：亞歷山大・塞維魯斯，亦即據說為了軍情及部署而爆肝工作的那個人。他又是另一位少年皇帝，十三、四歲登基，二二二至二三五年間治世。從一人統治的奠基者（西元前四十四年遭刺殺的尤利烏斯．凱撒，以及他的外甥孫，也就是羅馬第一個皇帝奧古斯都）起，我要處理將近三百年（始於西元前一世紀中葉，終於西元三世紀中葉）的時間跨度，以及將近三十名皇帝的事。

但凡設定時代斷限，多少有一點任意而為的成分在內，而我偶爾也會超過自己畫下的界線（其實我已經越線：回不來的牛跟賣春的妻子，都發生在西元三世紀晚期）。而我之所以止步於此，是有充分道理的。亞歷山大．塞維魯斯之後，局勢有了劇烈變化。接下來一個世紀裡，皇帝在一系列兵變和內戰中迅速更迭。這段時間有不少皇帝並非出身羅馬貴族圈上層，加上地緣政治變化太大，多位皇帝在自身短暫的統治期間甚至沒有到過羅馬城。他們連位子都還沒坐熱。除了幾個篡位失敗的人以外，亞歷山大．塞維魯斯離世後的五十年間登上王位的人，就跟在他之前將近三百年間當過皇帝的人一樣多。皇帝的風範與品格也發生了改變，這一點從亞歷山大．塞維魯斯的繼位者、色雷斯人馬克西米努斯（Maximinus Thrax）的故事便能清楚感受到。據說他是第一位目不識丁的皇帝。這種說法恐怕不是貼身觀察的結果，而是刻意中傷。無論真假，這個故事呈現的是一個截然不同的世界。

從奧古斯都到亞歷山大．塞維魯斯統治期間，羅馬政局與地緣政治穩定到什麼程度呢？這麼說吧，假如你在西元前一年睡著，兩百年後才醒來，還是認得出周圍的世界。奧古斯都之後，羅馬持續對征服大書特書，其中最輝煌的征服行動，莫過於以圖拉真圓柱（Trajan’s column）做為紀念的軍事行動：當局在西元二世紀初豎立起紀念柱，既是為了銘記圖拉真在達契亞（Dacia，今羅馬尼亞一帶）的勝仗，也是做為這位皇帝的骨灰入土為安的所在地。不過，大部分的軍事勝利對擴張羅馬版圖來說幾無幫助，帶來的麻煩往往更是多於好處（不列顛堪稱「羅馬的阿富汗」），不然就是贏來的土地一下子又丟了。近年有位史家稱這些是軍事「面子工程」（vanity projects），差別在於這種「面子」是以大量傷亡為其成本。

當然，這段時間也有一些潛在的、長期的變化。其中最重要的，是皇帝地域出身的多樣化，有時連族群出身都愈來愈多元，這個部分我們之後還會提到。西元二世紀上半葉的皇帝圖拉真與哈德良都是西班牙人。幾十年後，「第一位非洲皇帝」塞普提米烏斯・塞維魯斯出生在今利比亞（彩圖3）。埃拉加巴盧斯是塞普提米烏斯之妻、敘利亞人尤莉亞・多姆娜（Julia Domna）的外甥孫，正是憑藉她的家族影響力，埃拉加巴盧斯才能在顯然是其他人所策畫的政變中登上皇座。不過，縱使有這些漸進發展，奧古斯都和亞歷山大・塞維魯斯的工作內容大致上相去無幾，人們以差不多的標準和既定印象來評判他們。

不分古今，歷史學家經常以鉅細靡遺的方式描述這幾百年間的羅馬帝國，剖析宮廷裡的競爭、派系之間的衝突以及軍事行動和政治對決。他們試圖刻劃不同統治者與其迥異的人格，像是奧古斯都那暴躁又虛偽的繼承人提比留（Tiberius）、浮誇又不負責任的尼祿、神經兮兮的安敦寧・庇護（Antoninus Pius），又或者他的繼承人、富哲思的馬可・奧里略等。複雜的家族關係、策略性的收養（如埃拉加巴盧斯收養亞歷山大・塞維魯斯）和一婚再婚，致使帝王世系幾乎不可能以傳統的族譜方式呈現。現代歷史學家必須小心翼翼，引領讀者通行於這些王朝之間。不過，這些統治者的奇聞軼事實在多采多姿，史家一方面享受讀書之樂，另一方面卻不相信這些故事的真實性，或者力圖在表象下尋找更枯燥的真相（我們在下一章會談到，卡利古拉威脅要把榮銜授予愛駒云云，說不定只是個開過頭的玩笑）。

這些多采多姿的羅馬皇帝故事因其荒誕而流傳千古，我在閱讀之際自然也拍案叫絕，但我是要透過這些故事，以不同於其他史家的方式，來闡述羅馬帝制。將近三十個統治者，一個接著一個登上歷史舞臺……還好這本書不是這樣。我這輩子都在教授、研究古羅馬，我也因此確信奇聞軼事的敘事細節（無論講的是一個、十二個，還是更多個統治者）所隱藏的，往往與所揭露的一樣多。畢竟倉促策畫的自私宮廷陰謀基本上並無二致，雖然主演陣容不同，但動機之詭詐（或高尚）卻相去不遠。踰矩的王子或公主往往沒什麼分別。即便這些令人瞠目結舌的奇聞軼事看似獨樹一幟，與眾不同，講的是好幾個皇帝，然其表述方式多少有點雷同。同樣是留名史冊，為何有的皇帝是施虐狂人，有的是鞠躬盡瘁的正派人物，有的樂善好施，有的卻是氣度狹小、一毛不拔？這我當然感興趣。只是我更想眼光放遠看大局，更想了解羅馬的獨裁統治與獨裁者代表了什麼，更想知道這些統治者彼此**有多像**，而不只是**有多不一樣**。就此而言，我跟馬可・奧里略站在同一陣線——他在那本《給自己的便條》裡深思過往幾世紀的一人統治，認為其實沒什麼改變：「劇碼一樣，演員不同」。

《羅馬皇帝》會談個別的、有血有肉的統治者，但對於**「皇帝」這個範疇的人**，著力程度也不會少。這個範疇幾乎反映了羅馬帝國絕大多數的人的觀點。對於名列晚宴座上賓的人，或是仔

5. 羅馬皇帝列表，以希臘文寫在埃及莎草紙上，開頭寫著「*basileis*」（意指「皇帝」或「王」）之治世，見頁38）。卡利古拉本該出現在標題之下的第三行，沒想到卻完全被漏掉了（所以，提比留後面直接就是克勞狄烏斯）。

細研究或撰寫皇帝傳記的社會賢達來說，王座上那人的個性、性格缺陷或喜好自然是無比重要。皇帝們各有不同。不過，對於生活在義大利地區以外那五千多萬人，以及義大利本地的眾多人民來說，當下擔任皇帝的人是誰、名字叫什麼，卻沒那麼重要，重要的是他是「今上」。他們要向眼前這個「皇帝」訴說自己的困擾。他們夢到的是「皇帝」。每當皇帝駕崩或遭人推翻，讓大家適應新政權的其中一種方法，便是配合繼承者的五官特徵，將前任的大理石像二度雕琢或稍事「調整」。這麼做的原因百百種，如省下整尊全新塑像的成本，或者的確是想抹除前人的面容。然而，這種作法有個弦外之音——只要拿鑿子敲個幾下，甲皇帝就成了乙皇帝（圖91）。

很可能帝國裡有些居民根本叫不出今上的名字。一名來自北非的哲學家暨基督教主教正是這麼想的——他在西元五世紀初寫道，在自己生活的這個地方，有些人是因為要繳稅才知道有皇帝，「至於皇帝是誰，就不清楚了」（接著他開了個玩笑說，「我們當中有人以為阿迦門儂〔Agamemnon，傳說中特洛伊戰爭的希臘統帥〕現在還是國王」）。能夠準確列出歷代皇帝的人，想必少之又少。西元三世紀時，有個認真的人把名冊寫在莎草紙上保存下來，可惜就連他也犯了好幾個嚴重錯誤，像是漏了幾個皇帝（包括卡利古拉），或誤植其他皇帝的治世期間。接下來，但凡我談到的皇帝，我都會提供必要的細節（不過可不會這三十個一個一個地談）。而且，我們也沒必要太在意每次都非得一一認出這所有的「馬可．奧里略」們以及「安敦寧．庇護」們。多數羅馬人民大概也分不出來。

諸皇世界
The world of the emperors

羅馬皇帝帶著我們跟古代最極端的一些權力形象，以及羅馬帝國現實生活裡最單調乏味的日

6. 時任巴西總統的雅伊爾・波索納洛（Jair Bolsonaro）在《就是雜誌》（*Istoé*）封面的這副扮相，一看就知道其所表現的，正是「羅馬失火而我琴照彈」。從巴拉克・歐巴馬（Barack Obama）到鮑里斯・強生（Boris Johnson），乃至納倫德拉・莫迪（Narendra Modi），世界上的知名政治人都難逃這類獨特的諷刺。

常打照面。更有甚者，從古到今，羅馬皇帝始終是獨裁者的榜樣，也是政治人物的警鐘——無論是繪畫中和雕塑上那些穿著羅馬皇袍的國王和世襲統治者，或是在諷刺漫畫中被譏笑得一副他們簡直就是尼祿「羅馬失火而我琴照彈」的那些首相與總統們。羅馬皇帝值得我們認真以對，而我們也該深入探討羅馬人自身是如何理解、論辯、爭奪此番至今仍籠罩著你我的權力願景。

我整個人生志業，便是不停試著釐清這些撲朔迷離、無比陌生卻又異常熟悉的統治者。透過《羅馬皇帝》，我期盼能跟讀者分享自己一路走來對於皇帝們虛實世界的探索，從高高在上的神域（不只克勞狄烏斯，眾多皇帝都想成神）到臺伯河的髒水（不少皇帝最後橫死於此），我毫不保留。有不少皇帝被人描繪成嗜血狂魔或精神錯亂的心理變態，對此我深感懷疑，同樣的，我也不覺得替某幾個糟糕的「禽獸」翻案又有什麼用。讓卡利古拉、尼祿或康茂德搖身一變，成為被誤解的改革家，只是遭到媒體抹黑云云——此等企圖，我是從來不會照單全收。如今要在「厭惡」跟「同情」之間保持中庸，變得很不容易。

我研究羅馬帝國這麼久，對於專制獨裁愈來愈反感，而同理心也愈來愈滿，不只是同情專制受害者，更是同情由下到上、每一個困在這種政治體系中的人——下至活在皇帝的陰影底下、對權力與專制大惑不解、盡力伴君伴虎的普通男女，上至坐在寶座上、卻說不定跟一般人一樣平凡的人。我們一不小心就會忘記，他無疑也在為**怎麼當**獨裁者，以及為身為**羅馬皇帝**的意義而傷透腦筋。

我會在接下來的各個章節裡穿越虛構與事實所構成的迷人世界——從皇帝的宴會桌到邊境軍區，從御醫的診斷書到皇帝在笑話、諷刺劇以及夢境中的模樣，從皇帝的辦公桌到他的遺言——追尋皇帝的蹤影。但首先，我們要離埃拉加巴盧斯和他的放屁坐墊遠一點，將場景設定在羅馬帝國政局以及一人統治的定義上。專制有各種不同的形態。接下來兩章，我會詳盡說明**羅馬式**獨裁的一些基本要素，例如羅馬皇帝的勝任條件，皇帝制度從何而來，你我如今稱為「羅馬皇帝」的又是些什麼樣子的人，以及他們最後是怎麼登上寶座的。

第一章 一人統治的基本規則

One-Man Rule: The Basics

誡徵皇帝

The emperor's job description

西元一〇〇年九月一日，時間點大概是埃拉加巴盧斯治世前的一個世紀，蓋烏斯・普利尼烏斯・塞坤杜斯（Gaius Plinius Secundus）起身，在一眾元老面前，對著皇帝圖拉真浮誇致謝。元老院是羅馬最古老的政治機構之一，備受尊重，此際業已發展成議會、法院兼清談俱樂部，任包括皇帝和其他政要在內約六百名元老們暢所欲言。眾元老由一群羅馬富裕菁英所組成，有馬屁精也有不滿分子，有舊貴族也有暴發戶。

今人以「普林尼」簡稱蓋烏斯・普利尼烏斯・塞坤杜斯。普林尼是個唯有讀書高的行政官員，時至今日，我們仍然可以讀到他從黑海駐地寄回本土的公文（頁237-40）。他同時是富裕且事業有成的律師，也是記述西元七十九年維蘇威火山爆發的作者中，唯一倖存的目擊者。當年十七歲的他，在安全距離外目睹了一切。時值西元一〇〇年，他在元老院獲選成為兩名執政官之一，在九、十月間任職。執政官曾是古羅馬最高的選舉官職，如今雖然仍備受尊重，但實際上已不再是由選舉人票選，而是由皇帝選任。因此，元老院漸漸發展出慣例，新執政官理應在一眾元老面前向皇帝表達謝意。普林尼上台，站在另一名執政官和圖拉真本人身邊，地點則是尤利烏斯．凱撒在羅馬城中心特別建造的「元老院」虛華建築——對皇帝來說，元老院地點方便，從主皇宮坐轎子只要十分鐘即可抵達。

這類謝辭幾乎都是畢恭畢敬、乏味的例行公事。連普林尼也承認，演說內容缺乏讓人保持清醒的亮點，而皇帝不僅得聽完全場，而且是好幾個全場。幾年前的一場謝票演說，成了眾所周知的不幸意外：西元九十七年，一名年屆八旬的執政官為演說做準備時，不小心把正在查閱的厚書弄掉了，於是，他彎下腰撿書——人人心知肚明，要出意外了——結果在光滑的地板上滑倒，摔斷了髖骨，就此臥床不起，最後因傷過世。不過，普林尼的演說則獲得了不同的名聲。因為他在元老院演說結束後（由於九月是假日，來到現場的元老恐怕稀稀落落），又在友人面前演說了幾回，在一連三天的私人朗誦會上讀了三遍——如今看似虛榮，但這是當時羅馬貴族之間常見的娛樂形式。普林尼以書面形式，使得這份演講詞廣為流傳，後來更是以《頌辭》（*Panegyricus*）為題傳世至今。我真心希望，目前的版本是從對皇帝與元老院宣讀的版本中延伸而寫的。據我估算，如今我們閱讀到的版本，縱使以快轉的方式念出來，也要三小時以上。即便如此，《頌辭》

仍是一份寶貴的紀錄，保留了子民與皇帝之間的一次面對面，以及當下所講的話語。更有甚者，《頌辭》幾乎等於「羅馬皇帝」一角的徵選要求。

現代讀者往往會覺得，普林尼直接對圖拉真這一番黏膩冗長的巴結，就跟喜怒無常的殘忍或悖理的奢華一樣，是羅馬專制當中令人反胃的環節。《頌辭》的每一頁都可見不切實際的新花招：皇帝啊，普林尼如此歌頌，是完美的典範，是「嚴肅又和善、舉重且若輕、力量及仁慈」等令人讚歎的結合，是他親愛的子民崇拜的對象（子民只為見他一眼便前仆後繼而來，肩上還扛著孩子）；靠他一人就能激起羅馬的生育率，原因很簡單，因為人人都急著想讓孩子降生在受此仁君所祝福的世界。他提到幾年前（西元九十六年）遭刺殺身亡的皇帝圖密善，他形容圖密善是禽獸，埋伏在自己那染血的獸窟，對著過度料理的美膳盛宴狼吞虎嚥，慶祝那些自己從未真正贏得的「虛假」軍事勝利：「一臉高傲惹人厭煩，眼含怒火，面色跟女人一樣蒼白」。（就「欺騙」、「陰柔」與「美食」這三點來說，圖密善的故事跟埃拉加巴魯斯有明顯的相似之處。）普林尼不斷強調，圖拉真有別於圖密善，前者顯然是清廉、開放，他吃的餐點樸素簡單，他的戰績真材實料，他的體格健康強壯（幾根白頭髮為他增添幾分威嚴）。他奉承道，「先前的統治者已不再靠自己的雙腿，而是靠奴隸肩負才高過我們的頭，但你卻是一路乘著自己的名望、自己的榮耀，靠著公民的奉獻以及自由，讓自己高於過往之人。」難怪某個現代評論家對整篇講詞嗤之以鼻，「幾乎沒有人看得起這篇內容，簡直活該」。

整體而言，相較於前幾代人，我們如今對於褒美的微妙之處沒那麼敏銳。不過，對於普林尼

7. & 8. 普林尼《頌辭》裡，主角與反派的肖像——左邊是圖密善，右邊是圖拉真——兩人形象差不多。儘管普遍認為圖密善禿頭，這尊雕像卻是頭髮茂密（除非我們把他想成是戴假髮）。

的謝票演說，我們確實該收斂一點「蔑視」的情緒。這篇講詞沒有乍看之下那麼簡單。首先（雖然不見得會讓你對這篇文章多幾分好感），這些話表面上看起來是讚美皇帝，其實也是在稱讚普林尼自己。比方說，我們曉得普林尼跟他的摯友圖拉真有多親密（事實上，可是親密到會親嘴），也很清楚他們在宮裡親暱地度過長夜，享用著簡樸的菜肴，享受友好的交談。我們也能欣賞普林尼精湛地展現自己的專業（羅馬遺產稅制的錯綜複雜，現代讀者恐怕連幾頁都讀不下去，而普林尼卻精通於此）。《頌辭》其實是普林尼當著皇帝與同為元老之人的面，在宣示自己的地位。

但重點在於這一番恭維裡蘊含了一些明確的課題，要皇帝回家做功課。普林尼差一點就要明說了，不過，影響他人行為最好的方法，莫過於看你希望他擁有哪些他實際上欠缺的特質，並就這些特質來讚美對方。就這一點來說，《頌辭》其實是在羅馬菁英為首者所草擬的、冗長的「皇帝」徵才條件中，又加上幾個條件。表面上是恭維，實際上卻是在指點怎麼當個好統治者。明君的故事比暴君的故事乏味得多，而在多數現代聽眾耳裡，稱讚某個仁慈獨裁者有哪些德行，感覺都很言不由衷。不過，普林尼的徵才條件有中和帝權恐怖幻想故事的效果，值得我們認真以對。

普林尼列舉出極其全面的明確要求。他的皇帝必須慷慨大方，為人民提供餘興節目，提供飲食及金錢等實質的照料。他必須出於公益而建造公共建築，而不是為了一己的享受或放縱。他必須靠戰爭征服別人。普林尼寫了一段令人不寒而慄的話，這名埋首於稅收細節的行政官僚，這名在短暫服役期間離前線非常遙遠的前軍人，卻對每一位「在戰場上讓死屍堆積如山，以鮮血染紅海洋」、建立功業的皇帝不吝讚美。但他也提出更高的原則，以引導皇帝的行為。皇帝必須開誠布公，不能用虛偽的言詞和虛假的成就來撐起自己的地位。普林尼口中的「壞」皇帝甚至連打獵娛樂都會作弊，提前把獵物包圍起來，方便自己射殺。還有（他話鋒一轉的方式，透露出「奴役」在羅馬權力語言中是多麼根深柢固），皇帝對待子民時必須像個父親，而不是一副奴隸主（*dominus*）的態度；皇帝要保障子民的自由，而非迫使他們為奴。對於元老，皇帝則必須表現得有如「吾輩一員」（*unus ex nobis*）。

本章接下來將著力於羅馬一人統治的起源和「基礎」，過程中我會繼續以普林尼與圖拉真的關係為基準。同為參照的還有普林尼建構的理想統治者形象——高尚誠懇的道德、盲目的菁英主義（羅馬人民絕對不可能獲邀入宮參加氣氛友好的宴會）以及偶爾相當明顯的自我矛盾。《頌辭》近結尾時，普林尼感謝皇帝「**命**（ordering）我們自由」，他想必體認到：按照羅馬的邏輯，唯有奴隸才會**獲命**（ordered）成為自由人。毫無疑問，他無意間揭露了在獨裁者（無論是明君或是暴君）統治下，身為公民的雙重思考（double-think）之處。

權力共享的共和制度，以及帝國的起源
The power-sharing Republic and the origins of empire

新任執政官普林尼在西元一〇〇年起身演說時，羅馬已經在皇帝統治下過了一百多年了。不過，羅馬城本身則有超過八百年的歷史。自從傳說中的早期七王——始於建城的羅慕路斯（Romulus），結束於西元前約五〇〇年，「驕傲」塔庫因（Tarquin 'the Proud'）遭驅逐為止——的統治結束後，羅馬都是在某種**類似於**民主的體制下得到治理，今人多稱之為「羅馬共和」。

「**類似於**」這三個字很重要。誠然，包括位處層峰的執政官在內，國家的主要政務官都是由全體男性公民民主選舉產生的，而負責制定法律、決定是戰是和的，也是同一批公民。不過，這卻是一套有錢人主導的體制。選舉時，有錢人的票顯然比窮人的票更有分量，而且只有他們能出任官員、指揮羅馬軍隊。當時，共和國最有影響力的政治機構，則是由數百名前任官員組成的元

老院。即便元老院的權力範圍在此前或當下都很難正式界定，但政府往往會遵循元老的決議。若稱這種統治方式為「權力共享」體制，會比直接稱之為「民主」體制更貼切。元老為終身職，其餘政務官則有任期限制，只能擔任一年，而且一定是多人同時擔任。而無論何時，執政官一定有兩人。地位僅次於執政官的是「執政」（praetors），其最重要的任務是執法，別的先不提，光是他們的人數也是逐漸增加，最後達到每年十六人之譜。官員人數之所以增加，固然是為了因應更多的工作量，但還有另一個因素。共和制度的基本準則是：你絕不能長期掌權，也絕不能獨自掌權。

早在打下帝國半壁江山，稱霸今日歐洲範圍，及於更遙遠之處，像普林尼說的「以鮮血染紅海洋」之前，統治羅馬的就是這個政體。驅使羅馬人打江山的原因，以及羅馬征服行動何以成就斐然（尤其是西元前三世紀至前一世紀間的主要擴張時期），向來是人們熱議的主題。早在西元前二世紀，希臘史家波利比烏斯（Polybius, 200-118 BC）已經在思索：羅馬，這座在西元前五世紀時普通到了極點的中義大利城鎮，何以能在幾百年內稱霸大半個地中海。

要是一逕地推給羅馬人好鬥尚武，或者紀律超級嚴明而且擅長作戰，那也太隨便了。他們的確好戰，但他們征服的對象多半也很好戰。羅馬人在戰技方面亦有其弱點，例如早期在海戰方面的無能，簡直成了老掉牙的笑話。最好的解釋（或猜想）是，好戰作風與尚武精神不知怎地跟羅馬菁英獵取軍事榮耀的激烈競爭態度相結合，又加上羅馬人掌控義大利半島後幾近無限的人力資源，以及……很可能就是「走運」——這些全部加起來便成了大範圍、迅雷不及掩耳的帝國擴張。但是，這些因素確切上來說到底是什麼，以及哪些才是真正具有決定性的因素，仍是未知數。

唯一**可以確定**的是，這一系列的征服除了對被征服者帶來顯而易見的後果之外，羅馬政局本身也受到幾乎一樣革命性的影響。政局之所以如此動盪，多少跟帝國帶來的龐大利益有關——以前，共享權力的菁英們理論上是平等的，平等的觀念能緩和彼此競爭激烈的程度，但帝國摧毀了這種平等。對軍事指揮官來說，戰爭足以讓他們個人致富（特別是對富庶的地中海東部各王國發動的戰爭），而財富也在羅馬社會上層劈出一道鴻溝，一邊是少數極其成功的「大人物」，另一邊則是其餘所有人。其中一號大人物——巨富馬爾庫斯．利基尼烏斯．克拉蘇（Marcus Licinius Crassus）——表示，除非能用一己之富糾集一支軍隊，否則就稱不上有錢；這番話顯然透露了少數幸運兒所支配的財富達到什麼樣的水準（克拉蘇本人先是靠繼承房產致富，接著靠房產投機又大賺一筆）。不過，他也暗示了財富可能的用途。事實證明，這些對克拉蘇自己一點好處都沒有。西元前五十三年，他對帕提亞帝國（Parthian empire，從今日土耳其東部所在地延伸出去的大帝國）發動本該帶來大量收益的戰爭，誰知他卻戰死沙場；據說他的腦袋被人砍下，最後成了帕提亞王室婚禮上表演希臘悲劇時所用的血腥道具。

帝國領土不斷擴張，羅馬共和政府的分權架構也同樣受到壓力。傳統上，無論是在前線指揮軍團作戰、「維護治安」或是排憂解難，都是由同一批民選官員來處理羅馬城內政與外交。至少在剛開始的時候，羅馬人並不打算實質、直接控制他們所征服的地方，頂多只想收稅、開發當地資源（例如西班牙的銀礦），並按照自己的意思行事。即便如此，以「年」為時間限制的權力共享框架，逐漸變得難以容納各種不同的任務。畢竟，光是從羅馬城前往多事之秋的帝國邊境上任，就得用去一年任期中的好幾個月。

羅馬人當然看到了問題，也為此做出各種相應的調整。比方說，官員們先是在羅馬**任滿一年之後**，才到海外駐地展開另一段任期。不過，有時候需要用更激進的方式，才能解決帝國所引發的危機。比方說，假如你想掃蕩地中海的海盜（「海盜」一詞在古人耳裡聽起來，如同我們聽到「恐怖分子」），那就得把職權與資源交給一名指揮官，期間可能很長，而這種作法簡直是視傳統羅馬任官的暫時性、分權性準則於無物。換言之，是帝國本身漸漸摧毀了原本讓帝國得以成形的獨特政府結構，為一人統治鋪路。是帝國創造了皇帝，而非皇帝創造了帝國。

獨裁政體前傳
Prequels to autocracy

西元前一世紀初期，羅馬見證了一系列君主專制的前傳。前八〇年代的其中一名巨頭——盧奇烏斯·科內利烏斯·蘇拉（Lucius Cornelius Sulla）——率軍進攻羅馬，自立為「獨裁官」（dictator），實施一系列保守派的政治改革計畫，他數年後辭官，最後在病榻上辭世。根據各方說法，這病讓他死狀悽慘，但想到他曾放任暗殺小隊在城裡橫行，說不定病死算是便宜他了。

僅僅十年後，格納埃烏斯・龐培烏斯・馬格努斯（Gnaeus Pompeius Magnus, 106-48 BC，即大龐培〔Pompey the Great〕）便以微妙的手法，達到近乎於大權在握的目的。龐培透過公民投票，得到掃除海盜的任命，手握龐大預算，東地中海其餘羅馬官員皆任其節制，為期三年。（他只花了三個月即剿滅海盜，然後獲得更長的任期、更多的預算以及更大的權力，以對抗羅馬的其他敵人。）接下來，他**自己讓自己**成為執政官，而且沒有共同執政官，此舉乃公然違反共和的原則，然而此際聽來已不覺詫異。他跟往後的獨裁官一樣，巨資建設宏偉的公共建築，在義大利以外的城市的鑄幣上，不時可見他自己的頭像——鑄幣上可見頭像，是古代君權的關鍵指標，更是延續至今。

不過，政體的轉捩點卻是在西元前一世紀中葉，隨著尤利烏斯・凱撒而來。凱撒站在羅馬「類」民主跟皇帝統治的分界線上。在後世作者的想像中，凱撒年輕時即暗藏野心，但他展露頭角的方式，其實對羅馬菁英來說算是中規中矩。有個杜撰的故事說，三十出頭的凱撒愁眉苦臉地站在亞歷山大大帝的雕像前（龐培所謂的「大」，正是效仿亞歷山大「大」帝而來），哀嘆自己跟早慧的馬其頓國王比起來，起步實在是太晚了。不過，他在高盧立下赫赫戰功（但手段十分殘酷）後，他效仿蘇拉的例子，設法讓自己的軍事指揮權延長到連續的八年。西元前四十九年，他揮軍羅馬，途中「渡過盧比孔河（Rubicon，高盧與義大利的分界）」，讓這個意為「沒有回頭路」的成語流傳至今。內戰隨之而來，他的敵人以龐培為首，換了位子也換了腦袋的龐培演出保守傳統分子的戲碼，最後在前往埃及尋求庇護時，在海邊遭人斬首。凱撒利用自己的勝利，幾乎等於把羅馬政府掌控在一己之手。元老院任命他為「獨裁官」，並於西元前四十四年成為「終身獨裁官」。

不過，凱撒多少仍以共和為典範。他在傳統的短期選舉官職框架內展開職業生涯。雖然蘇拉以來，「獨裁」的意義漸漸往今人的認知靠攏，但凱撒的「獨裁」再怎麼樣還是跟古代為了處理公共危難而設計的暫時任官有些許的關聯。因此，近來多數史家傾向於視凱撒為舊秩序的垂死掙扎。只是，傳記作家蘇埃托尼烏斯（全名蓋烏斯・蘇埃托尼烏斯・特蘭庫伊特魯斯〔Gaius Suetonius Tranquillus〕）在西元二世紀構思《羅馬十二帝王傳》（*Lives*）——首部羅馬皇帝作品——時，卻是選擇從尤利烏斯・凱撒開始，做為十二位皇帝之首和帝制傳承之始。重點或許在於凱撒之後的每一位羅馬統治者，都把本來只是個尋常家族名的「凱撒」，寫進自己的正式頭銜裡；這傳統一直流傳到近代的德國皇帝（Kaisers）與俄國沙皇（Czars）。普林尼在謝辭中幾乎都是這麼稱呼皇帝：不是「圖拉真」，而是「凱撒」（他只講了一次「圖拉真」，卻講了五十多次的「凱撒」）。

我們不難理解當時的人為何把元動的角色賦予凱撒。雖然從凱撒戰勝龐培到西元前四十四年遇刺之間還不到四年（期間，他在羅馬城停留的時間很少超過一個月，因為他都在平定內戰的海外餘波），但他成功以激進且充滿爭議的方式，改變了羅馬政治的面貌，為後來的皇帝奠定了發展模式。凱撒和後來的皇帝一樣，控制高官的選舉，提名一些人選，投票的人只需要表示同意就好。他比龐培更進一步，除了外地鑄造的錢幣，他也把自己的頭像打在羅馬本地鑄造的錢幣上

9. 凱撒的錢幣，西元前四十四年，他遭暗殺前不久方才鑄造。頭像後面的符號代表他擔任祭司職（長柄杓，做為儀仗之用）；正面是他的名字CAESAR IM<P>（統帥的縮寫，見頁57）。

（第一個在世羅馬人這麼做），還著手把自己的肖像散播到整座羅馬城，乃至於城外的廣大世界，為數之多，前所未聞：預計數量即使不到成千，也有上百。他在全新的領域發揮空前的權力，而且顯然不受制衡。西塞羅形容天上的星星被迫聆聽凱撒的話，此番妙語揶揄，指的是凱撒對於羅馬曆法的銳意改革——他修改年、月時間長短，實際上便是我們今天所知的「閏年」。唯有大權在握的獨裁者（或者諸如十八世紀法國那些密謀革命的人），才會主張要控制時間。

凱撒的死法也為未來的模式定調——西元前四十四年，他在成為「終身獨裁官」後不久便遭人暗殺。他的死不僅成了對繼任者的警示，也成了政治謀殺的範例，時至今天皆是如此。（約翰·威爾克斯·布斯〔John Wilkes Booth〕選擇了凱撒的忌日「火神月分日」〔*Ides* of March〕——以我們的曆法來說，是三月十五日——當作一八六五年刺殺亞伯拉罕·林肯〔Abraham Lincoln〕的行動代號。）暗殺者之所以在歷史上留下了還不錯的名聲，其實得歸功於威廉·莎士比亞（William Shakespeare）等文人。動手的這群人不出意料之外，人員複雜，有陳義甚高的自由鬥士、心有不甘之人，以及追求權力的自利分子，他們乘元老院集會時埋伏並殺害這位獨裁官，任他在龐培的雕像前死去。馬爾庫斯．尤尼烏斯．布魯圖斯（Marcus Junius Brutus, 85-42 BC）在莎士比亞的《凱撒大帝》（Julius Caesar）中，是個重視名譽的愛國者，而其實他恐怕是暗殺者中最自私的人。他壓榨羅馬海外帝國人民，劣跡斑斑。他以百分之四十八的利率（法定上限的四倍）向賽普勒斯某座城市放款，為拿回欠款而派手下封鎖當地市政廳，過程中導致五名議員餓死。凱撒遇刺不過幾年，反對君主制度的布魯圖斯卻在支付麾下軍餉的鑄幣上，刻上**他自己**的頭像。

不過，更重要的是，這些暗殺者雖然成功除掉目標人物（通常是最容易的部分），但他們對於下一步完全沒有規畫，結果反而讓他們的成就相形見絀。十多年的內戰隨之而來，凱撒的支持者先是對付殺害他的人，然後執戈相向。到了西元前三十一年，局勢已經演變成兩大陣營的衝突：一方是凱撒的追隨者馬克．安東尼（Mark Anthony），如今與著名的埃及女王克麗奧佩脫拉（Cleopatra）結盟（以及……）；另一方是凱撒的外甥孫，亦即據凱撒遺囑，在死後收養（在羅馬算是常見）正式成為其子的屋大維（Octavian）。雙方的決戰在希臘北部的海上展開，位置就在科孚島（Corfu）南方的阿克提烏姆岬（promontory of Actium）附近。後人所說的這場阿克提烏姆戰役（Battle of Actium）在後來的大肆宣傳下，變成屋大維決定性的英勇大勝，也是新時代的光榮開端。而事實上，帶來勝利的不是英勇奮戰，而是逃亡與不忠。安東尼麾下一名將領把作戰計畫洩漏給敵人，而根據可靠的事件重建，克麗奧佩脫拉幾乎是一開戰便率領艦隊，帶著財寶駛回埃及，安東尼旋即跟上腳步。人們對於這到底算不算臨陣脫逃仍莫衷一是，只是眾多古代作

10. 西元一世紀大理石浮雕（局部），於義大利出土。內容描繪阿克提烏姆戰役。前景的船首有半人馬裝飾，代表該船屬於安東尼與克麗奧佩脫拉的艦隊。

者迫不及待把克麗奧佩脫拉描繪成怯懦的女王，承受不了壓力，逕自逃之夭夭。無論實情如何，屋大維反正都成了羅馬世界唯一的領導者，不久後成為第一位**羅馬皇帝**。換句話說，暗殺凱撒的人等於間接造就了原本聲稱極欲抵抗的局面：永遠的一人統治。

皇帝的新衣
The emperor's new clothes

屋大維在尤利烏斯・凱撒死後的衝突中的表現，落在非法、無情以及無比殘酷這三者的交集範圍內。西元前四十四年，年僅十九歲的他便糾集了一支實際上為他所有的私人部隊；他跟馬克．安東尼暫時聯手，兩人在義大利實施恐怖統治，以官方名義展開一連串的謀殺，為的是懲罰凱撒的敵人、解決宿怨、變賣受害者的財產以籌集資金。敵方的宣傳甚至聲稱，屋大維曾經徒手挖出敵人的雙眼。他是怎麼成功將自己的形象從年輕惡棍轉變為負責的政治家，乃至於一套延續數世紀之久的政治體系之奠基者（無論這個制度是好是壞）的呢？這堪稱是羅馬史數一數二的謎團。不過，這種轉變與重新包裝，大可從精明的改名看出來。

西元前二十七年，距離屋大維徹底擊敗安東尼和克麗奧佩脫拉並重返羅馬後不過數年，他就獲得了「奧古斯都」封號（想必是他自己授意）。有幾份古代文獻宣稱，他曾起心動念，要根據傳說中的羅馬建城者，改名為「羅慕路斯」，卻因為這名字帶來的尷尬聯想而打了退堂鼓（畢竟，羅慕路斯也是在殺害弟弟雷慕斯〔Remus〕的那一刻，成了羅馬內戰的傳說奠基者）。「奧古斯都」比較保險：這是個全新的、適當的模稜兩可、虛構出來的名字，意近於「尊者」。過目難忘。未來的羅馬皇帝把「凱撒」與「奧古斯都」都納進自己的頭銜裡。西曆至今仍以「July」（源於*Julius* Caesar）與「August」紀念兩人。為了表彰他們，羅馬本有的月份「五月」（Quinctilis）及「六月」（Sextilis）因此改名，兩千多年後的我們也依然生活在這兩個符號底下。

時值羅馬憲政大改造，當下的情況想必比後來的回顧相形混亂。我們對於屋大維返回羅馬時構思出來的計畫一無所知，但應該是在承繼尤利烏斯．凱撒的地位的同時，也避免落入他悲慘的命運相去不遠。傳言說這位新統治者在托加袍（toga）下穿著鎧甲——笨重、悶熱，而且很不舒適——暗示他有多麼害怕遭人暗殺。我們只能猜想他是否重新考慮過（羅馬作者暗示說，他曾數度考慮徹底放棄一人統治），或仔細想過他是不是有哪些後來徹底失敗了或遭到激烈反對而束之高閣的好主意。我們甚至根本無從了解屋大維／奧古斯都會選擇以什麼方式，來形容自身在政府中的位置。

今人所謂的羅馬「皇帝」（emperor），可追溯到拉丁語的「元帥」（*imperator*）——此為古羅馬頭銜，並冠在凱旋歸來的統帥身上，後來則授予奧古斯都及其繼承人（無論他們有沒有親征取勝過），有如常規。不過，其實還有各種稱呼，側重的環節各不相同，有些得到積極採用，有些則令人避之唯恐不及。羅馬「皇帝」通常不會自稱*imperator*，而是稱自己為*princeps*（元首，今日「prince」一詞的詞源），而*princeps*在拉丁語的意思與「為首者」差不多。「*Rex*」（「王」）是個更複雜的問題。在希臘語人口遠多於拉丁語人口的帝國東半部，人們多半稱皇帝為「王」（希臘語作「*basileis*」）。但這種情況在羅馬本地很罕見，羅馬人仍然為數世紀前擺脫傳說中的末代國王而自豪，他們並不打算歡迎這種暴君回鍋。打從一開始，多數皇帝會特別向各地聽眾強調，自己絕對**不是王**（屋大維之所以不選羅慕路斯的另一個好理由——羅慕路斯雖然奠定了羅馬，卻也是第一位羅馬王）。話雖如此，某些憤世嫉俗的古代批評家仍禁不住懷疑，「元首」、「元帥」、「凱撒」與「王」之間除了表面上的稱呼不同以外，到底有什麼不同之處。西元二世紀，塔西陀在《編年史》（一部談早期皇帝的歷史）一開篇便語帶不祥的評論道，「羅馬自古以來受王的統治」。

羅馬世界每一名回顧奧古斯都治世的史家，無論是否抱持冷眼旁觀的態度寫史，咸認為奧古斯都是在下一盤大棋。不管史家是在幾十年後，還是幾世紀後書寫（當時的敘事史料流傳至今的數量不多），他們多把急就章的混亂過程，掩蓋在帝制元勳君臨天下、為將來奠定新獨裁體制的形象底下。卡斯西烏斯．狄歐（我們正是在他的大部頭羅馬史裡，讀到埃拉加巴盧斯打算變性的故事），甚至把他那八十卷書當中一卷的篇幅（長度大概是現代書籍的一章），全部拿來寫這位新統治者決定要如何統治國家的正式論辯過程。據說，這場辯論發生在屋大維改包裝變成奧古斯都的前幾年，屋大維的兩個朋友針對民主與獨裁各自的優點展開辯論（一方代表平等之美德，另一方則為最適當的統治方式說話），權衡一人統治的利弊，最後勝出的當然是獨裁。他們討論的內容從財政規畫、優秀幕僚的需求（年紀千萬不能太輕），到統治者的個人焦慮、陰謀的威脅，尤其是不知不覺腐化人心的諂媚。從中我們可看出，像狄歐這位西元三世紀初的元老，是以什麼標準為帝國政府打分數；假如一個世紀前的普林尼看到此一書卷，想必也能立刻心領神會。不過，由此便說這是羅馬一人統治制度的確切起源，無疑是天方夜譚。

奧古斯都偕友人與同僚，合力在新的政府體制中打造出皇帝的角色，其過程又是東拼西湊，又是走回頭路，又是髮夾彎，而我們恐怕永遠無法重建其細節。當然，他們也絕非多此一舉，而且他們很可能讀過以前希臘哲學家對於王與王權、善與惡的定義，至於他們對於定義問題實際上重視到什麼程度，無疑是個謎。多虧古代傳世的珍貴文件之一，我們得以親眼目睹這位皇帝回首來時路，親筆寫下「我的成就」。這是他在西元十四年以七十五歲高齡過世前所寫下的一篇「短文」或「宣言」，長度大約是現今書目的幾頁，後來刻在今土耳其一座古羅馬神廟的牆上。

我的成就
What I Did

羅馬統治者所寫的書，有些得以傳世至今。尤利烏斯．凱撒對於自己在高盧的軍事行動，以及與龐培為敵的內戰有一番自我辯駁；他的著作在古羅馬時代便已流傳開來，在整個中世紀被傳鈔，存留至現代世界，成為學校教科書。馬可．奧里略的《給自己的便條》，以及四世紀的皇帝尤利安的著作也有類似的發展，後者即便放到今天，也需要好幾冊的篇幅。除了一些口吻直白的堅定異教神學著作，尤利安的作品還包括對前幾任王座上的人淋漓盡致的反諷，從埃拉加巴盧斯到奧古斯都，入木三分，引人發噱；他在很大程度上把奧古斯都刻劃成一條老練的「變色龍」，狡猾善變，難以為他蓋棺定論。

相較於前面提到的著作，奧古斯都親筆寫下的《我的成就》（*What I Did*，拉丁文原文為《神功紀》〔*Res Gestae*〕）傳世的過程大不相同。他寫出來就是要給所有人看的，因此內文是蝕刻在兩根青銅柱上，正立於他位在羅馬城中區附近的陵墓前。這兩根柱子連同上面的銘文老早已被人熔掉，有可能是中世紀時回收製成武器之用。不過文章本身傳鈔甚廣，我們如今看到的重修版本，其完整程度逼近在安卡拉（Ankara）附近的神廟發現的原版。神廟牆上刻有拉丁文、希臘文版本（為當地希臘語受眾而刻），陰刻字原本上了鮮紅色的漆，好讓文字更清楚。從十六世紀以降，即有人發現大塊的殘跡，但是要到一九三〇年代，在現代土耳其共和國國父凱末爾．阿塔圖爾克（Kemal Atatürk）的推動下，才將神廟完整挖掘出來，用以慶祝奧古斯都兩千年冥誕。不久後，義大利法西斯獨裁者貝尼托・墨索里尼（Benito Mussolini）急於把這位皇帝重新塑造成自己的先趨，於是命人再度複製。他興建一座新博物館，而拉丁語完整版的《我的成就》便以青銅鑄字的模樣，貼在博物館的外牆上，正對著至今仍在原處供大家瞻仰的奧古斯都陵墓。

《我的成就》是一篇自我中心畢露無遺的第一人稱敘事，「這是我做的……」、「那是我做的……」；來到今天，《我的成就》不過是一篇第一人稱代名詞「我」、「是我」、「我的」反覆出現近百次的現代短文。這篇文章讀來並不讓人心嚮往之，內容也不是躬身自省的自傳，乍看之下，就是一份乾巴巴的「成績單」，外加一些誤導人的場面話。他含糊其詞，推託自己在內戰中犯下的駭人罪行（對於他發動的整肅，「我解放了遭到黨派壓迫的國家」一說，已經是我們能找到最坦白的文字了）。而且，其中有好幾頁則是填滿了**清單**，諸如花了什麼錢、有幾場演出、修了哪些廟、人口有多少，或是有多少敵人屈服了。可惜實情絕非表面所言。當然了，這份文獻是一位掌權四十多年的皇帝所留下的一份梗概說明，回首來時路，為自己說話。然而，從「公開展示」這件事就能知道，這篇文章的目的也是為了做為未來的藍圖，一門身為皇帝**應有的樣子**的課程。也就是說，《我的成就》如同普林尼的謝辭，也是一份「徵才條件」。

這兩份文獻之間有不少重疊之處，或許我們毋須感到意外，畢竟普林尼一定想到了奧古斯都。除去看起來無聊至極的清單和數字，《我的成就》就像《頌辭》，明確提到當皇帝的三大要求：他必須征服，他必須行善，他必須出資興建新建築，或是修復荒廢的建築。我們讀到「羅馬人從未到過的地方」如今由羅馬控制，讀到異國國君宣示效忠，至於那些能跟圖拉真的染血海面一較高下的燒殺擄掠，其自吹自擂的程度更是不在話下。我們讀到奧古斯都對人民慷慨解囊（有人會覺得，這根本是賄賂），像是大型娛樂活動，或是為成千上萬公民提供酒、糧食以及現金，金額有時甚至相當於一般人幾個月的工資。此外，文中還有奧古斯都大手筆興建和修復的全部計畫（而且原本刻在青銅柱上極其顯眼的位置）：從閃耀的新神龕、柱廊及廣場，到引水道、劇院的維護，甚至在西元前二十八年修復了「城裡八十二座需要修復的神廟……無一遺漏」。「八十二座」已經逼近當時羅馬城所有神廟的數量了。我猜，這些神廟需要的修復，不過就是稍微補點漆，但這想必全是內戰之後，「讓羅馬再度偉大」運動的一環。

從此以後，皇帝們不斷把自己「蓋」進羅馬城的紋理中。羅馬城的儀式及公共空間（我指的**不是**上百萬居民當中大部分人所居住的貧民窟和租屋處）以混凝土、大理石為材料，承載了一個又一個統治者的痕跡。有時候，這些建設感覺像是一場大秀、誇張的演出，充滿競爭。比方說，圖拉真柱正是以最小的占地面積，確保能帶來最大影響的一場成功展示，直到半世紀後才被將近高出五公尺的馬可．奧里略柱所超越。據說，時代比奧里略早一個世紀的奧古斯都，曾經誇口稱自己來到羅馬這座「磚造之城」並留下了（一部分）「大理石之城」。但這些建築發展往往屬於某個更重要的計畫，旨在根據皇帝的想法調整市容，讓人們對皇帝的存在習以為常，甚至視為「理應如此」。

就此而論，最好的例子莫過於奧古斯都為了做為新闢的「奧古斯都議事廣場」（Forum of

Augustus）的中央主建物，而興建了全新的「復仇者」馬爾斯神廟（Temple of Mars 'the Avenger'）；《我的成就》裡也曾提到這座神廟。標榜戰神馬爾斯為「復仇者」，意思是尤利烏斯．凱撒遇刺，以及西元前五十三年慘敗於帕提雅人、導致克拉蘇人頭落地的那場戰爭，如今是大仇已報。從羅馬人的描述，以及地面上殘留的痕跡，我們得知神廟前的廣場（即議事廣場）曾並排著一百多尊雕像。其中幾座是傳說中羅馬城的各個建城元勳，包括羅慕路斯。更多的是共和國的「偉人」，像是從漢尼拔（Hannibal）手中拯救羅馬的民族英雄們、獨裁官蘇拉，一路到凱撒的敵人龐培。而坐落在廣場中央、睥睨全場的，則是奧古斯都本人的雕像，矗在鍍金的戰車之上。結論明擺在眼前：過去的政治衝突已不再重要（畢竟連龐培都成了偉人隊伍中的一員），而整部羅馬歷史就是為了讓人走向奧古斯都。

羅馬世界這許許多多隨處可見的青銅、大理石材質皇帝肖像同時表達了類似的觀點。當年有成千上萬尊的奧古斯都像，殘存至今者仍有兩百多尊（見第九章），此外還有數百萬枚錢幣，這些可都是在羅馬人口袋和錢包裡叮噹作響的頭呢。他的作法不僅遠遠超越了尤利烏斯．凱撒在自己簡短執政期間創下的先例，也意味著但凡參與羅馬世界的公共生活——無論是城市生活或是商業生活，幾乎每天都得跟皇帝像打照面。羅馬城以外的大多數到底知不知道他是誰，或者有沒有辦法看著成排的皇帝雕像，把名字跟臉正確對起來，那又是另一回事了。總之，「皇帝」身為元首是無所不在的。《我的成就》的內文當然也是無所不在的一環。會仔細閱讀，把每一件事、每一個數字讀進心裡的人，恐怕不多，何況識字率低，能讀懂的人也不多。然而，去複製、去展示

11.「復仇者」馬爾斯神廟遺跡，位於奧古斯都議事廣場的中央。神廟裡收藏的軍旗，曾於西元前五十三年克拉蘇在卡萊戰役（Battle of Carrhae）對陣帕提亞人（頁48）戰敗時失去，後來奧古斯都透過外交手段（而非軍事勝利）取回。

奧古斯都的字句，等於是**把他寫進**羅馬及其帝國的景觀當中。

我所避而不談的
What I didn't say

儘管《我的成就》裡詳盡羅列了自己的豐功偉業，文中對於奧古斯都用來鞏固自身統治，乃至於替直到三世紀為止的繼位者們確立發展模式的那種強硬政治邏輯，卻是諱莫如深。我們八成可以確定，這套邏輯並非事前詳盡規畫的結果，但我們仍然得以重建他在治世過程中發展出來的兩大重點原則。

首先，他的統治屬於**軍事統治**。我的意思不是說古羅馬到處是穿軍服的人，隨時都在閱兵，不是現代軍事獨裁的那種老調。其實，即便是以目前西方國家的現行標準來看，羅馬城本身非軍事化的程度也相當徹底。羅馬城沒有類似現代「軍旗分列式」（Trooping the Colour）或「巴士底日」（Bastille Day）的定期閱兵，讓軍隊出現在市中心。多數官兵駐紮在羅馬邊疆，羅馬城本身只有少數的城防或宮殿守衛（所謂的「禁衛」〔Praetorian Guard〕）。總之，羅馬士兵除了鎧甲及少數「配件」之外，並不會穿著今人所以為的那類軍服。而我之所以說是軍事統治，關鍵在於整個帝國超過二十五萬人的武力，全數由奧古斯都一人所掌控，而未來的皇帝也依樣畫葫蘆。目光如電的古羅馬觀察家並未忽視這一點有多重要。有段令人忍俊不住的軼事：二世紀時，皇帝哈德良跟某知名學者有過一番賣弄學問的爭辯，內容是關於某個拉丁語單字的正確用法（可惜我們不曉得是哪個字）。學者對皇帝認輸，結果朋友批評他明知皇帝的用法錯了，卻未堅持己見。「能指揮三十個軍團的人，說的一定都對」，他答得真是機伶。

這確實是一場變革，只不過眾羅馬作家所記錄的，多是軍餉和待遇等表面上的細枝末節，以及軍事任命的微調，有時候不容易看出變革的重要程度。共和制的最後數十年，要麼各巨頭坐擁私兵，要麼部隊心向自己的將軍而非政府。軍隊飛揚跋扈的危險，奧古斯都想必知之甚詳（他本人正是在凱撒遇刺後糾集自己的軍隊）。面對這種風險，他的因應方式（用我們的講法）便是將軍隊收歸國有，變成志願役，羅馬公民在正規軍團中服役，各省非公民則入伍組成「輔助」部隊。他開風氣之先，訂定制式契約，明定薪餉標準、役期長短，軍團中軍人退伍時會得到一筆固定的津貼（輔助部隊則稍有不同），資金由中央挹注。這個構想不是為了改善職場環境，而是為

12. 羅馬凱旋式遊行隊伍，內容比圖3華麗得多。這只銀杯是西元七十九年維蘇威火山爆發後遭掩埋的寶藏之一。站在戰車上的，是奧古斯都的養子、未來的皇帝提比留，而圖中描繪的，正是他早期的一次凱旋式——只是，此處替他穩住頭上月桂冠的不是女神，而是奴隸。

不久後，奧古斯都便被迫開闢財源，並於西元六年實施不得人心的「死亡稅」，以支應軍人退撫金的安排。（普林尼在謝辭中充分展現了自己對這項遺產稅的小眾專業知識。）據紀錄判斷，奧古斯都在西元十四年過世後，有些患有關節炎、連牙齒都沒了的老兵嘩變，其中有人在單位裡服役的年限，遠超過規定的十六年（後來則是二十年）。皇帝就跟現代政府一樣，深知延遲退休年齡是省錢的好方法，不只可以慢一點掏出現金，而且一定有些潛在受益人會在延遲期間去世。皇帝的統治有其軍事基礎，而軍隊所費不貲——方方面面都需要錢。

奧古斯都的第二個基本原則是重組羅馬的類民主體制。很多情況看起來沒有變，而這想必正是關鍵。從職等最低的財務官（quaestors）、執政到位居層峰的執政官，共和政體中關鍵的傳統官職仍然由最富有的公民出任。退休官員一如既往，成為元老院永久成員，其津貼及特權得到實質上的強化，包括在公開表演活動時可以坐前排保留座。奧古斯都等於是把舊有政治結構當成他一人統治新制度框架，然後對「公德」（*civilitas*）大書特書。這個詞字面上的意思是「行如公民」，只是其中涵義恐怕更接近「行如吾輩」，當中的「吾輩」就跟普林尼《頌辭》裡的「吾輩」一樣，指的是羅馬社會上層。根據這種精神，奧古斯都及其後繼者都是元老院的積極成員，參與其中的辯論。他們養成習慣，要拒絕「過度」的榮譽——《我的成就》除了成就清單之外，也標榜懇辭榮進（推掉銀質雕像、獨裁官位、終身執政官，以及「任何於傳統習俗有悖之職位」）。他們會按照老規矩，循正規管道成為執政官，同時用共和政治表述方式，來定義、包裝自己的地位，指稱自己「權同執政官」。

然而，皇帝逐漸控制了擔任關鍵職位的人，以致民主選舉——而且是連羅馬的「類」民主——淪為可有可無。普林尼無疑知道，在西元一百年這執政官之位根本是圖拉真賞的（所以才會有謝辭），而羅馬作者們大多會說是皇帝「任命」這些官員。而實際上，確實是他們任命的。一開始，奧古斯都的手法相對於尤利烏斯．凱撒更是收斂——有傳言說他在公民大會裡為自己偏好的人選拉票，甚至採取措施以打擊賄選（給外界一種選舉好像還很激烈的印象），至少看起來並不張揚。但人人心知肚明，無論是正式或非正式手法，他欽點的人選都會當選。奧古斯都在西元十四年去世後，繼任者提比留馬上「簡化」流程，把選舉的行禮如儀（此時的選舉基本上是例行公事）從公民手中整個轉移到元老院。塔西陀寫道，民眾整體沒什麼抱怨，而菁英則樂於擺脫庶民政治的困擾，時代看起來是不一樣了。

「公德」大旗掩蓋了其他重大的擾動。首先，普林尼的任官期相當典型，他只擔任兩個月的執政官，不若共和時期可當滿十二個月。雖然想要位極人臣的元老這麼多，而皇帝只需每年任命十幾個執政官，兩兩擔任一段不長的任期，就能輕鬆解決。這也是一種微妙的貶抑方式，曾經的權位如今變成僅止於榮譽頭銜。不過，最關鍵的變化仍是終結公民選舉——就像軍隊改革削弱了士兵與將領的關係，停止選舉等於打破羅馬顯要和人民的關係，同時也阻止對手的民意基礎水漲船高。選舉固然累人，許多位高權重的人巴不得能擺脫選舉，但選舉也是他們跟整體公民之間的界面活性劑，讓彼此得以互賴。一樣，以後再也不可能了。

連舊有民主制度的肌理也有了新用途。尤利烏斯·凱撒展開一項宏偉的建築計畫，他要用大理石新建一所「投票廳」，工程後來在西元前二十六年，也就是奧古斯都執政時完工。從僅有的些許遺跡便能看出，投票廳足以容納超過五萬名選民——容納人數堪比將近一世紀後擠進大競技場的觀眾。這所投票廳完工之前，幾乎就知道根本只是徒勞罷了。早在奧古斯都統治期間，投票廳便做為新型政治之用。而在各式用途中，最重要的就是讓皇帝為「他的」子民舉行格鬥秀。投票廳**成了**競技場的原型。

皇帝對元老？
Emperors vs senators?

羅馬舊菁英難道就要舉手投降，逆來順受？答案是：「不」。元老與皇帝之間令人憂心的關係，始終是講述帝制的主軸，也是貫穿本書近三百年跨度的一條政治斷層線。兩者的齟齬帶來一些最驚人、最難忘，偶爾（對我們來說）也是最搞笑的故事，有元老的群起反對，有皇帝的興之所至和殘酷無情，埃拉加巴盧斯和他的放屁坐墊不過是這其中的一小部分。

情況極端時，兩邊都有人流血。有人密謀反抗並暗殺皇帝。宮中則派刺客消滅難以對付的或可能對皇帝不夠忠誠的元老——又或者強迫他們自殺，這才叫羅馬。至少在後人眼中看來，那些害元老遭到「叛國審判」處以死刑的罪行，實在是雞毛蒜皮（像是隨口批評皇帝、破壞皇帝像……諸如此類）。由於這類案件中的檢方是元老，陪審團則是整個元老院本身，實在讓人不禁懷疑有時是不是元老之間在報私仇、翻舊帳，或是死忠派急於為皇帝做盡骯髒事。但情況不見得如此。一名富有的元老出資成立了羅馬城第一支半職業消防隊，後來這名元老遭到處死，背後或許就是奧古斯都本人在穿針引線——這件事一方面凸顯羅馬公共服務水準之低劣，一方面也證明這位皇帝忌憚潛在對手會利用自身的人望。還有哲學家愛比克泰德筆下，那關於士兵從事類似前東德史塔西情報單位線民的故事，傳達的也是同一件事。他們偽裝成一般人，鼓動他人說皇帝壞話——「別人都可以說凱撒不好，你也可以」——然後把妄言的人一網打盡。

多數皇帝的雙手沾滿鮮血，僅少數例外，所以《帝王紀》在提及年輕的亞歷山大・塞維魯斯於治世期間未殺過任何元老時，意味深長地暗示這件事有多難能可貴。我們以將近兩百年前的皇帝克勞狄烏斯來比較。無論這位皇帝的現代形象多麼像個老好人（我覺得，這恐怕是勞勃・格雷夫斯〔Robert Graves〕的《我，克勞狄烏斯》〔*I, Claudius*〕塑造出來的），蘇埃托尼烏斯則是聲稱，在克勞狄烏斯統治下，全體約六百名元老當中，有三十五人遭到處死，而這些人不見得都有罪——以羅馬的標準來說。

然而，多數時候，問題並不在於流血，而在於埃拉加巴盧斯式的羞辱、經過計算的侮辱以及幽微的挑釁行為。普林尼提到，以前的皇帝圖密善會當著貴客的面打嗝，還會把自己不愛吃的食物丟向賓客。據說，卡利古拉曾經對兩名執政官「談笑」說，「我只要點個頭，你們馬上會被割喉」。一百五十多年後的西元一九二年，卡斯西烏斯・狄歐講述一次自己人在大競技場，親眼見證康茂多搖身一變，以猛獸獵人之姿出現在場內（為了康茂多的安全，也為了降低難度，倒楣的獵物已經被人先關入欄中）。皇帝順利砍下一隻鴕鳥的頭，緊接著走向元老專屬的前排座位，朝他們揮舞鳥頭，彷彿在說，「輪到你們了。」

輪到元老們抵抗、反擊了。「笑」是一種回應方式。狄歐誇口說，自己跟身旁的人一看到康茂德和那隻鴕鳥，差點就嗤嗤笑了出來（我覺得，應該是太過緊張吧），只好把頭上花冠裡的月桂葉拔下來塞進自己嘴裡，好掩住笑意，免得因為猛然大笑而惹禍上身（頁275-7）。「不合作」則是另一種選擇。拒不合作的元老們或是大動作地分梯次離場，或是乾脆留在家——狄歐說，有個老紳士實在無法忍受康茂德在大競技場耍猴戲，所以沒有出門（但他很識趣，派兒子代為出席）。其他人則假裝無辜，或是在奉承時語帶雙關，反將皇帝一軍。比方說在西元十五年，一次叛國罪審判正要進行投票表決時，有位元老懇求提比留第一個投票，「只要你先投，我就不用擔心自己不小心投錯了」，一句話戳破提比留假裝自己跟其他元老平起平坐的偽善態度。（假如此舉意在巧妙地使被告無罪開釋，那確實成功了。）還有許多存心抵抗、低等作對的例子。有些現代史家表示，這正是卡利古拉威脅要讓愛駒擔任執政官的真正原因。他們主張，假如馬的傳言確實，恐怕也是對元老拒不合作的惱怒、反諷。皇帝想表達的是，「我不如讓我的馬跟你們一樣當執政官算了」。

這些流傳至今的故事，其出發點都來自各個元老，將自身描繪成悲壯的受害者或高貴的英雄（至於卡利古拉揚言讓馬當官的箇中原因，或是提比留如何評價自己在元老院的表現，我們也只能推測）。故事雖然偏頗，卻也點出統治者與菁英之間存在一股難以言喻的不信任，以及一種同樣難以言喻的相互依賴：面對皇帝的隨心所欲，元老無能為力；皇帝則對元老抱持敵意或提心吊膽，畢竟元老是皇帝的主要對手，他卻必須仰仗元老的合作，才能讓羅馬世界保持順利運作。此外，這些故事也點出羅馬的一人統治，以及「公德」等口號打從一開始就潛伏著陽奉陰違的矛盾情緒。

元老請提比留「先投票」的傳聞，凸顯出的不只是特定皇帝的虛偽。這則故事不僅一針戳破了公德的概念，更是把事實攤在陽光下——即便皇帝同是元老，展現合群的姿態——皇帝絕不會是「吾輩一員」。奧古斯都出席元老院會議及離席時的舉動，是個更明顯的例子。據說他在出場和離場時，會輪番跟每一位元老打招呼、道別，而且是指名道姓。假如他真這麼做（也很難想像他經常如此），在元老出席率合理的情況下，至少得花一個半小時才能完成這冗長的過程，而且進場跟離場都得行過一次。就算一切再怎麼行禮如儀，在在清楚顯示奧古斯都**絕非**普通元老。這景象與其說是體現公民間的平等，不如說是權力的盛典。

整體而言，奧古斯都感覺算是「安全下莊」——至少後來的羅馬作家如此認為。想要跟菁英保持危險的平衡，得有一身出神入化的政治舞技，而奧古斯都的諸多後繼者則顯得拙劣，而這多少是他們以「壞」皇帝之名留名史冊的原因。羅馬世界的史家皆出自菁英階層，而且幾乎都是男性；對他們來說，壞皇帝的「壞」，往往等於「羅馬上流人角度所認為的壞」。即使在奧古斯都時期，他的世界跟埃拉加巴魯斯那個誇大、虛實交錯的反烏托邦世界之間也有不少關聯。只要涉及皇帝與元老院的關係，事情永遠不會是表面的樣子。雙方幾乎不會有肺腑之言，而表裡不一則造成了彼此的不信任。

故事的另一面
The other side of the story

不過，皇帝與元老院的故事還有其他環節。史家、作家以及藝術家的目光，幾乎集中在反叛者和異議人士身上。直到今天，皇帝手下的受害者仍是英雄傳說的素材。例如哲學家、劇作家、諷刺作家及燙手山芋——尼祿皇帝——的導師盧奇烏斯．安納埃烏斯．塞涅卡（Lucius Annaeus Seneca），他在西元六十五年時捲入一場以他往日的學生為目標的失敗密謀，結果皇帝命他自我了斷。自文藝復興時期以來，眾多藝術家重現的那一幕，便是這名老者在旁人的幫助下，坐進熱水澡盆以加快靜脈流血的速度，老者（絕對的矯情）則模仿蘇格拉底，傳授哲學直至身亡的這一幕（彩圖2）。

即便到了今天，就連絕少做政治出頭鳥的人，也多半會支持自己眼中認為有原則、有膽量反抗腐敗獨裁者的人。他們的故事比「一丘之貉」的人刺激多了，何況我們就是很難對受暗殺威脅，或者被「為反而反的人」折磨到精神錯亂的統治者掬一把同情淚（不過，圖密善亦曾發出不平之鳴，說非得等到他死了，大家才會相信真有人要謀害他，而這番話我們或許得多嚴肅看待一些）。儘管人們高調反對個別統治者的罪愆及行為不端，或是對一人統治的某些環節感到不滿，卻幾乎沒有大力抵制一人統治**本身**的跡象——我們在同情叛亂者的時候，往往會忘記這一點。

我們最後一次用眼角餘光掃到有人反抗帝制，是西元四十一年的事了，距離奧古斯都去世還不到三十年，中間才過了兩位皇帝。其中的第二位是卡利古拉，被一些心有不滿的衛隊成員刺殺；事後，元老院裡有人發表演說，要求恢復舊共和的「自由」。只是響應者太少，而且也太遲。重返舊秩序的時機早已錯過。一來是克勞狄烏斯已經獲擁立為新皇，二來是有人發現，演說者戴著一枚有卡利古拉頭像的圖章戒指，滔滔雄辯的說服力立刻直落。戴這枚戒指有夠反共和。

除卻少數哲學家不切實際的幻想，除卻壁爐上仍擺著凱撒殺手布魯圖斯與卡斯西烏斯（Cassius）肖像的懷舊夢想家，適才提到的那場演說，正是我們最後一次聽到有人實際呼籲推翻羅馬一人統治的聲音。奧古斯都所建立的體制，將一直伴隨羅馬接下來的時光。

人們輕易就會忘記，即便在皇帝統治下，也不見得所有元老都參與了這場唇槍舌戰，或是其他更糟的事情。塔西陀以他招牌的犬儒態度，把元老分為兩大群體：一邊是通常沒什麼實際作用的異議派，情懷高尚姿態莊嚴，卻毫無行動或政治智慧可言；另一邊則是懦夫、獻媚者，以及準備拿自己的自由交換財富與政治前途的人。現代的史家常常把普林尼描繪成怯懦舔靴人的一員（有些怯懦的元老還真舔過皇帝的靴子）。不過，我們也能視之為只是為了在自己唯一熟知的政治體制中，過好自己的生活，發展自己仕途。毫無疑問，他對於自己在元老院與帝國行政體系中扮演的角色，整體而言相當滿意，也樂見皇帝賞了他兩個月的執政官職位。他很可能以身為圖拉真之友為傲，很擅長遊走在曲意奉承和直言不諱之間的危險平衡，也很能適應皇帝周圍上演的裝腔作勢——與此同時，又能針砭圖拉真，提醒他皇帝該有的樣子（以及該做的事）。

很難知道元老中有多少像普林尼這樣的人，一部分是因為那些更吵、更不滿，對我們來說更吸引人的同僚掩蓋住他們的光芒。但我猜，多數元老通常都願意乃至於樂意跟「元首」合作，無論他人是好是壞。在「合作」跟「勾結」之間，在「禮貌」與「巴結」之間，顯然有明確的界限。無論如何，雖然有時候得口是心非，但也多虧了羅馬世界裡一個個的普林尼，奧古斯都建立的體系才得以運作——並得以長存。

第二章　誰是接班人？——繼承的算計
Who's Next? The Art of Succession

奧古斯都的傳人
Heirs of Augustus

屋大維結束阿克提烏姆戰役，擊敗安東尼和克麗奧佩脫拉之後，於西元前二十九年返回義大利。他幾乎是一踏進羅馬城，就開始在城中心一帶建造巨大的陵寢。這是羅馬城有史以來最大的陵墓，直徑九十公尺，至今依舊矗立在距離臺伯河不遠處。（二十世紀初，奧古斯都墓經改造成為羅馬首屈一指的音樂廳「奧古斯都廳」〔Augusteo〕，可容納將近四千席；後來墨索里尼拆除現代裝潢，又改回「古蹟」。）奧古斯都陵墓是獨裁權力堅定的象徵，後來經人銘刻、展示在入口處的《我的成就》文字，又強調了這一點。光是建築量體便足以表明，這裡不只是為了安葬今上及其至親，更是要做為歷代皇帝安息之處。這座陵墓形同保證（或者警告），昭告奧古斯都不會

13. 奧古斯都墓，早在他治世之初即開始興建，堪稱是他江山大業最醒目的象徵。圖為正門，本來有兩根青銅柱，刻有他的《我的成就》，內容幾乎無異於一人統治宣言。

是最後一位皇帝，更是對皇統傳承的誇耀。

即便口氣如此之大，「接班計畫」仍是奧古斯都體系的一大弱點，而且是最明顯的弱點。該由誰來繼承奧古斯都？說得更淺白一點，為什麼要為羅馬的皇座選出繼承人？由誰來選、根據什麼原則來選、從哪些候選人中挑選？奧古斯都死後的兩百多年間、二十多位皇帝之間，權力的轉移過程幾乎是充滿爭議，令人憂心，甚至不時有人因此喪命——前有西元五十四年，據傳皇帝克勞狄烏斯的第四任妻子阿格麗普庇娜（Agrippina）為他端上的那道臭名昭彰的毒菇，後有二一七年卡拉卡拉（Caracalla）在小解時遭刺客襲擊的恥辱之死。不過，羅馬的政權更迭帶來的不只是動盪與衝突的瞬間。我們接下來會談到，遞嬗之時也是歷史再造之時，是前任皇帝名譽成就或掃地之時，更是像普林尼這樣的人被迫心神不寧地做出調整之時。其間除了有不尋常乃至撲朔迷離的陰謀，演員陣容有時更是出奇龐大。但政權轉移的重點不在其細節，而在其**模式**。王位的繼承本身及其引發的問題，不僅是帝國歷史的核心，也是世人至今仍用以評判、銘記皇帝的準則。

講到繼承，向來幸運的奧古斯都卻遭逢非比尋常的噩運。首先，他和妻子利薇雅兩人，跟各自的前任伴侶都有子嗣，可是兩人的孩子卻無一倖存。因此，他從晚輩當中尋找繼承人時，也只能選擇獨生女尤莉亞（**Julia**）或姊姊屋大維雅（**Octavia**）的孩子，或是利薇雅在第一段婚姻中生下的幾個兒子：今人為羅馬帝國第一個王朝冠上「尤利—克勞狄」（**Julio-Claudian**）這樣的複合名稱，其由來便是奧古斯都出身的「尤利烏斯氏族」（Julii），以及利薇雅前夫提貝利烏斯．**克勞狄烏斯**．尼祿（Tiberius *Claudius* Nero）出身的「克勞狄烏斯氏族」（Claudii）。即便如此，他選定的所有繼承人卻相繼先他而去，最後只剩下利薇雅之子提比留——奧古斯都正式收養提比留，後者也在西元十四年奧古斯都過世後繼位為第二任皇帝（彩圖5）。

有些羅馬作者和現代小說家一樣，懷疑利薇雅是提比留上位的幕後黑手，而下毒功夫了得的她，也是奧古斯都「噩運」的關鍵人物。甚至有人斷言，她為了替提比留鋪路，最後在奧古斯都愛吃的無花果上塗毒，藉以除掉皇帝本人。天曉得？古代世界的人不可能區分嚴重的盲腸炎跟嚴重中毒，也分不出吃了無花果跟痢疾的差異；我們只能推測，這些指控底下是陰謀論、八卦、厭

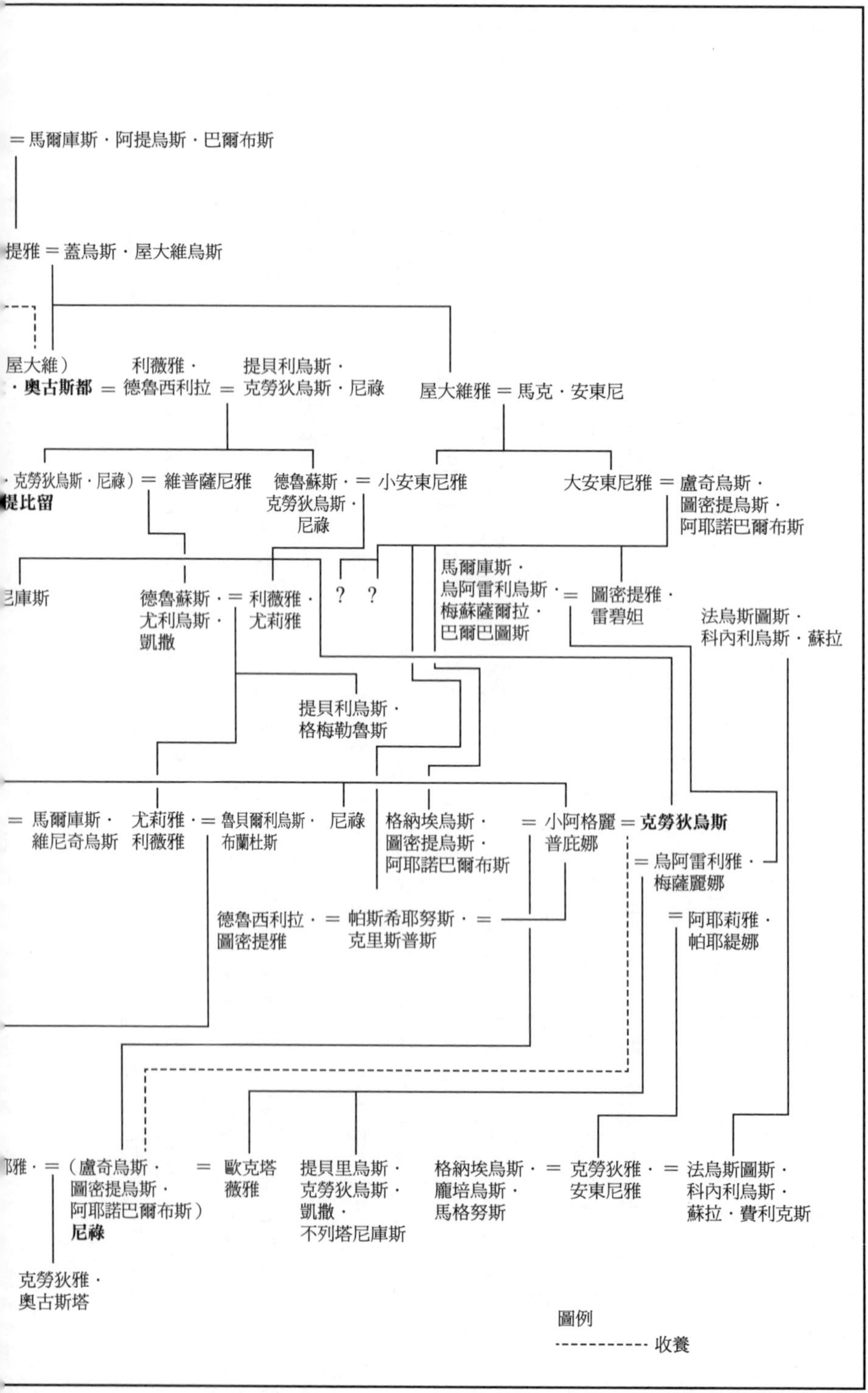

＝馬爾庫斯・阿提烏斯・巴爾布斯
提雅＝蓋烏斯・屋大維烏斯
屋大維）
・**奧古斯都**
＝
利薇雅・
德魯西利拉
＝
提貝利烏斯・
克勞狄烏斯・尼祿
屋大維雅＝馬克・安東尼
・克勞狄烏斯・尼祿）＝維普薩尼雅
提比留
德魯蘇斯・＝小安東尼雅
克勞狄烏斯・
尼祿
大安東尼雅＝盧奇烏斯・
圖密提烏斯・
阿耶諾巴爾布斯
庫斯
德魯蘇斯・＝利薇雅・
尤利烏斯・
凱撒
尤莉雅
？
？
馬爾庫斯・
烏阿雷利烏斯・
梅蘇薩爾拉・
巴爾巴圖斯
＝
圖密提雅・
雷碧妲
法烏斯圖斯・
科內利烏斯・蘇拉
提貝利烏斯・
格梅勒魯斯
＝馬爾庫斯・
維尼奇烏斯
尤莉雅・
利薇雅
＝魯貝爾利烏斯・
布蘭杜斯
尼祿
格納埃烏斯・
圖密提烏斯・
阿耶諾巴爾布斯
＝
小阿格麗
普庇娜
＝**克勞狄烏斯**
＝烏阿雷利雅・
梅薩麗娜
＝阿耶莉雅・
帕耶緹娜
德魯西利拉・
圖密提雅
＝
帕斯希耶努斯・
克里斯普斯
＝
雅・＝（盧奇烏斯・
圖密提烏斯・
阿耶諾巴爾布斯）
尼祿
＝
歐克塔
薇雅
提貝里烏斯・
克勞狄烏斯・
凱撒・
不列塔尼庫斯
格納埃烏斯・
龐培烏斯・
馬格努斯
＝
克勞狄雅・
安東尼雅
＝
法烏斯圖斯・
科內利烏斯・
蘇拉・費利克斯
克勞狄雅・
奧古斯塔
圖例
收養

尤利—克勞狄朝族譜

奧古斯都眾多後人之間的關係，很難用一張圖表來表達。不過，這張簡化過的族譜，還是能稍微把握到羅馬皇統傳承之初的複雜與困難。

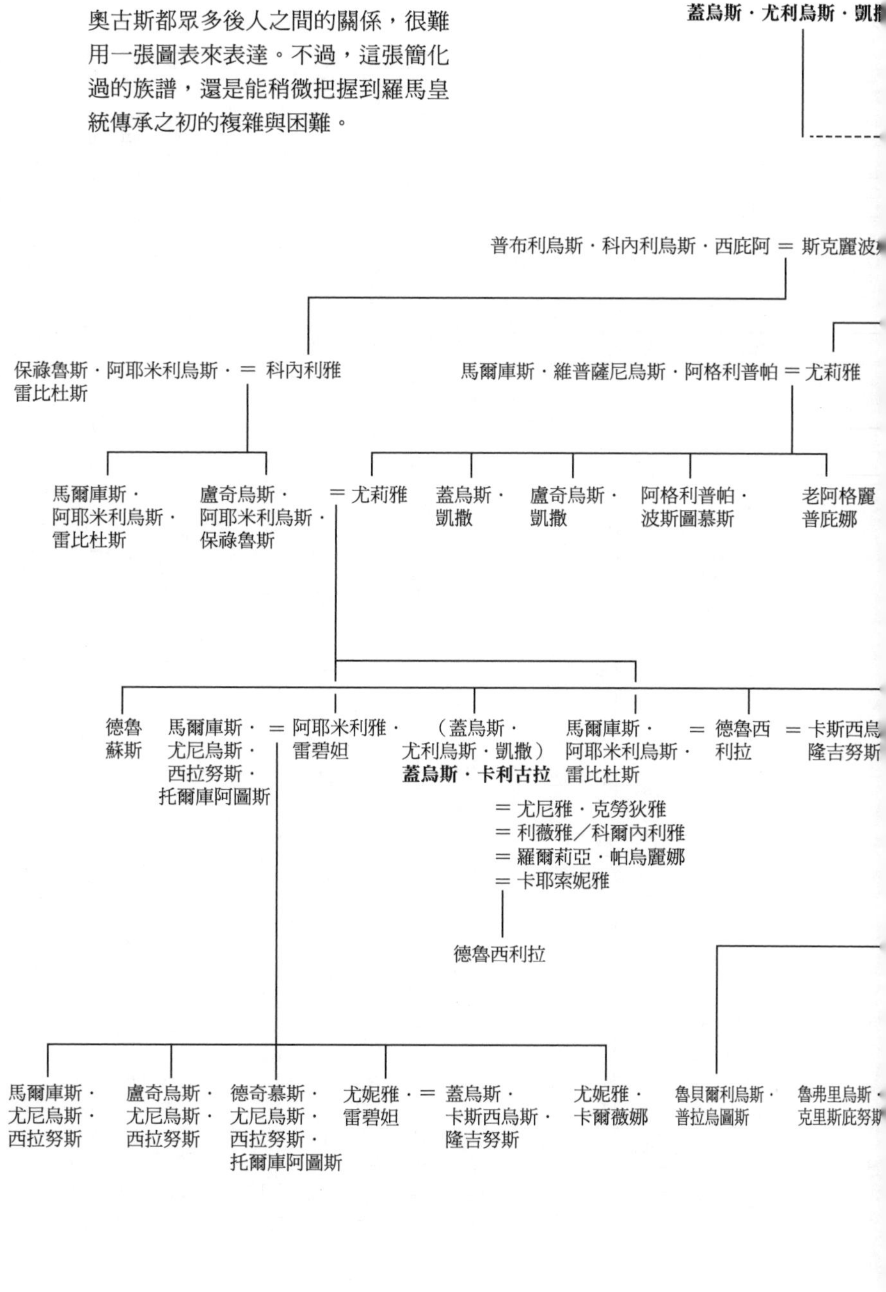

女心態以及頭頭是道的假設等大雜燴。不過，利薇雅**顯然是**皇室女性中，為幫助兒子或孫子登上大位而受人讚揚或詆毀的第一人。阿格麗普庇娜的毒菇，本意是為了確保兒子尼祿能繼承王位。據一般說法，埃拉加巴盧斯在西元二一八年克承大統，也是循類似模式，在「闖入者」短暫的統治後，憑藉外婆和母親的穿針引線，與不滿的將士合作，進而讓自己的家族重登寶座。是真是假都無所謂，這種說法終歸是古代與現代歷史寫作的老生常談——自利薇雅起，女性是可以在幕後成為造王者的。

然而，除了噩運、毒藥瓶，或是野心勃勃的母親及外婆，羅馬繼承爭議背後還有一些更根本的因素，是這些爭議造成權力結構的缺口。現代歐洲君主國多半採行「頭胎繼承」，專有名詞叫「長嗣繼承」（primogeniture）。意思是，直接由最長的子嗣（傳統上指的是最長的**男性**子嗣）繼承父親的地位。這麼做的優點在於能確保權力平穩轉移，畢竟人人都知道誰是繼承人，也無庸置疑。缺點則在於繼承人可能根本不適任，因為性情、能力或背後的政治勢力等。無論上位的是個盡責卻陰沉的官僚、性好漁色的敗家子，還是荒唐少年，你都沒得挑剔。

羅馬制度中沒有這類固定規則，無論是家產繼承（大莊園不見得會由長子繼承），或是政治傳承皆然。因此，由誰來繼承權力與地位，就變得更有彈性，優點是理論上得以無痛略過不適合或不受歡迎的人選。但是，隨彈性而來的是巨大的代價：權力每易手一次，就可能引發一場鬥爭，或者更常見的是為了在謀位賽中爭先而引發多年的對立。奧古斯都的改革，也許消弭了來自軍中派系競相支持不同繼任者的大部分威脅，可惜還是無法阻止派系的明爭暗鬥。即使明定繼承人，也很難釐清究竟是誰**讓他成為**皇帝的。現任皇帝為自己偏好的繼承人加封「凱撒」頭銜，讓他比一般人更早當上執政官，另外給予各種榮譽與褒獎……這些已經成為慣例。比方說，奧古斯都那兩個年輕卻短命的繼承人，都曾獲得「princeps iuventutis」的頭銜，意為「羅馬青年領袖」（這個「princeps」甚至有皇帝的意味）。然而，一旦原統治者辭世，就得看其他人是否會化繼位願景為現實，或是拒不履行。

由此，新統治者或即將即位的人通常會對禁衛軍、其他部隊以及羅馬市民撒幣，對元老院拋出尊重與恪守公德的承諾，然後這才展開其治世。假如一切順利（大多不順利），人人會禮尚往來，元老會正式批准權力的轉移，民眾至少願意順從，眾將士則會熱情擁戴新皇帝。即便展開執政之後，也往往要集眾人之力，發動一場現代人稱為「引導輿論」的認知戰，要不遺餘力讓他看來是顯而易見、勢在必行的人選，最好像個天選之人。我們之所以能在古代皇帝傳記中挖出那麼多的預兆跟預言（可能大多是捏造的），諸如老鷹（帝權的古典象徵）某一天不經意飛下來停在克勞狄烏斯的肩膀上，或是哪個女祭司早在安敦寧．庇護尚無任何跡象足以登大位之前，就「誤」稱他為「元帥」。其中的基本規則是，對權力的把握愈薄弱，跡象及預兆就必須更果斷、更張揚。尼祿之死引發內戰，促使維斯帕先得以在西元六十九年稱帝。他根本是個局外人，和過去的統治者毫無直接關係，因此在宣傳戰中甚至有人說他行過如聖經般的奇蹟。據說，他前往羅馬登位途中，曾在埃及用唾沫使盲人得見，瘸子給他一碰就能行走。這是彌補他跟前任皇帝缺乏連結的一種方法。

登頂之路
Routes to the top

羅馬一人統治的頭兩個半世紀間，可見高矮胖瘦膚色各異的皇帝取得出線。他們無不出身菁英中的菁英，要麼本身是元老，要麼是元老的兒子。唯一的例外是埃拉加巴盧斯的前任馬克利努斯（Macrinus）——西元二一七年的一場政變中，卡拉卡拉小解時遭暗殺，死狀備受屈辱，而後由馬克利努斯統治了一年多。即便馬克利努斯不過是事業有成的律師、行政高官兼禁衛軍指揮官，卻非出身行伍、職業軍人，他仍憑時運登基。不過，這些皇帝的出身愈來愈多元，以至於到本書最後，已可見以北非、西班牙或敘利亞為「故鄉」的人坐過羅馬的王座。一名四世紀的羅馬史家稱，從西元九十六年圖密善過世之後，「每一位皇帝都是外地人」，可謂一針見血（雖然不盡然精確）。

之所以出現這種變化，在於羅馬菁英整體也愈來愈多元。羅馬社會與政治生活有許多顯著的特色，其一正是各省統治階級會逐漸化入羅馬都會圈的統治階級中。到了西元二世紀末，已經有些元老的出身可以回溯到希臘、西班牙、高盧以及北非。（據我們所知，落後的不列顛省是唯一從未誕生過元老的地方。）菁英益發多元，王座上的人自然也更多元——與此同時，劃分誰算「羅馬人」，誰算「外地人」的界線變得愈來愈模糊。二世紀初的圖拉真與哈德良是統治者當中頭兩個出身西班牙的人，兩人也都是義大利移民後代，而非「原生」西班牙人。半世紀後，第一個登上寶座的北非人塞普提米烏斯・塞維魯斯為元老兼軍人，母親是義大利貴族，父親則是北非城鎮大萊普提斯（Lepcis Magna）當地的有錢人。塞普提米烏斯・塞維魯斯的妻子尤莉亞・多姆娜（埃拉加巴盧斯的姨婆）出身敘利亞埃姆薩的王族兼祭司家族。據說在一次算命時（肯定是事後諸葛），從她的命盤來看，她注定會嫁給國王。

傳統貴族對這般多樣性並不非常樂見。有個故事提到，在哈德良登基之前，其他元老曾笑他口音「老土」，或是有「外省」腔，受到刺激的他還去上了正音班——十足的歧視意味。幾十年後，人們總說塞普提米烏斯・塞維魯斯講話「聽起來很非洲」，偏愛吃某種非洲豆子，而這些說法也透出同一種歧視（對他人家鄉菜的這種嗤之以鼻，其實就跟不列顛上流人士一聽到首相愛吃豌豆泥跟豬皮脆片時，便流露出的不屑相去無幾）。甚至有人說，塞維魯斯的妹妹幾乎不會講拉丁語，她到羅馬探親時，讓塞維魯斯「顏面盡失」，立刻要她打道回府。關於埃拉加巴盧斯的「異俗」宗教創新，有些故事是在放大、譴責他的敘利亞出身，背後隱含的也是類似的態度。他的確在埃姆薩擔任過祭職，但他不是被人直接從某座東方神廟中的避靜生活中拉出來（一如諸多故事要我們如此相信的）當羅馬皇帝，反而是在義大利和西方度過大半的孩提時光。綜觀歷史，仇外心理與文化偏見往往會隨著族群多樣性，以及對外界的開放而來，羅馬也不例外。但有一點無庸置疑：這些統治者的真面目，遠比今人根據博物館展出的那一排排無差別白色大理石半身像所想像出來的樣貌更多元，而且是愈來愈多元。

這些人最後如何登上寶座的故事，就跟他們出身的故事一樣豐富。確實有少數幸運兒是從指定繼承人的角色順利變成現任統治者，但畢竟是少數。偶爾會是內戰中「僅存的角逐者」即位。西元六十九年的維斯帕先和一九三年的塞普提米烏斯・塞維魯斯正是如此。也有人就是天時地利人和，如西元四十一年，禁衛軍刺殺了卡利古拉之後，便發現他的叔叔克勞狄烏斯正躲在簾幕後。由於眼下沒有其他可行的人選，因此才擁立他為皇帝。半世紀後，圖密善遇刺，老者涅爾瓦（Nerva）掌權，算是同一個主題的變奏曲。密謀者事先向幾名人選提議由他們登基，涅爾瓦是第一個也是唯一一個說「好」的人，其他人則堅定答道，「別，謝你了」（大概是覺得要是最後失敗了，那現在接受可就太危險了）。不過，最齷齪的即位方式，或許得數在一九三年內戰期間（最後以塞普提米烏斯・塞維魯斯獲勝告終）花錢買位子的短命皇帝狄狄烏斯・尤利阿努斯了。禁衛軍刺殺前任皇帝之後，對新皇帝施捨的金額感到不滿，於是決定看誰喊價最高，便支持誰登基。

其實，羅馬沒有「一次只能一人登基」的問題。我們現今多把羅馬皇帝想成單一統治者。而我先前提到皇帝時，指的確實是一人統治，接下來也是這樣。不過，這恐怕是誤導人的略稱。因為，在書裡談的這段時間，有好幾次是兩人同時登基，共同執掌皇權（未來甚至成為常態）。早在西元一世紀初，即有文件透露出提比留計畫讓姪孫卡利古拉，跟自己的小孫子提貝利烏斯・格梅勒魯斯（Tiberius Gemellus）一起繼承王位。假如他真有此意，那就代表計畫沒有實現。卡利古拉自己擔任皇帝，而提比留的孫子也沒活多久（頁133）。不過，共治倒是在安敦寧・庇護離世後實現了——馬可・奧里略與盧奇烏斯・烏耶魯斯（Lucius Verus）以共帝身分統治，直到烏耶魯斯在一六九年去世為止（可能是死於一場大疫，除非你比較喜歡他的義母用下了毒的牡蠣置他於死的故事）。到了塞普提米烏斯．塞維魯斯治世之末，共治再度實現，共帝者是他的兒子卡拉卡拉；直到父親二一一年過世，卡拉卡拉繼續和弟弟蓋塔（Geta）共享皇位，儘管時間不長。以這個例子來說，共治並非化解家庭糾紛的好方法。不到一年，蓋塔便在兩人母親的膝頭上斷了氣，據說殺手是得到卡拉卡拉的授意。

條條大路通王權，「先帝的親生兒子」無疑是個優勢。正因如此，二一二年推舉埃拉加巴盧斯為皇帝的政變領導者們，才會散播謠言說他是先帝卡拉卡拉的私生子（為了強調這一點，他們給這可憐的小伙子套上據說曾經為其「父」所擁有的衣服，同時改了他的名字好配合這個說法）。幾年後，亞歷山大．塞維魯斯的支持者在擁立他為皇帝時，也抄襲了這套說法，只差（就我們所知）沒為他套上前任皇帝的衣服。不過，人們並不覺得王權只能沿直系血脈傳承，何況沒有血脈的情況常常發生。直到西元七十九年，帝制已走了一百多年的歷史之後，才出現親生兒子繼承父親的情況——提圖斯（Titus）繼承維斯帕先的王位。這種情況在接下來一個世紀再也沒有重演，直到一八〇年，康茂德繼其生父馬可．奧里略為皇帝為止。

我是刻意強調**生父**的。王位繼承的支柱畢竟是收養制度，收養使王位人選不僅限於皇帝的血親，同時仍然能以家務事的方式進行權力轉移。從我們已知最久遠的歷史來看，羅馬的收養跟今日多數的收養有著不同的功能。這是一種在親生骨肉皆未能倖存的情況下，確保財產和姓氏延續下去的手段（當時有一半的孩子活不過十歲）。繼子大多不是嬰幼兒，而是成年男子，且親生父母往往尚在人世。

「收養」打從一開始即內建於一人統治體系中。羅馬的第一個王朝，正是從尤利烏斯·凱撒在遺囑中收養外甥孫屋大維揭開序幕，奧古斯都則點名了一連串倒楣的外甥、外孫以及其他政二代，以收養義子的方式，欽點他們為自己的繼承人。兩個多世紀後，埃拉加巴盧斯也採行同樣的手法（肯定是身邊那些保母們的指點），收養自己的表弟亞歷山大·塞維魯斯（這男孩其實只比他的新「爸爸」小四歲而已），藉此鞏固自己的地位，並確保王朝延續。換句話說，對於身分並非皇帝親生兒子的側近或親族來說，收養讓他們得以出現在繼位名單中，進而領先圈內的潛在競爭者，是很受推崇的制度。塞普提米烏斯·塞維魯斯在一九三年的內戰後掌權，索性顛覆收繼程序，只求一個合理（卻是荒謬）的結局。為了鞏固自己對王位的權利，他追認自己為前任皇帝馬可·奧里略的養子——他可是十多年前就死了。對此，某幽默家的反應是：「恭喜凱撒，你終於找到父親啦」。

不過，從西元一世紀末過了大半個二世紀，這八十多年下來，收養已有了系統性的運用。從涅爾瓦開始，一個個膝下無子的皇帝從一個更擴延出去的家族，乃至於家族之外收養繼承人。這麼做的動機肯定有一部分是不得不然：連當然繼承人都沒有的話，自然更談不上適不適合繼承。收養或許出於幾分粉飾沒有親生兒子或至親的氛圍在內，但這種作法數十年來（占本書所談時代近三分之一的跨度）愈發躍升為克承大統的核心原則，甚至有人提倡以此為確立帝國菁英統治的手段。普林尼在謝辭中明確讚揚圖拉真登基的方式——他是涅爾瓦選的養子，也是該王朝下

塞維魯朝族譜

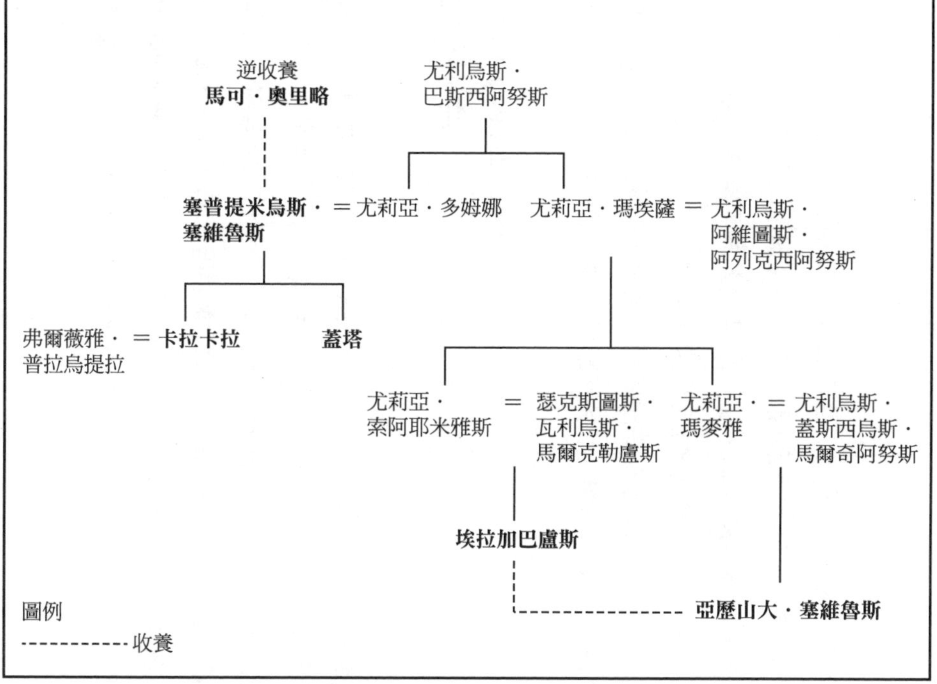

來一系列今人所謂「收養」王朝（'adoptive' emperors）的第一人。普林尼把此一方式訴諸為一種值得驕傲的事，「要來**統治**全體公民的人，理應從全體公民當中**遴選而出**」。相較於純憑血緣，選賢任能更能確保來人是明君賢帝——普林尼的說法是，比妻子生的更好。

我們不難（再度）發現，羅馬菁英根本無視絕大多數的公民的特點，而後者這輩子根本沒有機會獲選成為皇帝。普林尼說「全體公民」，意思是「**像我這樣的**公民」。但他的論點很清楚：生物遺傳並非挑選羅馬世界統治者的理想作法。十八世紀的愛德華・吉朋（Edward Gibbon）想必同意他的看法。吉朋在《羅馬帝國衰亡史》（*Decline and Fall of the Roman Empire*）裡，選出涅爾瓦以降，一路到馬可・奧里略（死於西元一八〇年）等「收養」繼承人之治世，做為整體世界史當中「人類境遇最美好、最繁榮」的時期（老實說，他跟普林尼一樣選擇性失明）。直到有個親生兒子康茂德，活到生父馬可・奧里略駕崩並繼承王位之後，這段「美好」時光也就此終結。正是有康茂德遇刺的這個前因，才會有塞普提米烏斯・塞維魯斯那詭異的回溯收養新花招，結果，再次回歸收養原則。

多疑的文化
A culture of suspicion

關於繼位的故事有各種「官方版本」，新統治者龍興過程中某些不體面的裂痕也要新政權設法以宣傳來彌補。現代史家向來樂於剖析這類官方說法。禁衛軍這麼剛好找到蜷縮在簾幕後的克勞狄烏斯——對此，我不是唯一懷疑他到底有多清白，或者懷疑他被發現的時候是否真心感到意外的人。整件事不就像是場巧妙的演出，旨在讓他**看起來**跟前任皇帝卡利古拉遇刺毫無瓜葛嗎？而且，無論普林尼對「選擇」抱持多麼高尚的情感，但凡你去讀古代文獻、去讀涅爾瓦在西元九十七年收養圖拉真的過程，字裡行間再再強烈暗示人們簡直跟拿槍抵著他的腦袋要他收養差不多。

有時，寫下那些紀錄的人對權力易手的幕後進行明確表達懷疑。《羅馬十二帝王傳》的作者提及一項徹底造假的指控——事情發生在圖拉真本人為涅爾瓦選中的數十年後，據說圖拉真收養哈德良為義子及繼承人。而傳言是這麼說的：圖拉真死後，他的妻子安排某人假冒他，以彷彿臨終之人在病榻上那種微弱的聲音（大概躲在布簾後吧），宣布他選擇哈德良為繼承人。奧古斯都死後，據說利薇雅也秉持相似的精神，在幕後策畫了一場具蘇聯風格的訊息管控。根據史家塔西陀的說法，皇帝故去後，她不斷發出皇帝病情樂觀的公告，直到她的兒子提比留抵達現場，接著同時宣布老皇帝駕崩和新皇帝即位的消息，簡直無縫接軌。

不管是真是假（而我覺得有真有假），這類故事再再點出王位繼承的那一刻，帶有多少的焦慮及不確定性。每一個謀害前任皇帝、為新皇鋪路的故事都是如此。以羅馬最早的尤利—克勞狄朝為例，也就是從奧古斯都到尼祿期間，每一任皇帝**都有**非自然死亡的嫌疑，至少也是匆匆謝幕。我指的不只是在半公開場合遭到刺殺的卡利古拉，也不只是面對叛軍被迫自殺的尼祿。除了奧古斯都遭利薇雅殺害，或者毒蘑菇了結克勞狄烏斯的謠言之外，某些羅馬作者咸認為，尤利—克勞狄朝的另一名成員提比略，是被繼承人卡利古拉的死忠追隨者悶死在病榻上的。隨後的弗拉維朝（Flavian dynasty）也是如此，雖然卡斯西烏斯·狄歐在《羅馬史》（*Roman History*）提到維斯帕先遭人暗殺的傳聞，本意是為了嚴正駁斥，但傳聞仍然存在。如果換作是吉朋，他八成會強調此一系列的「收養」皇帝之死，就我們所知並無類似的傳聞（盧奇烏斯·烏耶魯斯〔馬可·奧里略的共帝〕例外），彷彿把收養制度貫徹到底，問題就多少可以解決。這我很懷疑。首先，相較於一世紀的皇帝，二世紀皇帝的生平紀錄無論是閒言閒語或其他，流傳下來的就是比較少。無論圖拉真的妻子有沒有在收養哈德良一事上成功設下騙局，謀殺與騎牆觀望的傳聞似乎並無停歇。流言蜚語只不過是從現任皇帝的死狀，轉移到收養繼承人背後的密謀而已。無論關鍵人物有誰，羅馬皇帝的繼位總是深陷猜疑的文化中。

繼承問題的影響遠遠超越了皇宮的權力走廊或垂死統治者的寢室，至今仍部分影響我們如何評判羅馬的統治者。若不認真推敲政權更迭中的衝突與爭議，就不可能了解羅馬帝國的歷史。理解繼承問題，有助於我們解釋從此之後人們如何記憶羅馬皇帝，並說明從禽獸般的卡利古拉和尼祿，到德高望重的圖拉真以及馬可・奧里略，這一連串皇帝多采多姿、卻又非黑即白的「明君」或「暴君」之名，是如何創造出來的。當然，這些刻板印象不需人們多加思索且普遍，卻也是誤導。（《帝王紀》中，埃拉加巴盧斯的傳記開篇便是一份先代「明君」與「暴君」清單，於是，「埃姆薩的小鬼」屬於哪個陣營根本就無庸置疑。

現實生活中，古代的皇帝猶如現代的君主、總統或首相，難以輕易歸類。統治者不可能讓所有人滿意：說他好，我們一定要問**是誰說他好**；說他壞，也一定要問**標準是什麼**。話雖如此，這些刻板印象源於羅馬帝國文化的最核心，它們並非確切反映寶座上之人的特質，而是反映那些講歷史的人在乎什麼。我們已經討論過，影響印象的其中一項因素，在於皇帝跟寫歷史之人所屬的階級相處得好不好。無論統治者在窮人或行伍之間的人氣如何，他只要好好打理跟城市菁英之間的棘手關係，很可能就此獲得正面的評價。繼位者的利益與繼位時的情勢，對名聲更是影響深遠。傳統的羅馬皇帝的故事，實屬非常特殊的「勝者書寫歷史」的體裁。

一基本規則是，倘使皇帝欽定的人選順利在他之後繼位，則會備受讚譽。畢竟新統治者極有必要砸下重金，紀念讓自己上位的人，紀念自己統治權的基礎。有時候，繼任者的投入甚至會多到能確保前任已被奉為神祇，有神廟、祭司以及祭品（現代觀察家在探討羅馬帝國社會時，少有人對此嚴肅看待，因此我會試著在第十章說清楚）。整體來說，問題在於如何經營前任皇帝的形象與聲譽。雖然經營形象的過程中，難免會找些聽話的史家來替前任寫些溫文儒雅的記述，但作法不見得都得這麼粗糙。常見的作法，無非是微妙地涵蓋面面俱到的紀念、選擇性的記憶、較正向的詮釋等來遮掩前任皇帝某些啟人疑竇的作為。舉個簡單的例子，所有（幾乎啦）羅馬皇帝都用死刑、謀殺或賜死等方式除掉一些敵人；若是形象管理得宜，便能確保他人認為，這些盡是對背叛的正當回應，而且符合比例，不致被視為恐怖統治。

「明君」就這麼出爐了。西元一世紀，維斯帕先生前所指定繼位的兒子提圖斯順利繼位。無論維斯帕先治國成績是好是壞，提圖斯的立場正是以自己是個好兒子、是父親的好繼承人為基礎，他自然有無比的興趣去提升乃至於創造維斯帕先的正面形象。同理可證，二世紀那些收養皇帝，無論自身收養過程有多麼胡謅或假造，他們對於先前正式「選擇」自己繼承王位的人，都不免要大力抬舉。吉朋宣稱當時是全人類史上最美好、最繁榮的時期，但他這番言論不只無視羅馬帝國裡的一般人，無視地球上其他地方的生靈，他也忽略了他所說的這些皇帝是多麼努力讓前人的統治**顯得**美好且繁榮。

假如皇帝遭人暗殺，或是淪為政變受害者的話，情況則會徹底翻轉。無論是古代或是現代，暗殺出於各種動機：舉凡原則上的牴觸到個人夙怨或自私的野心等。縱觀歷史，橫死者「好」人「壞」人都有。無論真相為何，也無論是非對錯，但凡憑藉公開的衝突、政變或陰謀而上位的人（我說的陰謀，不是鬼鬼祟祟地暗地裡在無花果裡下毒），必然會堅持前任罪有應得，自己的統治權才有憑有據。最極端的狀態，是新政權拆毀倒臺皇帝的雕像，並且從公開的文件中刪除他的名字。有時候，便宜行事的預兆會在之後逐漸流傳開來，顯然是為了「預言」暗殺事件，賦予神意的認可（例如在西元九十六年，據說有一隻會講話的烏鴉停在羅馬朱庇特主神廟的屋頂上，扯著喉嚨喊出所謂圖密善將死的預言）。流言蜚語、粉飾以及指控最終幾乎都成了「官方版本」：每一名死因不明的重要元老，事後盡皆成了皇帝施虐的證據；每一件慷慨之舉，事後都被人重新解讀為鋪張浪費；每一句幽默笑話或尖銳反諷，例如卡利古拉拿愛駒開的玩笑，事後都變成惡意羞辱之舉或精神失常的跡象。「皇帝之所以遭人刺殺，是因為他們是怪物」，我們必須屏除這種印象。也有可能是因為他們遭人刺殺，所以才成了怪物。

謹慎不落入現代修正主義者的陷阱至關重要。而我絕不是說那些背後被人捅刀而下臺一鞠躬的皇帝，其實是傑出的政治家，他們只是遭人曲解（成為如假包換的不當人格受害者）。有些遭到背刺的皇帝很可能真是個討厭鬼，何況以你我的標準來說，在帝國朝廷這種反烏托邦世界裡，實在很難想像有哪個皇帝稱得上「賢」，更別說「聖」了。我的論點是，無論這些統治者生前的行為舉止如何，也無論宮牆後的機巧詭詐、棘手的羅馬菁英政局、甚或是帝國大多數子民所受的待遇如何，皇帝的身後之名總是受到繼承人、有時則受到並不體面的繼位過程所影響，而且是過度影響。在接下來的章節裡，我們要來好好想想，皇帝是善是惡的刻板印象能告訴我們什麼，想想為何是以這種形式呈現，我們也要戳破其中幾種，或是深入探討幾種（尼祿死後的那幾年，有些人會定期到他的墳前獻花，他們顯然不認為他是後人所說的暴君）。而重點也很清楚：前任皇帝在

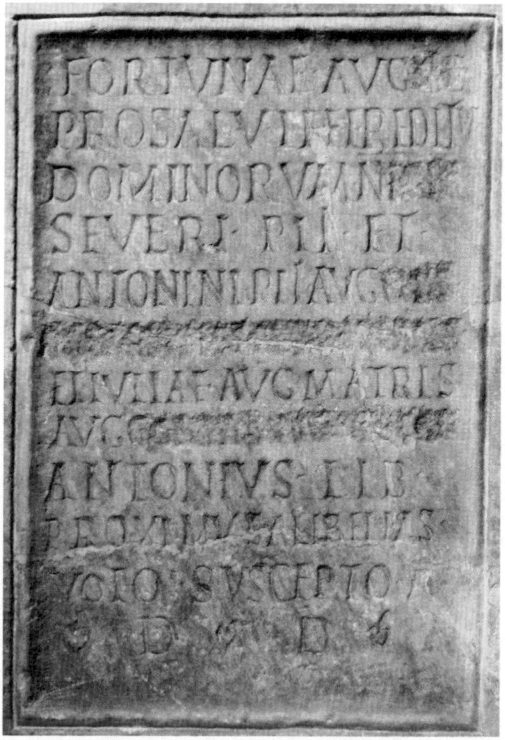

14. 除名。這段對「命運」女神（可見於第一行）的獻辭上，皇帝蓋塔的名字在遇害後即被人鑿去。此舉不只是要忘掉垮臺的統治者，中間那段從左到右的明顯刮痕，簡直是在慶祝他失勢。

未來數百年的歷史傳統中，會如何被描繪並為人所記憶，繼任者及其登上王位的方式可說是影響深遠。

調適的藝術：普林尼的過去 The art of readjustment: Pliny's past

然而，問題不僅在於人們如何書寫、改寫歷史，也不只是心急如焚的統治者、工於心計的施毒者、野心勃勃的繼承人、忠誠及不忠的僕人等人所組成的核心圈在權力轉移瞬間所面臨的立即危險。羅馬風格的政權更迭，造成了艱難的重新調適，一種全新的態勢取代昔日的舊正統，進而在政治與行政幾乎所有的環節引發連鎖反應，至少在首都是如此。對於羅馬城或各省的人民來說，除了一些人見人愛的撒幣之外，繼位的情勢對他們的衝擊並不大。對於最為黑暗蒙昧的不列顛尼亞當地人來說，是誰登基與怎麼登基，一點都不重要。但對羅馬城本身，以及整體宦海仕途來說，連菁英中最邊緣的人都會受到繼位時混亂情勢所引發的餘波所影響。

每當從一段治世進入下一段治世，像普林尼這種忠誠、合作的元老——先前我說過，多數元老可能都很忠誠合作——就得重新調整自己，適應新皇帝，有時甚至得明確跟前任皇帝劃清界線。卡斯西烏斯．狄歐說得明白，西元一九三年，他前往宮中向其中一位短命的皇帝致意時，自己得「調整臉上的表情」，隱藏他對前任皇帝的悲痛（毫無疑問，他隱藏得很好，新皇帝完全沒有察覺狄歐內心的矛盾）。不過，我們只消再看一次《頌辭》，便能生動看到這種重整的進行，以及重整過程中帶有的些許妥協、似假若真以及非不得已。《頌辭》發表之際，正值最近的兩次政權更迭，因此不僅能讓我們知道普林尼對於理想統治者的看法，也能了解從甲皇帝到乙皇帝的權力轉移。

西元九十六年，弗拉維朝最後一位皇帝圖密善遭人殺害，時間點正好是普林尼致謝的四年之前；暗殺圖密善的陰謀，牽涉到宮廷成員與皇帝之妻，或許還有幾個元老做壁上觀。這並非眾人額手稱慶的暗殺行動；當時沒有哪一場暗殺是眾人所樂見。有個杜撰的故事說，曾有一名途經現場的哲學家，意識到有士兵正準備嘩變以抗議皇帝的濫殺，於是他脫光衣服跳上臨時聖壇，譴責圖密善，從而阻止了叛變。故事也許是杜撰的，卻也暗示了人們對於政變的反應彼此衝突，同時揭露了羅馬雄辯術比我們所想像的更有意思。（部隊是因為他的論點，或是因為他裸體跳上桌的表演而分心？）圖密善的繼任者是年邁無子的涅爾瓦，他很快便受到元老院的認可繼位，然而，他的治世僅十五個月，不妨看成是一段空窗期。直到涅爾瓦去世時，他至少經歷過一次試圖罷黜他的政變，且受人威脅（不知道是誰威脅他）收養功事業有成名就的元老兼軍人圖拉真為繼承人。新的治世開展僅僅幾年，距離圖密善遇刺不過四年，圖拉真就成了普林尼《頌辭》的焦點。

只不過在《頌辭》裡，圖拉真跟圖密善共享鎂光燈，圖密善擔任反派的戲份，簡直就跟圖拉真這個主角的戲份一樣多（圖7與圖8）。普林尼口中的圖密善是個傲慢的暴君、殘忍的騙子、小偷兼殺人犯，用自己貪婪的手染指別人莊園中的「每一處池塘、每一座湖泊或每一片草坪」，並深深陶醉在消滅羅馬最傑出的人物之中。元老和他們的財產一律不安全。他們生活在恐懼中，唯恐受邀前往禽獸的巢穴赴宴，深怕他的祕密警察無中生有的指控，最後，便是不祥的敲門聲。《頌辭》顯然是我剛剛說的重整過程的一環。無論圖密善在世時有多少對他的讚美流傳著（有些歌頌他的詩歌傳到今天，卻往往被人草率斥為「空洞的奉承」），而普林尼的譴責正是為了掩蓋這一類的美言，創造新的正統，讓暴君圖密善活該被殺——更重要的是，涅爾瓦與圖拉真則是合於公理正義的新政。

反觀普林尼，他跟圖密善的關係又是怎麼樣呢？快速瀏覽他的講詞，輕易便會讓人以為，他本人是暴君的受害者，是忠貞不移的「反對黨」。這種印象自然來自他那些精雕細琢、肯定經過多次編輯過的「私人」信件——他會一一收集這些信件，再公開流通，之後經由一般的傳鈔、再傳鈔，傳到今人手中。其中一封信的內容，就是他在西元七十九年對維蘇威火山爆發的著名敘述，他提及叔叔因為離火山活動太近而喪生的過程。其他信件則顯然有政治用途。信上提到他的「友人」是怎麼在圖密善治下遭到處死或流放，並宣稱——在新政權的安穩當中回顧過去——「我確實有可能遭逢同樣的命運」。有封信甚至聲稱圖密善死後，有人在他桌上找到一份文件，其中內容對普林尼的指控恐怕會害他因叛國而受審。他期待讀者相信，他可是僥倖逃過一劫的。

根本沒這回事。關於普林尼的職涯，傳世史料之多超乎尋常，有些重建自他本身的著作，有些則來自幸運發現的完整履歷——這份履歷一開始展示在他的家鄉科姆（Comum，今義大利北部科莫〔Como〕），後來（經過千迴百轉）在中世紀的米蘭被人用做興建墳墓的建材。他說自

15. 皇帝涅爾瓦所鑄金幣。他的頭像周圍寫的是正式頭銜：IMP(ERATOR) NERVA CAES(AR) AUG(USTUS)，諸如此類。另一面是「公眾自由」女神像，其旨想必在於圖密善治世結束後凸顯涅爾瓦的新政。

己是異議分子，這聽聽就好。前述史料清楚顯示，他在圖密善統治時順風順水，在政壇平步青雲，受皇帝之恩擔任要職。他在《頌辭》的結尾同樣坦承這一點，只不過為了避開自己的尷尬，他暗示在圖密善統治最糟糕的時期，也就是其治世之末，自己的仕途也跟著停擺。感覺起來，這場演說及後來的書面講詞，普林尼多少有點重新調整自己跟遇刺的前任皇帝合作時的角色，並在後圖密善時期的局面「洗心革面」。

普林尼這種抹粉施脂的作法，應當受到多嚴厲的評判，學界對此始終沒有定論。他到底有多虛偽？真相會比較好嗎？他曾宣稱，自己跟圖密善統治時最糟糕的若干環節並無瓜葛，我們有辦法證實他的主張嗎？即便我們多少得為此重新估算他某幾個職位的任期。普林尼究竟是事後試圖掩蓋行跡的利己合作者，抑或是在不盡人意（但也不可能更差了）的政權中盡力而為的人？近年來有人痛批他

（「在任何獨裁政權……都能做好做滿」），也有人相對同情他走鋼索的左右為難。然而，更重點的是普林尼並不孤單。這種窘境並非他個人所獨有。

圖密善在位期間，史家塔西陀也得到他的提拔，圖密善一遭人推翻，塔西陀也跟普林尼一樣翻臉不認帳，痛批起前任皇帝，幾乎讓人以為他一直都是反對派。普林尼致謝時在座聽講的元老們，想必也面臨一樣的困境。畢竟，他們當中的絕大多數，在圖密善統治時，並未特別身陷風聲鶴唳，而皇帝雖然會拿叛國審判來攻擊政敵（斥之為「叛徒」），但在座的元老也不是受害者。他們其實身兼法官及陪審團，無論後來說自己參與其中是多麼不情願，他們都是整段過程的同謀。就算他們曉得普林尼沒吐露幾分真，也不太可能撻伐他，畢竟自己也是這樣。這跟二十世紀中葉歐洲的棘手政治舞步有幾分相似，一些曾經與納粹合作的人設法捏造故事，說自己其實暗地裡曾參與抵抗運動（並以此為護身符）。至於古羅馬，政治階級體系中的每一個人都忙著重新選邊站，編造藉口，適應改變後的處境，直到一切恢復正常，差不多原班人馬繼續在新皇治下登臺。自帝國創始以來，問題重重的皇位繼承往往伴隨著尷尬的整隊。

出席涅爾瓦的晚宴
Dinner with Nerva

西元九十七年，皇帝涅爾瓦辦了一場小型晚宴，席間的如珠妙語最是能展現這種同謀；普林尼曾在一封信上描述這場宴會的景象，想必他也是其中一名受邀者（雖然他並未明說）。他詳述道，談話主題轉向不久前過世的羅馬元老卡圖爾盧斯·梅斯薩利努斯（Catullus Messalinus）。梅斯薩利努斯雙目失明，官運卻依舊亨通（曾經兩度擔任執政官），並因身為圖密善其中一名「打手」而聲名狼藉。拉丁語中用以形容此身分的名詞為「告密者」（delator），其意思很廣泛，從非官方的「祕密警察」或「線人」（有著現今那種恐怖意含），到為了錢而隨時準備替皇帝進行非法勾當的私人判官，都可以用「告密者」一言以蔽之。

席間，涅爾瓦問眾賓客，「假如他還活著，各位覺得他會有什麼下場？」對於梅斯薩利努斯的劣跡斑斑，這些貴客知道的八卦絕不會少。圖密善統治時遭到流放的儒尼烏斯·毛里庫斯（Junius Mauricus）也是座上賓，他打趣道：「他會跟我們一起赴宴」。毛里庫斯居然敢這麼答，普林尼禁不住大讚，尤其賓客當中不只一人跟梅斯薩利努斯有差不多的風評。可惜現代多數的評論者，往往覺得問這個問題的皇帝天真到無可救藥。

而我並不這麼認為。由於涅爾瓦在寶座上只坐了一年出頭，而且被人操弄的情況遠比他操弄人的情況來得多，因此今人很容易就覺得他不過是魁儡統治者。可是，涅爾瓦其實是一世紀期間最了不起的倖存者之一。西元六十五年，皇帝尼祿面對未遂之政變時（塞涅卡受到牽連的那次），涅爾瓦身為線人，提供的情資立了大功；他跟西元六十九年那幾位短命皇帝之一的奧托（Otho）有親戚關係；何況他曾分別在維斯帕先與圖密善治下兩度擔任執政官。自己問的問題，他很清楚知道答案是什麼。眾賓客也曉得，在座每一個人也都適用這個答案。毛里庫斯並沒有多

第三章　權力饗宴
Power Dining

黑色晚宴
A black dinner

普林尼與皇帝涅爾瓦共進溫馨晚餐的幾年之前，涅爾瓦的前任皇帝圖密善曾在西元八〇年代晚期舉辦一場宴會，並邀請特定幾位羅馬賢達，卡斯西烏斯．狄歐則詳盡描述了晚宴的過程。古代作者記錄了各個皇帝的用餐習慣，而圖密善是這些作者們留下最多資料、角度最多元的一位皇帝。在普林尼的描述中，圖密善顯然「老是在打嗝」，把自己不愛的餐點到處亂丟；狄歐筆下勾勒的圖密善卻是另一副模樣。比打嗝恐怖多了。

故事是這樣的：賓客抵達時，隨即發現皇帝的用餐室經過整修，整間一逕的黑。連他們吃飯時斜靠的長椅也漆成了黑色，侍餐的赤裸男奴也全身塗黑，所有人的座位全擺上假墓碑標示出來，上面仔細刻了他們每個人的名字。根據狄歐的記載，端上來的菜肴大多是用來祭拜死人，一律盛在黑色盤子上，而皇帝滿口的死亡。夜深之時，賓客獲准告退，回到各自家中。未想不久後竟有人敲門，人人無不認為自己命不久矣。結果卻大出所料。門外只見圖密善派來的一批搬運工，其中一人搬來仿製墓碑（都是銀質的），其他人則帶來餐桌上擺的珍饈佳肴。最後送上門的大禮，則是侍餐的奴隸，一身的黑色顏料不但洗掉了，還換上華麗的衣物。

狄歐記錄下此事時，距離事發當下已然過了幾個世紀。他是從何處聽來這個故事，而故事內容又有幾分出於幻想，我們無從得知。但這個故事含金量十足。奴隸居然是尋常商品，現代讀者對此恐怕會很震驚。這些「男孩」經過包裝，成了所有人送人的禮物，而他們遭遇的非人化（dehumanisation）也因此舉更是展露無遺。據說不過幾十年後，盧奇烏斯・烏耶魯斯（馬可・奧里略的共治者）也試著來一次這種餐後的「餽贈」——他把席間侍餐的「漂亮男孩」，連同珍貴的餐盤、高腳杯、玻璃杯等，以及晚宴時大家享用的（經烹調過的珍奇異獸）的活體，一併送給了賓客。只是對狄歐來說，故事裡講的是對賓客的羞辱，是一場鮮活的教訓，告訴讀者不盡然要真的見血，即便是包裝成慷慨的舉止，也可以傳達恐怖。進宮用餐到底有多令人害怕？皇帝用餐時的舉止到底**可以**多惡劣？

綜觀世界歷史，無論在哪一種文化中，「共同用餐」始終在權力衝突中扮演某種角色，或是凸顯出社會的、政治的、階級的焦慮，尤其是（但不只是）國王、貴族以及其他大人物做為東道主的時候更是如此。「一起」用餐蘊含著平等的觀念，然東道主的尊貴身分與菜單、座次的講究

（或是不講究）呈現的卻是不平等，兩者之間始終有所扞格。坐在餐桌底端的人很難感覺自己跟前段的人是平等的。第一個請位卑的客人吃劣等（甚至是不能吃的）菜肴的羅馬人，據說還不是埃拉加巴盧斯（老實說，身為教授，我在劍橋出席學院晚宴時，坐的是「高桌」〔high table〕，端上來的餐點及酒，就是比「底下」那些學生的好）。

東道主也是承擔著風險。其聲望有提高的可能，反之，也有失去的可能。一旦看的人有敵意，東道主的慷慨大方將淪為俗氣的大撒幣，粗茶淡飯則是吝嗇自私的表現，羅馬的各個皇帝既非第一個亦非最後一個意識到這種情況的人。「皇帝設宴奢華」是意料之中的陳腔濫調，一副一場宴會就把全部身家花掉似的，把金絲縫進餐巾裡（據說是哈德良的創意），或者用極貴的餐盤請客吃飯，以致下一任皇帝得把餐盤拿去拍賣，所得用於軍費，藉此展現自己是來做事而非享樂。提比留則顯得錙銖必較、精打細算：他會把前一天剩飯留作隔天請客用，而且宴客時料理的不是全豬，而是一半的分量，以減少浪費。

我之所以多次提起請客吃飯的皇帝，是因為羅馬作者想像、評判皇帝時，往往以用餐為背景。無論是在用餐室，或是在元老院，都可用來評價皇帝的人格是好是壞。無論是身為東道主、伴侶、美食家還是派對狂，皇帝的一舉一動都會被詮釋或重新詮釋為美德或墮落的證明。無論圖密善的黑色晚宴背後真相為何，只要稍微換個角度想，就能看出同一個故事可以改寫得多麼不同，也許是一場時尚有形的化裝舞會，也許是面對「人總有一死」的實用哲學練習。其實，尼祿的家教（最終也成為受害者）塞涅卡曾在一篇極小篇幅的哲學散文中強調，為死亡做預演有多麼重要，並提到有一名羅馬元老每天都把自己的晚餐變成未來葬禮的排演，結束時閹人高唱「他有過一生。他有過一生」。連塞涅卡也覺得，這有點過頭了。不過，如果圖密善本意在預演死亡，那可真是完全的不得要領。

御膳尤其足以揭露皇帝的世界，揭露本書某幾個最重要的主題——從施虐到慷慨，從奢華到恐怖。對皇帝及同席進餐的人來說，宮裡的用餐室既是樂土，亦是險境（「下毒」跟「烹飪」關係匪淺，令人意想不到）。用餐室同時是羅馬社會秩序得到展現，也是受到不安顛覆的所在。我們在時而逗趣、時而詭譎的古代軼事中——例如客人忍不住摸走某些餐具，或者倒楣的奴隸打破珍貴的水晶高腳杯，結果差點被扔進養滿食人鰻魚的池子裡——發掘出各種鮮活、獨具魅力、重要的細節。在這些故事當中，有許多恐怕不比現代小報雜誌刊登的王室名流用餐傳聞更貼近真實。故事說的雖是不同的皇帝，內容卻像得啟人疑竇，嘮叨的淨是相同的根本議題及衝突。正因為如此，這類故事才會是我們手邊關於當時的人如何**想像**「皇帝這一整體」（而不是特定個人）的明證，無論是在宴席之間，還是在其他場合。

不過，晚宴之所以成為最適合切入羅馬統治者的人生及生活方式的場合，是因為我們足以超越意識形態與想像，一睹皇帝真實生活的樣貌。如今，我們仍可以造訪幾處皇帝曾擔任東道主的奢華別墅，考古遺跡得以和少數見證人所描述的派對場所相符合。有時候，我們甚至可以很有把握地說「尼祿」——或圖密善，或哈德良——「在這裡用餐過」，甚至是「皇后利薇雅在這裡用餐過」。奧古斯都的妻子有幾處郊區別墅，其中一處的用餐室牆上畫著栩栩如生的動植物，令人直接稱之為「利薇雅的花園房間」（Livia's Garden Room，彩圖4）。但重點在於我們偶爾可以略過皇帝、他的家人和那些上流貴客，望向讓這些殷勤待客得以實現的人，例如在墓碑上記錄了自身職業的御廚、嘗味者，以及晚宴時娛樂表演的藝人們。我們有機會把皇帝擺回他的住所，問問宮裡維繫政權之所需的百工們。皇帝的世界始於用餐室。

羅馬人食處
Where Romans ate

以古羅馬為背景的電影，幾乎都出現過令人熟悉的宴會場景：男男女女（男女共餐讓羅馬有別於其他古代文化，乃至於某些現代文化）以極不舒適的姿勢斜靠在長椅上，手肘撐起上半身，享用奴隸端上來的食物和飲料——通常會有葡萄，偶爾有烤睡鼠。好萊塢這一回沒有全錯，至少有錢人家確實如此（窮人比較可能坐在酒吧的桌邊吃著飯，而且他們斜靠長椅用餐的機會，不會多於如今你我享用全套銀器大餐）。古羅馬版宴會安排保留最完整的例子，莫過於西元七十九年，維蘇威火山噴發後遭掩埋的龐貝城。龐貝古城某些房舍的內裝，畫著羅馬風格的歡樂飲宴場景（彩圖11），許多比較大的房子仍有獨立的用餐室。有些露天的用餐室是為了和煦天候而建，就在花園邊緣，其中可見三張固定式的石造長椅排列成U字形，每一張的空間都足夠三個人斜靠；至於布局最豪華者，周圍還會有水池及噴泉。我們發現，羅馬上層社會最喜歡的，莫過於

16. 龐貝「青春之家」（House of the Ephebe）的庭園用餐區。石造躺椅（使用時應該會放上軟墊）是排在後牆上的噴泉前。涼棚（本來有植物覆蓋）可提供遮蔭。

在波光粼粼和流水淙淙相伴下享用大餐。有些用餐室位於屋內，配有移動式木質長椅（稱為*klinai*），標準的擺法同樣是U字形，馬賽克地板上有可能會標記擺放位置（這些不知用途的房間，正是這些標記幫助我們辨別其功用）。這類用餐空間一般稱為「三椅間」（*triclinia*），原文字面意思就是「三張長椅」。

就用膳的規模、排場以及精巧而論，羅馬城和其他地方的超級有錢人根本把龐貝的地方貴族遠遠拋在後頭，不過規畫基本相同。鉅富們會有數間三椅間，或者在同一間房間裡擺上幾套長椅，確保主人可以同時跟八人以上的來賓用餐，而且供膳的奢華程度也有所不同。據說，一名與尤利烏斯・凱撒同時代的顯貴擁有一系列等級不同的用餐室，每間都有所屬名稱（我們知道的那間稱作「阿波羅廳」（Apollo），其他用餐室大概也一樣自命不凡，以其他神祇來命名）。他只需要告訴相關人員自己想在哪一間用餐室吃飯，對方馬上就懂要端上哪一個等級的餐點、有多少預算備餐。大約一世紀後，普林尼在一封信裡描述自己一處郊區宅邸的格局，顯示一個人只要夠有錢，是可以用多麼鋪張的水景來提升自身的用餐體驗——今人大概會說，熱中追求無意義的排場。在他的院子裡，設有一夏季用餐區，葡萄藤架扶疏遮陽，下方的長椅擺放方式則略有不同：不是U字形，而是呈半圓，開口面向一系列的噴泉，座椅的位置可直接俯瞰一座水池，水源則是自長椅下方湧出——普林尼說道，「彷彿是長椅上斜靠的人用體重把水擠出來」。賓客吃的部分珍饈正是從池裡自取，池子的另一端會有奴隸把餐點裝盛進在小舟形或飛鳥形的小碟子裡，順水漂到客人面前。想必有個人得設法把在水面上靜止不動、賓客無法隨手撈到的碟子救回來，而普林尼顯然不在乎這類實際層面的問題。

宮宴
Dinners at the palace

皇帝更是令超級富豪瞠乎其後。羅馬宮殿是為用餐而興建的，娛樂用的套房不是一間，而是好幾間．其中幾間用來吃飯可為既詭異又驚人，遠遠超出電影宴會場景中那種人擠人的長椅及傳統擺設。尼祿有間著名的用餐室，據蘇埃托尼烏斯的說法，這間用餐室「如大地般不停旋轉，

17. 二〇一九年，尼祿的用餐室重新對外開放，民眾來參觀這處如今有點陰暗的地底世界。圖中是精緻的「舞臺」遺跡，當年重要賓客會從各自的包廂往舞臺看過去。在舞臺的一端，有一小塊大理石立面（覆蓋在磚頭上）經修復後，讓人可稍微感受到原本的樣貌。以前，水會從牆上的裂口湧（或者流）出。從照片上這名遊客的面前，可以看到一小段通往地面的樓梯。

不舍晝夜」，為這項工程奇蹟添上了一絲奢華，可惜考古學家遲遲無法斷定用餐室的遺跡所在。（但也不乏嘗試尋找：學界最近一次試圖判斷遺跡所在，以及重建其運作原理時，已經把注意力放在一處遺留的塔狀的結構，認為其中的上層或許（也可能沒有）容納著旋轉餐廳，下層則是水力機關。）但他們已經足以確認（而且更有可能踏上）皇帝在羅馬帕拉丁山上的其中一處地產，而尼祿一定曾在此招待賓客用餐。該地如今僅餘量產的磚塊和混凝土，但仍留下足夠多的裝飾痕跡（至少最早發掘的人如此記錄），足以讓我們重建皇帝與

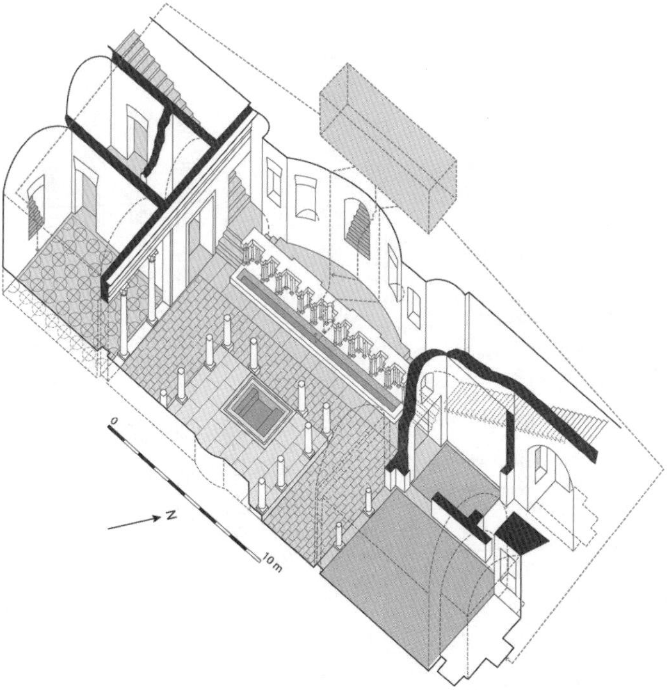

18. 尼祿的三椅間（圖17）重建圖。中央的「舞臺」由上方的水箱供水。部分的水接著注入主要用餐區，也就是周圍有柱子圍住的區塊，會有三張躺椅擺在小水池邊。兩旁的客室，顧及到其他用餐者，同樣也是裝飾華美，有水景可看。左右各有一座樓梯可供進出。

友人靠在長椅上時，身邊圍繞著哪些奢華的細節，例如噴泉、大理石像以及彩繪天花板。

這個房間的保存實屬偶然，因為後來的宮殿結構順勢蓋在其上，而房間就留在地基當中。考古學家很有把握，其年代無疑屬於尼祿治世的前半，亦即西元六十四年羅馬大火之前。至於緊跟著興建在上面的宮殿，可堪稱是一項更戲劇性的建築計畫，人稱「金宮」（Golden House，頁158-63）。十八世紀初，下方的房間重新出土時，由於房內設有水管之故，人們每每以奧古斯都妻子之名，不無浪漫地稱之為「利薇雅浴場」（Baths of Livia），但這並不正確。其建造時間比皇后勢力如日中天時晚了半個世紀，而且此處的用水則一如普林尼的別墅，跟洗澡無關，而是用餐環境的一項設計。這間三椅間位於下沉式的庭院內，雖是露天，卻不致受到太陽直射，相當舒服。

人們可從兩座樓梯的任一座拾級而下，可見一座以紫斑岩為立柱的涼亭，主餐椅就擺放在涼亭內。庭院周圍的牆面是精緻的彩色大理石，模仿戲院的立面牆，庭院內還有一段狹窄的「舞臺」，可以在上面吟詩奏樂，表演單人脫口秀，甚至是進行哲學辯論。不過，視線的焦點絕對是舞臺上方水花四濺的瀑布，其構造複雜，溢流的水最後會注入地面層的水槽中，槽內部分的水則透過導管流入稍遠處涼亭下的池子裡，在賓客之間發出淙淙聲響。置中用餐空間的兩側還有其他房間，舉辦大型晚宴時可以在此放置更多長椅，房內各有迷你瀑布。整個區域長約三十公尺，但寬頂多十公尺。

當年這裡有最奢華的裝潢，雖然如今只留下少數遺跡，但現代遊客造訪時，館方會提供VR眼鏡，幫助他們感受當時的氛圍。十八世紀初，其中一側耳室的壁畫被人移走，最後輾轉流傳到那不勒斯國立考古博物館（National Archaeological Museum）。同一時間發現的大理石牆面，則是被博福特公爵（Duke of Beaufort）帶到自己的鄉間別墅，亦即位於英格蘭中部巴明頓（Badminton）的莊園；公爵計畫在別墅中設置一「大理石間」，只是最後沒有用上這座牆面。（可笑的是，幾年後，一些來自尼祿用餐室的石頭很可能用來裝飾巴明頓的禮拜堂，實在不無諷刺。）後來發掘所發現的大部分成果，已經移地保存，存放在附近的博物館。不過想像一下，當時，眼前想必是一片目不暇給：柱面上貼了金箔，天花板鑲著閃閃發亮的玻璃「寶石」，華麗的大理石地板，還有牆面上的精緻鑲嵌（包括一截迷人的多彩飾帶，雕刻著迷你舞姿大理石人像，或許暗示了另一場狂歡縱樂的宴會）。繪畫飾板上畫的是希臘神話的場景，至於天花板繁複的裝飾，則在十八世紀成為歐洲工匠獨鍾的模範（彩圖18）。有些考古學家認為，畫中描繪的故事是尼祿宮廷歷史的詳盡敘述，但這種看法似乎太過。不過，畫中的某些場景，如海克力士（Hercules）立普利阿摩斯（Priam）為特洛伊王，則可以理解為羅馬王權及繼承的神話比附。

我們只能猜想，尼祿的客人走下階梯，進到這座寶窟中赴宴時，憂慮、尊榮、讚歎以及焦躁，內心是多麼五味雜陳，或者牆面上的裝飾會讓他們有什麼樣的反應。沒有目擊者的說法，也沒有古代的敘述傳世。不過，不遠處便是曾經更為奢華的皇宮用餐室，雖然如今遺址給人的印象遠遠不及上述的下沉式庭院，但至少我們可以知道這座用餐室給當時的人帶來什麼感受，而這都是因為一首詩。西元一世紀末，普布利烏斯．帕皮尼烏斯．斯塔提烏斯（Publius Papinius Statius）創作了一首近七十行的詩。斯塔提烏斯是當時傑出的詩人，跟宮廷圈內人往來密切；他曾自吹自擂說，「現代」的自己堪比幾世紀前的希臘詩人荷馬（Homer），或者百年前曾受皇帝奧古斯都供養的羅馬詩人維吉爾（Virgil）。斯塔提烏斯受邀與圖密善共進晚餐，他在詩中描述了那次場合，地點正位在新宮殿最宏偉的側翼中，當時該宮殿建築在早期尼祿王朝的頂層之上。他聲稱，這是他第一次做為客人參加宮廷宴會，而且非常陶醉其中。

這場宴會並非密友之間的社交小聚，而是羅馬顯貴的盛會，相當於今天的國宴。斯塔提烏斯在詩裡提到，宴會席開千桌，他的形容也許誇張了點，但多少能讓我們了解皇帝的排場。從今天帕拉丁山上的遺跡，可以看出有好幾間占地廣大的展示間（頁168，編號10、11、12、14），而此次宴會的地點想必是其中一間或數間。這幾個房間的裝飾殘存至今者少之又少，甚至連被人挖走或移置他處的相關擺設都沒有，如今僅存的只有布局輪廓、幾段鋪面和幾面牆的裸露磚芯。其中標號14的展間面積約三十平方公尺，兩側是必定會有的噴泉，（根據最新重建）原高三十多公尺，符合古羅馬建築手冊上大型用餐空間的設計規模。其他幾間也可以輕鬆擺進好幾套長椅，只不過除了設宴以外，房間恐怕沒有其他功能了。

斯塔提烏斯的詩句，有助於我們懷想這些房間擠滿賓客時曾經的樣貌。這首詩巧妙結合了敬畏、恭維以及自我奉承，偶有諷刺閃現。即便是宮廷詩，詩裡某些對東道主與環境的讚美聽起來——至少現代人聽來——也太過於造作虛假、不真誠了：「我彷彿倚靠著群星拱衛的木星／……我生命中的荒蕪歲月已然不再／這一天是吾命有歸的第一天，這裡是我人生的分水嶺／那是您嗎？大地與萬物的統治者／萬能之父祖……／令長椅上的我大飽眼福？」即便諂媚如斯，斯塔提烏斯依舊讓我們稍微感受到當下的景況。皇帝是眾人注意力的焦點，他不是普林尼口中「打嗝的人」，也不是狄歐說的盛裝施虐狂東道主，而是近乎於神聖的存有，在齊聚一堂的賓客面前，在他們欽佩的目光下獨自主持這場宴會。

周遭之遼闊與牆壁散發的光澤，為這場宴會提供絕佳的背景。雖然現在是令人失望的灰暗

19. 這一座不起眼的磚造物，本來是圖密善宮內那極為寬敞的用餐空間的一部分水景設施。上面原本應該鋪著大理石，讓用餐的客人與流水淵淙為伴。這座設施位於圖20重建圖的右下角。

磚塊，但當時可是鋪上一層來自羅馬世界各地的大理石，色彩斑斕，有黑色、粉紅色，有藍色、水綠色，堪稱是羅馬帝國的實質地圖。「看那邊」，斯塔提烏斯強調其中兩種大理石寫道，「利比亞和特洛伊群山在競逐中閃耀」——這句話其實是詩裡靈光數閃的諷刺，也是這些諷刺詩句使得這首詩不至於成為徹頭徹尾的阿諛，並暗示著正在競逐的，可遠不止是大理石裝飾。斯塔提烏斯和在場的賓客同樣「在競逐中閃耀」，展現自身最好的一面，讓人留下深刻印象，試圖在群眾中引起皇帝的注意。

也許這正是這位詩人的意圖，有些現代評論家猜想（也就只是猜想），這首詩有幾個部分事先已經寫

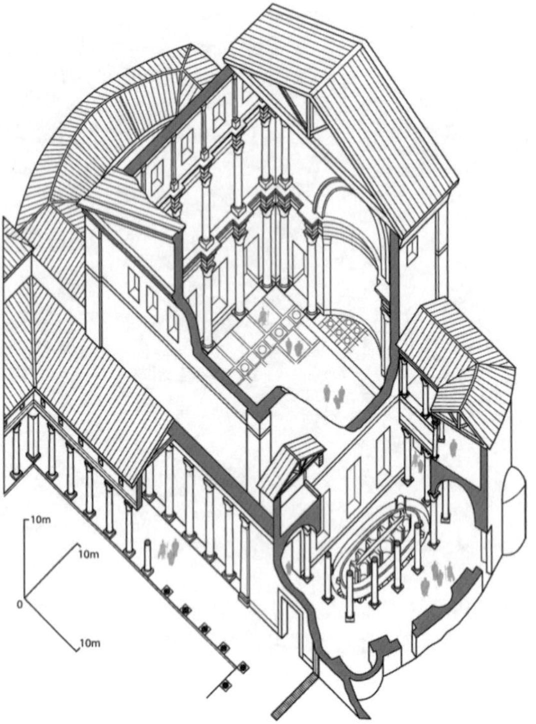

20. 弗拉維宮最雄偉的廳室，做為用餐之用（當然也可以做為其他用途）。上層與屋頂今已不存，只能想像（頁168編號14）。

好，而斯塔提烏斯在晚會即將結束前起身向「世間萬物的全能父祖」朗誦其內容，當作自我宣傳以及顯得太過的謝辭。

除了吃？ Eating otherwise?

羅馬的皇宮固然宏偉，但不過是皇帝待客之道一小部分的表現而已。我們至今仍可在義大利上上下下，乃至其他城市與鄉間，發現數十間用餐室，都是皇帝曾經宴客過的場所。有時，皇帝會在相當於古代皇家遊艇的船上宴客，例如卡利古拉就在距離羅馬城大約二十五哩的內米湖（Lake Nemi）美景當中建造了兩艘豪華遊舫，堪稱水上餐廳，不僅配有臥室、宴會以及用餐區，鋪了馬賽克地板，船上還有澡堂（彩圖6）。但是，皇帝在陸地上的居住地，即便再怎麼一般，也絕不會沒有浮華的娛樂設施用地，而且通常有多處這類建設。哈德良位於蒂沃利（Tivoli）的廣大私人城鎮裡，就有各種別出心裁的娛樂建築，諸如湖心的人工島，或是以賽馬場為模型設計的「運動場花園」。整片遺址當中最出名，也是今天最多人拍照留念的地方，莫過於所謂的「卡諾卜」（Canopus）——一座長形水池，池邊圍繞著精挑細選的雕塑，意在（《帝王紀》裡的哈德良傳記有一段是這麼說的）讓人聯想到埃及尼羅河三角洲著名的卡諾卜運河（Canopus Canal，頁183與182，標號9）。「運河」的一端有浮誇的建物遮蔭，陰影下可見許多長椅擺放在不同高度的地板上，安排相當繁瑣，皇帝和友人則靠坐在長椅上，周圍是更多的水瀑。賓客享用的食物，有些如同普林尼所描述的，亦即擺放在小船上，再漂流到賓客面前。池邊有三座內有活水、用大理石與馬賽克浮誇裝飾的臨時廁所，想解放的人不用走太遠。

皇帝的視線偶爾會投向自己的地產之外，直接徵用其他地方來舉辦宴會。有個故事說，卡利古拉在一株懸鈴木的枝幹上（他稱之為「鳥巢」）設宴款待十五人（樹上還有侍者）；若我們相信真有此事，那皇帝可是連樹木都不放過。當然，包括大競技場在內，城裡原為展演用途的建築同樣可以臨時改造供皇帝設宴之用。今天參觀這座古蹟的遊客，會想像裡面擠滿嘶吼的群眾，場內是慘遭殺害的人與獸，觀眾則不斷叫囂。有時候的確如此（不過不見得會聽到那麼多「嘶

21. 哈德良蒂沃利皇居最壯觀的餐廳，其靈感或許得自古埃及地標卡諾卜運河。從照片中，我們可以看到圍著雕像的水池另一端，有一遮蔽處，那是皇帝和賓客用膳的地方。另見圖40。

吼」，我們之後會在第七章詳談）。但是，皇帝至少曾一度以大競技場為場地，設宴招待數以萬計感恩戴德的公民，大競技場頓時成了皇家宴會廳，而非殺戮場。

上面提到的場合，是圖密善根據共和時期流傳下來的悠久傳統，也就是大人物為民眾舉辦的又一場大型宴會，由此以彰顯其慷慨作風。據說，尤利烏斯·凱撒曾經在羅馬某處舉辦流水席，擺了兩萬兩千套三椅組；假設每套長椅坐九個人，那麼就有十九萬八千人。圖密善的宴會規模相對簡樸，大競技場容納人數的合理估計是五萬席。不過，無論選在何處設宴，重點在於上至地位崇高的元老，下至大街小巷的販夫走卒，每一個羅馬人都能前來露天場地享受大餐，坐在位子上（而不是長椅上）給人伺候，由皇帝買單，也由皇帝主持宴會的進行。大家一邊吃，一邊享受競技場內的表演——不是格鬥士或野獸，而是（現代人看了幾乎同樣不舒服）由女人與侏儒組隊進行模擬戰，有時也會有樂師和賣藝者的下流表演。夜幕降臨之際（這次宴會在十二月舉行），全場點起火把照明，夜晚於是變回白晝。

對於這次宴會，唯一的敘述來自斯塔提烏斯的另一首詩，他在詩中暗示自己人在現場。整場活動的籌備以及組織的天衣無縫，令他讚歎不已：「瞧，穿過每一個座位區／是另一群（侍者），打扮華麗，手腳俐落／座位有多少，侍者就有多少。／有的帶來麵包籃、白色餐巾與精緻美饌。／有的供應著分量令人陶醉的美酒。」他同時捕捉到一些更是壯觀的特技場面。客人的頭頂上高掛著網子和繩子，其上的堅果、糕餅、水果以及棗子等開胃菜，是真的如雨一般灑下來的（這種宴會花招，在龐貝城的壁畫裡有較為節制的版本，見彩圖7）。斯塔提烏斯雖是讚歎，這些奇景卻也不免促使他開一些諷刺玩笑。他明確表示，宴會一開始的零食雨固然令人印象深刻，但亦有其風險。原因是，有些掉下來的水果還沒有熟透，打到你可就不好受了（他用拉丁語說，這是名副其實的「打爛」〔*contudit*〕）。這跟後來埃拉加巴盧斯在宴會時大撒特撒的作法有異曲同工之妙，只不過大競技場這次的下場比較好。埃拉加巴盧斯從天花板上輕輕灑下的玫瑰花瓣，可是悶死了賓客。圖密善的生蘋果和梨子頂多留下嚴重紅腫瘀青。不管怎麼說，這仍足夠說明皇帝的慷慨大方：高高落下，重重反彈。

菜單呢？
On the menu?

即便斯塔提烏斯的敘述浮誇如斯，我們仍然可以一目了然大競技場提供的食物不過是高檔一點的野餐、一些小點加酒，頂多以巧妙的花樣來彌補量的不足。畢竟賓客數以萬計，實在很難想像還能有更多的享受。換作其他場合，端上皇帝桌子的食物可謂形形色色，下至圖拉真的粗茶淡飯，上至奢侈的「展示型餐點」。我們從菜單上的鋪張餐點所讀出的故事，反映了世界各地對於繁複高級料理的理念。高級料理採用昂貴、難以取得的食材，而且搭配這些食材的方式，往往讓它們跟原貌大不相同（舉個現代的例子，「完全用糖霜製成的天鵝」就是這種手法）。據說，埃拉加巴盧斯和其他王座上的饕客，極好這類珍饈。比方說，皇帝維特爾利烏斯的招牌菜「密涅瓦之盾」（Shield of Minerva，因為動用的菜盤之大而得名）以狗魚肝、野雞、孔雀腦、火鶴舌以及八目鰻為食材，要特別出動戰艦從東邊的帕提亞與西邊的西班牙進口而來。西元一世紀，佩特羅尼烏斯（Petronius，曾經與尼祿為友，後來死於他手中）完成了一部小說《好色男》（*Satyricon*），其中的人物特里馬爾奇歐（Trimalchio，超級有錢的前奴隸）辦了一場鋪張的宴會，其中的重頭戲便是類似這種大雜燴的小說虛構版本。在各種美味佳肴當中，有一道菜看起來像是魚肉、鵝肉和其他禽肉精心燴製的。而其中笑點是，這道菜完全是用豬烹調的。

關於小說裡的那場宴會，幻想的成分多於實際，其所反映無疑是偶一為之的豪奢，只不過是外人對於皇帝寢宮裡吃些什麼的典型幻想，然後大肆誇大罷了。我們有充分的理由認為，宮裡的廚房在料理時多半都很簡樸。先不論《好色男》裡虛構的廚子玩出的精采把戲，羅馬皇宮裡恐怕很難經常製作這種繁複的珍饈。像是伊斯坦堡托普卡匹皇宮（Topkapı palace）那種規模龐大的飲膳設施，古羅馬是沒有的。持平而論，在人類社會現代化之前，世界的任何一個角落裡，上層人士的宅邸中恐怕都不會有廚房。因為氣味、噪音以及煙霧使然，廚房的位置往往會跟主要的用餐空間保持不小的距離，代價則是端上桌的食物肯定已經涼了一半。很多烹調與準備工作都可以在戶外進行，如烤肉之類的，比我們認為的更為常見（佩特羅尼烏斯的小品裡曾提到，特里馬爾奇歐某個奴隸坐在門口臺階上剝豆子，便足以證明此論點）。無論如何，學界至今仍無法在帕拉丁山一帶確認出明顯的烹飪設施，這一點著實令人費解。即便是某些外地別苑的發掘成果，也難以和所謂的珍饈相比擬。蒂沃利哈德良別墅裡所有能明確判斷為廚房的空間，只要跟占地廣闊的娛樂區一比，再再小的可憐。雖然在卡普里島（Capri）的提比留別墅裡發現了好幾個成排的爐子，意謂著會為眾多的人口備餐，然而，爐子附近並沒有適當的平地，能椿擣、填餡、切剁、混合、桿麵，乃至於為繁複的料理調味。

一想到用餐時的景象，只會讓我更懷疑某些繁複的餐點是否真有其事。就算經過練習，當時用餐的人畢竟是半躺著，只能用一隻手就食，還沒有現代的叉子可用，那什麼樣的餐點才方便吃？我猜，功夫大菜偶爾還是會準備，而且會在盛大儀式中端進場，讓賓客留下深刻印象。維特爾利烏斯的「密涅瓦之盾」（假如這道菜不全是幻想出來的）就有這種感覺。但是，浩浩蕩蕩上

自己的隻字片語。

這些紀念的話語帶來一種印象——階級森嚴、分工微觀的宮膳世界，和一大群往往看不見的僕從（因為他們人要麼真的待在檯面下，要麼在場、卻在社會上「不受注意」）。皇帝家裡的廚子、宴會場控、管家、侍者和酒侍，以及專做特定種類麵包的師傅、試吃食物的人，還有負責招待或負責餐巾的人（多少算是提醒了人們，羅馬式的宴會盡興與否，取決於有沒有辦法擦臉、擦手），都曾留下一些回憶。我們甚至找到奇特神祕的餐後藝人，他們跟羅馬上流宴會經常讓人聯想到的樂師、詩人或著名哲學家大不相同。羅馬作者們提過不少「小丑」（**joker**，真的是負責搞笑）做為娛樂的一環，包括一些稱為「*copreae*」（字面意思是「小混球」）的惡作劇搗亂者。其中最有意思的，莫過於某個皇宮的奴隸（姓名不詳）和「皇帝隊隊員」，我們是從公墓的紀念銘板上知道此人的。銘文說，此君之所以出名，是因為他是皇帝提比留住所裡的「模仿藝人」，「第一個發現怎麼模仿辯護律師的人」。我們很難不這麼想：提比留的宴會（如果不是在宴會上，那要在哪裡模仿搞笑呢？）之所以歡笑不斷，是因為有個不自由的奴隸，模仿自由的、上等人士的律師，藉此帶動現場，娛樂觀眾。

大隊人馬有專業分工且各司其職、責任明確——像是保管亞麻布的專人，或是專職的丑角——堪稱誇耀王權的一種方式，而其他羅馬富人（真有其人或是虛構人物）家裡也有樣學樣，只是排場比較小。例如在《好色男》中，特里馬爾奇歐極其可笑地把家中的奴隸分成好幾個「師團」，還曾威脅某個奴隸，要把他從「廚子師團」降級到「傳令師團」。不過，墓誌銘也讓這些

22. 提（圖斯）・阿耶利烏斯・普利米提烏斯的墓碑，內容描述他是「*archimagirus*」（主廚），也提到他的妻子阿耶利亞・堤喀（Aelia Tyche）。第一行出現的「*Aug(usti) Libertus*」一詞，意指他是「皇帝的前奴隸」。碑文下半部內容跟破壞墳墓的罰則有關，也談到「廚師協會」（*collegium cocorum*，碑文下半右方清晰可見）的功能。

往往遭人遺忘的人物得以登上舞臺片刻；銘文指出，皇帝的某些家內奴隸和前奴隸對於自己所遭受的剝削很有憤怒的理由，但他們也在這種勞動階級體系中找到自己的認同。

西元二世紀中葉的前宮廷奴隸提圖斯・阿耶利烏斯・普利米提烏斯（Titus Aelius Primitivus）算是其中一人。他跟妻子堤喀（Tyche，皇帝的另一個前奴隸）委人替自己寫下優雅的銘文，文中沒有把他描述成尋常的「廚子」（拉丁語作*cocus*），反而為他冠上「*archimagiros*」的身分——這是個罕見的希臘語詞彙，意為「主廚」，感覺猶如現代英語借用法語中意味著廚藝精湛的「*chef de cuisine*」（行政主廚）一詞。另一個例子是提

23. 這塊頗具份量的墓碑在羅馬，其所紀念的人是跟隨圖密善前往日耳曼後辭世的前奴隸提（貝利烏斯）．克勞狄烏斯．佐西穆斯。第三、四行提到他的階級身分「procurat(ori) praegustatorum」，即御膳試毒長。他的妻子與女兒委人製作這塊墓碑，後四行就是她們的名字。

貝利烏斯．克勞狄烏斯．佐西穆斯（Tiberius Claudius Zosimus），曾經為奴的他負責擔任御膳試毒者（*praegustator*），不是檢查菜色的品質，而是先試毒。有兩個地方留下紀念他的文字。其一在德意志，也就是他隨圖密善出征，結果過世的地方。要是少了這第一道防線抵禦暗殺，戰戰兢兢的皇帝們哪裡都去不成（不過就我們所知，佐西穆斯並非死於中毒）。另一個紀念他的地方則是羅馬，他的妻子恩托樂（Entole）說，他是「當之無愧的丈夫」，女兒尤絲塔奇絲（Eustachys）則喚他「慈愛的父親」。兩篇銘文皆強調他不單是普通的「試毒者」。「試毒者」是科耶圖斯・希律狄阿努斯（Coetus Herodianus）這種下級奴隸的工作，其墓碑上只簡單寫著「奧古斯都的試毒者」（他的姓希律狄阿努斯典出《聖經》中的大希律〔Herod the Great〕，暗示他是大希律送給這位羅馬皇帝的「真人禮物」）。佐西穆斯則比希律狄阿努斯更勝一籌：他的墓誌銘上聲稱他是「**試毒長**」。

這些紀念文也讓我們得以一窺王宮餐廳和廚房勞動者的社群。例如有文本提到「協會」（*collegium*，介於員工組織與社交俱樂部之間），像廚師協會或試毒者協會。少數文本更暗示協會持有某種形式的金融資產。普利米提烏斯墓誌銘上提到的規定，顯示違反會規者將處以罰鍰，上繳帕拉丁廚師協會。除此之外，我們就很難感受到階梯下王宮廚房裡的日常氛圍。最為繽紛的鏡頭，出現在西元二世紀普魯塔克（Plutarch）所寫的馬克・安東尼傳記。馬克・安東尼是屋大維的對手，之後於西元前三十一年的阿克提烏姆海戰中敗走。故事背景不在羅馬，而是安東尼和克麗奧佩脫拉在埃及亞歷山卓港共享的宮殿——其烹飪設施顯然一點也不寒磣。

普魯塔克說，自己是從祖父口中聽來的，而他的祖父有個朋友曾親自造訪過亞歷山卓港的王宮廚房。這名友人在廚房裡親眼目睹至少有八隻野豬串在烤肉叉上。「怎麼烤這麼多頭呀？」他禁不住問道。真有那麼多人吃晚餐嗎？「沒」，其中一名廚子答道，「只有十二人。」但是，由於無法得知來客究竟什麼時候想吃飯，廚子們會在不同時間烤起野豬，這樣不管何時要開飯，都一定有一頭可以烤到剛剛好。這個故事也許是為了讚賞整個出餐行動中蘊含的職人精神，卻也暗示了在廚房裡辛勤工作的人將有大量剩菜可享用。當然，這也是暗酸宮裡頭過度消耗與浪費的老調。沒想到，威廉・莎士比亞買帳了，他在《安東尼與克麗奧佩脫拉》（*Antony and Cleopatra*）中提到，「八隻烤野豬……才十二人要吃！真的嗎？」即便來到今天，這類說法仍有類似的吸引力。有個故事說，親王（現為國王）查爾斯（Charles）吃頓早餐要煮七顆蛋，煮的時間長短稍有不同，確保其中一顆剛好會是他愛的蛋黃熟度；外界把這故事傳了一遍又一遍，白金漢宮則一再否認。總之，關於王室成員的虛構仍在繼續。

我們再度站上邊界，一邊是皇帝飲食的日常現實，另一邊是關於宮裡用膳的幻想。這條界線當然很模糊，幻想和現實之間總有一片不確定的「無人地帶」（各式各樣的誇大、似假若真以及流言蜚語）。正因如此，我們必須回到吃的「價值觀」，而且這些價值觀也確實曾出現在跟餐桌邊的皇帝有關的故事裡。有些故事為真，有些半真，有些純屬虛構（而且根本分不出來是真是假）。我接下來講的一些故事，不見得完全是真的，卻足以揭露關於皇帝吃飯的各種不同的真相，以及其他人是如何想像這幕光景。

權力劇場
A theatre of power

皇帝設宴這件事背後的思路，是為了把他推上注目焦點，成為某個精采場面的中心。即便他是「私下」用餐，三長椅的布置方式（一如哈德良別墅的卡諾卜）也往往暗示皇帝至少是處於

虛擬的展示中。（現代觀光客把卡諾卜變成拍照打卡熱點的作法，算是掌握到這個地方要傳遞的訊息。）尼祿的地下三椅間也受到同一種主題所影響。舞臺布景也許真是做為餐後表演的場地之用，但舞臺也是裝潢的主要環節，凸顯出用餐室本身的「戲劇性」（*theatricality*）。

來到某些場合，皇帝**確實是**一道風景。不難想像，內米湖畔的群眾看著卡利古拉在他的遊舫上設宴，就像十七世紀的有錢遊客成群出現在凡爾賽宮，觀賞路易十四（Louis XIV）的宴會場所（人數多到連地方上的扒手也出動了）。圖密善把大競技場，也就是羅馬公開表演的首選地點之一，改造成「宴會之盛況」（*spectacle of a banquet*），背後想必蘊含「展示」的概念；其實，尼祿把羅馬的一座劇場改造成水上餐廳兼夜總會，也是出於同一個道理。據說，他設法讓劇院建築物被水淹沒，成了人工湖，然後替自己與賓客在湖心建造一張木筏。皇帝跟賓客飽餐一頓後，躺在紫色的厚地毯和靠墊上，其他人則是造訪周邊（應該是在水濱）設置的快閃酒館及妓院，或者只是瞠目結舌地看著眼前這場面。據說群眾人數太多，男男女女在混亂中由於過度擁擠，以致死傷眾多。前面這些很有可能只是個聳動的幻想。但無論是真是假，重點在於宴會上的皇帝成了觀景窗裡**給其他人觀看的對象**。西元三世紀，亞歷山大・塞維魯斯曾經抱怨道，辦一場盛大的宴會讓他感覺彷彿在劇場裡吃飯一樣——他很清楚自己在講什麼。

不過，上臺展示的可不只皇帝本人。在皇帝用餐的故事裡，一同登臺、受人熱議並質疑的，還有羅馬世界的一種社會、政治乃至於「身體」秩序之願景。蘇埃托尼烏斯堅稱，奧古斯都絕不會邀請曾經為奴的人為座上賓，顯然就是「秩序」使然。除了在公共場合一大群人一起吃飯，皇帝的餐桌對於受邀的客人／下人以及侍者採取嚴格區分，前者生為自由人，後者則是奴隸或曾為奴隸。這種作法是把人類分成「服務他人的人」與「接受服務的人」。

宴會上的某些「娛樂」也強調類似的觀點。不久前，考古學家在安敦寧．庇護及其繼子馬可．奧里略的鄉間莊園（羅馬城外約四十哩處）發掘出一間有趣的用餐室，似乎是為了讓上流賓客在釀酒季節賞景而特別設置的。怎麼說呢？因為用餐室看出去就是用來踩踏葡萄的地方，那邊地勢稍高，彷彿踩踏葡萄是在舞臺上進行。這種設計凸顯上流賓客與奴工之間的差距，一方面讓奴工此時**以工人的身分**變成被觀看的物，另一方面也提醒那些嗜酒派對狂：他們喝的酒是哪裡來的，同時（以很有自覺的方式）把傳統上很土氣的農事氛圍直接拉到優雅的用餐者面前。侏儒與殘疾人士（包括聾人或盲人）更常在皇帝的桌邊表演，就像在幾世紀後的歐洲宮廷一樣，那麼地「潮」。當時的人把他們當成珍奇之人，或者「樂子」；在今人眼中，他們是極惡劣嘲弄下的受害者。不過，他們在此的作用是什麼？可以說，他們在用餐的階級體系中也扮演重要的角色。這些邊緣、低等角色的異常身體，有助於他們所「娛樂」的那些人，像是皇帝、國王或廷臣等，以對比的方式，把自己的身體勾勒為「完美」的。菁英人士的身體實際上的不完美，被那些看起來更不完美的身體所掩蓋了。至少在想像中，跟皇帝同桌吃飯就代表你生而自由，擁有完美的、優雅的、（羅馬人所謂的）「正常的」身體。

當然，「壞」皇帝在這幾點上則反其道而行，不過，他們雖**打破**規則，揭露的卻也是同一套基本規則。據說，卡利古拉不僅邀請自己的愛駒（自然不是什麼「正常的」人體），還迫使羅馬城裡某些顯貴在桌邊伺候自己。蘇埃托尼烏斯在傳記中用的拉丁文有點語焉不詳，因此我們無法確定這些元老級侍者究竟是「手裡拿著餐巾」，或是尷尬地「把短袍拉高穿」。總之，這不只是羞辱達官顯貴，更是透過角色，擾亂宴會本應體現的社會秩序。另一種反串角色的作法，則是出現在埃拉加巴盧斯的故事裡，就是他讓八個疝氣男、獨眼男或什麼什麼男的排坐在餐上。這絕對是極其惡劣的鬧劇，卻也破壞了本應做為定義賓客「身體完美」的概念。雖然今人往往認為這些故事反映的不過是某些變態皇帝的瘋癲行徑（有真也有假），但它們擺在「權力饗宴」的框架中，其實是有象徵性的邏輯的。

有些荒誕不經的故事中也藏著同一種邏輯——這些故事旨不在展現「壞」皇帝藐視王室的用餐規矩，而是把這些規矩推向極致，過程中則帶出質疑，質疑這些社會規則能強力執行到什麼程度，或者應不應該執行。相傳皇帝康茂德曾在一次聚會上，端出「一張大銀盤，上頭兩個姿態扭曲的佝僂人，身上抹著芥末」，很難有比這更荒唐的故事了。這已經超越用餐室裡殘酷畸形秀的境界，把飲宴上「異常身體」的概念推向絕對極致（對羅馬讀者來說亦然）。請殘疾人士為宴會娛樂藝人是一回事，至於把這些人擺上盤子端出來，塗上醬料，彷彿可以吃的食物，卻又是完完全全的另一回事。而其他有類似劇情走向的故事，則是把**身為東道主的**皇帝濫權的作法攤在陽光下，用以質疑皇權應有其限度。例如卡利古拉曾以殘虐的方式，懲罰一名在他舉行的公開宴會上服侍的奴隸，並因此而備受批評。據說這名奴隸從其中一張長椅上偷走一條銀飾帶。皇帝為了懲罰他，砍下他的雙手，掛在他的脖子上，於賓客之間展示，並在他面前擺上一張告示，說明他的犯行。

羅馬世界的「殘忍」界線與今天大不相同，古代某些常見的懲罰及報復方式，以今日標準來說可謂令人髮指。但這不代表當時完全沒有界限可言。這些用餐故事（或者說黑暗幻想）是用來爭辯皇帝所作所為到什麼程度就不能算合法的方式。我們的可能結論是，權力不會毫無節制，至少不會大搖大擺為之。

據說，皇帝奧古斯都曾在另一場宴會表達類似「權力應有節制」的看法，即先前提及的食人鰻魚事件。宴會本身的東道主不是皇帝，而是他的鉅富友人普布利烏斯·烏埃迪烏斯·波勒利歐（Publius Vedius Pollio），皇帝是受邀前往那不勒斯灣（Bay of Naples）的一座別墅。招待皇帝——「賓至如歸」——難免有其缺點。花費可能會高得離譜。有個傳言是這麼說的，尼祿要一名友人設宴，所有來賓都要戴絲質頭巾出場。宴會花費四百萬塞斯特提幣（sesterces），相當於幾個尋常元老的身家全部加總。也許數字本身（「百萬」）有點誇張，或只是徒具象徵意義，總之就是一筆很大的開銷。設宴款待皇帝帶來的不便也很麻煩。西元前四十五年，共和派政客馬爾庫斯·圖勒利烏斯·西塞羅宴請獨裁官尤利烏斯·凱撒，誰知凱撒帶了兩千名士兵及隨從一併出席；西塞羅看了也只是輕描淡寫地諷刺道，宴會本身與席間的談話都很愉快，但他短期間內不會再辦了：「一次就夠了。」奧古斯都想必不會帶這種大隊人馬赴宴，不過波勒利歐肯定難以忘懷。

事情是這樣的：宴會上，波勒利歐有個奴隸把珍貴的水晶玻璃高腳杯摔破了。奴隸主立刻判他死罪為懲罰，他被丟進一整池的食人鰻魚裡，波勒利歐最樂於用這種方式折磨不聽話的奴隸。

未想這一回，受害者設法掙脫了抓著自己的人，並懇求特別嘉賓賜自己好死。其實，沒有哪種鰻魚可以把人咬死，而這個故事絕對有都市神話的成分，鰻魚只是用來加強道德力量。奧古斯都立刻下令釋放這個奴隸，並且在主人波勒利歐面前把他剩下的所有水晶玻璃器皿全數砸碎，用來填平魚塘。「就算你的高腳杯破了，」他對波勒利歐說，「難道你就可以讓人家肚破腸流嗎？」只不過，奧古斯都本人的用餐習慣也並非如此清白、節制。據說一次盛裝宴會上，他把自己打扮成阿波羅，這種褻瀆的作法令他暴得惡名。但在鰻魚故事裡，他的形象是（無所不能的）中庸之聲，讓餐桌邊的享樂得以恰如其分。

這則軼事也帶我們重回皇帝與菁英在桌邊的衝突。我們在假食物的故事裡看到，賓客不盡然平等。皇家晚宴是許多羅馬人最能生動想像王權的所在，也是想像中統治者與貴族們面對面的地方。在鰻魚的故事裡，烏埃迪烏斯．波勒利歐被打回原形。

吃到死
Death by eating

對此，我們不必過於驚慌。雖然每一位出席類似圖密善黑色晚宴（無論箇中真相及意圖）場合的元老總禁不住瑟瑟發抖了起來，但或許也有幾位元老反而樂於吹噓自己在宮裡度過了愉快的夜晚，皇帝是誰都無所謂，如普林尼。又或者如蘇埃托尼烏斯所聲稱，維斯帕先年輕時，也就是遠遠早於他在西元六十八年至六十九年的內戰中坐上寶座之前，他就曾在元老院起身感謝卡利古拉的邀請，而這麼做，多是為了確保元老同僚們都知道自己獲邀的事。還有一個跟外地人有關的故事：有個「外省人」試圖花錢為自己在王宮的宴會裡買一席之地（故事的說法是，這顯示皇帝的虛榮心，此君買位之積極令皇帝大感受用，同時也顯示了與皇帝同桌是多麼有價值）。重點在於跟統治者吃飯，尤其是閒話家常，一定會讓賓客感覺自己位於權力中心，也使他們有機會讓統治者聽進自己的話，一如跟今天的政治領袖用餐。古代的某些指控——像是榮銜高官一律落入皇帝宴會同伴的口袋，或是重大決定都是在宴會桌邊做出來的——時值今日，聽起來也煞有其事。這類晚宴遊說的經典案例，跟卡利古拉有關：他計畫在耶路撒冷聖殿立一座自己的金雕像，此舉無異於粗魯冒犯了猶太人的宗教情感。這個故事相當複雜，最後是卡利古拉遇刺才徹底解除危機；不過其中一個版本的故事是，跟羅馬王室關係匪淺的猶大王希律・阿格利普帕（Herod Agrippa）在羅馬舉辦一場所費不貲的宴會，並在餐桌邊成功說服卡利古拉重新考慮立像一事。

不過，皇家宴會的高風險形象同樣難以磨滅。無論是克勞狄烏斯卒於那道下藥的蘑菇，還是盧奇烏斯・烏耶魯斯被下了毒的牡蠣給害死的傳聞，皇家宴會都是古羅馬的經典犯罪現場，堪比現代不列顛小說中的鄉間別墅（圖書館裡的匕首，諸如此類）。那批「試毒者」的存在，正是場景中的一環。他們或許能保護皇帝和他最親近的家人不受毒害，但他們的存在也同時提醒在場的所有人，假如各位不夠謹慎，有可能會被吃下肚的東西害死。試毒者撐起一種多疑的文化。有時候，事情還帶有一絲令人發噱的味道。例如，康茂德據說曾把人的大便跟某些貴到不行的菜混在

自己真實的感受或疑慮，即便你的弟弟適才就當著你的面倒下。

在提比留統治時期，一名公主正是因為過度明顯暴露自身的懷疑而犯下錯誤。她始終相信，丈夫的死跟皇帝有關，以致皇帝遞給她一顆蘋果後，她猶豫了半晌才咬下一口，讓人覺得她擔心蘋果被動過手腳，由此和皇帝之間有了嫌隙。她再也沒有獲邀參加宴會，不久後便遭到流放。這個故事真實到不像真的。年輕的提貝利烏斯．格梅勒魯斯也遭遇出奇相似的處境（曾有人提議，由他和卡利古拉共帝），他也有理由擔心跟新皇帝卡利古拉一起用餐。根據蘇埃托尼烏斯的說法，提貝利烏斯．格梅勒魯斯呼吸時散發出一股藥味，雖然他吃的明明是止咳藥，蘇埃托尼烏斯卻解釋成解毒劑，並認為他是唯恐自己的食物可能被人噴灑過什麼，所以提前採取反制措施。要對付他，光是賜死就夠了。是真是假並不重要，重點是人們很容易把皇帝設宴想像成牽連自己的犯罪場所，並帶來致命的結果。

東道主的好壞
Good hosts and bad

然而，皇帝與上層人士在晚宴時的關係——無論是沉默的多數表現的感恩、親切以及奉承，抑或是古今大多數作者筆下強調的憤恨、暗中施虐和難以捉摸的殘酷——不見得最後盡是以死亡跟流血告終。三椅間之恐怖，並不在於真的殺死誰。圖密善黑色晚宴的故事表達得很清楚，恐怖也可以建立在令人不舒服（或適得其反）的玩笑、微歧視並經過算計（或對方心領神會）的羞辱之上。有數十樁古代軼事，內容往往妝點得多采多姿，細節也太過縝密，然這些軼事聚焦無不在同樣的基本問題上，把故事主角從甲統治者換成乙統治者也都通用。皇家宴會（至少在名義上）是人人平等的場合，但究竟有多平等？宴會上的皇帝距離「吾輩之一員」有多遠？是什麼讓皇帝成為好東道主或壞東道主？

皇帝這廂的良好表現，有時候就跟奧古斯都的故事裡表現出的禮貌完全一致——他會一一指名道姓地向元老院的各個成員打招呼和道別。無論提比留對於蘋果之疑懷有多少怨念，他依然會在門口迎接執政官，晚宴結束時也會自用餐室中央起身，向每一名賓客道別，而他也因此受人讚揚。其他皇帝則是因為他們對客人犯的小錯寬容以對，或是用巧妙的方式加以處罰，而博得讚譽。例如，有個客人把用餐時使用的金杯給摸走了（現代的飯店及餐廳很常發生這種輕罪），而克勞狄烏斯的「溫和性情竟如喜劇般轉了個彎」——普魯塔克如是說。隔天，同一個人出席時，他發現自己是在場賓客中唯一一個使用陶製器皿的人。無獨有偶，據說尤利烏斯．凱撒懲罰自己的烘培師傅，理由是他為凱撒本人烤的麵包，品質比端給在場客人的更好——此舉把對「下人」行使權力一事，跟賓主盡皆平等的主張巧妙結合起來。

而與此同時，人們也認為，皇帝在宴會上會因為上層人士對自己卑躬屈膝，反而極盡能事的調侃。有時候，這不過就是在飲食上太過錙銖必較罷了——有一回，亞歷山大．塞維魯斯在宴會上喝了五杯酒，客人卻只喝一杯（羅馬當然也有裝腔作勢的品酒人，但比現在少得多，真正的重點在於喝的量）。不過，赴宴還有更高的風險。還記得對致意與問候的禮數無比周到的提比留嗎？據說他在一次餐後問答遊戲中的提問，被某個人找到解答，他因此和對方斷絕往來（後來甚至將他賜死）。這位皇帝樂於向賓客出題目，問對方自己今天看了什麼書，未想那個倒楣鬼提前跟宮裡的人要了提比留的閱讀清單，一副想搶盡他的風頭似的。傳言說，其他皇帝更是把政治權力轉化為性權力。例如，傳說卡利古拉把男賓的妻子帶上床，而且是宴會途中，然後當著一眾賓客的面，對這位太太的「表現」做出不好聽（或者好聽）的評價，一口氣羞辱妻子與丈夫。假如真有此事，感覺（尤其對女性來說）這真是兩性共餐這種表面平等的其中一項缺點。

不過，最讓人難忘的軼事卻是聚焦在笑鬧和玩笑上——兩者並非寬容幽默的表現，而是皇帝手裡用來對付上層人士的武器（是**笑他們**，不是**跟他們一起笑**）。卡利古拉在宴會上開玩笑說，自己隨時都能割斷執政官的喉嚨，這既顯示他傲慢無度，也顯示元老們其實多麼脆弱。另一個讓人更不舒服的故事，則是和一名羅馬顯貴有關：他的兒子就在他的面前被處死，下令的同樣是卡利古拉。早上行刑結束，同天稍晚皇帝竟邀請這名顯貴共進晚餐，席間展現出驚人的慈眉善目態度，迫使這可憐人大笑出聲並開起玩笑來（一副他甚至有能耐控制最貼近「本能」的人性反應和情感的樣子）。痛失愛子的父親究竟為何如此忍氣吞聲？一名羅馬作家敏銳觀察到，因為「他還有一個兒子」。

這些故事中的權力關係遠比表面上更為複雜。無論故事從何而來，無論實際上是要詆毀什麼，它們的目標（就流傳至今的說法來看）當然都是皇帝本人。這些代代相傳的故事，與其說是皇帝行為舉止的證據，不如說是控訴皇帝的一環，是對一個個統治者的警告，告訴他們哪些行為**不可取**。讀者在同情失去兒子的父親時，其實也是對皇帝理論上可以選擇行使或不行使的權力表示譴責。把「有濫權可能的東道主」形象，堆疊在「有濫權可能的皇帝」形象上（反之亦然），讓故事變得更加複雜。

其中一些複雜的層面，匯聚在一處堪稱登峰造極的皇家用餐室——這處用餐室不只海景壯觀，還擺上一套奢華卻令人不安的雕塑。不難想像，曾經在此用餐過的人，想必都深思過賓主之間，以及皇帝與同桌共食者之間問題重重的關係。

波呂斐摩斯的洞穴
Polyphemus's cave

一九五七年，人們在斯佩爾隆加（Sperlonga，在羅馬與那不勒斯之間的小村落）附近海邊重新找到這處用餐室。斯佩爾隆加用餐室比先前我們談過的水景還要大膽，是在海上設置了一座人工島，島上鋪上平臺後，再朝一處天然洞穴放上長椅；考古學家在洞穴中發掘到數以千計的雕塑殘片。許多殘片如今已拼湊起來，重塑出的是一系列曾用來裝潢洞穴的大理石雕像，取材自神話中的特洛伊戰爭和荷馬史詩《奧德賽》（*Odyssey*）——無論對古羅馬或古希臘上層社會來說，都是經典中的經典）。此情此景肯定會讓人覺得，賓客是先搭船上了島，餐點則是漂流送過去給他

24. 斯佩爾隆加洞穴。前景為用餐區和長椅擺放的平臺；用餐的人面對遠景的天然洞穴，裡頭擺上諸多雕像，內容所描繪的，是特洛伊戰爭和奧底修斯的旅途。

們，他們可以在島上欣賞滿洞穴的雕像，而太陽在他們背後西下時，會替石窟打上戲劇性的照明。

西元二十六年，皇帝提比留很有可能就是在這裡用餐時幸運逃脫的。當時他正前往義大利南部，途中在一處稱作「洞穴」（*Spelunca*）的別邸用餐，未想入口處有岩石崩落，當場砸死幾個人。「*Spelunca*／*Sperlonga*」的名稱本身使得這個說法很有可信度。即便不是這樣（雕像本身的年代恐怕比他晚），人們也完全可以煞有其事的認為，這座附屬於一處豪華別墅的高級用餐石窟，是皇帝的財產。

只是，這些雕像描繪的究竟是什麼？其實是各種「史詩」場景，包括奧底修斯（Odysseus）背著阿基里斯的遺體離開特洛伊戰場，以及奧底修斯從特洛伊返鄉回到希

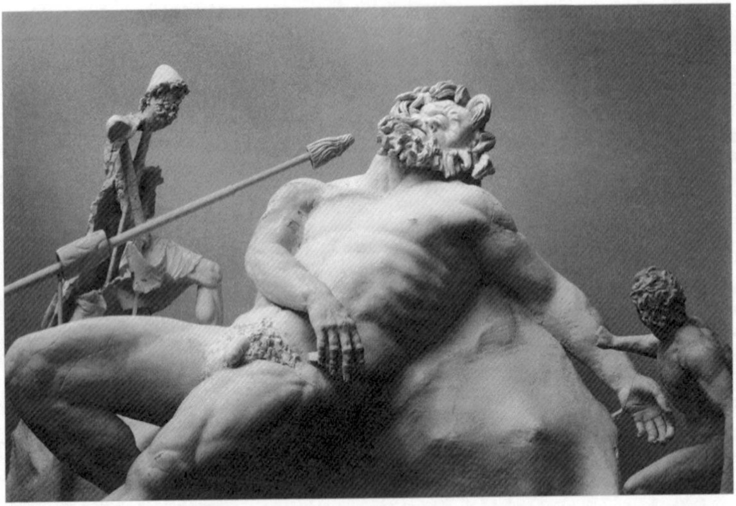

25. 斯佩爾隆加洞穴群像的重點，描繪的是荷馬史詩《奧德賽》裡，波呂斐摩斯眼睛遭到戳瞎的場面。想要從大理石殘片（洞穴坍塌時壓垮了石像）拼湊出原狀相當不簡單，但此重建（部分原材料，部分現代補做）的畫面構圖算是滿合理的：巨人喝得爛醉，整個攤在地上，而奧底修斯的同伴正準備挖他的眼睛。

臘旖色佳島（Ithaca）途中，海怪斯庫拉（Scylla）威脅要摧毀他的船的景象。不過，這件作品的焦點是奧底修斯返鄉冒險中的另一起事件：弄瞎獨眼食人巨人波呂斐摩斯（Polyphemus）的眼睛。《奧德賽》裡的故事是這樣的：在一段長途的旅程中，這名希臘英雄和同伴在波呂斐摩斯的島嶼靠岸，在獨眼巨人居住的洞穴裡安頓下來，而此時波呂斐摩斯正在洞穴外牧羊。波呂斐摩斯一回到洞穴，便發現有入侵者，直接吃了其中幾人當作一餐。奧底修斯為防失去更多同伴，當下找機會讓他們逃跑，於是他設法灌醉巨人；等到巨人醉暈過去，他就拿燒紅的木樁戳瞎巨人僅有的眼睛。

這個內涵豐富的故事講的是文化衝突，講的是「文明」的矛盾。我們要支持哪一方的說法？支持家園遭人入侵的食人者，還是足智多謀、拯救船員生命的領導者？若說波呂斐摩斯「野蠻」，但這所謂的「野蠻」跟奧底修斯的希臘「文明」之間有什麼區別？用一處真的洞穴來重現神話故事裡的洞穴，確實是了不起的視覺綺想。但對於從島上的長椅望向石窟的人來說，此情此景的意義絕不只如此。奧底修斯與波呂斐摩斯的神話，其要旨恰好跟眾多的皇帝用餐故事一樣，就是賓主問題。這個故事暴露出好客的危險，菜單上有謀殺這道餐點，食物被動了手腳，而喝下肚的最後毀了東道主——他不是無敵的，他會死的。這是一場來自地獄的神話晚宴。

斯佩爾隆加的洞穴，是以波呂斐摩斯故事為主題的皇家用餐室當中最有想像力的一處，卻不是唯一。這個場景算是成了羅馬宮廷用膳的招牌。哈德良別墅的卡諾卜雕像群中，就安了一尊波呂斐摩斯雕像。圖密善在羅馬城外的別墅裡也放置了一尊，擺放的房間可能是做為用餐之用（頁147）。還有另一尊在那不勒斯灣岸，皇帝克勞狄烏斯開闢了一片渡假村，其中有處堪稱奢華的娛樂區；在一處人工開鑿的洞穴裡，賓客們斜倚在水池旁，池水的一端擺上奧底修斯向巨人獻酒的雕像——下一步就是戳瞎他。直到一九八〇年代，考古學家才把這處位於水面下的洞穴徹底挖掘出來；這正是尼祿在殺死母親阿格麗普庇娜的那一晚，招待她享用最後晚餐的那間用餐室。

若真是如此（這是個樂觀的猜測，但並非不可能），我們只能遙想她是否咀嚼出這些雕像暗示著什麼樣的危險。不是的話，那設計這些用餐室的人也為用餐的賓客們提供了足夠的思考材料。有些賓客想必會感到安心，因為他們的宴會代表了雅緻，而史詩故事裡顯然缺乏這般優雅。

26. 潛水的考古學家在那不勒斯灣巴伊埃的克勞狄烏斯用餐室，正著手搶救波呂斐摩斯雕像群的其中一尊；圖中的雕像是奧底修斯的伙伴。

更細心的人則會看出這些雕像反映出自身的緊張、兩難以及焦慮。無論晚宴的危險是真實或是想像，無不凝結在用餐室本身的裝潢裡了。斯佩爾隆加清楚提醒我們，「皇帝設宴」是多麼複雜的集合：起點是組織安排的挑戰（想想看，要怎麼把小船推過海面送到用餐的人面前，何況那裡近乎開放水域）；期間則是因為獲邀與皇帝同桌而飄飄欲仙（無論是否真漂浮在水上）的賓客；到了最後，皇帝會用有如波呂斐摩斯般的好客，揭開王權的黑暗潛臺詞。

現在，我們只需要把視野往上，高至用餐室之上，投向整座皇宮，便能看到更大的格局。

第四章　宮裡有什麼
What's In a Palace

卡利古拉的宏大規畫
Caligula's grand designs

西元四十年，皇帝卡利古拉接獲請求，希望他到羅馬埃及行省亞歷山卓港調停派系鬥爭——排外心態、反閃情緒、對於地方公民權的爭議全部混在一起，加上行政長官（不知道是有意或無意）火上澆油，引發希臘與猶太群體之間的暴力衝突。兩方陣營盡皆派代表前往羅馬，以爭取皇帝支持。猶太代表團的其中一名成員對於仲裁過程有生動（稍有利己之嫌）的一手描述；多虧有他，我們才能略知各方出現在皇帝面前時的景況。這名成員正是學富五車的哲學家斐洛（Philo），只不過人們之所以認識他，多半是因為他對希伯來聖經以及棘手神學論點的探討，而非他和卡利古拉的會面。

對立雙方的代表必須同時出席，申明各自的立場，顯然這不是個輕鬆自在的場合。皇帝讓他們等了幾個月才接見他們，而且此前他們已經試著在南義大利追上御駕而錯過一次晉見機會（至於這一切有多麼不方便，開銷有多大，想跟皇帝會面又需要那些內部情報及人脈？我們將在第六章再來探討這幾個議題）。隔年初，皇帝遭人暗殺，沒有跡象顯示他此前已做出仲裁。雙方代表實際和皇帝會面的時間短暫，而猶太方成了卡利古拉戲謔打壓的笑柄；斐洛更是把猶太人描繪成他暴虐恫嚇的受害者。皇帝針對他們的宗教和飲食規範，不斷地盤問、刺激他們。「你們為什麼不吃豬肉？」他這一問，希臘人忍不住笑了出來，以致連皇帝的某些隨員也不得不嚴厲斥責他們。斐洛聲稱，在皇帝面前，除非你是他的密友，否則連微笑都很危險（我個人認為，這不是他的親身經驗）。然而，猶太人的審慎答覆，對他們的目標卻幾無幫助。他們耐心解釋，文化不同，習俗、禁忌也不同，其中一名代表更指出許多人也選擇不吃小羊肉，可惜皇帝恐怕不太欣賞這堂人類學入門。小羊肉一事惹來卡利古拉大笑不已，顯然他不喜歡小羊肉，而且或許有意要大事化小：「不意外」，他回嘴道，「吃起來真的不太可口。」

皇帝的心思完全不在調解這件事上，他明確表示還有其他事優先於此事，而這樣的態度對兩造來說格外羞辱。由於此次接見並非正式調解的場合，他當時主要是在視察自己的財產——不同的亭臺樓閣、男廁跟女廁、樓下和樓上——他一一指出需要修繕的地方，提出各種裝修計畫，雙方代表只能一路跟著他四處打轉。猶太方提出調解時，身在一間大房間的他打斷了他們的話，並做出指示，要求「安裝」透明的礦石為窗，「這樣才能擋風遮陽，又不致影響採光」。進到下一個房間，他再度打斷他們的話，轉頭下令用「原創畫作」來裝飾牆面。斐洛之所以記錄這些完全不著邊際的事，顯然是在批評卡利古拉的心思盡是這些華而不實的內部裝潢，全然不重視亞歷山卓港猶太人的嚴重不滿。不過，他的記載也為我們提供千載難逢的機會，得以把皇帝直接跟他所居住的其中一棟建物的肌理連結起來，一窺他的宏偉設計。其實，就在本世紀初，學界發掘出這座皇家別苑的一小部分，地點距離今天的羅馬中央車站不遠；以遺址所在地為現址的博物館前兩年剛開幕，並展示其中若干發現，而且幾乎讓遊客可以順著皇帝的腳步參觀。

在這一章，我們要把景深拉長，走出皇室的用餐室，全面探索皇帝的財產——從工作人員專用走廊到裝飾性的湖泊，從價格不斐的藝術作品到羅馬世界各地蒐羅來的奇特小藏品，更遑論任何出人意料的物品（今人鮮少意識到，現存最早的基督徒受難圖像，其實是在羅馬帕拉丁山宮殿裡的某幾個奴隸住處裡找到的）。而這之中的一個問題是：皇帝住在哪裡，會把哪裡稱為「家」。我一方面會把重點放在地表及地底下的遺跡，一方面試圖重建羅馬皇宮的本來面目，宮裡發生什麼事，以及王居如何隨時間流逝而改變。奧古斯都的居所，跟一個世紀後的皇帝居所有何相似之處？「宮」（palace）的概念始於何時？

有些問題則超越了有形的磚瓦。對於皇帝及其權力，皇宮透露出什麼？皇宮的結構除了自吹自擂的排場（或是實為較節制的自吹自擂），還內建了什麼樣的雄心壯志？這些建築物引發了哪些衝突？（「公民們，快滾吧。羅馬正變成一人的房子」，據蘇埃托尼烏斯引述，這是一個匿名的古代塗鴉者對尼祿大興土木的諷刺。）皇帝們自己又是如何看待皇宮？圖密善會在私人的柱廊下散步，他要求在牆面上使用反射影像特別清楚的石材，據說如此一來，他便可一目了然背後發生的一切以及來人的樣貌——在眾多皇帝中，難道唯有這麼做的他時時感受到危機四伏嗎？本章結尾處，我們將造訪一處精心建構的王居，這裡是按照整個羅馬帝國而建構的縮影，是皇帝世界的迷你複製品。

家與園
Homes and gardens

卡利古拉費盡心思要重新設計的建築物，倒不是位於羅馬市中心的宮殿（*palatium*，名稱的由來是建築物坐落的羅馬帕拉丁山）。綜觀歷史，大多數君主都在不同的住所間移動，羅馬皇帝自不例外，數十處帝王地產散布在義大利各地。卡利古拉與來自亞歷山卓港的兩造會面場所，其實是這位皇帝所擁有的眾多郊區別苑（*horti*）之一，位在羅馬城邊緣，距離城中心約幾哩（頁11，〈古羅馬城〉）。這類別苑不只有園林，還有度假小屋、涼亭、寢宮以及娛樂設備，當然也有宴會廳與精緻的水景，其中同時擺放大量的工藝創作。皇帝在西元四十年那年計畫施作的「原創畫作」和透明窗戶正是其中一環。不過，數世紀以來的考古學家在這些別苑的遺址上，也發掘出數以百計的雕塑及其他珍寶，如切割精巧的水晶；原本嵌在牆上或家具上的鍍金鑲嵌和珠寶（彩圖20）；從希臘與埃及蒐羅或掠奪而來的雕像，而且傳到古羅馬的時候本身就已是古物了；以及最放縱的一些羅馬皇帝肖像，堪稱是各地發現的當中之最（圖56）。這類園林建造的目的，在於提供比市中心更舒適、廣闊的生活風格，同時又能跟都會脈動的核心保持近距離——鄉間別墅與都市顯貴的方便結合。

大部分的別苑，本是共和末期或帝制初期的羅馬超級富豪貴族所建造的，後來也保留了早期所有人的名字。例如卡利古拉本該專心處理亞歷山卓港人的爭議時，卻分神想改造的那處別苑，便稱作拉米阿別苑（*Horti Lamiani*）。「拉米阿」之名來自別苑的第一個所有人——皇帝提比留的友人盧奇烏斯．阿耶利烏斯．拉米阿（Lucius Aelius Lamia）。可惜到了西元一世紀下半葉，這類莊園已盡數「落入皇帝手中」——這是一種標準的為尊者諱的說法，實際的手法從慷慨餽贈到公然竊占都有。過程中，除了城中的皇宮，占據大片精華地段的別苑簡直要把整座羅馬城包圍起來。也許其中有些園林採半公開的管理，讓廣大的平民能一窺綠地及奢華的發展。不過，羅馬城擁有百萬人口，多數人若非生活在擁擠的屋舍或骯髒的貧民窟，就是露宿街頭，而皇帝踩在市容上那巨大的「腳印」，也就證明了他的權力有多大。

御花園不過是個起頭，王居構成的網路可是一路往南延伸到那不勒斯灣與皇帝的私人島嶼卡普里島——古代的卡普里島，甚至比今天還要高級。遍布各地的王居，其實挺符合整體貴族的土地持有模式。普林尼至少有四處鄉間莊園，在羅馬城則有一棟房子。但皇帝持有的地產不只更廣大更氣派，而且還隨著每一位繼位者繼承前任皇帝的產業，隨著繼位者自己接著興建而愈變愈多。羅馬一帶（今拉齊奧〔Lazio〕）已經有三十多處經認定的王居，論其規模，連不列顛王室財

27. 西元五世紀的希臘雕像，出自薩路爾斯特別苑（*horti Sallustiani*）：這個人物是尼俄伯的其中一個孩子（因為他們的母親曾吹噓，自己生的孩子比女神勒托〔Leto〕多，反而惹來殺身之夭）。至於這尊雕像如何、何時來到羅馬（戰利品或是古物交易）則不得而知。

產最多的時候也得瞠乎其後。

從十八世紀的「壯遊」（Grand Tour）風潮，甚至是更久之前，部分王居遺址在這數百年來始終是旅遊熱點。哈德良在蒂沃利的別墅是其中之一，卡普里島的眾多皇家別墅亦然——西元二十六年，提比留居然遁居卡普里島，度過自己人生的最後十年，荒誕謠言隨之傳了出來，像是泳池裡的性愛遊戲，或是把敵人扔下懸崖毀屍滅跡等。據蘇埃托尼烏斯的說法，皇帝在島上的主邸不只有好幾間寢宮掛滿了春宮畫，甚至有一間藏書室專門收藏談性的手稿，以備雄風不振的賓客需要來點刺激。比起傳說中的狂歡縱欲，心態踏實的現代考古學家對儲水槽比較有興趣——這座島基本上就是一處景色壯觀但缺水的岩石露頭，到底御用工程師們是怎麼讓花園、水池以及澡堂供水無虞的？學者對此讚歎不已。

其他別苑名氣也許沒那麼響亮，或者如今變得很難抵達，但各方面同樣令人印象深刻。就規模而論，康茂德的其中一處地產（就在羅馬城外，出阿庇阿道〔Appian Way〕不過幾哩）足以和哈德良在蒂沃利一別苗頭，其龐大甚至讓人們一度相信這地產本身就是一整座城鎮（「舊羅馬」〔*Vecchia Roma*〕，一如哈德良別墅人稱「舊蒂沃利」〔*Vecchia Tivoli*〕）。這處地產今人稱庫因提利別墅（Villa of the Quintilii），因為原本的所有人是富有的庫因提利兄弟（Quintilii brothers），後來康茂德消滅了兩人之後，別墅才「落入康茂德手中」。以背景之張力而言，尼祿的鄉間別墅之一則是當仁不讓。別墅興建在風景如畫的丘陵地，距離首都約五十哩，靠近今天的蘇比亞科（Subiaco）；為了強化整體氛圍，乃至於從別墅望出去的景致，皇帝的建築師利用谷地堵出一座人工湖。不遠處，正是圖密善最有名、最誇耀的鄉間「祕境」之最（他擁有好幾處祕境），也跟尼祿的別墅同樣興建在風景優美的地點，坐落在足以俯瞰阿爾巴諾湖（Lake Albano）的巨大人工梯田上，配備皇帝能用錢買來的每一項便利設施，甚至挖了個洞穴，擺上一尊獨眼巨人波呂斐摩斯的雕像。直到不久之前，這處祕境大部分位於教宗的私人避暑山莊甘多爾福堡（Castel Gandolfo）地界內，因此比多數的皇家地產更難靠近——自從文藝復興時代以來，天主教會聖統就跟羅馬皇帝一樣欣賞當地的美景。不過，王居的範圍和遺跡如今已重新對民眾開放。

還有許多御苑，其中有各種奢華的濱海別墅，像是提比留位於斯佩爾隆加的別墅，位於巴伊埃

28. 提比留最大的別墅，也就是卡普里島別墅遺址的空拍圖。別墅原地超過七千平方公尺。偏上的半圓室足覽那不勒斯灣之勝，主水池則位於圖中建築物的中央。

（Baiae）義大利海濱（Italian riviera）的克勞狄烏斯別墅，還有尼祿那一大片坐落於今日安齊奧（Anzio）、足以俯瞰海灘的別墅群（相較於羅馬御苑，此處之所以為人所知，是因為第二次世界大戰的安齊奧登陸戰）。史家卡斯西烏斯．狄歐在三世紀寫道，他不會只把這些園林當成有錢人的鄉間別墅。他表示，

29. 教宗用手杖戳羅馬遺跡。教宗若望十三世視察夏宮甘多爾福堡圖密善別墅區的若干羅馬遺跡。

至少到了他所處的時代，「*palatium*」這個名稱是用來冠在皇帝在那一刻所居住的地方。易言之，義大利半島可謂處處是宮殿。

我們現在之所以這麼有信心能斷定其中許多是王居，部分是因為其規模及奢華程度（雖然皇帝偶爾也會選擇標榜樸實勤儉的生活風格，而從庫因提利別墅的例子可以看出，其他有錢地主非常偶爾也會建造氣派的別墅），部分則是因為某些遺跡足以跟現存古代文獻中的描述有所連結（根據提比留在卡普里島生活的描述，把島上最氣派的別墅和他連結起來，也十分可信）。不過，古代製造商和建築師的習慣，更是讓我們能夠以意想不到的方式，把特定皇帝的大名跟特

30. 拉米阿別苑的鉛製水管，從上面的印字，幾乎可以確定委託或是實際製作水管的人，正是克勞狄烏斯家族某個皇帝的奴隸或前奴隸。上面寫的字是「Claudi Caes (aris) Aug(usti)」，「屬於凱（撒）奧古（斯都）克勞狄烏斯」。

定的遺址串接起來。箇中的巧妙在於他們時不時會在磚塊和鉛水管上打上印記（一副特別關照未來考古學家的樣子），不只製造日期，甚至還有所有人、監造官員或承包商的名字，有時人們因而得以確知某些遺址確實跟皇帝有關。比方說，學者在羅馬以東五十哩處，距離尼祿在蘇比亞科的世外桃源不遠的地方，發掘出占地廣大的宅邸，而輸水管線上壓的名字讓我們確知此地是圖拉真的鄉間地產。

於何地發生何事？
What happened where

然而，待我們把目光轉向這些宅邸的室內布局，試圖推敲出房間的用處，重建生活方式，甚或是（至少是運用我們的想像力）把人物放回其脈絡時，情況卻變得更難以捉摸。我們在解讀凡爾賽宮或其他近代宮殿時，能夠仰仗寫滿筆記的詳圖或細節指示，但羅馬的宮殿沒有這類設計圖傳世。只有在為數極少的案例中，我們能從某間房間的廢墟狀態，推測其原本的功能。例如我們在上一章提到，用餐室會內建固定式的長椅，或者地板上標示移動式長椅擺放的位置，往往是因為這些原因才能辨識出來。浴場設施和廁所（很容易辨認）是另一種例子。辨識空間用途，有時候會比人們預想的更有意義。以蒂沃利的哈德良王居來說，單座和多座如廁處的分布方式，有助於辨別哪些區域主要是皇帝與貴賓所使用，哪些是下人所使用，畢竟後者的隱私無法跟主子相提並論。偏偏許多對於住宅建築的現代假設都不能套用在古代世界，事情因此變得更加棘手。去找「皇帝的寢室」並無意義，因為羅馬人住所裡就是沒有臥室。羅馬菁英人士或許會在所謂「*cubiculum*」裡擺張長椅睡覺，這個名詞往往翻譯成我們說的「臥室」，但其實不是。*Cubiculum* 是間隱私、親密的房間，可以在此睡覺、做愛、招待密友、策畫陰謀，或者（如果你是皇帝的話）主持特別敏感的司法審判。

總之，我在本章會經常使用傳統上習於用來命名皇宮部分區域的名稱，又或是怎麼也無法改掉的名稱，不過，這些名稱至多也只是可能性最高的猜測——最糟的情況是，把人引進死胡同。有個極端的例子：某座別苑的遺址裡有一棟大跨度結構建築，原本的所有人也許是奧古斯都的友人兼謀士馬耶克納斯（Maecenas），並由他遺贈給奧古斯都。一八七〇年代，這棟建物在建築工程期間重新出土，此後得名「馬耶克納斯講堂」（Auditorium of Maecenas），因為乍看之下猶

31. 馬耶克納斯講堂內部今貌，重新蛻變，布置成表演場地。圖為近年一場「藝術論壇」，最深處原為流水造景，用來做為舞臺，而前方聽眾所坐之處，則是宴會長椅擺放的地方。

如一處開闊的大廳或展演空間，其中一端則是半圓形的階梯座位。馬耶克納斯是著名的藝術贊助人，今人偶爾甚至視他為皇帝非官方的「文化大臣」。此情此景實在令人忍不住想像，這裡說不定是他對幾位門生講學的場所，會不會維吉爾曾經在此向精心挑選的觀眾演出《艾尼亞斯紀》（*Aeneid*，維吉爾以羅馬建城為題所寫的壯闊史詩）當中的精采段落。我真的會忍不住這麼想，可惜這恐怕是錯的。看起來像是分層座位的設計，幾乎可以確定又是一處水瀑的場景，而所謂的「展演空間」或許是餐廳，用以擺放移動式的長椅。

接下來，我會帶領讀者繞過這些錯認，在我能力範圍內盡力做出更好的推測。我的起點是羅馬帕拉丁山上的原版「宮殿」，此處是如何從幾座連結鬆散的獨棟房舍（完全不是我們所謂的「宮」）發展成你我所熟知、有如迷宮的富麗宅第。至於結尾，我會深入探討歷來最浮誇的羅馬王居——蒂沃利的哈德良別墅，細看那兒發掘出的數百件雕塑，乃至於地道網，甚至連花盆都不放過。

帕拉丁山上的一棟房子
A house on the Palatine

帕拉丁山的歷史，促使我們對羅馬權力的轉變有了許多了解。羅馬城建於七座（其實更多）山丘之上，帕拉丁山正是其中之一。早在西元前一世紀中葉，也就是帝制開始之前，帕拉丁山便是羅馬政治巨頭們的住所。身處羅馬類民主體制中，爭取權力、影響力以及民眾選票的競爭者們在山上比鄰而居，房產以荒謬的金額易手，有時甚至距離更是近到造成不便（裝修的高一些，輕易便能擋住鄰居的採光）。至少以現代西方人的眼光來說，這些房舍的外觀恐怕不太起眼。傳統羅馬房屋朝內，以中庭為中心，對外觀下的功夫相對少。不過，屋主們在建築方面的較勁，幾乎不亞於政治上的。你家內部柱廊有幾根柱子，材質是昂貴的進口大理石或是普通的當地石材，或者你是不是有意以簡樸的生活方式來展現自身摒棄豪奢——在名望的競賽中，上述的一切都很重要。

帕拉丁山的吸引力，多少是因為距離羅馬共和政治活動中心很近。走個幾分鐘下坡路（想騎馬的話，也是可以），就能抵達市場與元老院。西塞羅曾吹噓道，自己在帕拉丁山的住所裡，可以看到整座城市，而且整座城市也都能看到他——這一點也很重要。這些房子不僅為屋主提供優越的視野，同時也明白地展現他們。不過，帕拉丁山也有重要的神話及歷史意含。據說，創立羅馬的羅慕路斯，正是在這裡建立了第一個聚落（西元四世紀時，這裡還有一間籬笆抹泥小屋〔wattle and daub〕，據說是幾世紀以前羅慕路斯的故居〔具有重大象徵意義的假象〕）。羅馬人建造大母神廟（Temple of the Magna Mater）的地點，也是帕拉丁山；據說西元前三世紀末，羅馬之所以不至於敗給漢尼拔，正是大母神威保佑。在神諭指示下，羅馬人從今日土耳其迎來這位受到崇敬的女神，隨之而來的還有祂名聲不佳的閹人祭司，據傳他們是自宮的。

到了西元一世紀末，也就是羅馬一人統治體系展開不到一個世紀時，帕拉丁山的景象已大不相同。古蹟與神廟依舊（人們鮮少提到，帝制歷史上多半都有一群閹人神職人員住在皇帝宅邸後門附近），然貴族的房舍早已不在，山上大部分地方已成為單一的宮殿。皇帝以策略性收購、徵收、竊取，或者光憑「充滿敵意的環境氛圍」，便將舊貴族從傳統要地逼了出去，打上了堪稱新政治秩序最鮮明的印記。這種變化的跡象雖然明顯，卻也是一種漸進的過程。幾乎是奧古斯都一掌權，顯貴們便著手把山上的住宅區讓給皇室成員（這件事跟尤利烏斯・凱撒完全無關）。而我們如今所說的宮殿，也並非一夕之間形成的。

羅馬文人對於早期皇帝們在帕拉丁山的地產留下諸多說法，這麼做通常是為了把他們的居住安排，跟他們的人格與聲譽連繫在一起。標榜老派傳統風格，巧妙結合威權符號的奧古斯都備受讚譽。據說，他住在一間「普通」的房子裡，房子原屬於一名「普通」的羅馬上層人士，屋裡沒有奢華的大理石裝飾或精緻的地板，家具一切從簡。（蘇埃托尼烏斯堅稱，奧古斯都在同一間房裡睡了四十年，無論寒暑，都睡在同一張低矮、普通的長椅上。）至於這棟房子的「前庭」就沒那麼普通了——根據奧古斯都自己寫的《我的成就》所說，前庭不僅有月桂冠與其他的榮飾，甚至有「國父」題辭，跟室內的樸實布置大相逕庭。半世紀後，卡利古拉在帕拉丁的居所也不亞於他所謂的放縱行為。他的作法遠遠超越別苑裡的那幾面新窗戶。蘇埃托尼烏斯聲稱，卡利古拉宅邸的「前庭」居然是拿莊嚴的古剎——卡斯托爾和波呂克斯神廟（Temple of Castor and Pollux），就位在帕拉丁山角與羅馬城廣場交界處——興建而成的。此舉顯示他的妄自尊大又不敬，據說，他經常坐在神廟裡兩尊神像的中間，等著人來崇拜。

問題是，到底要如何才能把羅馬文人留下的任何記載，或者說意識形態投射，跟現有的考古證據相結合？帕拉丁山帝制初期的建築層尤其難以一窺究竟，主因是後來的羅馬皇宮（或者說眾多皇宮）挖地基時，幾乎把過去的痕跡一併抹除了（尼祿的用餐室是少數倖存的遺跡），而文藝復興時代市景瑰寶法爾內塞花園（Farnese Gardens）位在帕拉丁一帶的事實，無疑嚴重影響現代式的大規模考古發掘。有人試圖在卡斯托爾和波呂克斯神廟遺址旁，尋找卡利古拉的「前廊」在廣場留下的蛛絲馬跡，其作法別出心裁，但成果難以服人。先不說這類嘗試，我們可以確定大多數的連結都沒有太大意義。今天的帕拉丁山觀光路線上，可見兩座裝潢華麗的宅邸遺跡，人稱「奧古斯都邸」（House of Augustus）和「利薇雅邸」（House of Livia），都是遊客必參觀景點。令人失望的是，奧古斯都絕不可能在這裡住過。我們幾乎可以確定，他逐步接收帕拉丁山之際，的確擁有過這些房產，可惜他把房子拆毀推平，以便騰地新建一座阿波羅神廟——於西元前二十八年完工（此時他甚至尚未採用「奧古斯都」之名）。今人走訪的這兩處宅邸，並非傳聞中皇帝的接見室，而是某位共和巨頭的宅邸地下室，後來才又在上方興建新的神廟，以及環繞神廟的柱廊。

事實上，奧古斯都的自宅（或者眾多自宅）存在過的任何物理痕跡，恐怕業已永遠消失在後來的建築物底下了。不過，關於一人統治體制之初的皇帝到底住得如何，倒有一份意想不到的史料，透露出一些端倪：即西元四十一年，卡利古拉在帕拉丁山遇刺事件的紀錄，由猶太史家約瑟夫斯（Josephus）以希臘文於西元一世紀末寫就。約瑟夫斯清楚表示，至少在這起殺人事件發生時，我們腦海裡想像的不該是單一一座宏偉的府邸（無須在意「神廟變前廳」的故事是怎麼暗示的），而是一處漸漸拓展，把山上大多數早期的房子一一接管的莊園。有些老房子得以改建，有些則是打通合併，或者用隧道銜接（少數隧道的遺跡仍在），但大部分建物仍保持獨立。

約瑟夫斯說，卡利古拉橫死的地點是莊園內一條「寧靜的小巷」，是通往皇帝私人浴場的捷徑；遇襲的那一刻，他正準備前往浴場。行刺一結束，刺客立刻經「一旁的日耳曼尼庫斯邸（House of Germanicus）」潛逃，而日耳曼尼庫斯「正是適才被殺之人的父親」。接下來，約瑟夫斯講述更多細節，大概是擔心讀者（現在也包括你我）對當地的格局不熟悉吧。「宮殿固然是一個地方」，他寫道，「卻是由屬於皇室個別成員的建築物集合而成的，而建物則以建造者之名命名。」約瑟夫斯也講了一段更為人所知的故事——禁衛軍成員發現克勞狄烏斯在布幕後瑟瑟發抖（頁84）——只是稍有不同：新皇帝躲到另一條幽靜的「小巷」中，還跑上一段階梯。

如今，我們得費一番工夫，才能把腦海中奧古斯都及其當下後繼者的居所，從一致性的結構變成一處「園區」，整個王室家族的個別成員，在區內有自己的家宅和自己的家庭。園區裡有各式各樣的建物，無論這些建物的裝潢有多麼氣派（有些無疑非常氣派），無論其立面用了哪些權力符號來凸顯彼此，無論宅邸的入口和黑暗小道有多少魁武的衛兵站崗，這都是一處由鬆散相連的地產所聚集成的區域，而不是後來才出現的那種常常出現在電影場景和嚴肅考古重建中的一座雄偉皇宮（彩圖9）。尼祿在自己治世之初著手改變這種坐落方式。考古學對此仍舊難有解釋，不過我們大多可以確定，先前探討過的那間優雅用餐室，和法爾內塞花園下方埋藏的遺跡一樣，都是他開始嘗試徹底重新開發的一環。令人不解的是，這處區域今人稱之為提比留邸（*Domus Tiberiana*），卻有可能跟皇帝提比留毫無瓜葛（只不過提比留的住所在早期園區裡正好也在這個位置）。而尼祿統治後期那場羅馬大火（西元六十四年）卻是重要的轉捩點。因為這場大火導致連同帕拉丁山在內的大半座羅馬城付之一炬，想必也把山上僅存的私宅毀了，無疑是為新建第一座、有明確用意的城中「皇宮」掃除了障礙。興建皇宮進而引發皇帝該如何過日子的問題，後來則成了王居**不應該**是什麼樣子的前車之鑑。

活得像個人
Living like a human being

這座建物就是尼祿的金宮（*Domus Aurea*）。根據蘇埃托尼烏斯的記載，金宮占地廣大，居然從帕拉丁山延伸到埃斯庫伊利諾山（Esquiline Hill，相距近一哩遠），宮內擺放一尊超過三十五公尺高的皇帝像，甚至有一座「宛如大海」的人工湖。這座宮殿的其中一「翼」，一直是五百多年來考古學及觀光的熱點——埃斯庫伊利諾山的部分保存在羅馬公共澡堂的地基裡，澡堂就在上面，磚頭上打的印記讓人得以確定年份。十六世紀初，藝術家拉斐爾（Raphael）和學生由天花板上往下挖通道爬進去，仔細描繪自己所見，不時在他們佩服不已的壁畫上留下自己的名字塗鴉。現代遊客進去不用那麼麻煩。碎屑和填充物已大致清理完畢，你大可戴上安全帽，從古代的地面高度走進去，漫步在因為其挑高而得以保存下來的展示廳與走廊之間。

如今的遺跡仍給人宛如宮殿的**感覺**。沒錯，大部分的奢華內裝已不復見（儘管現代遊客可以透過頭戴式虛擬實境設備，幫助他們重現本覆有大理石如今卻光禿禿的牆面，以及滿是塑像如今卻空空如也的房間。）殘存至今的灰墁和壁畫，已經不若拉斐爾親眼所見時的璀璨了。此外，已發掘出土的部分包括上百間房間，但除了用餐包廂和水景外，也很難得知原始的用途了。不過，即便奢華的裝飾不再，然建築的規模依舊令人歎為觀止。現代的建築史家把其中一間巨大的八角形空間（很有可能是做為用餐之用）吹捧為徹底的結構革命，以及磚頭和水泥運用的大膽發展，

32. 自南往北，金宮的部分想像重建圖。1. 從廣場通往金宮的大門；2. 前廳，豎立著尼祿巨像；3. 人工湖（未來大競技場所在地）；4. 尼祿在帕拉丁山上建造的建築；5. 皇宮現存一翼；6. 克勞狄烏斯神廟；7. 大戰車競技場。

奠定了未來數世紀羅馬營造的景象，而他們的抬舉也挺貼切。如今，大多數人對挑高的長廊會更加讚歎，某些廊道的裝飾也讓十六世紀的藝術家留下深刻印象。其實，這些長廊泰半是服侍通行之用。

尼祿金宮唯一保存下來的重要區域就只有這些了，其他就是帕拉丁山和其他地方發現的少數考古遺跡。我們若想知道更多細節，只得仰賴他人在皇帝離世後寫下的負面說法，其內容不外乎大談這座皇宮的奢華與走火入魔的獨創性，像是難以理解的旋轉用餐室、向賓客噴灑香水的隱藏管線，或是圍繞人工湖的大片人造鄉間景致（樹林、葡萄園、田地以及動物）。有時候，地表上的遺跡反而削弱了這類描述。例如蘇埃托尼烏斯對於那座人工「湖」的描述，簡直有如十八世紀英格蘭鄉間別墅裡那種近代暴發戶的驕矜氣息（綿羊啊之類的，

33. 金宮的八角形空間，曾是尼祿設宴的地點。採光主要來自天花板上的開口。其中一間比較小的耳室設有堪稱必備的噴泉。本來的內裝有灰泥、玻璃拼貼畫，圓頂下或許還垂了華蓋。

樣樣不缺），只不過是屬於尼祿的版本。他還暗示了某種顛覆自然萬物秩序的反烏托邦，皇帝一時興起，就把鄉間移植到大都市裡，根本是埃拉加巴盧斯風格。實情絕非如此。從已經發掘出的少數殘片，幾乎可以確定這座「湖」並不是在模仿某種翠綠環抱的自然水景，而是外型方方正正、規規矩矩的都會水池，周匝可見大理石柱廊。

總之，許多問題仍未有解答。對於這座宮殿的規模，我們幾無概念。所有文獻證據（連同羅馬成為

34. 一窺金宮之輝煌——圖中的修復師正在處理濕壁畫；十六世紀的藝術家探索金宮時，為之讚歎不已。

「一座大房子」的塗鴉在內），再再強調了宮殿的規模，強調宮殿取代了這座城市，但金宮的範圍到哪，仍不得而知。現代的估計範圍差異很大，小至四十公頃（大約是白金漢宮建築本身加上園林總面積的兩倍），大到令人無法置信的一百六十公頃。不僅如此，我們也不清楚其中的格局。金宮顯然不是單一一座巨型建築。但帕拉丁一翼跟現存的埃斯庫伊利諾一翼到底有什麼關係，整座地產是否有特定地區對民眾開放，我們也只能猜測。甚至尼祿離世後時，金宮都還沒完工。那場把土地整平的大火發生在西元六十四年，不到四年尼祿就被迫自殺，假如要想金宮在這段時間內完工，營造的速度要快到不可能的地步。從少數傳世至今的磚塊上打上的日期，便可證明某些建築工程在尼祿亡故後仍在繼續，延續到維斯帕先統治時期。

金宮在羅馬市容中絕對前無古人，但它勢必沒有羅馬文人筆下所描述的那麼揮霍。尼祿死後一年，皇帝維特爾利烏斯曾在內戰期間住過金宮。據說他（居然）曾經批評金宮居住環境差，設施簡陋（不過，這段傳聞恐怕旨在批評維特爾利烏斯的期望不切實際，而不是批評尼祿標準太低）。無論此事是真是假，蘇埃托尼烏斯等人對於皇宮的負面看法，再再點出了皇帝該如何過生活、在哪裡生活的根本衝突及爭議。強調皇宮規模之龐大，帶出了誰才**擁有**羅馬城的問題，是皇帝呢，還是羅馬人民呢？也正是這樣的疑問，致使某些傳聞愈描愈黑——有人宣稱，西元六十四年的大火，是尼祿為了把地清出來蓋新的居所而自己放的火，謠言更說他計畫把羅馬改名為尼祿城（Neropolis）。羅馬的獨裁者究竟住在哪一種居所才合適？奧古斯都的（假）簡樸、（別人吹噓的）尼祿的奢靡，你有辦法截然二分嗎？皇帝的宅邸能透露出哪些跟王權有關的訊息？據說，尼祿曾言，金宮讓他覺得「我終於開始活得像個人」，但這句話不只暗示了他無自覺的狂妄自大，根本的問題其實是，羅馬皇帝**是哪一種**「人」。

西元六十九年，維斯帕先在尼祿亡故後繼位，成為新朝代的第一位統治者。他出資興建了一座大不相同的建物，算是回答了前面的部分問題。他把過去鎮壓猶太人叛亂、摧毀耶路撒冷聖殿時獲得的龐大財富，用在尼祿人工湖的現址上，並興建起一座時人稱之為「環狀露天劇場」（Amphitheatre）的建築。後來，人們把這座建築稱為「大競技場」（Colosseum），這個「大」得自尼祿的巨大雕像——金宮消失數世紀之後，這座巨像依舊屹立在不遠處（頁384-5，頁386-8）。維斯帕先要傳達的訊息非常明確。以前羅馬城的空間被尼祿化為私有，如今則要還地於民用，讓人民享樂：西元八十年，大競技場在十多年後正式落成啟用，民眾夾道慶祝，一名態度支持的詩人也在其中，他大讚「羅馬已恢復她的容顏」。無論尼祿心中真正的想法為何，把尼祿塑造成從羅馬人手裡偷走羅馬的皇帝，對接下來的新朝代來說，正適得其所。

然而，尼祿的繼任者們並未立刻放棄整座金宮。不管他們怎麼想，羅馬畢竟沒有其他位於城中的宮殿供皇帝居住。維特爾利烏斯在首都短暫停留期間，忍受著金宮「低於水準」的設施。維斯帕先則是讓大家知道，他更喜歡住在羅馬城緣的別苑，還把尼祿的人工湖變成民眾的娛樂場所，以示大方；但他仍然完成了金宮一些未完工的部分，無疑他也使用過其中一部份。不過，僅僅數十年時間，金宮大部分不是消失，就是被後來的開發所整合，再也分辨不出來。維斯帕先跟兒子提圖斯與圖密善，已經著手在帕拉丁山上建立新的皇宮。雖然新皇宮的範圍絕對沒有延伸到山下的城區，不過就奢華程度而論，這處統治者府邸一如金宮，住的人絕非「吾輩之一員」。新皇宮在圖密善統治時落成，一般認為他是推動這項計畫的主策畫者；從西元一世紀末起，此處便是將來羅馬皇帝的標誌性王居，而羅馬文人則一而再、再而三加以推崇（剛剛那名歌頌環形露天劇場啟用的詩人說，跟這座「全世界最壯麗」的新皇宮一比，連金字塔都相形見絀」）。斯塔提烏斯就是來這裡赴宴，而今日來到帕拉丁山上的遊客依舊看得到，甚至某程度所探索的，正是這座皇宮的遺跡。

山上發生什麼事？
What happened on the hill?

相較於古羅馬世界其餘所有建築，我們對於發生在這座皇宮之內，或是宮牆外的事情，了解是最多的（唯一能與之較量的，是議事廣場上的元老院，也就是普林尼發表謝辭的地點）。帝國史上許多頭條大事在此發生：皇帝在此榮登大位或遭到廢黜，陰謀在此謀畫，宣言在此布達。西元九十六年，圖密善在皇宮裡的一間斗室中遭人刺殺身亡，凶手正是他的部下，而且這棟建築還是他親自委託建造的。百年後，佩勒蒂那克斯（一九〇年代的內戰期間，他曾短暫治世）也是「在家裡」遭闖入的一大群憤怒士兵刺死的。據《帝王紀》記載，士兵們「穿越宮殿的柱廊，直抵名為『西西里』（Sicilia）和『朱庇特餐廳』（*Iovis cenatio*）的地點」，並從此處開始尋找皇帝的蹤影，並在王居「內苑」找到他，而他當下「冗長且嚴肅的發言」無法贏得他們的認可。（佩勒蒂那克斯的問題之一，正是他老是無法「觸動」武人的心。）鏡頭轉到比較開心的場合——西元九十八年，圖拉真登基時，他的妻子普羅蒂娜（Plotina）站在「皇宮臺階上」，對群眾發表演說。普羅蒂娜承諾，丈夫的權力不會改變自己——她說，「希望將來我離開這裡的那一天，我還是同樣的一名女子。」而這番謙虛的操作想必很合傳統派的胃口（可惜這又是女性公開演說的罕見例子，恐怕也不會得到太多好評）。

不過，羅馬文獻也透露出帕拉丁皇宮內較日常的活動，像是經常舉辦的宴會（我相信，對

35. 帕拉丁宮區主體如今殘破凋敝，難以確知現地原貌。圖中最突出的建築，其實是文藝復興時代的花園別墅（法爾內塞避暑屋）。

大多數賓客來說並不「尋常」），或是平常晨間舉行的、受到管控的「開放參觀日」。這個場合——正式名稱為「致意」（*salutatio*）——並非皇帝的發明。共和國的大人物往往以接見朋友及附庸的方式展開一天的行程，即便到了帝制時期，羅馬城的顯貴依然保有這種習慣。只是，皇帝促使這種行之有年的作法有了全新的轉折和規模。他們的致意通常僅限於精挑細選過的羅馬上層人士，透過前來致意的方式，這些人得以有機會（或義務）展現他們把公民盡皆平等及對統治者的敬意調和得多麼好。只是，有時候（至少理論上）連一般民眾都能獲准向皇帝致意，他們想必也會藉機上達天聽，盡可能爭取需要的幫助或恩賜

（頁242-3、252-3）。

對於參與其中的皇帝來說，這類大型聚會恐怕是頗為艱鉅的任務。西元二世紀中葉，傳說年邁的安敦寧．庇護會事先囫圇吞下自己最喜歡的乾麵包，不然沒有力氣主事。對於到場的群眾來說，就算最後有幸進場，想必也得等上許久。同樣在二世紀中葉，一名飽學之士描述自己跟一群人在皇宮外（「在帕拉丁廣場」〔*in area Palatina*〕）或在前庭（*in vestibulo*）枯等的情況：「來人形形色色，等候著向皇帝致意的機會」。群眾當中有些讀書人（包括前面這名飽學之士）為了打發時間，於是裝腔作勢討論起拉丁文文法或羅馬法歷史的各種糾結。我們都遇過這種人吧。

對於帕拉丁皇宮，儘管我們握有這些內容豐富、時而古怪的描述，但實地能看到的卻堪稱最令人沮喪的考古作業。其細部規畫比第一眼的印象難解讀多了。之所以難，一部分是某些關鍵區域尚未徹底發掘，拼圖也不完整。另一部分則是因為建築物的上層早已遭到破壞，如今很難釐清原本究竟是什麼模樣。（「上面發生了什麼事？」堪稱古典考古學中最棘手的問題。）不過，最主要還是因為皇宮是一項「進行中的工程」。幾世紀以來，皇宮以同樣的基本規畫為中心，經過改善、擴建、修復以及重建。西元六十四年的大火，並非帕拉丁山建物最後一次遭到毀壞。比方說在一九二年，皇宮有一大片（包括檔案室）慘遭祝融。而且，建物不停適應新的、不可預測的需求。有個發生在西元三世紀初的故事：塞普提米烏斯．塞維魯斯的兩個兒子，也就是卡拉卡拉與蓋塔互看不順眼。兩人繼承父親的王位，成為共同統治者，皇宮也因此分為兩半。在這種匪夷所思的多人同居情況下，本該共享同一道大門的他們，卻把兩邊皇宮之間所有的內門一逕堵了起來。其結果正是我們現今看到的、難以彼此相通的複合結構，以及不同時期的改建——那可是一大堆的牆壁啊。拜倫勳爵（Lord Byron）在十九世紀初如此感嘆，此後的眾多訪客也有同感。

不難想像，近代某些對於這座宮殿的描述，歸結起來，似乎就成了一份我們的**未知**清單；古代文人告訴我們的，跟我們能夠實地確認的，兩者之間往往有一道無法跨越的鴻溝，讓我們深陷其中。我們不只無法確知圖密善是在哪一間斗室見了死神，也無法標示出刺殺佩爾蒂納克斯的人所走的路徑（「朱庇特用餐室」很有可能是斯塔蒂烏斯參加的那場宴會的部分場地，但「西西里」這個地點〔或許是暱稱〕則是徹底的謎）。我們甚至不知道（卡拉卡拉和蓋塔勉強共用的）皇宮正門的位置，不知道那些裝模作樣的學者等待謁見的「帕拉丁廣場」在哪裡，也不知道普羅蒂娜是站在哪一處階梯對群眾演說。因此，對於正式的致意實際上的組織與安排，我們多少得用猜的。對於這種人多的場合，理應有某些大型「展示廳」（其他時候兼作用餐空間）做為致意的地點。但是，現代人試圖重建儀式流程（如謁見者如何來到御前，或是退下），想出來的路線看來都得在建物裡東拐西彎，上上下下，穿過狹窄的通道與樓梯，迂迴得違背常理。至於皇宮的行政或服務職能如何運作，則是個更大的謎團。奴隸們住在哪裡？記事、帳務乃至於負責洗衣服的人，他們要在哪裡工作呢？倉儲、物流或是馬廄設在哪裡？皇宮裡有我們所謂的「辦公室」嗎？如果有，又在哪裡？

不過，要是我們招架不住這些**答不出來**的問題，那就等於忽略了這座皇宮的遺跡**可以**告訴我們的事情。首先是遺跡的位置。我們已經提過，皇帝等於是把舊貴族趕出他們最喜歡的城區。但

帕拉丁宮區

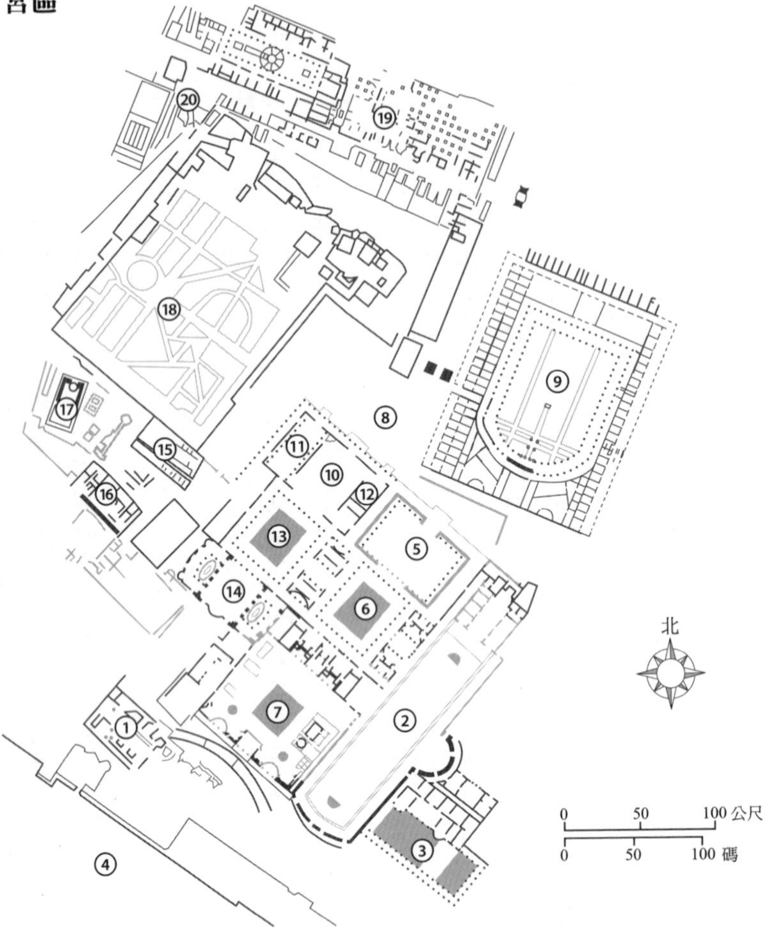

1 下人區，今稱「奴隸訓練學校」
2 運動場花園
3 所謂的「塞維魯斯邸」，但最早的部分可以回溯到弗拉維朝
4 大戰車競技場
5 可能是門廳
6 有水池的庭院
7 有花園的庭院，高度低一層
8 「帕拉丁廣場」的可能位置
9 原本是花園，後來變成埃拉加巴盧斯奉祀埃拉加巴盧的地點
10 「大堂」（Aula Regia）
11 「大殿」（Basilica）
12 「家宅神龕」（Lararium）
13 有水池的庭院
14 大餐廳（可能是古代文人所說的「朱庇特餐廳」）
15 共和時代宅院，傳統稱為「利薇雅邸」
16 共和時代宅院，傳統稱為「奧古斯都邸」
17 大母神廟
18 早期皇居區（「提比留邸」），如今大部分壓在法爾內塞花園下
19 羅馬廣場
20 從廣場通往宮區的斜坡

這張簡化過的設計圖融合了各個不同時期的建築，也排除掉諸多的不確定性，卻也捕捉到其布局的複雜程度。其設計的重點，是運用一些常見的命名為建築物定位，可惜，不同房間的相應功能仍只能猜測。

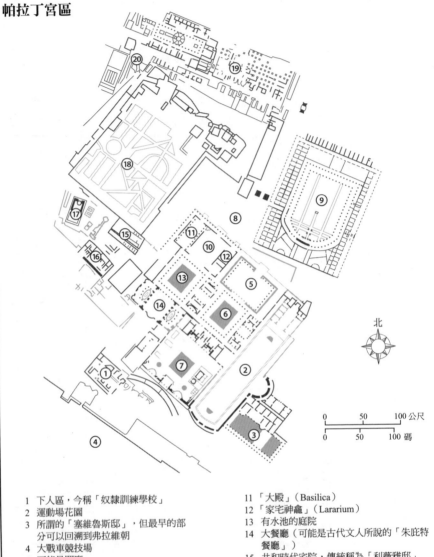

皇宮的位置甚至比「把貴族趕跑」更有象徵意義。帕拉丁山的一側得以俯瞰羅馬城的舊政治中心——議事廣場，元老院就矗立於此，公民們一度在此集會投票，共和要人在此對群眾發表演說。在西元一世紀晚期之後的任何一個時間點，只要你走出元老院時抬頭看，看到的景象就是（跟今天差不多）高高在上、睥睨一切的皇居。毫無疑問，那裡是權力展現的所在地。

皇宮也俯瞰著帕拉丁山另一側的羅馬文化生活與創造力——大戰車競技場（Circus Maximus）。自古以來，大戰車競技場便是羅馬城定期舉辦戰車賽事的地點，但對我們來說，大競技場（頁289-94）更是耀眼。不過，如果你是從南方往帕拉丁山看去，皇宮和大戰車競技場會同時映入眼簾。這兩者之間的連結不但重要，傳達的訊息也很清晰：恩澤百姓的皇帝，人就在庶民娛樂的中心。皇宮裡面甚至有一處看似小型賽道的場地。這裡其實不是皇帝在自宅觀賞戰車競速的地點，而是一座花園，有柱廊有列柱，有鮮花有噴泉，一律**根據露天競技場的設計而興建**。這種「競技場式花園」是羅馬上層人士整體景觀設計的套路。普林尼在其中一處郊區別墅裡也有類似的花園，種植了玫瑰和精心修剪的黃楊樹，讓他相當得意；皇帝哈德良同樣有類似的場所設計，供用餐使用（頁115）。但在帕拉丁山上，這座迷你賽道想必能提醒來人，真正的庶民娛樂場所就在咫尺之外。

第二點是宮殿布局的極端繁複。東拼西湊的配置與不同時代堆砌出來的一大堆牆壁，致使今人有一種無法連通的錯覺，即便除去這一切，當時的皇宮就已經是個迷魂陣了：不同平面的布局、下沉的庭院及位於高處的展示廳、死巷與羊腸小徑，加起來就是開放空間、內部花園和黝暗小道的組合。對於試圖了解其布局的現代人來說，實在很是無力。然複雜也有其道理。世界各地的宮殿常常以複雜莫測的設計做為安全措施。十八世紀時，一名前往日本的歐洲人表示，江戶的將軍居城千代田城「數不清的交叉路口、彼此不通的護城河與防禦牆，我根本搞不清楚東南西北」。今天的白金漢宮大抵如是。古羅馬時代的建築也有意攪亂外人的方向感，無論他們本來是否打著壞主意，總之是無法獨力找到路的。我們曉得，大清早湧進一批人要來向皇帝致意，怎麼看都是維安漏洞。克勞狄烏斯不是第一個要對賓客搜身、確定他們的托加袍裡沒有藏武器的人。某個古羅馬異議人士指稱，奧古斯都也會對元老搜身（跟皇帝身為「吾輩之一員」的形象扞格），僅允許他們一個接一個地接近自己。假如賓客確實是循那些「迂迴得違背常理」的路線前往御前致意，我猜那應該是某種迷惑戰術，而非（某名考古學家所力陳的）展示皇宮之壯麗的機會。

然而，事情也有另一面。這座迷宮固然使得皇帝的訪客感到迷惑且受制，但皇帝坐困愁城的程度也不亞於他們。皇宮也讓皇帝受制於自己的家人、奴隸、手下和衛隊，而他們有的忠心耿耿，有的懷有二心。克勞狄烏斯要求外人接受搜身時，想必是感受到他們帶來的風險。圖密善在他的柱廊壁面覆滿鏡面石材，好讓自己得以看清有誰從背後接近時，想到的多半是內部的風險。皇宮是皇帝傲然展示自己的所在，他在此接待賓客、舉辦宴會或私人晚宴，在前來致敬的人面前昂然。可惜皇宮恐怕也是他們置身過最危險的地方。尤利烏斯・凱撒在公共場所，亦即元老院開議時遭人殺害，這在當時幾乎是聞所未聞。大多數遇刺的皇帝，都是在自家喪命的。宮裡不只會

36. 帕拉丁競技場花園原本有成排的柱廊遮蔭，並以雕像妝點，更有噴泉畫龍點睛：根據想像，這裡的設置應該是用來聊天、散步、健身以及發呆。

有人暗中把毒藥摻進他們的食物裡。宮裡還會冒出匕首——從卡拉卡拉遇刺（當時他人在皇宮一帶穿行，卻遭到心懷不滿的衛兵襲擊），到圖密善與佩勒蒂那克斯，最後則是西元一九二年，康茂德的私人教練把他勒死在浴池裡（有一說是在床上）。然而，最極端的案例則是二一一年的蓋塔遇刺事件。古代文人講述了一件駭人聽聞的故事——兩位共帝同住皇宮的安排終究破局，卡拉卡拉遣麾下士兵，把自己的弟弟捅死在母后的寢宮——蓋塔為了保命，便緊抱著自己的母親。無論真假，故事都充分把握到皇宮乃皇帝金牢籠的意象，籠裡誰都不能信任。

在帕拉丁山上，唯有一處能讓你感受到幾近一樣的氛圍。那是一段銜接議事廣場、山頂乃至皇宮本身的坡道，現今的樣貌建於圖密善治世時。這段坡道是一段兩側狹窄的

37. 充滿轉折的之字形坡道，從議事廣場一路往上通到帕拉丁宮殿區。每一個拐彎處都有一名衛兵站崗，管控上下行的人。

風雨走廊，高約十一公尺，隨坡度蜿蜒而上，原本有七道轉彎處。尋常遊客不難想像這有多麼恐怖：你根本看不到轉彎處有誰或什麼等著自己，每一個轉彎處想必都有衛兵鎮守（沿路的簡易廁所應該是給他們用的）。但就連皇帝也不曉得會在轉角遇到誰，在這幾處轉折，他的人身安全有賴這些衛士的忠誠。我們在這段路上感受到的恐懼，跟斯塔提烏斯赴宴時的激動心情、普林尼對圖拉真慷慨開門待客的熱情，或是普羅蒂娜在階梯上睿智的演說，有著鮮明的對比。

重建之藝術
The art of reconstruction

這段坡道現今的樣貌很工業風，不若王居，反而像倉庫，但原本並非如此。我們今天看到的是裸露磚牆，而當年同樣覆有大理石或是灰墁鋪面，創造出一種更鋪張卻同樣令人望而生畏的印象。這提醒了我們，想要勾勒出帕拉丁皇宮古代的樣貌，沒有想像力是不可能辦到的。許多考古學家和繪者試圖解決這個問題，根據現有證據提供了鉅細靡遺的嚴謹重建圖，協助重現比眼前這段斜坡狀況更差的部分（彩圖9）。然而，這些重建真能精確掌握到原件的氛圍、風格或衝擊感嗎？它們對皇宮的印象是否太過完美？

大多數的考古重建都少了人物，帕拉丁皇宮自不例外，上至皇帝下至清潔工都不見了；在下一章，我會試著把他們帶回焦點之內。我們在此頂多只能看到幾道小小的身影，其存在感完全被建築物所遮蔽。但是，這種恢弘的建築脈絡本身——法西斯獨裁、後現代美學以及好萊塢電影的結合——同樣嚴重誤導人。皇宮彷彿沒有家具、風格簡潔、一塵不染的公開展示空間（目前為止，人們都對重建「樓下」興趣缺缺），但這裡除了鋪張奢華之外，顯然應該更雜沓、更凌亂才對。皇宮不是一間接著一間、回音蕩漾的空房間，反而像是阿拉丁的藏寶洞一般。

你相對可輕易在腦海中，把灰泥、壁畫以及大理石重新貼回光禿禿的牆面上。宮裡想必陳列著畫作、雕塑以及珍貴的小珍品，重新想像這番風景也不難。在別苑和哈德良蒂沃利地產（之後會談到）的考古發現，我們隱約可以了解皇宮有多少雕塑，了解其裝飾風格，諸如鑲嵌地板和精緻的馬賽克拼貼鑲板，以及以羅馬貨幣可以買到的最佳傑作。西方世界各地的博物館展示著相對小型的藝術創作，即便我們無法確定其來源，但幾乎可以肯定這些曾是皇帝的資產。館藏說明上，鮮少清楚標示出現存的羅馬藝術傑作當中，有多少原屬於皇帝。但是，試想那塊描繪皇帝提比留一家的超大寶石浮雕（超過三十公分高），想像中，會是陳列在住所裡的哪個地方呢？這件寶石浮雕的所在地想必隨著政權遞嬗而有改變，但它必然屬於皇帝地產的某個地方（彩圖17）。

古代文人羅列了特定皇帝擁有的財寶，我們因而相對輕易便能把畫面填滿。執政官普林尼的叔叔為博學的百科全書作者，今人為了區別他和他的姪子，於是稱他老普林尼（Pliny the Elder）。據老普林尼記載，那尊描繪特洛伊祭司勞孔（Laocoon the Trojan priest）被海蛇絞死的知名雕塑，一度擺放在皇帝提圖斯的皇宮裡。他同時寫到，提比留特別喜歡西元前四世紀希臘藝術家帕拉修斯（Parrhasius）的畫作，他甚至把畫作陳列在自己的斗室，內容描繪的是自宮的大母神祭司（如同鄰門那些跟他一樣住在帕拉丁山上的祭司）。我們不確定原圖樣貌，或者他是怎麼取得這幅畫的，畢竟大多數的古代畫作早已消失無蹤影。只不過，這幅畫價值六百萬塞斯特提幣，比許多元老的身家財產還要多。正是這股對藝術巨作的熱情——也可以說是貪婪——反噬了提比留。提比留對一件立在羅馬公共浴場外的古希臘雕像（可回溯到西元前四世紀）相當著迷，索性到把雕像移到自宅，原地以其他雕像取代。未想群眾在劇場發動示威，不住高喊「把我們的雕像還回來」，他這才被迫歸還。這是「金宮問題」的縮小版：皇帝可以或應該主張羅馬城的

公共藝術是**私產**嗎？假如可以，那他可以索求到什麼程度？其他皇帝為了避免遭遇同一類型的指控，只好做做樣子，把宮裡的寶石、金銀器移轉到公眾神廟。傳說亞歷山大・塞維魯斯捨棄了太多珍貴的餐具，結果某次舉辦大型晚宴時，反而必須向朋友商借才有得用。

然而，為了重現皇宮的原貌，我們的眼界就不能囿於藝術珍寶及奢侈品。我們必須把家具、照明、香爐、柔軟的布料和掛毯（從金宮已發掘部分的門道內部來看，沒有使用鉸鍊門的跡象，暗示這些門是用布簾「闔上」的）放回原位。我們必須時時記住某些特立獨行的設計元素。塞普提米烏斯・塞維魯斯命人在皇宮的其中一處天花板上繪製星座，複製自己出生時的天空；而皇室鳥舍中，則可見亞歷山大・塞維魯斯的寵物方案——根據一份不太可靠的過高估計——其中豢養了兩萬隻鴿子，乃至於各種鴨子、母雞、山鶉等。奧古斯都的動物吉祥物相較之下低調多了，是一隻討喜的山羊，分泌極其甜美的羊奶，據說主人走到哪，牠就跟到哪。我們也不能忘記，來自帝國各地的各種小擺飾、紀念品、獎品以及珍寶最後都成了皇宮的藏品，等於讓皇宮變成一座巨型「多寶閣」。

其中一些藏品屬於戰利品。西元七十年，羅馬軍隊在未來的皇帝提圖斯指揮下摧毀耶路撒冷聖殿，提圖斯之父維斯帕先把聖殿裡的所有珍寶放置在他新建的「和平」神廟（Temple of 'Pax'，不過，雖然多翻譯為「和平」，但「平定」相對到位），只除了「律法」（指的可能是《妥拉》〔Torah〕經卷）與聖殿的紫色帷幕（放在皇宮）。我們可以確定的是，幾世紀前做為戰利品、後來流落到羅馬的希臘藝術傑作，某一部分想必也進了宮。但其他的「珍奇」卻是大自然的奇蹟，或者混充為這類奇蹟的假貨。皇帝本身積極蒐集帝國內的瑰寶，子民們也貢獻了不少，無疑是為了得到豐厚的回報。

文獻中提到，各式各樣的皇家地產裡，都可見奇珍異寶。近年來，有人把奧古斯都在卡普里島別墅裡陳列的珍寶，譬為「世界第一座古生物博物館」；又或者如蘇埃托尼烏斯所形容，這一批藏品「以古老、稀有而聞名，像是陸地與海洋中的巨獸骸骨，人稱『巨人之骨』」。羅馬郊外的其中一處御花園，保存了一根巨大的長牙，據說是龐然巨獸「卡利敦野豬」（Calydonian boar）的牙齒（是在好久好久以前，被希臘傳說英雄梅列阿格〔Meleager〕從背後刺殺的）。這根巨齒本來在希臘某聖地，後來被奧古斯都帶走，等到二世紀時已（特別指名）交由皇帝的「珍奇照管者」所管理。不過，有些寶物最終還是進了帕拉丁宮。其中一件寶物的例子尤為多采多姿：哈德良的前奴隸編纂了一份專門談各種「奇蹟」的概略，內容討論到所謂的「半人馬」。根據這名編纂者弗雷貢（Phlegon）的紀錄，這匹半人馬本為阿拉伯山區某世家所捕捉，並做為給皇帝的禮物，送往埃及行省，多半是從埃及轉運過去。無論本尊究竟為何物，那頭倒楣的生物已經死了，屍首經防腐處理後才運往羅馬，在皇宮首度展示。到了西元二世紀（我猜，已經變得破破爛爛，搞不好有點臭），這件藏品已經遭到降級，貶到皇宮地窖或倉庫裡（弗雷貢就是在這裡看到的，他有點失望，覺得沒自己想像中大）。帝國的驚歎和驚喜，彷彿匯聚在皇宮之中。

然而，對我們來說，皇宮的裝潢中最教人驚奇的，不是野獸的獠牙、半人馬這類天然的、傳說中的珍寶，而是帕拉丁皇宮部分殘跡中，殘存灰泥牆面上所刻下的奇特塗鴉。這些牆面原

38.（左）胡亂刻劃在灰泥上的塗鴉，內容諷刺基督徒，右為線條重建。這幅塗鴉是在帕拉丁的傭人區發現的。所謂的「笑話」是用粗淺的希臘語寫成，以被挖苦的對象阿列克薩梅諾斯起始，接續在後的則是「拜你的神」，或者「拜他的神」。

本是一系列環繞庭院的房間，於西元一世紀末啟用，於此可以俯瞰大戰車競技場，現存於牆面的塗鴉有三百五十多個。這些房間的用途很難確切得知，但肯定屬於皇宮裡「服侍」的那一邊，而非「展示」的那一邊。「某某已經離開侍童所」（*exit de paedagogio*）這句話在牆上出現十多次，暗示這可能是一所「奴隸訓練學校」（*paedagogium*的一種可能解釋），而這些特定的塗鴉則記錄下曾有奴隸從這所學校「畢業」。而關於這個場所的功能，還有一些可能性比較低的猜測，像是奴隸監獄、醫院、兵營，或是宮內的服裝部門（因為有另一個塗鴉列出了衣物清單）。不過，這裡之所以為人所知，卻是因為大不相同的原因，而且內容相當明確：那是一張在牆壁上胡亂刮出的塗鴉，戲謔耶穌受難的場景。會出現這類題材，感覺完全不意外。聖保羅等人說過，皇宮就是基督教的溫床。可是，我們在此處牆上看到的是明確的證據：一個驢頭人物被釘在十字架上，下面有人在祈禱。圖說以希臘語寫成，意思是「阿列克薩梅諾斯（Alexamenos），敬拜你的神」。這個塗鴉應該是在嘲笑奴隸中的某個基督徒（帝國裡的非基督徒確實會喊耶穌是「驢頭」），一般猜測其年代為西元二世紀末；果真如此的話，那這就是世界各地現存最早的受難畫作之一，而且說不定是第一幅。想想看，宮裡這麼多昂貴的裝飾消失無影蹤，遺留下來最吸睛的居然是一幅粗糙的塗鴉，或許是某個奴隸恣意抨擊另一個信奉少數激進教派的奴隸，未想最終竟連皇帝也加入該教派。

哈德良的世界
Hadrian's world

另有一件事情不無諷刺——某些（或者是很多）羅馬統治者待在帕拉丁山上的時間相當少。儘管從登基到暗殺的各種大事在帕拉丁皇宮發生，儘管帕拉丁皇宮位居羅馬城政治地理關鍵，儘管忠君的詩人對帕拉丁皇宮及其住戶讚不絕口，但多數皇帝往往在距離城中心甚遠之處另外心有所好。那些地方要麼是繼承而來，按照自己的品味重新裝潢，要麼是從平地蓋起來的。這種情況簡直成了羅馬式的肥皂劇。提比留在治世的最後十年避居卡普里島別墅，這件事只不過是皇帝駐蹕他方的頭號惡例。維斯帕先人在羅馬時，寧可住在城郊別苑，選擇在入夏時待在薩賓娜山區（Sabine hills）的祖宅。西元三世紀，亞歷山大．塞維魯斯集皇帝大興土木之大成，在那不勒斯附近的度假勝地巴伊埃建了一座嶄新的濱海宮殿，據說以其母尤莉亞．瑪麥雅（Julia Mamaea）為名（感覺更凸顯了他有點「媽寶」的聲名）。

這些城郊宅邸的吸引力有部分在於實用性。有錢人總會在酷暑時拋下羅馬，前往山區或海邊。但無疑也有部分原因在於不同的生活方式，他們由此得以享受都市之外的生活，遠離帕拉丁黃金牢籠的束縛。住在郊外有時會引人懷疑。有人認為，提比留搬到卡普里島，是在尋找一片天地，讓自己能盡情發揮其獸性，不受他人窺探（同時，他長期不在羅馬的事實，也冒犯了這座城市）。不過，年輕的馬可．奧里略與他的導師馬爾庫斯．科內利烏斯．弗朗托魚雁往返的內容，卻帶給我們一幅皇室鄉間別墅生活的詳盡圖像（頁230-2）。這位未來的皇帝當時才二十出頭歲，而他寫信的地方，正是那座把踩葡萄的景象嵌進用餐室的莊園。他描述自己一天的行程：早起閱讀農學專文；漱口減緩喉嚨痛；參加繼父安敦寧．庇護主持的祭儀；偶爾採葡萄；跟他的「媽咪」坐在長椅上促膝長談；先洗澡再吃晚餐，襯著「鄉巴佬邊踩葡萄邊吵架」的畫面；最後上床睡覺。這幅景象究竟比較靠近嚴肅的國家大事，還是瑪麗．安東尼（Marie Antoinette）扮演擠奶女工？很難說。

無論如何，對於今上安敦寧．庇護本人來說，情況肯定大不相同。無論皇帝身在何處，從致意（雖然規模比較小）到法律事務等帝國國政都要持續，連在提比留的卡普里島別墅，泳池性愛派對恐怕也得屈居第二，一切以日常行政優先。這些非帕拉丁的宅邸不只是私人避居地，更是符合「皇宮」一詞的業務性質。年輕的馬可．奧里略人在鄉間莊園，早上也得向他的父親致意。普林尼在一封信上提到自己有多樂於造訪圖拉真的濱海別墅，他在那裡幫助皇帝和其他幕僚解決了一些棘手的法律問題。他們花了三天來審判以下案件（審判完之後吃了更多頓便餐）：某軍官之妻與下級軍官有染，但丈夫似乎原諒她了（不過她還是被流放了）；有一樁假造遺囑的案件，被告之一原本是皇帝的奴隸（普林尼表示，圖拉真務求公正，並未特別關照他）；一名出身以弗所（Ephesus）的男子，面臨一些語焉不詳的假爆料所指控，此人為此甚至從位於現代土耳其海濱的家鄉長途跋涉而來，為自己辯護（指控遭到駁回）。

與此同時，皇帝的決策或官方信函，則會銘刻在石碑上以為副本，於帝國各地大城公開展示（因而得以傳世至今），而內容往往包含這些決策是**在何處**決定，或者信件**從何處**寄出的詳細資訊。這些資訊集結起來後，就等於一本虛擬的皇宮地址本或日誌。例如，西元八十二年七月二十二日，圖密善仲裁義大利兩座鄰近城鎮的土地爭議時，人「在阿爾巴諾」（「in Albano」，指的是他在阿爾巴諾山區的別墅，地點位於今甘多爾福堡）。大約四十年後，也就是西元一二五年的八月底或九月初（僅有部分日期保留下來），哈德良致函希臘城市德爾斐（Delphi）及其祭司委員會，做為收到使團帶來信件的回函。皇帝的回函，明確表示這是在他「位於蒂沃」（at Tibur）的別墅撰寫的，而信件的銘刻副本殘片至今仍保存在德爾斐。

這位皇帝「位於蒂沃」的別墅，正是我們所說的「蒂沃利哈德良別墅」（「蒂沃」是古代的地名），距離羅馬約二十哩。這座私人城鎮起初占地超過一百二十公頃，其中有劇場、浴場、柱廊、圖書館、花園、住宅區、奴隸宿舍、數處的用餐空間等設施，而且這裡不若城裡的皇室地產，沒有被後來的建築物所覆蓋。現代考古遺址僅占其中約四十公頃，仍可見將近一千間房間的痕跡。至於其他的部分，則埋藏在附近的田野之下，大多尚未發掘。蒂沃利哈德良別墅並非「進行式」，並非用數十年乃至於數世紀逐漸擴建而成。這座別墅是在哈德良統治期間，根據單一的整體規畫，用短短幾年（從磚塊上打上的日期可以清楚得知）所建造而成的，堪稱是整合設計、資金投入、供應鏈協調以及人力的非凡功業。西元一三八年哈德良過世後，這處建築依然做為皇宮使用（否則要怎麼解釋遺址發掘到的其他皇帝肖像？）但原本的構想似乎沒有改變。蒂沃利別墅完全是哈德良的創作，規模簡直到了戲仿造鎮的程度，只不過我們不確定他在這裡住過多久，或者多常住在這裡，主要是因為他經常在旅途上（第八章）。

這座地產的規模已經夠驚人了，同樣驚人的還有裡面的雕塑和其他藝術品的數量，簡直要淹沒這裡了；別墅在西元四世紀遭棄時，人們顯然忘了處理這些藝術品。歐美博物館中許多古典時代的傑作，像是羅馬卡比托利歐博物館（Capitoline Museums）的亮點之一——鳥浴盆裡的鴿子主題精緻拼貼畫（彩圖10），或是瑞典女王克莉絲蒂娜（Christina）一度持有、如今收藏於馬德里普拉多（Prado）的八大尊謬思女神像，還有馬里布（Malibu）蓋蒂別墅博物館（Getty Villa Museum）鎮館之寶——堪稱傑作的海克力士大理石像，都是後來從蒂沃利發掘出來的。目前所知，遺址中共計四百多尊保存極佳的雕像出土，至於蒂沃利倉庫裡數以百計、堆積如山的殘片，以及尚待發掘的雕像，更是不在話下。而這些雕塑品，絕大多數是根據單一的整體規畫，以更古

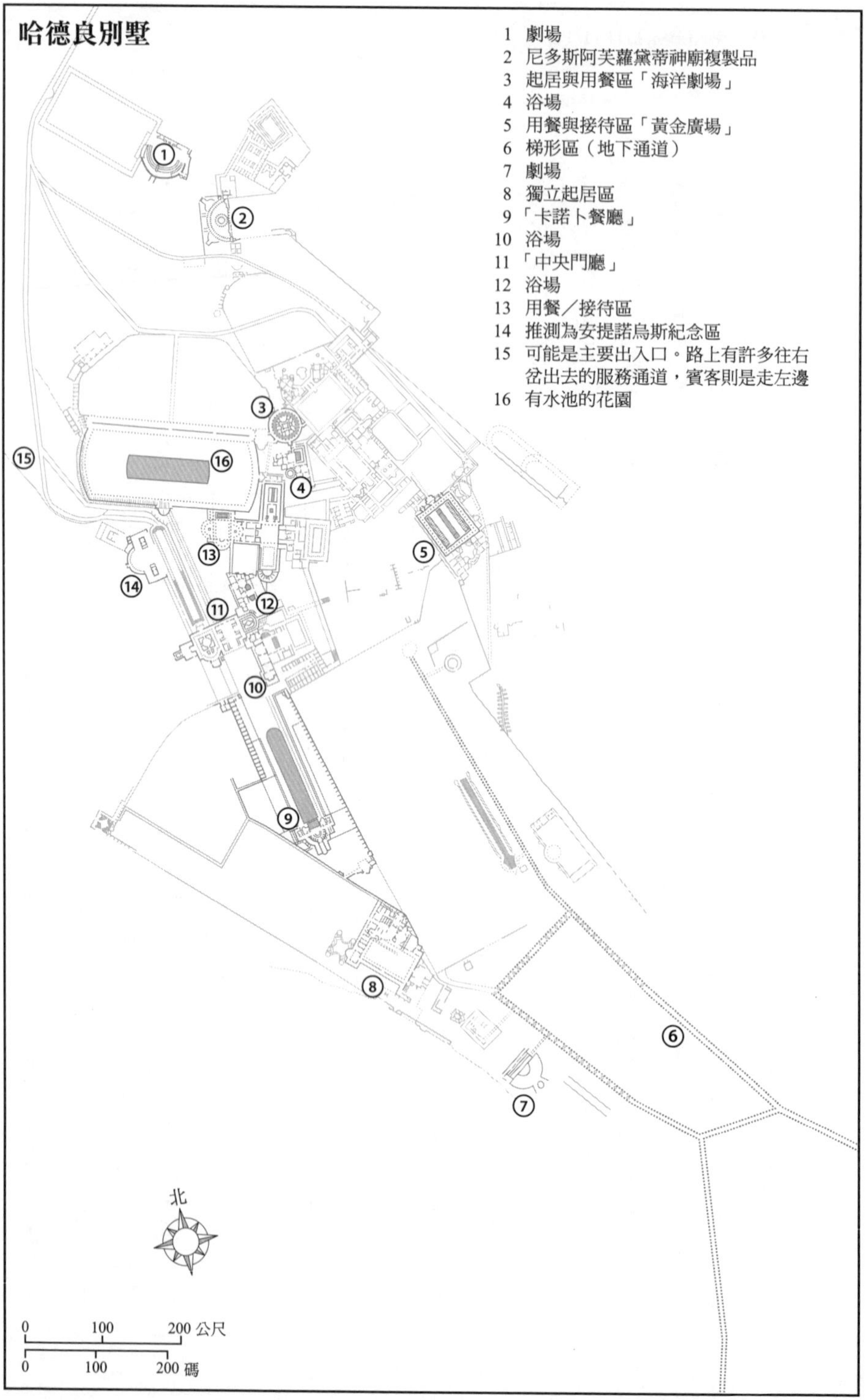
哈德良別墅
1 劇場
2 尼多斯阿芙蘿黛蒂神廟複製品
3 起居與用餐區「海洋劇場」
4 浴場
5 用餐與接待區「黃金廣場」
6 梯形區（地下通道）
7 劇場
8 獨立起居區
9「卡諾卜餐廳」
10 浴場
11「中央門廳」
12 浴場
13 用餐／接待區
14 推測為安提諾烏斯紀念區
15 可能是主要出入口。路上有許多往右岔出去的服務通道，賓客則是走左邊
16 有水池的花園
北
0
100
200 公尺
0
100
200 碼

老的藝術傑作為本而重新製作的複製品，而非珍貴的古物，或是從帝國各地搜刮來的。這種工藝製作已經達到產業等級。

比方說，為了讓那些在「卡諾卜運河」旁用餐的貴賓感到盡興，除了那尊兼有噴泉功能的大理石鱷魚（水會從鱷魚嘴中噴出來），周圍展示的重點雕塑還有雅典衛城四尊女像柱（caryatids）的完整複製品、一對以西元前五世紀希臘知名雕塑為摹本的負傷亞馬遜女戰士雕像、古典希臘眾神群像（有阿瑞斯〔Ares〕、雅典娜、戴奧尼索斯）。埃及藝術是園區中相當突出的設計主題，如伊西斯（Isis）等神祇、埃及祭司以及信徒等雕像，還有仿法老的雕像。哈德良曾在西元一三〇年「渡假時」以觀光客的身分走訪埃及，未想他深愛的男友、年輕的奴隸安提諾烏斯（Antinous）卻離奇溺死在尼羅河裡（「他是落水或是被人推下去的？」誠大哉問也）。安提諾烏斯死後，哈德良委人重現他的面容，蒂沃利的別墅裡就有數十具，像是讓他以埃及神祇的形象出現——無論這麼做是美感偏好、暗指他的死亡地點，抑或是為了彰顯他的不朽地位，總之不是巧合（圖41）。

蒂沃利堪稱鄉間版的金屋。藝術家和收藏家無疑做如是想——從文藝復興時代起，他們便從中探索羅馬世界未受擾動的殘跡，或者追求親手觸摸古代瑰寶的機會，而我們只能把這等瑰寶供在博物館內。（拉斐爾的弟子烏迪內的喬瓦尼〔Giovanni da Udine〕，不只把自己的名字刻在金宮，還在蒂沃利的灰墁上簽名。）不過，就算哈德良的別墅幾乎跟尼祿皇宮的推估規模中誇大到不可思議的數字一樣，他卻能全身而退。這是因為他的建築痴狂不在視線範圍內，不在羅馬城

39. 哈德良別墅裡的兩尊謬思女神像，約一五〇〇年出土。它們原是私人表演場舞臺上的裝飾，今藏於馬德里普拉多博物館。這兩尊雕像在十七世紀經大幅翻修，加上了新的特徵，以利辨別：左為天文謬思烏拉尼亞，右為詩歌謬思厄剌托。

範圍內（也是因為哈德良運氣好，繼任的安敦寧・庇護為他大力打理形象）。應該說他**差點**全身而退。有些批評者把哈德良的別墅看成某種版本的「提比留問題」。一名羅馬晚期文人寫道，正是在哈德良避居鄉間，他過著奢靡的生活，「才會有他侵犯小男孩的邪惡謠言流傳」。古有明訓，但凡皇帝躲避公民的目光，管他是躲去卡普里島還是蒂沃利，八成都是見不得人的事情。

對我們來說，哈德良別墅的考古研究，揭露了跟皇帝宅邸與家居生活日常經營有關的有趣細節，諸如御苑園人弄花蒔草的功夫——他們會把裝酒或油的容器（雙耳瓶〔*amphorae*〕）重複利用，用來當成花盆。最令人意想不到的考古發現，或許就數一套總長三哩的地道網（據估計，光是其中人稱「梯形」〔trapezium〕的區塊，就得挖掉兩萬立方公尺的岩床）。這些地道的主要目的，據信是為了讓奴隸來來去去，而住在地面上的尊貴之人視線範圍內不致看到他們；類似的邏輯也出現在整個園區的主要入口，似乎下層有獨立的「服務通道」，上流貴客則走上層、華麗的通道，不會看到下人（頁182，編號15）。不過，也有人提出其他巧妙的用途，像是冰窖或地下停車場。地道網某幾個部分確實夠寬，可以推車通過，說不定真能讓貴賓的車駕通行，甚或是停放。

傳世的素材數量再怎麼龐大，我們仍然難以弄清駐蹕蒂沃利時整體的**運作方式**，也不曉得大多數房間的用途為何（又來了）。我們手上唯一描述這座皇宮的古代資料（《帝王紀》收錄的哈德良傳記），只提到這位皇帝用世界上著名的地方來命名別墅的各個部分：狼苑（Lyceaum，亞里斯多德位於雅典的哲學學校）、阿卡德摩斯莊（Academy，柏拉圖的學校）、卡諾卜、甚至是冥界（Hades）等。然而，這種說法形諸文字時，哈德良已經死了兩百多年，而提筆為文的這個人也不免是出於幾分幻想；學界費了那麼多工夫，仍然無法把這些名字與現存的建物緊密連結起來——唯一的例外是我們先前談過的卡諾卜與用餐設施（而且部分考古學家仍然對此抱持懷疑）。對於學界以外的人來說，這是一段涉及指認、再指認以及唇槍舌戰的漫長現代史。

過往幾代學者認為是圖書館的地方（他們認為哈德良是個書呆子），如今卻有不少被人劃歸為娛樂區。經過重新詮釋後，禁衛軍營變成客房，或者客房變成軍營。即便是不久前仔細發掘的

40. 成排的四尊女像柱（其實是雕刻為女子形狀的支撐柱），模仿西元前五世紀雅典衛城的厄瑞克忒翁神廟（Erechtheum）。哈德良在旅行時肯定看過原件（頁319-22），但在他的別墅裡，那些原本陳列在神龕裡的雕塑，卻變成用餐區的奢華裝飾。

區域，也存在爭議。二十世紀末，甫在宅邸正門附近找到一處仿埃及風的建築（而且還找到原本為了配合建築風格，種植椰棗樹的痕跡，可謂畫龍點睛）。某些考古學家認為，這只不過是整體「埃及風」裝潢主題的一部分，卻也有人認為，安提諾烏斯的屍首從尼羅河裡打撈起來之後，便是運回愛人的這棟別墅，而這就是他的長眠之地。光是這棟建物，就點出了跟整個園區有關的大問題。雖然規模不大，但這裡是否算是相對「普通」，或者至少是羅馬上層社會每一個成員在資金、資源無限的情況下會蓋出來的建築？我們曉得，羅馬的其他有錢人（西塞羅與普林尼堪稱佼佼者）偶爾會用東地中海的「異國」地名來

41. 哈德良別墅出土的安提諾烏斯半身像（今藏羅浮宮）。這名年輕人身穿埃及裝束（獨特的頭飾），這尊雕像（以及其他相關作品）有意把安提諾烏斯比作埃及奧西里斯神（Osiris）；根據埃及神話，奧西里斯溺死在尼羅河，後來重生。

為自己的花園造景取名。如此說來，這棟建物只是羅馬別墅的誇張歸謬嗎？還是說，這是極具個人特色和癖性的計畫，是用磚塊和大理石（包括他摯愛的安提諾烏斯的墓地）重現哈德良生活乃至熱情？還是說，這裡正如不久前一名考古學家所說，是「皇帝之夢」呢？或者這三者多少都是原因？

經過多年來對哈德良「別墅」的琢磨，我確信還有其他隱情。我們先前談過，帕拉丁皇宮有些用餐室採用來自羅馬世界各地的大理石來裝潢，這種作法能在帝國最中心喚起對地理、遼闊版圖的情懷。來自遙遠外省的自然奇觀，最後卻落腳在皇居，並做為展示之用——這是另一種方法。皇宮位於蒂沃利的事實，則是讓這種概念更上一層樓。《帝王紀》的作者提到，皇帝以知名地點為園區各部分來命名，道理就在這裡。不過，再現各種著名的傑

42. 哈德良別墅地下通道網絡局部，做為展廳和娛樂區底下的服務通道，由此，皇帝與賓客就不用看到下人和基礎設施了。

作——如埃及的奇景、西元前五世紀雅典的吸睛處，乃至於大到可以走進去的、知名的尼多斯（今土耳其海岸）阿芙蘿黛蒂神廟（Temple of Aphrodite）的複製品，甚至複製比神廟本身更出名的阿芙蘿黛蒂像——原件出於希臘雕塑家普拉克西特列斯（Praxiteles）之手，之所以名滿天下，是因為這是古代世界第一尊真人大小的裸女像）——其實也在暗示同一件事。

哈德良旅途中或許見過不少這類傑作。然這些複製品的意義不只是旅遊紀念品。蒂沃利別墅也不只是有錢人的主題樂園，只是難免讓人聯想到拉斯維加斯或迪士尼樂園（就像迪士尼樂園，工作區和補貨通道所構成的地下世界，用意都是為了服務地上的幻夢世界）。哈德良的別墅是哈德良的帝國之縮影。他在蒂沃利凸顯的觀

43. 哈德良別墅內的神廟複製建物，據信是模仿尼多斯的阿芙蘿黛蒂神廟，背景是知名的裸體神像。

點是：皇帝人就該居於羅馬世界的中心。帝國就是他的皇宮，皇宮就是他的帝國。

1. 阿爾瑪—塔德瑪勾勒出皇帝埃拉加巴盧斯（亦作「赫利奧加巴盧斯」）要命的慷慨，而且這幅畫尺寸之大恰如其分（寬超過兩公尺）——賓客被過量的玫瑰花瓣悶死。皇帝本人則身穿金袍，自高臺上觀賞。

2.〈塞涅卡之死〉。這幅巨大的畫作（寬超過四公尺）現藏於西班牙普拉多美術館，出自十九世紀西班牙畫家馬努耶爾·多明格斯·桑切斯（Manuel Domínguez Sánche）之手，其畫面想像這位哲學家在澡盆中嚥下最後一口氣，身邊圍繞著悲痛的友人。

3. 塞普提米烏斯．塞維魯斯及其妻尤莉亞．多姆娜、幼子卡拉卡拉和蓋塔（臉被塗掉了），這類畫作在當時相當常見，只是存世者甚少。畫中的皇帝為深膚色，一則可能精確反映了他的膚色，一則可能是按照古代繪畫常規，以深色調呈現成年男子膚色。見頁382與頁387-8。

4. 現存最令人讚歎的羅馬壁畫之一，原位於利薇雅城郊別墅的用餐區，今藏於羅馬馬西莫宮。這幅畫把精心設計的大自然理想世界——花朵、果樹以及鳥兒——帶進室內。

5. 綠松石浮雕，底邊長四公尺，刻劃利薇雅抱著一尊半身像，可能是其子提比留（顯示她的慈愛與期望）。也有人認為是她的丈夫奧古斯都的半身像。

6. 一九三二年，數以百計的人排隊參觀卡利古拉遊舫。當時在墨索里尼的命令下，考古團隊從內米湖底挖出遊舫。殘骸大多在第二次世界大戰時遭毀，只有部分存世，但責任究竟在盟軍或是德軍，則仍有爭議。

7. 十九世紀的壁畫複製品，原件在龐貝的「古代狩獵之家」。畫作上方懸著裝滿水果的吊網。這種裝置方便用餐的人可以接到從上面掉下來的精緻佳肴——也有份量較大的食物——有時連皇帝等級的排場都有這種設計。

8. 帕拉丁宮多以「奧古斯都邸」為名向遊客公開展示，在其中的房間可見牆上畫有松葉花綵裝飾。雖然裝潢華麗，但皇帝奧古斯都有可能根本不住在這裡。

9. 帕拉丁宮殿大展示廳的重建圖。色彩豐富的大理石確實反映了本有面貌，但怎麼可能就這麼空空蕩蕩，且只有幾個小小的人……？

10. 哈德良別墅裡最有名的藝術品之一，正是這個在地板上的大型拼貼畫，畫中呈現四隻鴿子圍在鳥盆邊。這幅畫用了數以千計的小嵌片（tesserae），才得以描繪出精緻的細節。

11. 羅馬宴會經典場景，出自龐貝堅貞愛人之家（House of the Chaste Lovers）。男女斜靠在一起，後面那個派對狂看來已經需要有人攙扶才站得住。

12. 徹底近代風格的、堅毅的梅薩麗娜：這是出於十九世紀丹麥畫家佩德・塞維林・克羅耶（Peder Severin Krøyer）的想像。

13. 奧古斯都青銅頭像，原屬羅馬埃及的一尊全身像。來自帝國南方的掠奪者把這顆頭切下來，當成戰利品，埋在麥羅埃（Meroe，位於今蘇丹）的神廟臺階底下，考古學家於一九一〇年發掘出土（頁388）。

14. 皇帝的軍事勝利言過其實。這枚金幣是圖拉真統治時發行，頭像周圍以及背面幣緣都有皇帝頭銜。而這枚金幣傳達的訊息是「帕提亞敗」（Parthia capta），以及戰利品和下面的兩個俘虜。事實上，所謂的「勝利」也只維持幾個月。

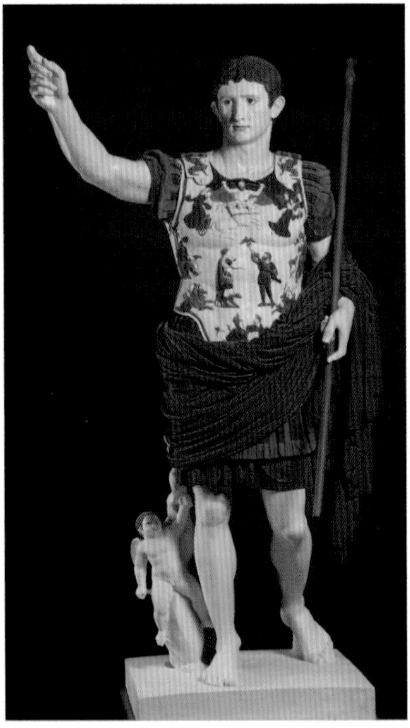

15. & 16. 利薇雅別墅（彩圖4）發現的奧古斯都像。圖左為雕像現貌。皇帝身穿精緻的護胸甲，標榜他奪回了克拉蘇在西元前五十三年（頁48）所丟失的軍旗。雕像的腳邊可見一尊小丘比特，一方面幫助雕像直立，另一方面也凸顯奧古斯都家族傳說中的祖先維納斯。右邊則是試圖重現雕像原本的著色。

17. 歷來最奢華的皇室寶石浮雕，法蘭西大寶石浮雕（現藏於巴黎法國國立圖書館）。這枚寶石浮雕製作於西元一世紀，長度超過三十公分，奧古斯都在有如天界的上層，中間層的人物可能是提比留與利薇雅，下層則是被征服的蠻族。

18. & 19. 上圖為帕拉丁山尼祿用餐區精緻的天花板繪畫。下圖為十八世紀時，阿哥斯蒂諾·布魯尼亞斯以尼祿時代的裝飾風格為靈感而畫的水彩畫。

20. 一窺別苑之奢華。這段鑲有寶石的鍍金青銅飾帶，想必本來是安在牆上，或是珍貴的家具上。

21. 法老樣貌的奧古斯都（居右）供奉埃及哈托爾（Hathor）、荷魯斯（Horus）等神祇。這幅畫原在埃及丹鐸伊西斯神廟（temple of Isis at Dendur），皇帝當時委人製作若干他身穿埃及服裝的畫作。今藏於紐約大都會博物館，上面的顏色是透過燈光而打上的。

22. 西元二世紀的拼貼畫，位於里昂，呈現大戰車競技場的比賽場面。左邊發生碰撞；前景有兩輛戰車彼此逼近競逐爭（騎士身穿紅色與白色衣服）。場中有「脊椎」或稱「海峽」，其上擺放了一方尖碑和計算圈數的裝置。這幅拼貼畫經過大幅修復，但算是相當忠於原貌。

23. 西元三世紀一尊埃及木乃伊上的年輕男子肖像。類似的畫作常見嵌在羅馬時代的木乃伊上，由於氣候乾熱而保存至今。在羅馬傳統木板畫佚失的今天，這些肖像為我們提供了最完整的視角。而皇帝畫像想必曾經是隨處可見。

24. 青銅鍍金孔雀像——孔雀曾經是不朽的象徵——本用於裝飾哈德良陵墓。如今，這隻孔雀棲息在梵蒂岡博物館的石造臺階上。

第五章
宮內：宮中帝王
Palace People: The Emperor In His Court

克勞狄烏斯・伊特魯斯庫斯之父
The father of Claudius Etruscus

斯塔提烏斯還有另一首讀來顯得太過矯情的詩。這一回，詩中的主角不再是皇室成員，不再是正式宴會地位尊貴的東道主，而是某個生而為奴、數十年來服侍過一個接著一個的羅馬統治者，最後在皇帝手底下執掌財務部門的人（拉丁文作 *rationibus*，意即「會計長」）。此君對於羅馬皇宮裡走廊的了解程度，堪稱無人能及。其實我們不知道他的名字。斯塔提烏斯這首兩百多行的長詩，是寫給這個人的兒子提貝里烏斯・克勞狄烏斯・伊特魯斯庫斯（Tiberius Claudius Etruscus），希望能藉此安撫他父親在西元九十二年過世所帶來的哀痛。如今，人們稱此人為「克勞狄烏斯・伊特魯斯庫斯之父」。

斯塔提烏斯以矯飾的風格（像是「經歷兩次八五年祭〔lustres〕那幸運的世代們」，諸如此類的句子）寫下這首詩，其中引用的神話典故就連古羅馬讀者恐怕都會覺得晦澀難懂。他在詩裡回顧克勞狄烏斯．伊特魯斯庫斯之父的生平——原本在斯米納（Smyrna，位於今土耳其海岸）為奴，後來被賣進羅馬的提比留家，此後成為歷任皇帝的「知己」。他曾經與卡利古拉一同征戰「北方凍土」（即日耳曼），後得到克勞狄烏斯提拔，最後成為維斯帕先朝的財政首長（詩人說得天花亂墜，說他掌握了「西班牙金礦噴發的一切／……非洲人收穫的一切／盡皆匯聚……／北風、猛烈的東風或多雲的南風颳來的一切」）。與此同時，他的社會地位不斷往上爬——提比留解放他，於是他脫離奴隸身分，和一名來自元老家族的女子成婚，並由維斯帕先正式賦予「騎士」級別的地位（在羅馬階層體系中僅次於元老）。風生感覺就會水起，直到圖密善統治時，一切方才風雲變色。雖然斯塔提烏斯努力把過程妝點成到海邊放一段長假，可惜這位出人頭地、多年來一再安全下莊的宮廷行政人員，還是在西元八十二年或八十三年時遭解職，從羅馬流放到南義大利。七、八年過後，他才獲准返回羅馬，不久後去世，享年近九十歲。

克勞狄烏斯．伊特魯斯庫斯之父帶領我們進入皇宮幕後。宮裡算是具有社會流動性（social mobility）的世界。正是在這裡，一個身為奴隸之人，由於跟一連串的皇帝近距離接觸，最終得以躋身羅馬貴族（雖然曾被趕出皇宮）。只不過，這種社會流動性有其附帶條件。詩的一開始，斯塔堤烏斯劈頭就把這個獲得榮銜之人的卑微出身稱為某種「缺陷」或「恥辱」。而且，斯塔堤烏斯一直沒有提到他的名字。斯塔堤烏斯始終未提及其姓名的作法，就彷彿克勞狄烏斯．伊特魯斯庫斯之父始終無法徹底擺脫羅馬奴隸體系的特色——缺乏社會存在感（social existence）。縱使他的地位提升了，名氣有了，縱使他是這首詩的主角，卻仍是個「無名小卒」，而且至今猶然。

宮裡也是個充滿危機及風險的世界。現代多數歷史學家從此君的人生故事推敲出的教訓是，羅馬的宮廷生活著實沒保障。每當統治者換人，國內政治風向隨之愀變，或是私人恩怨浮上檯面時，就算是忠僕或是皇帝的親信，也隨時可能自朝廷或首都遭到放逐。我們接下來會談到，宮廷生活確實很沒有保障。皇帝的眼皮底下始終是危險之地。不過，克勞狄烏斯．伊特魯斯庫斯之父的故事還有其他深意。假設情況是他早十年過世，也就是未遭流放的話，那我們就會專注在他一生效勞所意味的延續性——即便朝代更迭，他仍然為一個又一個的統治者效勞。我們看到的會是一名忠實的宮廷輔弼，用來讚美他的話，幾乎會跟用來讚美皇帝的一樣。其實，皇宮**既是**危險的毒蛙老巢，是暗箭傷人的龍潭虎穴，**也是**數以百計的男男女女（有奴隸也有自由人）自在生活、上工、交朋友、找伴侶的地方，或許埋怨自己被剝削，或者為自己的工作感到自豪，又或者兩者都有。

我希望可以把生活在宮裡，或者在宮裡工作，又或者經常出入宮門的**這些人**，放回到我們的皇宮圖像中。從事我們所謂「辦公室工作」（先決條件是我們曉得羅馬的「辦公室」長什麼樣子）的人，在皇帝的財務管理部門、藏書室、文書室、檔案室的人，他們固然重要，但只是其中的一部份。宮裡人口眾多，上至皇帝本人，下至最最卑微的理髮師或掃地工，前有追名逐利的詩人，後有指揮禁衛軍或監管羅馬城供水（重要性幾乎不亞於前者）的大人物。其中只有部分人吸引到羅馬觀察家及評論家注意，尤其奴隸和前奴隸（傳統上流人眼裡，利用自己靠近皇帝的事實來

「僭越」的人）、皇室的女性（一再被人刻劃為詭詐的陰謀家或投毒者，在寶座後弄權），以及其他與皇帝共枕的人（例如毫無二心的伴侶，或是遭到剝削的受害者）。時至今日，我們跟這些人以及他們所做的事，可以有多近距離觀察？我們能近到看透皇帝的內心嗎？我們真有辦法看穿帶風向、宣傳戰、褒獎以及抹黑的表象，並直指本心嗎？

羅馬人自己都覺得，宮門內發生的事情諱莫如深，而他們之所以對皇宮懷有情節聳動的幻想，多少也是因為這種神祕感使然。不過，對於「宮居」的皇帝，我們真有各式各樣的說法，從社會階級底部到上層的觀點都有，不一而足。有一位羅馬寓言故事作者名叫法耶德魯斯（Phaedrus），他更為人所知的身分是詩人，以及改編伊索寓言。法耶德魯斯很可能曾在皇宮裡為奴，而他創作的《寓言》（*Fables*）——經典的受壓迫者創作——就曾出現皇帝及其隨從，有時會勉強以動物角色做為掩飾。哲學家愛比克泰德是奴隸，他的主子則曾經是皇帝的奴隸（羅馬的剝削網路實在複雜），愛比克泰德提出的權力本質理論，正是以自己在宮裡的經驗為例。往更高的地位去找，則有皇室傳記作家蘇埃托尼烏斯，他在圖拉真與哈德良的文書部門服務多年，親耳聽聞權力走廊裡的各種小道消息；而御醫蓋倫（Galen，將在本章後續提到）則是馬可．奧里略、康茂德和塞普提米烏斯．塞維魯斯的醫療顧問，他不僅記錄了皇帝們的病恙，也得以一窺皇帝藥箱裡的內容物。至於階級體系的頂端，馬可．奧里略在他的《給自己的便條》裡，針對宮廷生活提供了一些選擇過的考量，和一些不太可能成真的念頭，例如他聲稱自己想「甩掉衛兵，脫下袞服」，盡可能像個尋常的公民那樣生活。

44. 馬可・奧里略青銅像，今藏於羅馬卡比托利歐博物館；從西元二世紀到不久之前，這尊雕像一直都展示在露天環境（不同地點）。見頁330與380-1。

宮廷文化
Court culture

宮廷予人的印象大多不堪，經常被人斥為爭奪、偽善、虛假奉承，甚或是陰謀策畫及謀殺的溫床。宮廷有可能是種自我沉溺的小宇宙，人們念茲在茲的只有成為圈內人的榮耀，或是遭到排擠的羞辱感；宮裡的繁文縟節，旨在圈出那些沒有經驗或不夠小心的人，讓他們出醜（「用錯刀叉」只是很小的案例）；進了宮，大家都言不由衷，重要的只有你跟統治者有多近，以及你在周圍的人**眼中**跟統治者有多近。宮廷儀節是君主控制側身，控制競爭者的一種手段。

不過，宮廷還有另一面，較少成為歷史頭條焦點的一面。宮廷也讓專制

45. 帕拉丁山上尼祿宮殿（前金宮時期）的多座廁所，使用者想必不是貴賓，而是奴隸及其他下人。座前的水道裡是乾淨的水，如廁者先用綁在棍子上的海綿擦屁股，再用水道的水清洗海綿。

統治得以順利運作。宮廷提供了協助君主施政的幕僚、傳聲筒以及盟友（任誰都無法隻身治天下），也能在他與外界之間發揮過濾作用，或者說是一套經紀業務體系（接觸統治者的管道受到宮廷中人把關）。宮裡的繁文縟節，成了約束統治者及其下屬的一套規則。而這些規矩的裝腔作勢和矯情，總是飽受宮闈內外的挖苦諷刺。

「宮居」的羅馬皇帝身邊有形形色色的人，這些人構成了他的「朝廷」（拉丁語作*aula*），算是切合形式。朝廷有數百乃至於數千人。不如，我們回頭談談廁所，尼祿的豪華用餐室不遠處挖掘出一處有四十個座位的廁所（雖然沒有直接跟用餐室連在一起），可謂生動證明了皇宮周邊必然有許多人來來去去。而這些人來自**五湖四海**。馬可·奧里略在《給自己的便條》

中列出一百多年前組成奧古斯都朝廷的部分人物。名單上有皇帝的家人（「他的妻子、女兒、外孫、繼子、女婿阿格利普帕〔Agrippa〕等親人」），有他的「內府人員」（特別提到駐府哲學家阿雷伊烏斯〔Areius〕，以及他風雅的導師馬耶克納斯的大名），還有他的「醫生」跟「卜者」。

馬可・奧里略可不會就此停筆。他還可以提到皇帝圈子裡人數甚眾的其他固定班底，像是侏儒和小丑、占星師和算命仙、軍官和禁衛（也許都歸入「內府人員」這個廣泛的類別），還有好幾間教室的青少年——有的是沒穿衣服的奴隸小孩（皇族女性總喜歡有他們跟前跟後），有的是異國王室的子嗣（在羅馬當人質，也可說是羅馬的戰利品），或是羅馬上流社會特定成員的孩子們（寄宿在此）。例如皇帝提圖斯，早在他的父親成為爭大位的人選之前，孩提時的提圖斯就是在克勞狄烏斯治下的皇宮裡長大的。接著於西元五十五年，他目擊了發生在「中樞」最駭人聽聞的罪行之一。晚宴時，不列塔尼庫斯當場倒地身亡（據說是繼兄尼祿下的手，見頁132-3），而提圖斯本人就坐在兒童席裡，目擊他一旁的孩提玩伴身亡。這是一個由老中青幼組成的世界。冷眼旁觀的愛比克泰德得出結論，認為那些追逐皇帝丁點恩寵的老頭，跟幼兒其實沒有兩樣。

當然，宮廷裡的人得到的待遇各不相同。住在宮裡的奴隸（無論他們睡在哪裡），體驗到的宮廷生活顯然跟普林尼這些人，或者其他身分高貴的「友人兼下屬」天差地遠——他們可是乘輿座轎而來，一早來致意，或者晚上來用膳（不若宜居的凡爾賽宮，羅馬貴族廷臣並不住在宮裡）。但是，從古羅馬傳世至今的眾多宮廷文化評論，再再反映出的中樞生活樣貌，簡直跟世界各地任何一種專制政權沒有不同。「誰**進入**皇帝眼皮底下，誰又**出局**了」，以及「皇帝如何表制君主，而這也是對於「壞」皇帝的標準指控，或者說定義「壞」皇帝的標準之一。這一回又是卡利古拉，他才剛赦免某個涉嫌參與密謀的人，卻又把自己的腳伸出去要他親，因此飽受批評；不過，支持者則主張，皇帝只是想讓對方稱讚自己那雙鑲金掛珍珠的華麗便鞋，而不是要他親腳（由此可見，這些姿勢有多不容易解讀）。將近兩百年後，色雷斯人馬克西米努斯（西元二三五年，亞歷山大．塞維魯斯遇刺後由他繼位）還可以接受別人親吻他的膝蓋，但膝蓋以下是絕對不行。據說他堅持，「萬萬不准任何自由人親吻我的腳」。

當然，不難想像有些自由人還是這麼做了，並坐實了自己諂媚屈從的罪名，也揭露了皇帝的暴君本性。其中最令人尷尬的故事，簡直太過卑恭屈膝了。鎂光燈的焦點是盧奇烏斯．維特爾利烏斯（Lucius Vitellius），他的兒子是曾在西元六十九年內戰期間短暫統治的皇帝維特爾利烏斯。蘇埃托尼斯促狹描述道，「此君逢迎諂媚的手法，可謂天賦異稟」，據說他試圖巴結克勞狄烏斯，甚至隨身攜帶皇帝之妻梅薩麗娜（Messalina）的一隻鞋，沒事就拿出來親一下。

這一切在今人看來，無論是所言不虛，還是連篇幻想，感覺都有那麼點荒謬，而羅馬人也樂於挖苦宮廷生活某些面向的造作規矩，以及規矩底下的虛偽。普林尼在他的《書信集》（*Letters*）裡提到自己前往圖拉真的鄉間莊園，幫助皇帝裁決某些棘手的法律案件，而他提到這件事的時候，內心想必相當得意。不過，時代相仿的古羅馬諷刺巨匠尤維納勒（Juvenal，他創造了「麵包與馬戲」〔*panem et circenses*〕這個成語，概括了羅馬民眾志如燕雀），則是嘲弄起皇帝幕僚的另一次聚會。他把時間拉回圖密善統治時期，設想出一個完全虛構的場合——相關人士齊聚皇帝那座得以俯瞰阿爾巴諾湖的別墅。尤維納勒用一首超過一百五十行的詩，描述這些人焦急趕來，應皇帝之邀，為陛下心裡犯難的嚴重問題提供自己的建議。不是戰爭、和平、法律、政治這類大哉問，而是要怎麼料理一條在亞得里亞海（Adriatic）捕獲，接著翻山越嶺，獻至他羅馬鄉間宅邸的巨魚（大菱鮃）。

這個故事算是對「層峰生活」虛有其表的戲謔模仿。（拿到一條巨大無比的大菱鮃，**你還能怎麼辦**？解決之道竟是：捏個超大的陶鍋，還有以後皇宮裡都要常駐一批陶匠團隊，以備不時之需）。而這首詩同樣旨在抨擊那些廷臣口中吐出來的油腔滑調。卡圖爾盧斯．梅斯薩利努斯出席了那場假想的阿爾巴諾別墅會議（幾年後，此君又成了涅爾瓦晚宴中回憶的對象〔頁99〕）。梅斯薩利努斯對大菱鮃之辯的貢獻，可謂集其空乏愚蠢之大成。儘管他對這條巨魚的讚賞滔滔不絕，但完全失明的他根本看不到這條魚，連魚擺在哪都不知道（尤維納勒描寫道，梅斯薩利努斯一股勁地向他左手邊的巨物讚不絕口，未想其實是「在他右邊」）。這是一段以宮廷裡的口是心非為題的道德寓言。我們先前提到，在埃拉加巴盧斯的皇宮裡，所見絕非所是；而在圖密善的皇宮裡，奉承是盲目的。不過，我們也不禁認為，尤維納勒在這首閃爍其詞的詩裡，某部分挖苦的其實是他自己。因為他在詩裡也提醒讀者，皇帝身故後，「暢所欲言」都很容易（他在詩的最後幾行，直接快轉到圖密善遭人血腥刺殺一事）。無論皇帝是明君還是暴君，當著皇帝的面暢所欲言，或者以皇帝為主題暢所欲言，向來是很棘手的事情。

然而，羅馬文人對朝廷運作抨擊最力的，則是與皇帝的親疏程度竟決定了在政府中掌握的權力多寡。他們認為，貪腐會緊跟而來。「放煙霧」成了羅馬俚語，意思是四處散播你跟坐在層峰上的那人有交情，而且通常強烈暗示口說無憑。不過，重點在於這暗示了古羅馬社會與政治生活中四平八穩的部分，已經徹底顛覆了。

共和時期，權力與威望（至少理論上）掌握在上流社會男性手中；自由身的公民在公開場合推舉他們任官，他們則齊聚元老院公開辯論。進入帝制後，某些傳統機制仍然存在，只不過是尷尬地縮在皇帝的影子下。不過，皇宮現在擺明是另一個權力來源。即便歷代皇帝言之鑿鑿，表示尊重元老院的職權，仍有許多人懷疑真正重要的政治決策，都是在宮裡私下進行的。元老與廷臣確實相當重疊。大多數元老只消換件衣服，就能搖身一變，成為（或者自詡為）廷臣。從議事廣場的元老院走上帕拉丁山，然後折返下山——這段路想必熙來攘往。但在皇帝身邊，衡量權力的標準全然不同：標準在於誰能接觸皇帝，以及誰能影響他的想法。這就是近水樓臺的力量，比起高高在上的元老，對皇帝的妻子、奴隸或愛人更是有利（有時候也確實是）。你甚至能主張繁文縟節和宮廷排場的功能之一，正是掩飾傳統菁英相對無力的事實（尤維納勒那首大菱鮃之詩也如此暗示：那麼多儀式，討論得那麼嚴肅，就只為了一**條魚**？）——與此同時，怎麼說呢，皇帝的理髮師每天卻足足有二十分鐘，大可直接跟實際掌權的人一對一聊聊自己的寵物。

身居傳統政治階級中「錯誤」的一端的人，居然能夠影響朝政？羅馬文人描述（或想像）這種情況不下數十次。例如蘇埃托尼烏斯聲稱自己曾親眼見證，區區侏儒小丑在宮裡設宴，用時機恰到好處的如珠妙語推了提比留一把，希望他繼續起訴某個有叛國嫌疑的人，而提比留也的確這麼做了（不過，蘇埃托尼烏斯的說法是，提比留起先也訓了小丑一頓，因為小丑所提及的事，根本輪不到他插嘴，由此暗示這個故事說不定可以從其他角度來討論）。不過，對於宮內的權力，大多數的憤慨情緒集中在兩個群體，而這兩群人至今仍是討論皇帝隨員時最突出的焦點：其一是皇帝的一些奴隸和前奴隸，其二則是他的妻子、女性親屬，以及和他同床共枕的女性、男性。外人總認為，多位皇帝背後都有某個邪惡的人物、某個妄自尊大的前奴隸徘徊不去，影響自己的主子，掌控過大的權力，賺得太多的錢及名氣。據說，幾乎每張寶座的後面，都躲了個心機的女人在操縱一切，甚至掌握生殺大權。

奴隸社會
A slave society

羅馬的宮殿無論位於羅馬城或是其他地方，總之都是奴隸社會。宮裡住了數以千計的奴隸（用羅馬人直白的說法，有些奴隸是「自宅產」，其他則是從古代的人口買賣中獲得的），充任所需，操持大小事，而**前**奴隸的人數也絕不會少於奴隸。「解放奴隸」是羅馬社會獨有的特色：古代希臘世界有些觀察家認為，羅馬人解放這麼多奴隸，至少其中有為數不少家奴（田間和礦場裡為奴者得到的待遇差多了），實在太不尋常了。不過，這些**前**奴隸，也就是**被解放**（freed）的男男女女（那個「**被**」字是關鍵）往往繼續以某種形式依附在曾經的奴隸主身邊。皇宮裡的奴隸和前奴隸一同組成了宮內組織的基礎，其人數倍於宮內生而自由的住民，或是進宮的賓客。

古代文獻偶爾會聚焦在這類男女身上，例如斯塔提烏斯對克勞狄烏斯・伊特魯斯庫斯之父的褒美。這類身分的人也會留下隻字片語，只不過是在牆上草草塗鴉，或是墓誌銘，總之內容並不詳盡。例如帕拉丁奴隸的活動區現存約三百五十個塗鴉裡，便可見對耶穌受難的揶揄模仿。其中還有一些漫畫和羅馬陽具圖騰（不意外），但主要只是「簽名」，偶爾提及職業，像是「守門人馬里努斯」（Marinus ianitor）、「急救員耶烏費姆斯」（Euphemus opifer）等。我們可以確信，留下簽名的人多半**曾是**奴隸（提示在於他們只有單名，偶爾才有雙名，唯有自由身的公民才有三個名字），有些甚至提到自己的出身，加上代表吾主自宅產奴（verna domini nostri）的縮寫「VDN」。不過，要說引人遐思，帕拉丁山上的塗鴉怎麼也比不過赫庫拉內烏姆（erculaneum）城裡一棟宅邸的廁所牆上塗鴉，塗鴉的時間稍早於西元七十九年的維蘇威火山爆發：「提圖斯皇（帝的）（奴隸）醫生阿波利納里斯到此爽爽撇條」（Apollinaris medicus Titi imp[eratoris] hic cacavit bene），拉丁文就是這口氣。這個生動的證據顯示提圖斯的某個奴隸來過這裡（而且很幽默），除非這塗鴉就跟現代某些愛煞風景的學者說的一樣，這不過是羅馬人的廁所玩笑文學，古代版的「基洛到此一遊」（Kilroy was here），根本不是御醫寫的。

從奴隸的墓碑上可以蒐集到更多資訊。先前在第三章，我們探討了那些在廚房與膳食部門工作的人留下的墓誌銘，而這只不過是現存四千多篇墓誌銘（多數來自羅馬城）的一小部分。這些墓誌銘紀念的對象，是曾經在皇居和整體行政機構中服務過的奴隸及前奴隸。銘文透露出奴隸社群中的內部階級體系，例如「一等私人祕書」職等高於「二等私人祕書」，一如「試毒長」比普通的「試毒者」地位更高。從銘文中還可以看出專業與服侍項目細分的全貌——皇帝及其家人仰賴他們的服侍，這既是崇高地位的展現（每一件小事都有專門的奴隸，這是力量與特權的標誌），但或許也有點綁手綁腳。毫無疑問，某些規矩簡直跟上流人的宮廷禮節一樣繁瑣，而且一樣幾乎難以落實。某甲前奴隸的任務是管理圖拉真「穿去看戲」的衣服，某乙前奴隸則是管理他的「私服」，這要怎麼分？「樹木造型師」跟一般「園丁」的工作內容又有什麼差別？

人們之所以熟知在帕拉丁山利薇雅邸（位於早期的皇宮區）工作的男男女女，主要是因為這位皇后的手下共用一片墓園，而墓園內保存了數十篇墓誌銘。他們的工作細節不見得都很明確。但我們知道她有「提袋人」（除非「*capsarius*」這個拉丁文頭銜指的其實是「負責日用織品櫃的人」）；有一支各司其職的奴隸及前奴隸醫療團隊，包括一名「眼科醫生」、一名「醫官」，和一對產婆（除了照料利薇雅本人，她們應該也得替她的下人接生）；另外還有一批人操持各種家務，像是「銀器守」、「髮型師」、「腳伕」、「木匠」、「紫色衣物管理人（也有可能是替她監督染坊的人）、「織品補丁工」、「家具擦拭工」和「窗戶清潔工」（根據不同的翻譯，也有可能是「製鏡人」）。還有一位名叫普羅索帕斯（Prosopas）的前奴隸，他在九歲時過世（他獲得自由身的時間點早得不尋常），墓誌銘上說他是「小親親」（*delicium*）——嚴格來說，某些皇族女性為了擺闊（或者剝削，或者出於愛護，或者三者皆是），會養育一群不穿衣服的小孩，而普羅索帕斯正是其中一人。而普羅索帕斯活著就只是要做個小親親。

除了前述各式各樣的家務，文獻亦記錄到奴隸、前奴隸在羅馬及其他地方擔任資深行政管理職。克勞狄烏斯・伊特魯斯庫斯之父是皇帝財務部門的負責人，肯定有一大批奴隸員工在他手下工作。皇宮的管理分成好幾個部門，已知有眾多奴隸在各種部門服務，如「陳情部」（*a libellis*）、「拉丁語書記部」（*ab epistulis Latinis*）和「希臘語書記部」（*ab epistulis Graecis*）、「娛樂部」（*a voluptatibus*）、「藏書部」（*a bibliothecis*）等。而在遠離皇宮之外，我們也注意到，在其他皇室產業，乃至於外省行政部門任職的奴隸，會向皇帝述職。西元一世紀有一號出名人物，他是提比留的奴隸穆西庫斯・斯古爾拉努斯（Musicus Scurranus），從墓碑來看，他是「財務官」，在高盧負責處理皇帝的資金。他在羅馬去世——或許是短暫走訪羅馬，抑或他不再擔任財務職務——而後他的奴隸（稱為「下奴」〔underslaves〕，亦即奴隸的奴隸）在此立碑緬懷他。他的下奴總共有十六人，其中包括一個商務代理人、三個祕書、兩個廚師、一個醫生、一個服裝管理員、兩個銀器管理員，以及一個職務不明的女性，也許是他的伴侶。這更是提醒我們，「皇帝的奴隸」不是單一、同質的階層。有些人的地位就是比較低。

偶有墓誌銘會羅列男女墓主的工作經驗，我們也得以替近乎階級底端的他們，建構最起碼的生平。有一名「試毒者」後來成為「餐廳主事」，接著歷任監督獵場、供水、皇帝軍費的財政部門官員，過程中還得到自由。往更低的階級看，我們從科耶圖斯・希律狄阿努斯墓誌銘上的寥寥數語，得知他很可能是做為希律王送給皇帝的「真人禮物」而來到羅馬的（頁104-5）。他一開始在宮裡試毒，後來成為羅馬城郊其中一座皇家別苑的管理人。至於這是科耶圖斯所期盼的晉

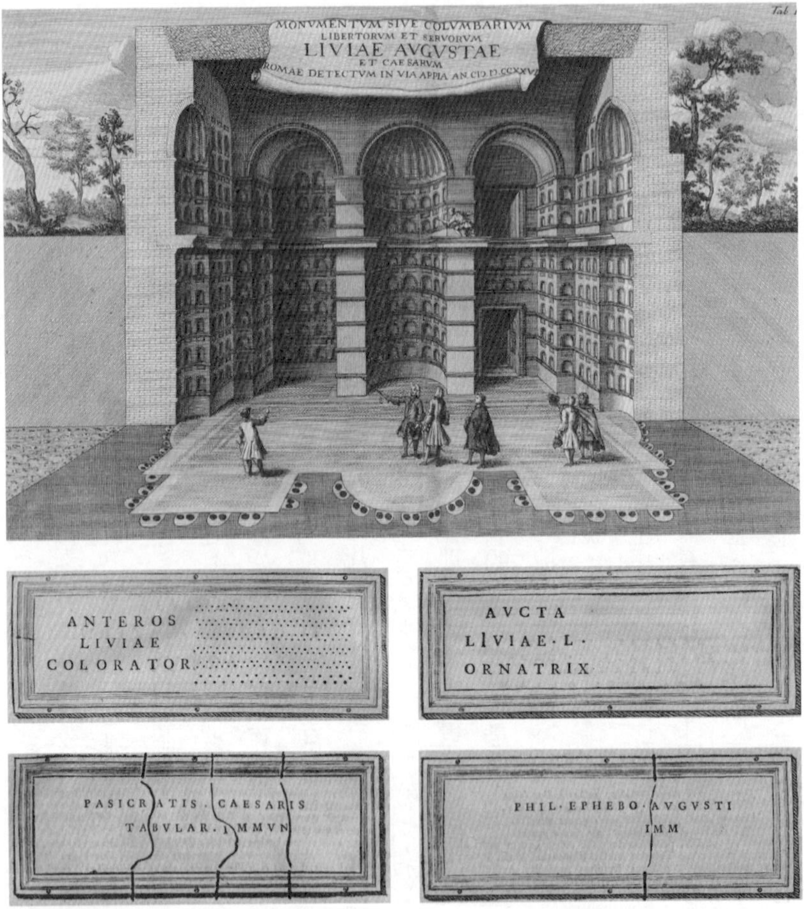

46. 十八世紀時，利薇雅邸內公共墓葬重建圖，其中四塊小銘版說明骨灰罈的主人：安特羅斯（Anteros），家具擦拭工（*colorator*）；奧克塔，髮型師（*ornatrix*）；帕西克拉提斯（Pasicrates），退休的帳房，「不再工作」（*tabular(ius) immun(is)*）；還有另一個「不再工作」（*imm(unis)*）的人。

47. 穆西庫斯・斯古爾拉努斯墓誌銘，一開頭就是他的名字——「穆西庫斯・斯古爾拉努斯，凱撒奧古斯都提比留的奴隸」。下面三欄則是穆西庫斯・斯古爾拉努斯自己的奴隸，也是他們立了這塊碑。其中顯然有兩人是廚師Tiasus cocus（T跟I疊在一起）與Firmus cocus。唯一的女性可能是他的伴侶，名叫Secunda（右下角）。

升，或是他人生中又一段被人打包送走的篇章，我們就不得而知了。但在法耶德魯斯的寓言中，我們能感受到奴隸的盼望有多麼脆弱（法耶德魯斯應該深有體會，畢竟他自己也曾經為奴）。故事主角是提比留某座鄉間宅邸的奴隸守門人。他因為想獲得自由，試圖討皇帝歡心，於是趁皇帝在花園散步時刻意先繞過樹籬，在皇帝要走的路前面灑水，以免塵土飛揚。提比留並不買帳，他輕描淡寫地說：「抱歉啊，老弟，你想從我這兒獲得自由，代價沒那麼低」。法耶德魯斯講述這個故事，旨在告訴人們奉承有多一無是處，卻也讓人曉得奴隸是多麼身不由己。

我所採用的翻譯和用詞——「財務部」、「娛樂部」、「陳情部」——會讓人有種感覺，好像這些專業勞動力和現代「公務員」相去不遠。兩者確實有些許相似處，比方說，某些高級官員任職多年，為前後任皇帝效力，展現出行政延續性。但是，我們所定義的「官僚體制」中那些清清楚楚的規範、合理的組織方式，或是晉升的原則，在羅馬是幾乎看不到的。法耶德魯斯寓言的另一個道德教訓是，奴隸能否更上一層樓，完全取決於皇帝的一念之間。從某些方面來看，皇室內務不若某種新的管理風格，反而是超大規模的傳統羅馬私人家庭。以羅馬上層社會最富有的成員而論，他們在羅馬城裡的居所裡，往往雇有數以百計的奴隸，有時候擔任起非常專業的職位；數世紀以來，他們也多任用前奴隸擔任政治及商業代理人。皇帝遵循一樣的傳統。只不過，皇帝的家內組織一如皇帝的地位、榮譽和任命，融和了舊制以及一些新制，而且唯皇帝獨有。就此而論，最清楚的例證莫過於尼祿統治期間，對於兩位前任皇帝奧古斯都直系傳人（有人認為，他們有資格競逐寶座）的指控。指控的內容包括這兩人在自宅中，讓前奴隸頂著跟宮中一樣的頭銜，承擔相同的職權，負責「審計部」、「陳情部」和「書記部」。重點是，上述頭銜以及管理結構就算源於共和時期，此時也已經成為皇權獨有的象徵。

傲慢與偏見
Pride and prejudice

羅馬上層文人最是嚴厲譴責的對象，正是在皇宮裡執掌上述部門，或是擔任皇帝首要「私人祕書」的前奴隸們（*cubicularius* 多譯為文縐縐的「斗室侍寢」，但「私人祕書」較能完整詮釋這些「照顧皇帝在斗室裡做的任何事情」的人所肩負的任務）。但凡是宮內的人員，無論身分多卑微，只要跟皇帝距離近，多少都會遭人惡意流言蜚語，說他們對主子有非分的影響力。本身即為被解放之人的愛比克泰德曾講述一段警示寓言，內容是奴隸主因為補鞋的奴隸「做事一無是處」而把他賣掉。後來這人被皇宮買去成為皇帝的補鞋工，此後——就算再怎麼「一無是處」——他的前主子都得對他磕頭。「凱撒一把人叫去負責夜壺，結果這人馬上就變聰明，有這種事？」愛比克泰德這詼諧的提問，真可謂點出了癥結。不過，少數奴隸和被解放之人在宮裡的職位遠比看管夜壺高得多，他們的故事更是鮮明。

克勞狄烏斯．伊特魯斯庫斯之父、財務部的主管，幸運成為斯塔提烏斯稱頌的對象。若處於其他的脈絡，那些身居高位的前奴隸想必會因為類似的原因而受人褒揚，可惜在現存的紀錄中，大多數的他們卻因為其對公私領域的「非分」影響力，而飽受抨擊或鄙視嘲笑。最著名的例子就數馬爾庫斯．安托尼烏斯．帕爾拉斯（Marcus Antonius Pallas），他曾是皇帝克勞狄烏斯的母親的奴隸，也是克勞狄烏斯．伊特魯斯庫斯的父親的前任審計官。（據說是）他說服克勞狄烏斯選擇尼祿的母親阿格麗普庇娜為第三任妻子（其他幕僚則有不同想法）。眾所公認，他想出了解決方法（而且得到元老院正式採用），化解一個深具羅馬特色的法律地位問題：亦即如何看待與奴隸未婚同居的自由身女性（根據他的看法，這取決於同居是否得到奴隸主的允許）。帕爾拉斯因此獲得了豐厚的報酬。由於官方的慷慨，加上（也許吧）私人的賄賂，他積累了一大筆財富（埃及出土的莎草紙土地登記紀錄上，確實提到他在當地持有的部分產業）。對於傳統的羅馬更顯冒犯的事實是，即便他為奴隸出身，居然也獲得「執政」這等榮譽職位，這可是元老官秩中僅次於執政官的官職。帕爾拉斯去世的半世紀後，普林尼在一封信裡提到自己是怎麼在羅馬城外找到他的墳墓的——因為墓誌銘誇口說他的執政之位是元老院投票授予的。雖然帕爾拉斯後來遭尼祿免職，普林尼仍大嘆這個「狗屎」、這個「人渣」獲得的殊榮「簡直鬧劇」，連他自己都哭笑不得。

眾皇帝的前奴隸中，惹人非議的可不只帕爾拉斯。赫利科（Helico）是卡利古拉的私人祕書之一。他和皇帝一起洗澡、用餐，兩人可謂合作無間，而他在亞歷山卓港爭議事件中支持希臘人而非猶太人一事，惹惱了斐洛。同樣，康茂德的私人祕書兼禁衛軍半官方指揮官克烈安德（Cleander）名聲也不好，謠傳他把執政官職位賣給出價最高的人。而對這些人睜一隻眼閉一隻眼，甚至鼓勵他們的傳統上層人士，也少不了流言蜚語。元老院將榮銜授予帕爾拉斯的作法，想必讓普林尼大感失望。不過，這根本比不上那個逢迎拍馬的元老，居然把克勞狄烏斯的妻子梅薩麗娜的鞋子，揣在自己托加袍的衣褶之間（頁199）。此君還因為家裡的神龕安奉帕爾拉斯和另一名皇帝前奴隸的小金像而飽受外界抨擊。既然如此，這些被解放之人的顯赫地位，究竟為何引發如此強烈的抗議呢？

其中有部分問題肇因於皇帝自己也感到左右支絀。他需要人手，以執行帝國國政所必須的管理任務。元老院的上層人士樂於按照傳統管理某個省，或是指揮軍團，但在宮裡跑公文、任皇帝使喚，完全又是另一回事。此外，如果讓上層人士在權力後臺發展自身勢力，豈不是為競爭王座的人開了一條再清楚不過的通道嗎？「前奴隸」提供了一個傳統且便捷的解決方案，而且不致超出聽話做事的階級體系。（普林尼在帕爾拉斯的墓碑上，看到人們稱許「他對主人盡忠盡責」，而元老們一般不會如此自我標榜。）然而，重用前奴隸的作法，自然會讓他們對社會地位遠高於自己的人有某種影響力。有些皇帝為了緩和社會上的緊張關係，於是從低於元老、生而自由的騎士階級中尋求人才，尤其是讓他們出任宮中管理部門的主管職。所以，像騎士階級的蘇埃托尼烏斯，才會在圖拉真與哈德良統治時期擔任「特命祕書」、「藏書管理長」以及「書記部部長」等職位。蘇埃托尼烏斯的履歷傳世至今（刻在石碑上，原本可能安置在他的雕像下方），而他在「祕書部」、「藏書部」以及「書記部」的職務全寫在上面。一世紀以前，同樣出身騎士階級的詩人賀拉斯（Horace，不過他也是前奴隸之子）曾獲延攬擔任奧古斯都的祕書，不過他拒絕了。但只要在皇宮裡，**總可見**前奴隸出任重要「服務職」的情形。

皇帝的這些僕從引發的爭議還不只是勢利。羅馬雖有大量解放奴隸的作法，但人們不免對透過這種作法獲得自由身的奴隸懷有惡意偏見。佩特羅尼烏斯在小說《好色男》中，提到被解放的新貴特里馬爾奇歐惺惺作態，不僅自己擁有大量奴隸，還熱中於不入流的宴會，而這種劇情正是惡意偏見的明顯例子。但此間尚有深意。皇宮裡位高權重的前奴隸備受抨擊，既凸顯了「一人統治」顛倒世界的其中一個死穴，也凸顯了上層人士因為（他們認為的）「自然」社會秩序遭獨裁顛覆而引發的焦慮。進了宮，誰是誰的奴隸？這真是大哉問。生而自由的上流人，該不會成了（前）奴隸的奴隸了？這正是塔西陀試圖表達的重點：西元六〇年代初期，布狄卡之亂（rebellion of Boudicca）發生後，尼祿的一名前奴隸奉派前去視察不列顛的局勢。塔西陀筆下的這趟行程鋪張無比，「車隊綿延長龍」。敵人覺得這簡直可笑：「對他們來說，自由之火仍在燃燒，他們不能理解被解放的奴隸怎麼會有這種權力，他們看到打了這麼一場大戰的羅馬將軍和他的軍隊，居然得聽命於奴隸身分的人，頓時感到難以置信。」對塔西陀來說，包括對自由的熱愛在內，老式的羅馬美德如今只存在於蠻族身上，這無疑是帝制的其中一個弔詭處——除了上述的段落，他在各個作品中一再表達出同樣的看法。

不過，仰仗奴隸的作法對皇帝自身也有影響——皇帝究竟位在「奴役／自由」量表上的那一個位置呢？斯塔提烏斯在歌頌克勞狄烏斯·伊特魯斯庫斯之父的時候，也因為這個問題而有過一番掙扎：他得思考如何把這名備極哀榮的前奴隸，放進整個宇宙的社會階級體系裡。他主張世人都要服從皇帝，而皇帝自己則順從神明。然而，還有另一種看法，也就是某些皇帝說不定受制於其奴隸和前奴隸。普林尼在《頌辭》中回顧圖拉真的前輩（同時也稍微提醒圖拉真），以一針見血的方式總結了這種想法：「大多數的皇帝固然是其公民臣屬的主，但他們自己卻是其前奴隸的奴隸……」皇帝軟弱無能最主要的跡象，莫過於被解放之人的強大無比。」的確，這是羅馬統治者不言而喻的特色。每一位皇帝其實都得仰賴前奴隸組成的班底。根據普林尼的信件集，幾年後他自己就在執政的省裡設法打發時間，等待圖拉真的前奴隸發出指示。不過，無論箇中緣由為何，只要皇帝**受制於**被解放的奴隸，就直接打入「壞」皇帝的名單中了。皇宮不只是奴隸社會。奴隸制度本身也成了一種理解、辯論、批判帝權的途徑。

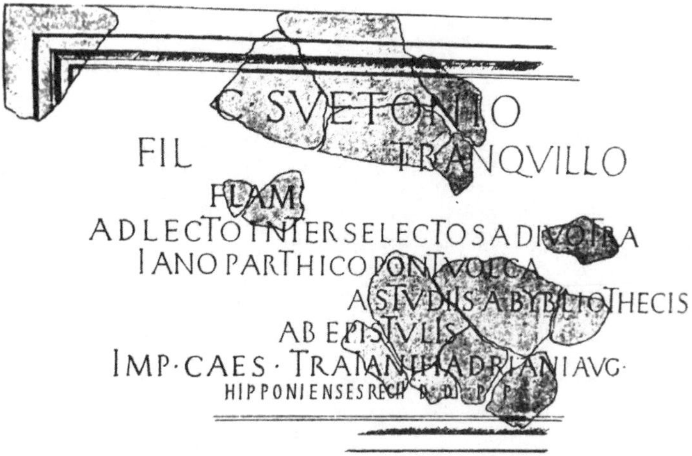

48. 蘇埃托尼烏斯履歷銘文殘片，一九五〇年在希波雷吉烏斯遺址（今阿爾及利亞安納巴〔Annaba〕）出土。這塊銘文（原本應該是安置在這名立傳者的雕像之下）充分顯示他跟這座城有特別的羈絆，也許是知名的訪客，或是恩人，或者透過家人而有所連結。重建圖上加粗加黑的是現有殘片，其餘為復原的嘗試，而下半部則是目前存世的部分。乍看之下，好像很難從這麼少的殘片重建原貌，然而，這類銘文多是把官職或工作一個接著一個列上，很公式化，所以不難猜出缺少的部分。以此銘文為例，內容的很可能是他曾經擔任的司法職務及兼職祭司職（例如常見的祭司頭銜FLAM(EN)）。不過，最引人注意的，是內容幾乎完整提到他在宮裡擔任的職務。我們已經從《帝王紀》中得知他擔任過書信吏。銘文清楚提到他也當過藏書吏（*a bibliothecis*〔此拼作*bybliothecis*〕），以及*a studiis*——我猜是某種「簡任祕書」（但也可能是某種研究職）。

與皇共枕
In bed with the emperor

跟皇帝共枕（或者被迫共枕）的人裡也有奴隸。皇帝的情人中，最眾人皆知的，就數哈德良的愛人安提諾烏斯，一個不到二十歲就在尼羅河中溺斃的年輕奴隸。問題不在於皇帝對妻子不忠，反而和安提諾烏斯相伴（大多數羅馬菁英社會的已婚男性，無論是不是皇帝，都會覺得守貞也太奇怪了）。同性戀情本身也不是什麼問題（羅馬人基本上不在意有社會階級較低的年輕男子持續做為性伴侶）。問題在於哈德良為了安提諾烏斯之死，悲痛到失去控制——有些羅馬人會覺得這樣也太沒男子氣概。他讓這名年輕人位列神祇，以他之名興建一整座城（安提諾烏斯城〔**Antinoopolis**〕），還讓他的雕像鋪天蓋地，遠不止是在蒂沃利紀念而已。我說「鋪天蓋地」並不誇張：現存的安提諾烏斯雕像，其數量幾乎超越所有「皇族」成員，僅次於奧古斯都和哈德良本人。這是一位皇帝如何被一名奴隸所奴役的又一個暗示。

不過，君主的性生活向來是棘手的歷史議題。現實生活中，統治者的性事說不定很乏味、公事公辦、無法滿足（天曉得？）。但是自古以來，甚至比古羅馬還要久遠以前，人們就認為統治者在床第之間尋求的刺激，遠比多數子民來得放蕩不羈（君主不僅性事的排場比我們更壯觀，床伴也更亮眼），統治者的性格也會反映在床第之間（放縱的君主也有放縱的性）。同時，發生在**宮牆外**的故事，也道出了**宮牆內**的異色，而這多少反映出普遍的焦慮、不滿之情，或是充滿投射的想像。關於統治者性生活的討論及幻想，基本上跟現代名人八卦差不多，每每橫跨「可接受／不可接受」、「可信／不可信」之間的脆弱邊線，凸顯出性道德乃至於整體性別角色都是問題重重的領域。結果，人們以為宮裡充斥各式各樣的情人——有男人與男孩，有女人及閹人——遠遠超出夫婦床笫的範圍。

古羅馬確實如此。哈德良並非孤例。自一人統治體制出現以來，頭兩百五十年間幾乎每一任皇帝都跟異於常人的性行為、縱欲或越軌的謠言有所牽連。有時是因為獲選為皇帝伴侶的人實在美得無與倫比，一般人根本無從想像。例如西元二世紀時，盧奇烏斯·烏耶魯斯的情婦潘忒雅（Panthea，「萬神」之意）總被同時代人的文章（頌詞有之，諷刺亦有之）描述成兼有希臘藝術與文學之奇美。有人把她的頭型與尼多斯著名的阿芙羅黛蒂像（頁188）相提並論，把她的鼻子跟菲迪亞斯（Phidias，帕德嫩神廟的主事雕塑家）的雅典娜神像相比，諸如此類。彷彿皇帝的愛人簡直美得超乎人類所能想像，只能藉由人們所知最偉大的藝術品來比擬（不過，某些現代評論家倒是認為，希臘遭到征服，其珍寶遭到掠奪、拆解、切塊、然後重組，這種刻意以希臘藝術品來刻劃羅馬皇帝的情婦，其實暗藏反帝國主義的目標）。

其他故事側重的環節實在太無邊際，你我會禁不住皺起眉頭。舉例來說，古代謠言曾提到，奧古斯都特別喜歡奪走處女的貞操，而且人選還是由他的妻子利薇雅篩選，想必也是由利薇雅帶進宮的。另一方面，儘管普林尼替圖拉真描繪的整體形象相當健康，但據說圖拉真按耐不住染指小男孩的欲望（用我們的話來說，他是性掠奪者）。四世紀的皇帝尤利安對這項指控知之甚詳。

在他寫來取笑歷代先皇的短劇裡，這位皇帝見到了羅馬諸神，他警告大神朱庇特要盯緊自己的男朋友、年輕的蓋尼米德（Ganymede），以免圖拉真試圖把人劫走——而當時圖拉真就在不遠處。不過，我們可以在某些故事裡嗅聞出其他深意。先前提到埃拉加巴盧斯變性，一方面是對性別更易的焦慮，一方面也是在撻伐這位皇帝「違反自然」的反烏托邦世界。尼祿那年輕奴隸斯波洛斯（Sporus）的故事也有類似的言外之意：據說斯波洛斯跟這位皇帝的已故妻子長得很像，皇帝於是先閹割了這名少年，接著再娶他。這些故事無疑生動刻劃了尼祿有多麼剛愎自用，卻也凸顯出「婚姻」本身這個大哉問。皇帝究竟是公然藐視規則，抑或是徹底挑戰舊有界線呢？斯塔提烏斯寫過一首令人百思不得其解的詩，詩裡既吹捧圖密善的閹「寵」（取了個令人不寒而慄的名字——「春光」（Earinus）），又讚美皇帝立法禁止閹割的作法……這首詩底下肯定淺藏著前述的問題。但他**到底**想表達什麼呢？

關於皇帝的這些愛人，無論實情如何，他們跟皇帝的關係遠比理髮師或管理夜壺的人更密切，潛在影響力自然更無可比擬。維斯帕先多年的前奴隸情婦安東妮雅．卡耶妮絲（Antonia Caenis），據說正是因為近水樓臺而得利的其中一人。有人稱她賣官鬻爵，從外省行政長官到祭司等各種公職都賣，還利用枕頭風影響皇帝的決定（當然這是要索價的），並成為羅馬鉅富。不過，卡耶妮絲等人雖然很有影響力，但古代故事中對於皇帝側身用權及濫權最為不懈的，目標都不是情婦、美男子或閹人。所有力道，都著眼於皇帝的合法妻子、母親、姊妹以及女兒身上。她們遭指控下毒、密謀、亂倫、通姦、謀殺和叛國，引發的關注遠比扭曲的熱情、閹割、缺乏男子氣概的示愛故事高多了。

妻子和母親
Wives and mothers

冷酷殘忍的利薇雅、道德淪喪的梅薩麗娜（克勞狄烏斯的第三任妻子），以及霸氣的尤莉亞．多姆娜（塞普提米烏斯．塞維魯斯的妻子），是宮中最為人所知，或者說最聲名狼藉的三名入住者。在古羅馬，除非把少數地位崇高的女祭司算進去，否則，女人從來就沒有正式參與國政的權力。羅馬甚至沒有「皇后」或皇帝的「配偶」這類正式頭銜（最接近「皇后」的頭銜是「奧古斯塔」〔Augusta，奧古斯都的陰性變化〕，從利薇雅到尤莉亞．瑪麥雅，有大約三十位皇帝的妻子及母親獲得奧古斯塔尊號）。不過，古代與現代文人在探討宮廷生活時，往往對皇帝的女性親屬無法自拔，對她們在政治及王朝傳承的影響力感到義憤填膺，並強力譴責（或是深深著迷）她們恬不知恥的通姦行為、淫欲或——說得委婉一點——放蕩、刺激的羅馬生活。

朝政把持在試圖掌權的女人手上——這真是老掉牙的偏見。有時候，把持朝政甚至包括暗中廢立。利薇雅是典型的蓄意謀殺藏鏡人，傳言指稱，她按部就班，消滅了每一個阻礙她的兒子提比留登上寶座的擋路者，甚至（據卡斯西烏斯．狄歐表示）公開表示，是自己讓提比留當上皇帝的。但利薇雅只是眾多藏鏡人的第一位。據說尼祿的母親阿格麗普庇娜（繼梅薩麗娜之後成為克勞狄烏斯的妻子）為了兒子做了跟利薇雅一樣的事情（圖84）；圖拉真的遺孀普羅蒂娜據信（沒那麼嗜殺）構思出某種巧妙的業餘戲劇手法，幫助哈德良上位；至於人稱「媽寶」的亞歷山大・塞維魯斯之所以渾名如此，是因為他就是個媽寶——多虧母親尤莉亞・瑪麥雅，他才能登上寶座。

其他與繼承無關的故事，更是把焦點轉向她們或邪惡、或狡猾的爭權手段；有些發生在幕後，有些則是危機四伏的舞臺正中央。亂倫的謠言凸顯出幾位母親對皇帝兒子的影響力（阿格麗普庇娜之於尼祿、尤莉亞・多姆娜之於卡拉卡拉）。羅馬世界的女人總是被排除在官方政治角色之外，而某些女性潛入政治前線的方式，同樣令人瞠目結舌。謠傳阿格麗普庇娜曾經躲在厚重的布簾後，在沒有人看見的情況下偷聽元老開會（對女性來說，元老院是徹底的禁區）；此外，她顯然數度現身於（或者試圖現身於）歡迎官方代表團的宴會中。（塔西陀說過一個故事，尼祿手下某個精明的策士是如何想方設法，改變她的主意，讓她不致登臺站在皇帝身邊。）大約一個世紀後，據傳尤莉亞・多姆娜掌控了卡拉卡拉的往來書信；羅馬上層社會恐怕覺得，這無疑比（男性）前奴隸來負責更是不得體。

上述這些也和一些指控密切相關，而且，更是驚人，諸如跟錯的對象在錯的場所不倫的聳動故事。綜觀羅馬史，名聲最難聽的幾個性放蕩者，也有來自宮裡的女性；她們至今在現代藝術、電影與小說中仍扮演著淫蕩、通姦以及性愛成癮的女人。據說奧古斯都的女兒尤莉亞跟情人們在古老的羅馬城政治中心——議事廣場的「論壇」（*rostra*）上——翻雲覆雨，樂登九霄，這箇

49. 上有「奧古斯塔法烏絲蒂娜」（Faustina Augusta）——即馬可．奧里略之妻——頭像的錢幣。反面是女神光明朱諾（Juno Lucina，保佑順產）的圖案（身旁可見三個小孩陪伴，不多不少剛剛好）。由此，完全感受不到跟法烏絲蒂娜有關的聳動流言。

直冒犯至極。無論傳言是真是假，總是會讓人在新舊政治秩序之間產生一種不舒服的聯想（皇帝的女兒居然在以前演說家對民眾演講的地方幹炮……）。數十年後，據說梅薩麗娜睡遍了整座首都。老普林尼（比小普林尼更愛無聊的道德說教）收錄在百科全書裡的一段故事說道，梅薩麗娜跟某個聲名狼藉的妓女比賽，看誰能在一天內跟最多的男人上床，結果她贏了。法烏絲蒂娜（Faustina，馬可．奧里略之妻）顯然延續了這項傳統。身兼皇帝之妻和皇帝之母（她的母親也叫法烏絲蒂娜，是安敦寧．庇護之妻），她跟粗人上床的名聲，簡直不輸梅薩麗娜。有個故事甚至說康茂德——熱愛格鬥，跟他深思熟慮的父親截然不同——其實是她跟其中一名格鬥士情人的兒子。而故事當然還有其他版本。另一個更詭異、更煽情的說法是，她把某個斷氣的格鬥士的血塗在身上，然後再跟皇帝行房受孕，這一切，就發生在她向皇帝坦承她對其中一個格鬥士所懷有的炙熱情感之際。根據古老的科學理論，光是浴血，便足以讓康茂德得到他那人盡皆知的「好『鬥』個性」。

這些故事有哪些真有其事，或者有幾分屬實，仍有待商榷。想要查證並不容易。比方說，尤莉亞．多姆娜直接干預卡拉卡拉事務的唯一獨立來源證據，是她寫給以弗所城的一封信（譯文至今仍保存在當地的一塊石碑上），信上承諾會替以弗所人在「她最親愛的兒子」面前說好話：這根本稱不上她插手管理兒子的通信。無論法烏絲蒂娜做了什麼，馬可．奧里略依舊在她死後深表悲痛，並授予她殊榮（包括把她過世的城鎮改名為法烏絲蒂娜城〔Faustinopolis〕）。總之，針對這些女性，這些內容主題所提供的訊息都相當片面。她們生命故事的另一面幾乎不會出現在古代文人的筆下（現代作家也不太會提到）。不過，她們的人設就跟絕大多數的羅馬上層社會女性，乃至各文化當中傳統王室女性，是世家大族傳承遊戲中的棋子。她們被嫁出去，對自己的婚事幾無發言權，出嫁的年紀在我們看來令人震驚的年輕，為的就是緊繫族譜樹狀圖上鬆散的枝條。謠傳在論壇上開派對的尤莉亞，早在十四歲就嫁給表哥馬爾克勒盧斯（Marcellus），原因是要讓他成為大位的繼承人（尤莉亞十六歲喪夫，不久後又為了皇位的傳承而兩度再婚）。大約一個世紀之後，為了強化繼承計畫，先前提到的那位名聲不佳的法烏絲蒂娜與馬可．奧里略訂婚（尚未完婚）；馬可．奧里略可是比法烏絲蒂娜大二十多歲，而此時她才只有八歲。法烏絲蒂娜育有十四個孩子，其中露綺爾拉（Lucilla）在十四歲的稚齡便許配給和父親共帝的盧奇烏斯．烏耶魯斯，許是為了鞏固伙伴關係。

只要我們能讀到這些皇室女子親筆詳細交代的過程，說不定就能有不同角度的觀點。可惜，雖然我們曉得有些人確實留下回憶錄，卻並未傳世至今（我覺得，尼祿之母阿格麗普庇娜的自傳亡佚，堪稱是古典文學最大的損失）。結果，我們現在幾乎無法確知哪些是她們的真實生活，哪些又是男性文人的可疑幻想——他們老是用心機女的刻板印象，來解釋皇帝、國王、總統以及首相在密室裡下的決定。但凡要替權力走廊的異常勾當找理由，「推給老婆」都是方便的備案，南西·雷根（Nancy Reagan）、雪莉·布萊爾（Cherie Blair）、凱莉·強森（Carrie Johnson）等人的遭遇都足以證明。

女性與權力？
Women and power?

不過，除去前述的不確定因素，帝國宮廷中女性的影響力及顯眼的程度，絕對有別於羅馬歷來所見；即便和她們相關的故事不見得真有其事，但多能點出皇帝的世界和他的朝廷裡，存在著某些不容小覷的焦慮與衝突。

儘管皇室中的女性一開始未有正式的權限，但她們遠比羅馬過往的任何女性都還耀眼。傳統上，共和時代的貴族女性成員所享有的自由，無論是經濟上、社會上的自由，或是法律權利，皆多於（例如）古典時代的雅典菁英社會女性。但羅馬共和貴族女性並未有公共性的榮銜，城裡也僅有少數女性雕像點綴，而且通常是半神半人的歷史人物。不過，對於宮廷中的重要女性來說，後來的情況有了徹底的翻轉，她們不僅以帝室成員身分，更以世系傳承守護者的身分受到公開頌揚。錢幣上也可見**她們的**頭像。城裡原本都是大理石或青銅製的男性雕塑，如今**她們的**形象卻能與前者同在（頁367-7）。**她們的**名字塗在建築物表面上，上至神廟，下至風雨柱廊，都是在她們的支持下修建的（只是我們無從確定她們在財務上或設計上究竟參與多深）。她們獲得了往往和男性有關的特權及榮譽，像是坐在貴賓席觀賞演出，有些人甚至出入可以有執杖吏（*lictor*，正常狀況下是陪同男性政府官員的隨從兼護衛），此外還獲得若干超越「奧古斯塔」以上的榮銜，有時候甚至享有幾乎不亞於對皇帝本人的褒美（例如「大地與海洋的主宰」等）。無論其性生活淫亂與否，外界都以「軍營之母」（*Mater Castrorum*）這種懷有雄心、說一不二的尚武風格，來稱呼馬可・奧里略的妻子法烏絲蒂娜；卡斯西烏斯・狄歐聲稱利薇雅辭世時，部分崇拜者甚至仿照皇帝的「國家之父」頭銜，稱她為「國家之母」。易言之，獨裁政治替少數女性在羅馬城市容與象徵性的領域中，開闢出一片具有能見度的天地，結束了男性的壟斷。這是羅馬一人統治所帶來的其中一項最大的革命。

比起羅馬過往具有影響力的女性，皇家的女性確實又比她們多幾分力道。這同樣多少是因為她們得以靠近皇帝，進而對羅馬世界的統治者有潛在影響力。西元一二一年，圖拉真的遺孀普羅蒂娜致函哈德良（也成功上達天聽），要求他修改雅典某一所哲學學校校長的任命規定，允許非羅馬公民亦能任職——該校把普羅蒂娜此信的內容刻在石頭上展示，用以紀錄此次斡旋的過程。

有那麼一次，在奧古斯都統治之初，我們都知道利薇雅曾在丈夫面前說好話，試圖替希臘城市薩摩斯（Samos）爭取免稅地位——很像後來尤莉亞．多姆娜對以弗所人所做的承諾。奧古斯都去信薩摩斯人，「我的妻子為你們積極奔走」，信的內容則刊於他石。不過，細看會發現有個伏筆。奧古斯都在同一封信明確表示，他仍然得**拒絕**薩摩斯的要求。這種公開拒絕既能巧妙表現他認知到利薇雅有多麼照顧她最喜愛的城市之一，同時也凸顯奧古斯都的獨立不容干涉。

其他直接出自皇帝本人的文件裡，也能看到這種謹慎求平衡的作法。皇帝實際寫下的字句經過古代與現代史家的詮釋及重建後，透出一股微妙的矛盾態度，而對象則是皇族女性的影響力。這類文件中最令人好奇的，莫過於西元一一九年，皇帝哈德良在岳母瑪提蒂雅（Matidia，也是圖拉真的外甥女）葬禮上致詞的部分內容。（雖然刻有這篇悼文的石碑現已不存，但幸好十六世紀時的石碑抄本傳世至今。）哈德良盛讚她對圖拉真的付出、她的長久守節、她的美貌、她的母儀、她的助人精神以及好脾氣，隨之話鋒一轉：「她謹守分寸，從不向我要求任何事，就連我情願她要求我做的許多事，她也不曾提出要求……她為我的地位**感到欣慰**，而不是**加以利用**。」哈德良的評論，多在強調羅馬仕女的傳統美德：忠貞、美麗、賢內助。但是，他那幾句多此一舉之言，說她沒向他多所要求（想必是指施恩於她），而自己本會樂於從命云云，其實就跟奧古斯都寄給薩摩斯的信一樣在走鋼索。一方面展現岳母潛在的影響力，一方面堅定表示她並未濫用權力。

西元二〇年，時值提比留治世，元老院也在審理某人的叛國罪名和殺害皇子日耳曼尼庫斯一事時採取了類似的作法。此人的妻子與他一同面臨指控，據說年邁的利薇雅以朋友的身分出面為她辯護。史家塔西陀在一個世紀後，寫下了高度渲染過的事件全紀錄。不過，元老院對此次指控的實際判決，也逐字逐句保存了下來，並精心銘刻在好幾塊青銅版上，而其中大部分在一九八〇年代晚期西班牙的非法發掘中出土（主要的銘文殘片一開始是出現在古物市場上）。塔西陀絲毫不客氣，強烈反對利薇雅干預此事，並據此做為她幕後操縱的又一項實例。相形之下，元老院的紀錄則公開承認她的角色，但對於這是否公允，眾元老顯然也相當無措。他們表示，元老院宣布被告之妻無罪開釋時，確實曾考慮到利薇雅的陳述，卻也提到她鮮少試圖發揮自身影響力（「儘管她對元老院提出要求，而她也理應享有如此影響力，未想她運用是項權力時極為節制」）。我們一次次發現人們既認可宮廷女性的潛在（或實際）影響力，卻同時試圖加以淡化，甚或規避其尷尬之處。

而這些女子當中，多數都有性事上踰矩的故事，隱藏在這些故事之下的，又是什麼？它們想必多少跟古今對於上位者的性浮想聯翩，部分則是因為某些女性的確拒不接受別人期望她們遵守的性約束（幻想與現實有時確實會重疊）。不過，法烏絲蒂娜跟她的格鬥士之間那些天花亂墜的謠言，倒是揭露了特定的繼承焦慮。對於羅馬社會乃至於幾乎每一個前現代社會來說，婦女通姦的可能性都會引發不穩定的風險，也就是「父子」有可能根本不是真「父子」，進而威脅到既有秩序、父系以及合法的繼承。「法烏絲蒂娜塗抹格鬥士鮮血」的異想天開，不只能讓我們一窺羅馬科學見解的奇妙之處，更顯示羅馬的政治輿論風向球或說書人為了捍衛統治者的父權地位，可以做到什麼程度。收養是一回事，由母親通姦所生的孩子來繼承卻是另一回事。

不過，先不管毫無可信度的故事，發生在皇室中的通姦被視為是完完全全的叛國行為。宮廷裡的每一個陰謀，幾乎都跟某某皇帝之妻或某某公主和不該上床的人上床的指控脫不了關係。提比留治世期間，瑟亞努斯（Sejanus）——日漸敗德的禁衛軍指揮官——密謀推翻皇帝並由自己掌權，而他同時也跟提比留的姪女通姦。數十年後，梅薩麗娜與她的貴族情人之一對克勞狄烏斯藏有禍心，克勞狄烏斯的前奴隸設法讓他相信，這兩人正密謀叛變，於是梅薩麗娜遭到賜死。據說克勞狄烏斯得知陰謀時內心驚恐不已，不停喃喃自語，「我還算皇帝嗎？我還算皇帝嗎？」

畢竟對於握有統治權的家族來說，皇帝的女性親屬既是繼承的保證，卻同時是中斷繼承的威脅。通姦（以及伴隨而來的不忠）總是伺機而動。四百年後，有人蒐羅了（或者說捏造了）奧古斯都之女尤莉亞的笑談，並編成一小冊的笑話集。據說尤莉亞曾打趣說，自己只會在懷有丈夫的種的情況下才會找情夫：「除非貨艙已經滿了，不然我不會讓乘客上船」，而她這番話無疑是針對前述的焦慮而來，同時也成了預言。

某程度來說，女性的故事就跟人們對於前奴隸的異軍突起有著相同的恐懼，在這些故事裡，人們關注的其實不是故事中的女子，而是皇帝——自始至終，皇帝的權力都有可能因她們的性、性欲以及密謀而削弱。

皇帝乃血肉之軀
The emperor in flesh and blood

傳世至今的羅馬皇帝形象，是一種複雜多重的建構：絢爛結合了堅實的歷史證據、粉飾太平、政治發明和再發明、權力幻想，以及古羅馬人（與若干現代人）的焦慮。皇帝的形象致使皇帝的「真實」難以捉摸。比方說，我們先前從埃拉加巴盧斯的例子看到，怪誕統治者所謂的癖性，多少是因為外人試圖勾勒獨裁體制本身的腐敗。無獨有偶，皇帝的晚膳故事反映的也許是敘事者參加精心準備的皇宮盛宴，或是與圖拉真共進便餐的親身經驗，但同時也是在思索「大權在握」要怎麼與「飲食消費」有所連結——今人仍在推敲類似的問題。我們能否想像帝國的統治者吃些什麼？他吃的是跟我們差不多，只是稍微奢華一點呢？還是說，其繁複及開銷跟我們的飲食完全屬於不同量級呢？假如**你我**跟皇帝一樣有錢有勢，那我們又會吃喝些什麼呢？他的飲食內容，或者我們對於其飲食內容的想像，傳達出哪些跟他和他的權力有關的事情？或者轉個方向問：假如**我們**有選擇的話，我們會選擇跟誰婚外情，在哪裡婚外情，又會怎麼進行呢？簡言之，進入羅馬人思維世界時，我們收獲最多的其中一條途徑，就是去思索他們如何建構皇帝的角色，從中了解他們共有的恐懼、偏見、盼望、設想以及願景。羅馬人如何呈現，甚至是如何**虛構出**他們的統治者？

不過，又有誰不想知道在形象工程與刻板印象之下的皇帝是什麼樣子？我們能否感受到那些有血有肉的人，那些脆弱的肉骨凡胎，居於宮廷的核心的東道主，在致意時跟眾元老們觥籌交錯，或者只是在早上給奴隸理髮師刮鬍子時跟他們閒聊的樣子？身為統治者，身處恭順、欺瞞、反烏托邦的宮廷文化中，又是什麼感覺？我們不難理解，逢迎諂媚的作法對於奉承者本身來說是多麼丟臉，即便諂媚的內容顯然只是諷刺之語也不例外。比起獨裁者，我們一下子就能對弱勢者感同身受。但受人奉承的對象其實也是受害者。誰都不可信，誰都不會吐真——身為唯一受此對待的人，那是什麼樣的感覺？

個別統治者的個性如何？從寶座上看下去是什麼畫面？對這些問題的好奇，成了二十世紀若干經典作品的初心。勞勃・格雷夫斯的《我，克勞狄烏斯》一書中的克勞狄烏斯宛如學究，步履蹣跚，而內心卻是精明；瑪格麗特・尤瑟娜（Marguerite Yourcenar）的《哈德良回憶錄》（*Memoirs of Hadrian*）則是有個如夢似幻、帶有邊緣型反戰傾向的皇帝，只是這形象更接近二十世紀中葉的理念，而非二世紀中葉的思想。十年前，一名傑出的史家秉持同樣的精神，完成了一篇成熟但有點怪異的散文，他想像已逝的塞普提米烏斯・塞維魯斯坐在墳前，回首自己身為皇帝的這輩子（「你會感覺自己坐困愁城，被別人的期待、奉承、野心以及謊言困住，這真是當皇帝的一大困擾」，諸如此類）。但是，除了這些虛構或半虛構寫作之外，我們跟這些人，跟他們對於皇宮內外生活抱持的看法，能夠貼近到什麼程度呢？

我們可以在其中一個面向跟他們難以置信的貼近，甚至緊密到他們身體最隱密的地方。雖然馬可・奧里略、康茂德和塞普提米烏斯・塞維魯斯等皇帝已經作古將近兩千年，我們仍然掌握當年診治他們的醫生所做的診斷以及開立的藥方。這位醫生名叫阿耶利烏斯・蓋勒努斯（Aelius Galenus，今人通稱為蓋倫），他是羅馬公民，西元一二九年生於培爾加摩（Pergamum，位於今土耳其）。蓋倫是建築師之子，他鑽研哲學與醫學，在家鄉擔任格鬥士專用醫生，並於西元一六〇年代遷往羅馬。他在羅馬成為活躍的醫生和科學家，開班授課、當眾解剖動物、書寫專書及研究論文，同時治療各種疑難雜症的病患，有時也包括住在皇居裡的人。

蓋倫的著作是保存得最好的機密古典文獻之一。他以希臘文撰寫的著作當中，傳世至今者達到二十冊，另外還有三分之一在古時便以阿拉伯文、敘利亞文、希伯來文和拉丁文等譯本形式保存下來，成為中世紀以降的猶太教、基督教與伊斯蘭醫學學者抄寫、鑽研的醫學遺產。上述這一切，占了古希臘傳世至今的文獻大約百分之十的比例，數倍於希羅多德（Herodotus）與修昔底德（Thucydides）、歐里庇得斯（Euripides）與亞里斯多芬尼（Aristophanes）等知名度更高的西元前五世紀經典文獻。除了大量的科學推論之外（坦白說，滿難懂的），蓋倫還提供了許多生動的自傳支線紀錄。比方說，他詳細描述自己對動物進行的活體解剖，有時候詳盡到令人不舒服。有一回，他解剖了一頭巨象，想證明象的心臟裡有一塊骨頭——感覺很有道理，不過錯了。而實際把心臟取出來的人是御廚裡的人，說不定他們是想煮成一道珍饈，又或者純粹是為了科學而貢獻自己的屠宰技巧。

蓋倫在其他作品提及自己在羅馬的生活，犖犖大者如近年來失而復得的一篇論文——〈如何避免傷悲〉（On the Avoidance of Grief）。二〇〇五年，有個博士生在希臘一所修道院的藏書中找到一份十五世紀的抄本，都說最明顯的地方就是最隱密的地方，文獻就大方擺在眼前，只是之前沒人認出來。這篇論文寫於西元一九三年，正是災難頻傳、政治動盪的年代：羅馬城遭遇大火，要命的瘟疫席捲整個帝國，加上康茂德在西元一九二年的最後一天遭人暗殺。文章探討的是「失去」與「痛苦」的心理狀態（蓋倫有些貴重財物及書稿在大火中付之一炬）。蓋倫的措辭，就跟普林尼在圖密善遇刺後的語氣一致，他也刻意跟不久前被推翻的皇帝（他先前的患者）劃清界線。他就像普林尼，聲稱自己只是個情非得已的廷臣，甚至有直接面對來自康茂德的危險（「我預料自己也會跟其他沒有做錯事的人一樣，得匆匆捲鋪蓋到荒島上」）。不過，在蓋倫等身的寫作中最令人瞠目結舌的，莫過於他私底下對幾位皇帝級病患的病症及治療方式的描述，後人因而得以一窺宮裡藥櫃的內容。

早先，蓋倫成功治癒年輕的康茂德扁桃腺發炎，後來又在西元一七六年治好了馬可．奧里略的病，他對此分外自豪。今上發燒，而且整晚都在拉肚子。他的家庭醫師原本開的藥方是休息跟吃粥，但不久後便判斷病情十分嚴重，應該要召蓋倫來提供專業意見。皇帝堅持只接受把脈，蓋倫觀察脈象之後，斷定這不過是腸胃問題，原因則是餐點油膩不消化，而且吃粥對此想必也沒有幫助。患者一聽大悅（他大喊了三次「所言甚是！」）並依蓋倫建議的方式治療——施用一點昂貴的直腸用軟膏（古代版的肛門塞劑），以及口服葡萄酒混胡椒（相對便宜的替代選擇）。

藥物對皇帝的延年益壽來說顯然重要非常，而蓋倫便精心調製一些複方藥，尤其是「底野迦」（theriac）——馬可．奧里略與在他之前的好幾位皇帝都會服用這種日常保健藥，一方面提防有人投毒，一方面預防一些無傷大雅的小病。塞普提米烏斯・塞維魯斯治世時，蓋倫曾針對這種複方藥的調配細節撰寫專文，羅列六十四種成分，其中包括鴉片（馬可・奧里略覺得就是這一味，導致他在某尷尬的時機點打瞌睡）、蛇肉（蓋倫說，宮裡有專業的殺蛇人）。蓋倫在討論藥方時，不但抱怨康茂德拒絕日服底野迦，甚至還把宮裡另一味重要藥材，也就是印度肉桂的大多數庫存，連同一整株肉桂樹（「野蠻地帶」送給馬可・奧里略的禮物）給賣掉了。等到塞普提米烏斯・塞維魯斯決定重新服用底野迦來養生時，蓋倫只好用宮裡頭找到的陳年走味庫存，時間甚至可上溯至五十多年前的圖拉真與哈德良時期。

對於宮廷生活及其運作，蓋倫提出的說法令人耳目一新，有倉庫裡的庫存，有醫生對於皇帝病情的議論紛紛，還有因為預防性投藥的副作用而打瞌睡的皇帝。這名學問淵博的醫生替皇室成員做檢查、把脈、仔細打量他們的喉頭，而這堪稱是最貼身的皇室圖像了。但這仍然屬於觀察的角度，而不是皇帝本人的角度。至於皇帝本人的視角，馬可・奧里略向來是公認的關鍵人物——除了現存的《給自己的便條》（也就是《沉思錄》），他還有許多私密的信件傳世至今。

皇帝視角
From the emperor's point of view

比蓋倫的作品更是祕而不宣的，則是北非雄辯家和理論家馬爾庫斯・科內利烏斯・弗朗托和他跟許多人的通信往來的《魚雁集》（*Letters*），而他的學生馬可．奧里略也是其中一人。《魚雁集》之所以得以再度現世，則又是一則離奇又意外的過程。十九世紀初，便有人發現，信的內容藏在一篇時代更晚的文章**底下**。怎麼說呢？七世紀時，在某座修道院裡，有人把早先弗朗托《魚雁集》羊皮紙抄本洗刷掉（對當時來說太過時了），重新用來抄寫早期基督教教會的會議紀錄。不過，重新發現這些信件的人注意到，想要辨識出這些會議紀錄底下的《魚雁集》著實不容易（所幸舊的文字無法完全洗刷不見）。失而復得的內容大約是原本文集的一半，包括馬可．奧里略在當上皇帝之前與之後所寫的八十多封信。

對十九世紀的讀者來說，信件內容令他們有點失望。弗朗托或許認為，自己寫的信有公開流傳的價值，而這些信的一大主題——跟他的家教身分相吻合——是語言的正確用法。拉丁語用法的專業討論爬滿了紙頁（例如 *colluere* 與 *pelluere* 的差別，前者意為漱口，後者則是擦地板），而這無疑反映了他為馬可．奧里略授課的內容。此外，信上偶爾會出現學校老師那種耳提面命，諸如指責他的學生在公開場合看起來很暴躁。不過，兩人的通信可見另外兩個面向，教人禁不住好奇卻又費疑猜。

首先，他們顯然熱中於討論疾病、分享症狀，簡直不下於蓋倫。弗朗托和馬可．奧里略的往返信件裡，很少提及別的：「陛下，晚上可好？我的脖子疼個不停……」、「我夜裡應該沒有再燒了，食欲也不錯……你一定可以理解，我得知你脖子疼的時候，心裡有什麼感受……」、「頸子這麼疼，著實折磨人，不過，我腳沒那麼痛了」、「若能知道你脖子好了些，肯定也會讓我好得多……我今天更吃得下了，但胃還是稍微有點不舒服」，諸如此類。西元二世紀中葉的典型羅馬菁英人士多半注重養生（我們如今還能讀到當年的知識型演說家阿埃里烏斯．阿里斯提德斯〔Aelius Aristides〕所撰寫的六卷病理紀錄，內容盡是自己的疾病、症狀以及治病的嘗試），然而我們很難確定這些信件究竟是反映了對身體的重視，或是高位者的疑病症實例，或兩者多少都有可能。

這名家教跟皇帝學生的往來信件中，伴隨著枯燥的文法教學而來的不只是對身體的關注，還有近乎於色欲的牽腸掛肚。馬可．奧里略在其中一封信的結尾寫下「別了，我生命的氣息。既然你已經對我寫下這般話語，我是不是就別再對你燃燒如此愛意？」來到另一封信，他則以西元前五世紀雅典之名的同性之欲作結（而不是羅馬作家法耶德魯斯的寓言）。「蘇格拉底」，他寫道，「我一見到你……燃起的渴望遠遠大於對法耶德魯斯的渴望……別了，天底下我最珍貴的事物，我的珍寶。」弗朗托則是投桃報李，「別了，凱撒，請一如既往鍾愛我。我迷戀你所寫下的每一個詞，詞裡的每一個字母……」。少數現代讀者把這些表述方式當成馬可．奧里略跟家教老師熱戀的跡象，多數人則認為，這是密友之間太過泛濫、溢美的修辭，並非情話（弗朗托在書信裡的情感流露中，也有不少是對著自己的妻子）。假如多數人說得對，那這是不是皇帝圈內的羅馬菁英人士私底下對彼此講話的方式，等同於親吻（頁198），是宮門內其中一種基本的表達方式？還是說，弗朗托跟馬可．奧里略兩人溝通的方式，明顯太過輕佻、矯情、幾近做作，甚至到了可笑的地步呢？相比於《給自己的便條》所引發的謎團，這不過是小菜一碟。

眾所周知，有幾位羅馬統治者曾寫下回憶錄，頭一個正是羅馬獨裁體制風尖浪頭上的尤利烏斯・凱撒——他以自己在高盧，以及後來在內戰中的軍事行動為主軸，留下了有利於己的政治自我辯解。可惜大部分的回憶錄，皆未能如凱撒的回憶錄一樣傳世。奧古斯都特地寫下平鋪直敘的《我的成就》，用以刻石，立於陵墓外。除此之外，我們完全不知道他是否曾留下更私密的自傳。勞勃・格雷夫斯和瑪格麗特・尤瑟娜這兩位作家的小說，多少是懷著「重建克勞狄烏斯與哈德良的佚失回憶錄」的主張而完成的幻想文學。西元四世紀，尤利安以第一人稱方式大肆宣洩（從精準的諷刺，到自溺的神祕主義）；而在尤利安之前，出自皇帝手筆且流傳至今的第一人稱記述，唯有馬可・奧里略的《給自己的便條》（也就是《沉思錄》）。

這本書是現代的暢銷書，人人都曉得美國總統比爾・柯林頓（Bill Clinton）的床邊就擺了一本；據消息來源表示，「這本書影響他至深（另一本是《聖經》）」。奧里略以希臘語寫成薄薄一冊，不過一百多頁，內容有哲思反芻、自我鼓勵（「追逐不可能，是謂瘋狂」、「莫為明日發愁」），夾雜著他精挑細選過的、最喜歡的希臘文獻摘錄，以及今人眼中古羅馬皇帝宛如來自異域的威儀。這本冊子撰寫的起因比你以為的還要模糊。對於皇帝為何以及何時決定把腦海裡冒出來的這些生命與道德反思寫下來，我們根本毫無頭緒。我們不清楚後來又是誰決定編輯、排序、公開流傳上述內容，也不清楚假如原本真有書名，那原書名是什麼（如今安上的各種書名，都是後人發想的）。至於其哲思有多麼敏銳，也有待商榷。有些現代學者把這些《給自己的便條》評為優質的倫理反思，處處透出斯多噶學派的影響力。其他人（老實說，我也是）覺得這些內容不過是老生常談，就是今天那種買的人多、讀的人少的書。講真的，就我看來，對比爾．柯林頓乃至於其他讀者來說，像「沉默是金：要先行得正，平靜隨之而來，思維理性的人才能感到滿足」這種心靈雞湯實在沒什麼用。但是，姑且不論這些疑點，這本書能否讓我們更貼近從寶座看出去的真實景象，而非虛構觀點呢？

某程度上來說，雖然這整本書不脫哲學範疇，馬可．奧里略對於皇帝生活的切身觀察頂多占個四、五頁篇幅。比方說，他一開篇就羅列自己從哪些男人身上收獲最多（另外還有他的母親），以及他們透過身教言傳所展現的特質。要是弗朗托知道提及他的條目有多短，想必會大失所望（一言以蔽之，就是教他要注意嫉妒、喜怒無常和偽善會如何影響一人統治的運作，以及貨真價實的貴胄是多麼不近人情）。在這些追憶故人的條目裡，篇幅最長的是談前任皇帝、養父安敦寧．庇護，其篇幅多如奧里略感謝諸神教誨的段落。奧里略用好幾個段落列出養父最為傑出的一些優點，像是他痛恨虛度光陰，他工作不辭辛勞，他對朋友體貼備至（如他出外時不仰賴朋友照料），他對批評寬容大度，還有他簡樸的生活方式。馬可．奧里略也在書中其他段落譴責逢迎諂媚，批判宮廷過度鋪張的排場和儀式。他用巧妙創造的希臘語新詞提醒自己「小心別變得『像凱撒』」，還在另一個段落說自己不過是「遲暮之人、從政之人、羅馬人、統治之人」，已經做好臨終的準備，藉此展現自己的謙遜。他摘錄了不少來自希臘古典詩作的句子，其中「做的是好事，引的是惡名，此乃君主之宿命」，想必是這部佳言錄當中最讓他心有戚戚焉的引言吧。

閱讀這些由皇帝親自執筆、時不時真情流露的評論，想像他閱讀到希臘詩作中所言，端坐獨裁者之位著實不值一提的句子時，他不住點頭的模樣，感覺**確實**很不一樣。與此同時，卻也有令人失望且意外之處——馬可．奧里略對皇帝角色的分析，居然是如此的**尋常之見**。對於如何表現才是好皇帝，例如重視身為「吾輩之一員」的重要性，或是要力求穩重、得體、適度（而非過度）慷慨大方，還有對逢迎諂媚深惡痛絕——他講的幾乎跟普林尼乃至於其餘眾多羅馬菁英文人並無二致。而且，就連在這種私密書寫當中，他也沒有提到繼承問題，或是自己的統治所受到的威脅，對於他不忠出了名的妻子法烏絲蒂娜也只有寥寥數語，內容也是假意稱讚（「如此恭順、可愛、率真」）。唯一提到性的地方，卻又令人大惑不解：「我沒有染指薇妮狄克塔（Benedicta）或提奧多圖斯（Theodotus）」，大概是皇居裡的奴隸吧。

說不定這代表皇帝們（例如馬可．奧里略）跟菁英人士（例如普林尼）對好皇帝的看法相去不遠。說不定這暗示了法烏絲蒂娜的姦情是後人捏造出來的，為了侮辱她的兒子康茂德而散布的謠言——至少她的丈夫對此一無所知。不過，我猜想，即便馬可．奧里略的這些反思顯得私密，對於「皇帝」的本質，這些筆記揭露了多少，也就隱藏了多少。就算我們讀到他親筆寫下的字句，他這個人對我們來說仍然撲朔迷離。也就是說，即便我們已經在這一章談到宮裡形形色色的人物，諸如奴隸、僕人、情人及妻子，藉此來貼近皇帝，可是等到我們來到距離最近之處（甚至是透過御醫的雙眼），他依然可望而不可及。我們根本無法明確知道他究竟是什麼樣的人。

這正是羅馬作家法耶德魯斯另一個寓言故事想傳達的重點。對於皇帝及其形象，曾在宮內為奴的法耶德魯斯可謂知之甚詳。故事裡，一個騙子和一個不打誑語的人造訪了虛構的猿猴王國。猿猴首領告訴兩位來賓自己是皇帝，周圍則是他的朝臣。騙子表示同意，也因這些無傷大雅的謊言獲賞。反之，不說謊的人則回嘴說這個「皇帝」只不過是隻猿猴，結果因為實話實說而遭到虐殺。這則故事頗有深意，一方面顯然跟近代童話故事〈皇帝的新衣〉（The Emperor's New Clothes）有異曲同工之妙（誰敢跟皇帝講說他沒穿衣服？）一方面也反映在朝中逢迎或講實話的好處及危險，反映出權力核心隱藏的虛偽。不過，這則寓言同時點出「皇帝」到底是**誰**的不確定性。在羅馬人的想像裡，猿猴是動物王國中最傑出的演員。這樣的話，皇帝只不過是個演員嘍？如此說來，**僭稱**為皇帝的人（或者猿猴）跟真正的皇帝，又有什麼區別呢？畢竟偽皇帝就跟真皇帝一樣，都足以傷害你——法耶德魯斯對此想必心知肚明。

接下來幾章，我們要採取不同的途徑來逼近羅馬皇帝。我們要趁他工作、玩樂時，趁他人在羅馬內外現身時，趁他在回信、與敵人作戰或者駕鶴歸西時，趁他觀看競技或臨終留下遺言時，總之，是利用他在不同情境中採取行動時（或者是人們對於其行動的想像，這也很重要）觀察他。不過，我們首先要來觀察處理文書工作的皇帝。

第六章　勤政 On the Job

秉筆作書 Take a letter

普林尼擔任執政官，誠摯的鳴謝皇帝圖拉真授予自己此職。過了十年，他獲命（任命他的人依舊是圖拉真）出任本都—比提尼亞（Pontus-Bithynia）的行政長官。本都—比提尼亞位於今日土耳其黑海沿岸，由於在羅馬統治之前，該地本分屬兩個王國，因此有這合併過後的名稱。對大多數元老來說，「任職」於政府的機會可沒那麼常見，而普林尼卸任執政官之後就再也沒有出任全職工作。他反而是出現在公開法庭上替人辯護、出席元老院會議、針對棘手法律問題提供皇帝建議，並在西元一〇四至〇六年間擔任「臺伯河河道河濱暨羅馬城下水道守」——為一行政職，負責監督疏洪與汙水處理，主要提出方針，次則實際施作，而且或許只是兼職。他的官運在西元一一〇年前後有了轉變——經過幾年後（年份不確定）——他奉派前往距離羅馬城一千五百哩外的地方駐守，以節制帝國東半部的一個希臘語省分，而這項任務勢必只得親力親為，且為全職的苦差事。

感覺上，圖拉真把本都—比提尼亞當成一個「問題」。因此，他對普林尼下達了明確指示，要他研究問題出在哪裡：從地方政府的貪腐到具有潛在風險的政治人脈，一律不能放過。關於普林尼如何處理問題，我們有詳盡的了解，因為皇帝跟他的「駐地代表」之間有上百封的公文保留下來，成了普林尼文學性書信集的附錄。這些信件原本抄寫在莎草紙或刻在蠟版上的信件，揭露的不只是出現在羅馬東部省分行政長官案頭的問題（輸水道崩塌、喪葬規範、討人厭的哲學家等），也讓我們了解到傳遞給皇帝的都是哪一類的訊息。同時，我們看到皇帝如何回應從「他名下的」世界彼端傳來的問題及請求。這些信件讓我們直抵皇帝的辦公室文件盤。

有時候，普林尼來信只是希望皇帝俯允他提出的建議。這名行政長官問道，是否應允許布魯薩（Prusa）的市民重新修建其公共浴場。皇帝回覆道，只要他們可以在不開徵新稅的情況下重建，那就可以。又有新的基督教派異端出現。普林尼問道，他是否該嚴懲他們（「他們既棘手又頑劣」，根本活該）？圖拉真回道：是的，嚴懲他們，但不要主動盤查滋事分子，也不要聽信匿名舉報；務必避免黑函，拜託了（頁428-9）。我們時不時發現皇帝會對普林尼的雄心壯志，或者說輕率的計畫潑冷水。普林尼有意改善當地的交通基礎建設，開鑿運河以銜接內陸湖泊和海洋，實事求是的圖拉真立刻警鈴大作——圖拉真指出，有可能最後變成湖裡的水都流光了。不過，就算普林尼把顯然有其道理的想法告訴皇帝，例如成立地方消防隊的計畫，皇帝依舊警鈴大作。圖拉真回覆說絕對不准，流露出一絲帝國現實政治的冷酷，也可以說是焦慮。圖拉真堅稱，「正是這類組織在外省添亂子。不管如何稱呼之，他們很快就會變成政治倡議團體」。因此，他反而主張建製水桶和消防設備更為可行。皇帝在其他書信中透出一絲不耐煩。每當行政長官為微不足道的小事發愁，皇帝就會以「我覺得你可以自行決定」這句老話來回答。普林尼不只一次懇求皇帝從羅馬指派建築師或測量員到該省（評估某些幾乎快要倒塌的建築結構，或是驗收公共工程是否符合合約規定），圖拉真的回覆往往帶有一點慍怒：「你省裡難道連個人都找不到嗎？是嗎，是這樣嗎？明明很多人才吧。」

當然，這些信件往返恐怕並非所見即所是。皇帝的信不見得都是自己親筆寫的。羅馬統治者想必得在其書記官以各種奉其名義所寫的例行性公文上具名，至少也要點頭同意，一如現代君主、總統和首相。有封信這麼寫著：「我親愛的普林尼，從你的來信中得知，部隊與外省人在你的領導之下，是多麼用心且開心地慶祝我的登基週年紀念，我甚感寬慰」，而這顯然是低階職員發出去的制式回函。何況信件遞送速度相當緩慢，回信送達時，對普林尼某些問題來說已經太遲，實際用處不大。希臘作家阿耶利烏斯．阿里斯提德斯（Aelius Aristides）曾寫道，皇帝的來信「剛寫好就寄到了，送信人簡直是生了翅膀」，這真是希臘憂鬱文人愛幻想的通病。羅馬和普林尼執政省分之間的通信，其實是由一人一馬遞送，單程就要兩個月。想收到回信，至少得等四個月。除非普林尼有辦法等這麼久，不然他難免得遵從皇帝之責成，「他自己決定」。「從中央進行微觀管理」多少有點異想天開。

然而，這些往來信件仍足以勾勒出一幅生動的畫面，其中可見恭順的行政長官，不停地請求中央指示（也有可能只是想杜人之口，希望最後收到的回覆時，信上的內容可以為自己的行事背書），亦可見皇帝這一方，感覺一下子（幻）想要微觀管理，一下子又想卸責，要普林尼盡好本分。此外，這也從側面反映了行政機構的規模，反映了湧入宮裡的郵袋有多大。

據我們所知，普林尼是唯一把精挑細選過的公文拿來廣泛流通的行政長官，而這些文書也成了其書信集第十卷的內容。他想必覺得這是種昭告天下自己多麼盡責，炫耀自己跟皇帝之間的情意真摯（圖拉真的確常常寫「我親愛的普林尼」），儘管其中的代價是不時可見他遭皇帝斥責。不過我們不難想像，全帝國四十個行省的行政長官都如同普林尼，一律定期向羅馬本部回報，只是不若普林尼公開發行這些通信往來。若大略估算，**假設**普林尼發文頻率如常，**且假設**他挑選流傳的信占全部的四分之一（純屬推測），那就代表皇帝案頭上光是各省行政長官寄來的信，每天就有十二封以上，每一封都在匯報，每一封都等著層峰的回覆（「猶如歌舞隊等著老師的指示」，阿埃里烏斯．阿里斯提德斯這一回的比喻實際多了）。而這還不包括其他高官、將領等的來信，他們也跟皇帝保持聯繫。

雖然實際上困難重重，漫長的延誤，但這的確稱得上是**通訊治國**。弗朗托告訴馬可．奧里略，「寄信給全世界」是皇帝的主要任務之一，誠乃見微知著。

本章會以圖拉真與普林尼的魚雁往返為出發點，深入探討皇帝身為執筆者、決策者以及管理者的理想典範。本章的焦點不是晚宴時斜躺的皇帝，而是辦公桌前正襟危坐的皇帝，同時探討羅馬世界的運作涉及哪些工作，以及「全能統治者」的形象要如何因應宮廷行政管理的現實。對於日常政務，皇帝會過問到什麼程度？哪一類的問題能上達天聽，提問者又是誰？他們是否曾設法徹底改革？還是說他們只是設法維持政務運作順暢，危機出現再來應對即可？這一切政務的開銷怎麼支付？過程中，我們將聚焦在來自羅馬權力最前線的珍貴文件，亦即決策及施政的確切行政紀錄。透過這批鮮少獲准帶出的研究室的文件，我們得以一口氣穿越回到皇帝的「辦公室」。我們將翻開某些古代法律手冊，從乾巴巴的文字裡找出其中的人情世故。我們將發掘出帝國的一般民眾對統治者有什麼期盼，了解他們何時、為何找上他。「辦公中的皇帝」提供我們一難得的機會，一瞥羅馬街頭凡夫眾生的恐懼、焦慮以及怨言。

責無旁貸
The buck stops here

治理帝國的根本，在於皇帝的責無旁貸。求建議、求同意、求行動，種種請求紛至沓來。來者可不只普林尼這種地位的人，而是整個羅馬世界上上下下的鄰里社群、男男女女。理論上，送達御前的不滿、委屈、問題或法律案件裡絕無雞毛蒜皮。無論他身在何處，無論他人是在羅馬還是在旅途中，都會被有求於他的人團團包圍——有人想升軍等，有人想討回遺產，有人想逆轉鄰近城鎮土地擴張的情況。西元一一五年，地震撼動了大城安提阿（**Antioch**，今土耳其安塔克雅〔**Antakya**〕），造成嚴重傷亡，而據傳死傷如此嚴重的原因之一，正是因為圖拉真駐蹕當地，作為征戰東方的基地，因此城裡才會擠滿攜帶起訴書與請願信的人。

今人不難對斐洛報以同情，畢竟他疲憊地跟在卡利古拉之後，試圖讓皇帝專心處理亞歷山卓港的爭議。但我們或許也該為卡利古拉設身處地想想，他只不過想用個幾分鐘巡視自己的其中一處地產，偏偏一千多哩以外某座城市的幾個敵對派系死死糾纏，硬是要他爬梳一場跟他幾乎零利害關係的爭議。他也不是唯一因為有人試圖引起自己注意而惱怒的皇帝。三世紀的希臘作家、知識分子斐洛斯特拉圖斯（**Philostratus**，尤莉亞．多姆娜的朋友）講了個故事，內容是安敦寧．庇護和塞琉西亞（**Seleucia**，現代土耳其另一個城鎮）代表團其中一人之間的衝突。據說，那人察覺到皇帝沒有在聽，於是他轉而高喊：「凱撒，聽我說！」凱撒厲聲答道：「我**很專心在聽**，而且我曉得你是誰，你就是個老是在整理頭髮、刷牙、修指甲、噴香水的傢伙。」故事沒有告訴我們代表團得到什麼結果，不過，也不難猜。

每天都有數以十百計的人，希望皇帝關注**他們**。各使節團和他們準備好的講稿只是其中一部分，此外還有羅馬官員從帝國各地發來的公文，有錢又過度自信的群體或個人也會派信差遞送他們的請求到皇帝駐蹕之地。來人可能頗有跟到底的決心，例如我們從銘文上得知，有個出身以弗所（位於今土耳其）的男子，居然為了面見塞普提米烏斯．塞維魯斯及卡拉卡拉而追到不列顛。無論是在宮裡主持公開的「致意」活動，還是乘輿轎穿梭在大街小巷，甚或是出現在某些省城時，都會有人把莎草紙小紙片（拉丁語稱為「散頁」〔*libelli*〕）往他手裡塞。一般民眾往往靠這種方式接近他。每一張散頁都寫著某種請求，皇帝在下方寫好回應之後，再由人將散頁釘在公布欄，讓懷抱希望的請願者能先看過一眼，然後再把謄本帶回家。他們通常得焦急等個幾天，才會看到皇帝的決定公布出來。偶有跡象顯示，請願者能得到直接回應。斐洛斯特拉圖斯也寫過另一個虛構的請願場合，故事中的維斯帕先接獲一份類似的請求，而且立刻對著在場的人大聲讀出內容。請願者滿臉尷尬，因為散頁內容直白地替自己與友人向皇帝討錢。維斯帕先藉此舉暗示請願者，只會得到堅定的「不」。

皇帝還得裁定一長串的正式法律決議。他當然不是羅馬世界裡唯一扮演法官的人。早在共和時期，其他官員和審理委員團便已發揮裁決的職能，而皇帝的司法角色也是跟他們鬥在一起的。不過，皇帝不僅發揮相當於全帝國上訴法院的功能，他也試圖把影響力延伸到原則上並非由他處理的案件，不管是在羅馬議事廣場及其他城市，在巡狩帝國途中，或者在皇宮裡（塞普提米烏斯・塞維魯斯曾將自己出生時的星象繪製在一間房間，那正是他最喜歡進行審判的地點）。有些人地位不高，卻能讓統治者親自擔任仲裁者。他們怎麼辦到的，至今仍是個謎，也許是因為堅持不懈，加上朋友的朋友的朋友是宮中之人吧。有些皇帝就是比其他人更熱中於任內的法律事務。據說克勞狄烏斯就很投入，未想連他有時也會頓失熱情，在審判進行時睡著，辯護律師只得提高音量叫醒他。但這或許只是個故事。克勞狄烏斯老在不合時宜之際打瞌睡一事，其實是個老笑話了。每當他在晚飯時打瞌睡，他的姪子卡利古拉就會叫自己御用搗蛋鬼（頁121提到的「小混球」）

揮鞭叫醒他。

皇帝對於四方請求的答覆，有一些會以逐字逐句的方式銘刻在石頭、青銅片，或是寫在莎草紙上，保存在羅馬帝國各地，至今仍有部分存世，還有更多因進行中的考古發掘而出土。有一些答覆則會納入羅馬的法律手冊，這純粹是因為皇帝說的一字一句，其效果等同法律，他們對於棘手難題的答覆，也就成了法律的參考標準。例如某本法律手冊收錄的案件中，阿非利加（Africa）行政長官上報並提問一件格外辛酸的案件，便可見共帝馬可·奧里略與盧奇烏斯·烏耶魯斯的答覆。一名絕望的奴隸為了逃離主人的魔爪，居然偽稱自己犯下謀殺罪——行政長官請示兩位皇帝，自己該怎麼處理。兩位皇帝的解決方法，則是把奴隸賣掉，出售的所得補償給奴隸主，總之**不會**把奴隸還給主人。這個判決想必會成為後人參考的先例。

這些事情占用了皇帝的多少時間？我們不得而知。維斯帕先素來因為對職責太過投入而為人詬病，據說他臨終前還在接待使節團。有時候，我們會把皇帝想成是整個帝國的解憂相談專欄作家——據甲莎草紙殘片紀載，塞普提米烏斯·塞維魯斯和卡拉卡拉於西元一九九年至二〇〇年間巡視埃及時，每天會接獲四到五張散頁請願書；而根據乙莎草紙殘片紀載，幾年後，埃及行政長官（階級比皇帝低）每天則會接獲六百張散頁請願書。我們不清楚何者較為合理？不過，無論哪一種狀況才接近常態，視皇帝為回覆讀者投書的人，恐怕是把帝國業務想得太過簡單了。首先，皇帝回覆的往往是制式的。康茂德因為用一模一樣的字句答覆大量請願書而遭人大力抨擊，但就我們現有的證據來看，一致的回覆其實是相當典型的作法。此外，如果提出請求的是義大利以外

50. 一窺羅馬帝國的「書面作業」。莎草紙上寫的，是塞普提米烏斯・塞維魯斯與卡拉卡拉在埃及時所審理的案件清單的最一開始（不過，此時卡拉卡拉仍是個孩子，很難有什麼實質影響力）。文件標題下方的文字，說明這是一份張貼在體育館的副本。靠近紙張上緣的地方有三行擠在一起的字，是因為加上了皇帝的正式姓名與頭銜，顯然初版漏掉了這些。詳見頁253。

的社群，中央往往會直接退回他們的請願書，並附帶指示他們將之提交給相應的行省長官。

這兩種傾向有一個完美的例子：在今保加利亞有一篇相當長的銘文出土，內容詳細記錄了當地村民在西元二三八年向皇帝戈爾迪安三世（Gordian III）請願的細節，然後是皇帝的答覆；據說，內容完整抄寫自羅馬的「圖拉真浴場門廊」（想必形同現成的布告欄）。請願者的故事令人揪心。他們的村莊斯卡普托帕拉（Skaptopara）不過是個小地方，有舒服的溫泉，距離人聲鼎沸的市場也不遠。但是，途經當地的羅馬士兵及官員不斷糟蹋他們的家鄉，要求免費吃喝、住宿與娛樂。他們說，情況糟到他們正在考慮「離開先祖的家園，畢竟遭遇這些暴行……因此，我們懇求您，萬夫莫敵的皇帝……下令他們不準繞道，不要從其他村莊跑到我們的村莊，強迫我們自掏腰包供養他們，並明令我們不需為這些無權的人提供住宿。」村民們用希臘文寫了超過一百六十行的陳情，結果戈爾迪安只回覆四行拉丁文，說他們應該回頭找所屬省分的行政首長去解決問題。皇宮不會正面提供速效解方。請願者得到的最好結果，就是拿皇帝的答覆當武器，把問題提升為當地官署的急件。說不定他們本來就是以此為目標。

是誰寫了什麼？
Who wrote what?

不管答覆內容是否敷衍（不見得都很敷衍），在處理蜂擁而來的請求時，皇帝還是有不少幫手。他有一份由非官方專家組成的名冊，成員類似像普林尼，或是一些諷刺文章中出現的廷臣們，被召喚前來裁斷圖密善的大菱鮃（根本不用以為馬可．奧里略和盧奇烏斯．烏耶魯斯得在「偽證案」中自我奮戰）。此外，宮裡也有一些重要部門，諸如拉丁語書記部、希臘語書記部，以及陳情部。斯塔提烏斯有另一首詩是在歌頌圖密善治世時的拉丁語書信部部長，他是一名類似「克勞狄烏斯．伊特魯斯庫斯之父」的人物。斯塔提烏斯把他勾勒成執掌通訊網絡核心的人物，肩負「宮裡最艱鉅的任務」。詩人打趣說，他經手的訊息甚至比天神墨丘利（Mercury，眾身的信使，祂腳上穿著翅膀涼鞋，確保消息能迅速傳遞）還要多。但是，這幾個部門的職權範圍絕對比「經手」的實務更廣，職員還要替皇帝代筆（從某些函覆的結尾寫上的「閱」字即可看出），或是把皇帝簡單說的「跟他講『不行』」潤飾成文稿，諸如此類。我們先前已經看過「圖拉真」對本都—比提尼亞的手下做出的一些回覆，這類回覆完全不需要皇帝親自下筆，很可能由書記部撰寫就可以了。斯卡普托帕拉的故事有個插曲：村民發文請願時，戈爾迪安只有十三歲。他或許從來未讀過村民的苦難紀錄，更遑論「自己」下筆回覆了。

顯然沒有任何一位皇帝會親自回覆每一封請願信。舉個例子：曾經有個博學的仰慕者盛讚塞普提米烏斯．塞維魯斯治世時的某位希臘語書記部部長是世上最優秀的書信文寫者，不僅清晰明快、獨具風格，而且在替皇帝代筆時能夠精準把握到皇帝的性格，簡直像個演員或寫手。希臘文恐怕得單獨看待。即便是擁有日常雙語能力的皇帝，也得有人協助才能掌握希臘語修辭的精妙處。不過，我們實在無法想像那些偶爾主導宮內相關部門的法界或文學界泰斗（蘇埃托尼烏斯便曾短暫入宮任職），會拿自己的光陰耗費在當個區區的文書或抄寫員上。我們始終無法斷定是誰下筆、寫了什麼，而皇帝的聲明又**有多少**是行政職員捉刀的。

實質作法想必隨時間不斷在改變，端視皇帝個性勤勞或懶散，是控制狂或派任專家，身處宮中或戰場上，是缺乏經驗的少年郎或見過風浪的老成政治人物。總之，捉刀代筆、編修刪減、起草修飾之間的界線向來很模糊。而人們**認定**哪個人寫了這些信，其實就跟實際上**是誰**寫了這些信件一樣重要。對大多數人來說，他們認定下筆的人是皇帝。

皇帝的新筆
The emperor's new pen

羅馬人想像中的皇帝雖然豪放不羈，卻也是個案牘勞形、振筆疾書之人。弗朗托給馬可・奧里略的忠告中提到「寄信給全世界」，而羅馬人在勾勒皇帝的時候，看的也不只是他們設宴、指揮軍隊，或者舉止不端到什麼程度，也會看他怎麼處理文件、案件以及信件往來。尤利烏斯・凱撒的軼事便清楚捕捉到皇帝案牘勞形的這一面，例如他在觀賞競技表演時，邊處理信件及請願書（後來的馬可・奧里略也曾如此嘗試），或是刻意在兵馬倥傯之際，同時多工處理政務，一邊騎馬，一邊口授兩名書記替他代書。哈德良的故事也表現出這一面——有一回，他必須仲裁某個在「父親」死後十一個月才出生的嬰兒，能否以婚生子身分視之，哈德良為此查閱醫學教科書。最後，他給的答案是「可以」，就算是以古代的科學水準而論，也錯得太離譜。

閱讀也是皇帝形象的一環。從皇帝閱讀及答覆信件的方式，就可以推敲出他的性格。卡利古拉顯然不致案牘勞形——猶太（Judaea）行政長官來信，提出了他並不想聽的建議（亦即就在耶路撒冷聖殿為自己立像一事，希望他三思），而他看信的表情明顯不悅。據說，另一名行政長官發文供御覽時，在這封皇帝必會親自閱讀的信件中犯了低級的拼字錯誤，結果被奧古斯都開除了（如果皇帝未親自閱覽，怎麼可能點出錯誤？）這麼一開除，無疑就顯得他多愛賣弄學問，卻也透出他有那麼點虛偽，畢竟人人都說他自己根本就是個拼字怪客。據說高風亮節的馬可・奧里略讀到一封描寫斯米納（Smyrna，今伊茲密爾〔Izmir〕）因地震而受創嚴重的信時，不禁愴然淚下：「他一讀到『西風吹過她，彷彿吹過一片荒漠』這一句時，立刻淚灑紙頁」，並馬上承諾提供重建經費。

難怪毫不起眼的羅馬金屬製尖筆（stylus）會成為皇帝的標準配備之一。外人總想像皇帝手中一定有枝筆。尤利烏斯・凱撒曾試圖用隨身尖筆，來抵擋刺客手持的匕首。而尖筆也是圖密善令人作嘔的休閒娛樂——刺串蒼蠅——所選用的武器。蓋倫曾將嚴重的「筆傷」案例彙整成文，他在文中提及哈德良有一回在盛怒之下，用尖筆戳穿了一名奴隸的眼睛。不久後，深感懊悔的哈德良問這名奴隸希望得到什麼以為補償，奴隸直白回他「還我眼睛」，哈德良一聽更是羞愧難當。反正，有皇帝就有筆，有筆就有皇帝。

當然，大家也都預設皇帝確實會用那些筆書寫（除非是口述）。外界會把奉**皇帝之名**所寫的字句，視為皇帝**自己所說**、**自己所寫**，當然少數圈內人知道並非如此。人們批評這些千篇一律的回覆內容時，批評的並不是康茂德的書記，而是康茂德本人。

正因為如此，皇帝的回覆才會頻繁出現在帝國各大城市，銘刻在石頭或青銅素材上示眾。雖然有能力讀懂這些文字的人並不多（現代對於羅馬帝國男性識字率的估計，通常落在百分之二十），但見這些告示就如見皇帝親臨。也正因為如此，但凡公然暗示這些皇帝所言（文字或口述皆然）並非皇帝本人，就能當作一種攻擊皇帝的武器，效果近似於挑戰他的統治權。例如年輕的尼祿便曾遭人抹黑，說他在繼父克勞狄烏斯葬禮上發表的悼詞，其實是他的老師塞涅卡所寫——塔西陀打趣說，尼祿是第一個需要「借用文采」的皇帝。皇帝尤利安樂於惡意嘲笑圖拉真，道理跟抹黑尼祿如出一轍：聽說圖拉真實在很懶，甚至到了要友人盧奇烏斯·利基尼烏斯·蘇拉（Lucius Licinius Sura）替他寫演講稿的地步（這跟普林尼口中那個很是盡責的圖拉真，相去實在不可以道里計）。這正是帝國文化的另一項重要的虛構敘事，另一種視角的責無旁貸——但凡得到皇帝回覆的人，都會理所當然認為這是皇帝本人寫給自己的。「皇帝」**所寫或所言，即為皇帝**。

由下而上 From the bottom up

會以銘文記錄皇帝對於請願的回覆的，通常是地方社群，有時候也有個人，而銘文所呈現的形象多是勤懇仁君。比方說，義大利小城法雷里奧（Falerio）把圖密善的答覆刻在青銅片上示眾，內容表示他在法雷里奧人與鄰近城鎮費爾姆（Firmum）的長期土地糾紛中，裁定對法雷里奧有利的結果（這位皇帝〔或是他的哪一個下屬〕挖出了數十年前奧古斯都曾做過的裁斷，似乎事情那時就有定論了）。北非的小村莊裡可見另一篇長文，記錄了康茂德對一群佃農的支持——由於派駐當地的羅馬官員偕其同黨剝削他們，不僅漲地租，還派一批士兵毆打他們，他們這才憤

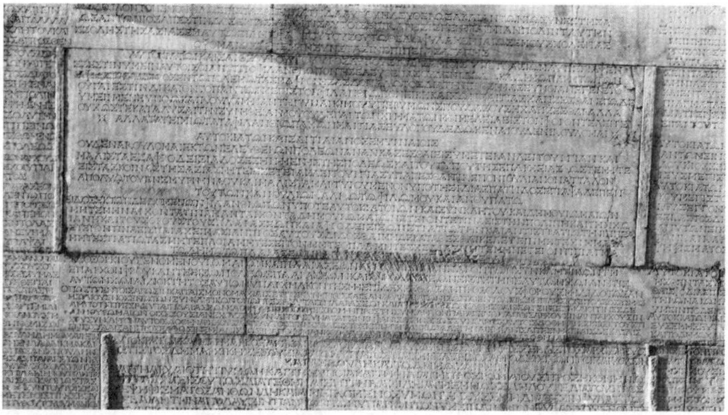

51. 阿芙蘿黛西雅「檔案牆」局部。此舉相當於公開展現這座城鎮與羅馬當局的關係——牆上銘刻的，可都是皇帝來函的副本。

而上訴）。有些地方甚至是把所有文件一律銘刻示眾。例如阿芙蘿黛西雅（Aphrodisias，位於今土耳其，市名取自女神阿芙蘿黛蒂）劇場入口處有一面牆，牆面的石材刻滿了各種文件，例如來自皇帝、元老院或其他要人的信件，其中包括阿芙蘿黛西雅使團請求皇帝立刻免除某種稅（內容不詳）之後，皇帝所做出的正面回應。

這類銘文給人一種印象，彷彿帝國裡人人得償宿願，爭議平歇，案件解決，請願得到皇帝（應該說名義上）首肯。確實有些人抱持會吵有糖吃的態度。但證據確實傾向於請願成功的人比較會留下紀錄。遭到拒絕或粗魯對待的人，不會選擇把自己的失敗形諸文字公諸於世。費爾姆人不可能把圖密善所做出的、有利於法雷里奧人的仲裁銘刻下來的。我們之所以曉得利薇雅站在薩摩斯人那一方，試圖出手干預，是因為他們的對手——即阿芙蘿黛西雅人——出示了奧古斯都的信件——想必春風得意。而斯卡普托帕拉人會把請願及回覆內容全文公開，意味著他們本來就把目標設定在讓地方當局以「急件」的層級處理。

何況在羅馬帝國裡，大多數碰上問題的人就算無力應付，那樣的無力感也沒法傳到那麼高的層級。對羅馬世界的大多數住民來說，無論處於何等水深火熱中，直接上達天聽的機會仍然渺茫到有如幻覺。斐洛深有感悟，畢竟統治者捉摸不定，縱然提請仲裁的人人面廣、資源足、心意堅，都是件難事。爭取皇帝聖允時，就連具備知識、有經驗的人也會感到焦慮，而這種心理也反映在傳世至今的古代教則中，其中對於爭取皇帝支持的方法有詳盡的建議。舉個例子，假如你希望皇帝派人賑濟遭逢天災的城市，那該怎麼說才好呢？答案是：讚美他多麼慈悲，說是上天派他下凡來救苦救難，要生動描述城鎮受災的景象，在他腦海喚出全城人民祈求他憐憫的畫面。可惜對大多數人民或尋常的社群來說，他們根本不可能這麼會描述，更不用提實際上還會遇到什麼困難。

相較之下，一旦御駕經過你所在的地區相對輕鬆多了，就近親炙的人也確實不少（所以當年安提阿的傷亡才會如此慘重）。不過，從遙遠的外省出發，向人在羅馬的皇帝告御狀，難度可謂更上一層樓。地方當局有時會從中作梗，他們寧可「關起門來」辦事（至少從亞歷山大．塞維魯斯的一項裁決，可以反推出這種情況：他的裁決收錄在某法律手冊中，示意行政長官不應阻止民眾向皇帝告狀）。去羅馬告狀也得耗費大量的時間和金錢，往返恐怕需要好幾個月，而且還得有把握相當了解首都運作的情況，才能把區區一張散頁交到皇帝手中。你打算在哪裡呈給皇帝？你怎麼進去？就算是在皇宮好了，你知道正門在哪裡嗎？據說有一回在公開的「致意」場合中，某個男子為了要不要把請願書呈交給奧古斯都而踟躕不已（手一下伸出去，一下又收回來），奧古斯都於是對他開玩笑，說：「你看起來好像在試著拿一分錢給大象」。不只一名古代文人援引此事，證明這位皇帝很有幽默感。而故事也把握到請願者對於請願程序不熟悉的話，內心會多麼恐懼。

提交給羅馬皇帝的案件有許多看似普通，提請仲裁的看起來也像普通人，但我強烈懷疑實情真有如此普通。有時候，利害關係是一眼看不穿的（對於尼多斯城那件夜壺意外殺人案而言，我直覺認為，事情跟奧古斯都有關）。有時候，提出請求的人顯然不完全是圈外人，而是因為他們的人脈能觸及皇帝的圈子，至少是相去不遠，才更容易直達天聽。斯卡普托帕拉人的請願書便透露出一點端倪。這麼遙遠的村莊，到底要怎麼讓首都聽見自己的聲音？這都多虧人在羅馬的一個村民。銘文的前言明確提到，提交請願書的人來自斯卡普托帕拉，在該地也有地產，而此人當時正在禁衛軍服役。

不過，即使這些人可能沒有表面上那麼「普通」，我們從部分提交給皇帝的案件，以及提交給較低階羅馬官員的案件，多少能看出生活在帝國內、未曾留名歷史的人們面臨了哪些問題。透過層峰的視野，我們得以一窺階級體系底端的人有多困頓、多絕望。請願的內容有時很離奇，引人入勝、意外的精采（對現代讀者來說是如此，但當事人恐怕不這麼認為），舉凡為了在敵軍行動中遭殺害的牛隻（頁28），或在鄰居的地產裡捕鳥而引發衝突等。大部分請願的內容很日常，例如稅收、繼承、疾病、債務之類的。西元二〇〇年，駐蹕埃及的塞普提米烏斯．塞維魯斯與卡拉卡拉答覆了一批共十三件事情的指示，其中兩件事跟借錢有關，三件涉及繼承，兩件涉及稅務，一件與孤兒的監護權有關，還有一件則討論疾病是否可以做為規避法律義務的充分條件（有些回覆只寫著像是「如擬」幾個字，完全無法得知原先的問題為何）。不過，如果我們要從幾世紀的時間裡，挑出最令人怨聲載道、不時呼籲皇帝採取行動（至少要提出嚴正聲明）解決的議題，那無非就是官方的交通「體系」。對於透過信件通訊治理的羅馬世界來說，郵政向來是最大的爭議之處。

破壞規矩的普林尼
Pliny breaks the rules

說到底，問題在於當時的人以最底限的人力，來營運一個遼闊帝國的基礎建設。姑且不論軍隊，綜觀世界歷史，經營內政時使用的勤務人數最少的帝國正是羅馬（帝制中國高級官員占比是羅馬的二十倍）。所以，從奧古斯都治世起，無論是在帝國境內將人員或情報從甲地傳遞到乙地，抑或是押送犯人、現金，乃至於供皇帝觀賞的野獸，官方的運輸及通訊基本上都是委外作業。若你是擁有合法許可的羅馬人，就可以直接從旅行路線上經過的一些社群中徵用動物、車駕、住宿和招待。顯然會有人進一步濫用：偽造許可證、拒不支付應付的任何費用、遠超允許範圍的服務需求等種種頤指氣使的行為。

對帝國內的眾多社群而言，這是國家日常剝削的最前沿。一旦有一群粗魯、醉醺醺的信差出現在**你所屬的**城鎮，那副光景著實不難想像，而這正是斯卡普托帕拉人其中一部分的抱怨。數百年來，地方民眾不斷抗議，而皇帝們則試圖回應。比方說在西元一二九年，哈德良聲稱自己親眼目睹當地人民受到不公平對待，而他（重新）實施一系列規定以減輕問題——一九九〇年代，此內容的銘文莫名地流落到某個土耳其收藏家手中。例如唯有提出許可證，否則不提供馬車；人與牲口所需的食物都要付費；除非道路因大雪而看不見，否則不得要求當地人帶路等。幾十年前，涅爾瓦已經實質廢除義大利本土的徵用制度，當時鑄造的錢幣甚至有紀念此事的圖樣。錢幣上可見兩匹悠閒吃草的騾子，騾子後方則是一輛倒放的馬車，再也不需用於官方運輸工作。

這件「徵用運輸制度」（拉丁文的 *vehiculatio* 更是言簡意賅）的傳說，掌握到了皇帝權力的其中一個環節。他們顯然聽見了子民的懇求，也做出了回應。但直到西元五世紀，相同的主題一再出現，可見他們解決問題的努力做得不夠。總之，只要情況有利於己，他們也樂得睜一隻眼閉一隻眼。普林尼與圖拉真書信集的結尾，是這位行政長官致信皇帝，說自己的妻子因祖父過世，想回義大利老家奔喪——雖然純屬私人性質，完全不符合發放許可證的規定，但他還是准許了一份官方許可證。隨後他請皇帝特例許可追認。皇帝的答覆是：「沒問題，我親愛的普林尼」。書信集裡收錄了一百多封信，內容顯然再三檢查務求準確，結果最後一封信呈現的居然是圖拉真欣然應允普林尼破壞通行許可的規定，由此給人的不安實在是不只一點點。皇帝們口口聲聲說要消弭濫權，也不過耳耳。

52. 涅爾瓦統治時期發行的青銅幣，圖案設計旨在紀念義大利廢除徵用運輸制度。兩匹悠閒吃草的騾子，背景則是用來拉車的挽具，周圍寫的口號很明確：「*vehiculatio*已在義大利廢除」。

採取行動
Taking the initiative

看看皇帝的郵袋大小，你不難想像皇帝的工作（無論是親力親為，還是他人奉其名義為之）幾乎都是在回應從四面八方湧來的請求。現代有些史家便是持這種看法。他們認為，皇帝實質上並非主動，而是**被動**，與「大權在握的獨裁者」這種崇高的形象相去甚遠。羅馬世界的統治者其實得忙著回信、補破網、聽人訴苦，還要確保自己看起來永遠一副接納每一個人、不分貴賤的樣子。此種觀點有些道理。所有的政府多少都有被動的成分（許多立法便源於投訴），而相較於「全能的皇帝彈指間便能改變世界」的印象，「案牘勞形的皇帝拿著尖筆、忙著口授」還更接近真實。同樣有誤導人之嫌的，則是把皇帝或他們的幕僚想像成擘劃大局之人，有如現代政府制定長期戰略方針。我們在第一章談到，相較於後世其他羅馬統治者，建立一人統治的羅馬的奧古斯都，他推行的改革計畫比他們更是「通盤」，而即便是他，恐怕也未必真如此。至少在執政之初，他絕對不只在為將來數世紀的獨裁體制設計詳盡的藍圖，對於自身短期內能否活下來，他也很關心。身為即興演奏家的他，是在後世回顧之際，才搖身一變成為戰略家。

不過，奧古斯都寶座的繼任者們可不是痴痴等著信件送來。弗朗托去信馬可・奧里略，提點皇帝職責時，還列出「對外族君主施壓」（我們會在第八章再來討論這件事），「在元老院為符合公共利益之事喉舌」，以及「匡正不公義的法律」。各種倡議與大小措施（甚至小至羅馬小餐館的菜單）都跟皇帝有關係，畢竟這一切，都關乎「公共利益」。

皇帝的職責有時跟排憂解難有關，西元六〇年代初期的不列顛行省，就有一件揭露此一面向的故事。一名羅馬下級官員兼吹哨者寫信向皇帝投訴，表示不列顛行政長官在布狄卡之亂之後，處置投降的叛軍時手段太過殘忍。數以千計的信從遙遠的行省寄給皇帝，而這名小官的信只是其中之一，但重點在於這封信的後續，以及引發的一系列決策。時任皇帝為尼祿，他派遣前奴隸波利克利圖斯（Polyclitus）前往調查實情，看看是否能修補行政長官和財政官員之間的裂痕：他沒有辦法。最後的結果是，等到有了個順水推舟的機會（一場不甚嚴重、只是有失顏面的海軍事故），這才擺脫這個行政長官，尼祿索性指派更溫吞的人選取代他的職位，總算緩和了局面。

塔西陀在重述這件事情時，語調極為負面。他認為，下級官員本來就不該告發行政長官。波利克利圖斯完全不是什麼調解人，對不列顛的羅馬人而言，他根本是恐怖的化身，卻是反對人士的笑柄，他們認為，找個前奴隸承擔重任無疑是笑話（頁211-3）。而且，所謂溫吞的繼任者

53. 布狄卡之亂發生後，向皇帝告發上級的吹哨者死於不列顛，這是他巨大墓碑的局部（十九世紀在倫敦出土，原寬超過兩公尺），後來被駐守倫敦的羅馬人當成防禦工事的材料。塔西陀說他名叫「尤利烏斯．克拉斯西奇阿努斯」。而墓碑上的第三行可見相對完整的名字，「尤利烏斯．阿爾卑努斯．克拉斯西奇阿努斯」，暗示他可能出身高盧。或許正因為如此，他才會對不列顛人有所同情。

只不過是懶散，用「和平的光環」遮掩自己的怠惰無為（我很確信，塔西陀希望人們注意到繼任者的名字圖爾皮利阿努斯〔Turpilianus〕，其實帶有「丟臉」的意思）。

不過，在塔西陀的敵意之下，輕易便能察覺到皇帝或他的幕僚確實採取若干有效的措施，以及睿智的任命，可惜的是，這一切對於舉起反叛旗幟的人來說已經太遲。當然，不見得所有任命都能知人善任，對於某些省分的行政長官「究竟」為何雀屏中選，也有諸多充滿惡意的謠言（例如有人說，日後成為皇帝的奧托，是在尼祿跟他的妻子眉來眼去之後，才奉派到西班牙擔任一省總督；又或者更荒謬的說法是，卡拉卡拉會把自己討厭的人派去天氣超熱或超冷的省分）。一般而言，能夠左右「任命」與「晉升」的不只是才幹，恩庇關係、個人偏好以及互通有無等影響力也是不遑多讓。但至少從羅馬人的觀點來看，不列顛的情況已經算是制度運作良好了。

換作其他情況，我們很難不去懷疑皇帝真能執法不阿——像是禁止閹割、禁止用惡意言詞攻擊身居高位的男女，乃至於嚴禁男女混浴，這些多半是象徵意義大於實質。小餐館的菜餐很可能便是如此：西元一世紀起，一連幾位皇帝一再規定，羅馬城內的小酒館（*popinae*）可以或不可以提供哪些飲食。據蘇埃托尼烏斯表示，提比略「甚至連酥皮點心都禁了」。卡斯西烏斯．狄歐表示，克勞狄烏斯禁止販賣「水煮肉」以及（令人百思不得其解的）「熱水」——也許是因為水是羅馬人飲酒方式的關鍵，他們會在葡萄酒裡兌水），而尼祿則禁止「蔬菜與豆湯」以外的所有熟食。狄歐又說，最後到了維斯帕先，除了豆類以外，其他一律禁止販售——要是人人真守法，那羅馬的餐酒館文化肯定會變得異常乏味。

那些規定絕對沒人當真，頂多偶爾虛應故事一下。羅馬城雖有百萬居民，卻沒有警力（最接近的就是身兼消防員的守夜人小隊了），雖然**確實有**少許文獻提及惡質酒館老闆遭起訴，但這類規定絕對沒有辦法嚴格或有系統地推行，甚至根本就不是有意為之。無論在古羅馬還是現代，立法的功能都不只是懲罰罪犯，也是為了展現價值觀。我個人認為，前述規定旨不在逮捕違法者，而是在展現皇帝對羅馬世界的微觀管理，以及他對勤儉的奉行——至少經常出入小酒館的平民要勤儉，有錢人則不用，這種雙標挺常見的。

奧古斯都曾下令，唯有穿著托加袍的男子才能進入議事廣場（托加袍是羅馬最正式的著裝，並非多數市民的日常穿著，猶如今日我們不會常常穿晚禮服或燕尾服），箇中的道理也很類似。據說，皇帝把這個責任交給一些資淺的元老院市政官（*aediles*）來執行。只是議事廣場入口處真有保全，一一檢查服儀嗎？我懷疑。這其實就是「追求時髦」和「老式標準」的老問題。

即席演講的克勞狄烏斯
Claudius on his soap box

然而，我們間或得以目睹皇帝推動了有實際成果的重大改革，甚至連我們都能了解這些改變有其道理。我舉個例——事情始於西元四十八年由「高盧領袖們」提出的請願，最終卻發展成一場重大爭議——有人提議，允許出身「披髮高盧」，亦即今法國阿爾卑斯山北麓一帶的人，可以在羅馬任官乃至於躋身元老，而皇帝克勞狄烏斯也支持這項提案。根據塔西陀對此事的描述，出席議事的元老向皇帝表示反對這項提案（出身義大利的人，人數難道不夠充任元老嗎？何況高盧人傳統上不是與羅馬人為敵嗎？）接著克勞狄烏斯本人發表演說，把票催到支持高盧的一方（皇帝的演說幾乎都有催票效果）。而即便催票不難，這件事也是羅馬政治特權在帝國內逐漸拓展的重要一步。

不過，這次決議之所以分外有趣，卻是因為克勞狄烏斯的講詞經人逐字逐句、仔細銘刻在青銅片上，接著風光展示在高盧大城里昂（當時稱盧格杜努姆〔Lugdunum〕），大塊的殘片於十六世紀時重新出土（圖2）。我們仍然可從殘片中解讀出克勞狄烏斯論述中的根本邏輯：他堅持，接納外人始終是羅馬的文化，何況自從尤利烏斯．凱撒征服高盧之後，高盧人對羅馬始終忠貞不二。無奈的是，期盼聽到皇帝鏗鏘有力、曉人以理的人，勢必會對這番支離破碎的演說細節感到頭痛萬分。

殘存的文件當中，克勞狄烏斯起碼用去一半篇幅講述深奧難懂、混亂卻又不完全相關的歷史教訓，為的是對元老們勾勒出羅馬歡迎外人的傳統。比方說，他回溯到五六百年前，藉此評價半傳說的、「出身伊特魯里亞」的羅馬王塞爾維烏斯・圖勒利烏斯（Servius Tullius）——在這段翻譯中，我稍微把他的話修飾得更有條理些——

塞爾維烏斯・圖勒利烏斯此人，就我們自家文人的說法來看，他是戰俘歐克蕾西雅（Ocresia）之子；如果按照伊特魯里亞文人的說法，他曾是卡耶利烏斯・烏伊維納（Caelius Vivenna）最忠實的伙伴，參與他每一回的冒險。在命運更迭的驅使下，他率領卡耶利烏斯的殘部離開伊特魯里亞，占領一處山丘，並命名為卡耶利烏斯丘（Caelian Hill），由此向領袖致敬。後來他改以自己的名字（因為他的伊特魯里亞名為馬斯塔爾納〔Mastarna〕）命名，改成我剛剛提到的那個名字，然後統治了這個王國，為國家帶來巨大的利益……

如此這般，每下愈況。一次，他還講了個頗為拙劣、唯有圈內人才懂的玩笑：「元老院裡早就有人出身盧格杜努姆，我們也完全不覺得懊惱」，他大抵是在講自己出生在盧格杜努姆的事實，當時他的父親正以行政長官身分派駐在當地。經過又一番的百轉千迴，他稍事休息，提醒自己切入重點：「克勞狄烏斯，現在該告訴元老們，你講這些的重點到底在哪裡了」（不過，部分現代學者在評註時，猜想這會不會其實是其中一名聽講的人實在受不了，無意間發了個牢騷，結果不知不覺被陰錯陽差寫進銘文裡）。他的講詞裡沒有「借來的文采」，有的話可能比較好。只是，這篇銘文應該不是里昂市民會想留步細讀的，反而是皇帝支持他們的追求的一種象徵。

我們毫無理由認定皇帝的演說聽起來都是如此。假如我們真認為現代（其實多少也有古代的成分）對於克勞狄烏斯的刻板印象——雖說他是個勤懇的學者，寫過一本談伊特魯里亞史的書，但他既遲緩又年邁，跟周圍格格不入——確有其事，那他這種表現也正如你我所預料。不過，其他皇帝和皇室成員流傳至今的講詞中也有一些元素，跟我們從里昂銘版上讀到的內容差不了太多——諸如年輕的皇子日耳曼尼庫斯抵達亞歷山卓港之後所發表的演說（他坦承有一點思鄉），或者哈德良在北非閱兵，觀賞完部隊操兵後，授予他們的木質紀念牌（「你們在硬粗礫石上挖出一條壕溝，並將之打，使之磨光滑」；見頁344）。這些例子再再提醒我們：皇帝的字句，有時候恐怕比我們以為的還普通。

公民權革命
The citizenship revolution

偏偏關於歷來羅馬皇帝所實施過最激進的單一改革措施，卻沒有留下能解釋其緣由的隻字片語，一般的沒有，華麗辭藻的也沒有，委實令人惋嘆。西元二一二年，皇帝卡拉卡拉一下子就把完整的羅馬公民權，無論是其地位，還是繼承、締約等隨之而來的法律權利，盡數授予羅馬帝國的所有自由身居民，人數或許有三千萬人。此舉雖然不若奧古斯都所實施的那種一整套改革計畫，但就單一立法而論，其影響力遠比第一位皇帝推動過的任何個別措施都更為深遠。從現在起，帝國裡每一個自由人皆享有同樣的基本權利。統治者（公民）與被統治者（非公民）之間的法律差異一夕之間廢止，所有人都處在同樣的起跑點。西元三世紀的歷程中，公民之間確實有「位尊」（*honestiores*）與「位卑」（*humiliores*）的新分野，有些人就是比其他人更上一層樓。但卡拉卡拉的舉措，仍是羅馬歷史上，乃至世界史上規模最大的公民權授予。

我們不僅對此次立法的確切細節一無所知，甚至也不了解背後的動機為何（雖然克勞狄烏斯曾在一百五十年前高舉「海納百川」的傳統，但兩次的規模不可同日而語）。在一份時代大致接近的莎草紙殘片上，看似引用了卡拉卡拉的詔書（「準此，我將羅馬公民權授予羅馬世界中的每一個人」），而卡斯西烏斯・狄歐的作品和一部法律手冊中也有幾處簡短提及此事。可是，對於其立論考量，我們卻只能推論——有些是古代的推論，其他多是現代的推論。卡拉卡拉是不是在效法亞歷山大大帝的神話？後者對普世公民權懷有憧憬（至少有人是這麼想像他的）。經歷和弟弟蓋塔的血腥決裂後，他這麼做是不是在攏絡民心？這真的出自卡拉卡拉本人的手筆嗎？幾個世紀後的文人實在無法想像，如此積極正面的改革居然是由盛名狼藉的「禽獸」所推動的，於是把功勞歸給安敦寧・庇護或馬可・奧里略。還是說，這根本是財政方面的招式？狄歐與愛德華・吉朋一前一後主張，稅負完全落在公民身上，尤其是遺產稅與解放奴隸時價稅，而廣授公民權的榮譽只是為了掩蓋要讓外省居民承擔稅負一事。

這件事情堪稱是羅馬史上最大的「黑洞」。更有甚者，皇帝如何對義大利人民眾，乃至於對全帝國民眾表達這件事情？我們著實一無所知。訊息要怎麼傳播開來？受惠者要如何知道自己的新身分？我不認為卡拉卡拉會像克勞狄烏斯那樣，對所有人親授一門歷史課，但天曉得？

底線
The bottom line

就算當時的人只能提出財政因素來解釋卡拉卡拉改革的推動力，可能性依舊極低。帝國行政當局是否陷入困境？相關的證據之間又彼此矛盾。羅馬鑄幣時，貴金屬含量愈來愈低（以羅馬來說，這種降低錢幣成色的作法往往是經濟困頓的有效指標），不過幾位古代文人觀察到，塞普提米烏斯．塞維魯斯（卡拉卡拉的父親）去世時，帝國的財政之健全遠甚於以往。縱使皇帝受限於現金不夠，也不至於得把完整羅馬公民權授予帝國超過三千萬的居民，包括那些最窮的人，只為了讓他們多少擔一點稅收，等於是用大砲打小鳥。想籌錢還有其他方法。不過，廣授公民權確實引發關於皇帝與金錢的問題。

羅馬帝國是個枝葉龐雜、令人百思不得其解的經濟「體系」（當然不是現代經濟意義下所謂的「體系」）。體系中有部分關係密切，堪稱具有原始的全球性質。羅馬世界各地可見共同貨幣的雛形，有廣為人知且認可的黃金、白銀以及青銅貨幣面額。某些商品（尤其是陶器）遍及整個羅馬世界，從蘇格蘭到撒哈拉沙漠都有出土，是大規模量產的古代實例（無論是阿爾及利亞博物館的展示間，或是蘇格蘭邊境的哈德良長城，你都能看到同一種表面光滑的羅馬紅陶罐）。此外，有些跡象強烈暗示了當時的產能與長途運輸網路的規模。羅馬有一座人稱「陶片山」（Monte Testaccio）的小丘（如今依舊可攀登而上），事實上是一座古代垃圾山的遺址，堆了超過五千三百萬隻大型雙耳橄欖油壺（每個油壺容量高達六十公升）的陶片，而這些油壺是西元二至三世紀之間從西班牙進口到羅馬的。陶片山固然壯觀，卻籠罩著一道陰影。近年來科學界對於格陵蘭冰帽進行鑽探，這才發現古羅馬採礦作業（礦場多位於西班牙）所造成的汙染痕跡，其嚴重的程度堪比工業革命所帶來的破壞。

不過，帝國多數居民仍然從事小規模農業，自給自足，多數農產則供給本地或家內而已。除了偶爾看到的水車，古羅馬幾乎沒有多少科技創新足以支撐所謂的工業「發展」。當時的金融機構（無論是儲匯或放款）更是少之又少，幾無經濟理論可言。羅馬人甚至不見指稱「經濟」的字詞，他們絕對不知道什麼是「經濟成長」，而他們保管財富的方式則是個謎（除了古代版的「床底下」）。訂定財務規畫頂多只有基本水準。我們所知最縝密的分析，是對於羅馬占領不列顛所做的損益分析。希臘學者史特拉波（Strabo）曾經針對奧古斯都與提比留治世時的羅馬世界進行過一番地理暨人類學研究，他提問道：征服並留置管轄新省分所需的軍費，能夠用稅收彌補嗎？

54.「陶片山」上切出的一道溝，一眼便能看出這座山是無數的破雙耳壺堆成的。說是「隨意傾倒」的垃圾，恐怕不盡公允，因為這些陶片是一層層仔細推放上去的。

而他的答案是「不能」。即便如此，這仍不過是基本的盈虧計算。

換句話說，皇宮行政的優先事項只不過是確保能得到足夠的錢（或者鑄造足夠的錢）來支付政府所有的支出。其中最大宗者莫過於軍費，占年收入約百分之五十，但還有一長串的大筆支出：人員薪資，穀物（後改為橄欖油）發放津貼，好讓羅馬城內多達二十萬公民得以受惠，建造有時規模相當宏大的建設（全新的港口設施，或者大規模排水工程，普林尼的小運河因而相形見絀），還有舉辦表演、隆重的排場以及展覽，這些淨是羅馬城市文化不可或缺的環節。資金的來源五花八門，如皇室擁有的貴金屬礦場，或是公然強取。不過，主幹仍是羅馬世界各地以不同名義和不同方法徵收的稅收：關稅、通行費、人頭稅、港口稅、財產稅等。有不少稅捐以現金支付，但也有一些「實物」徵收（像是來自埃及的部分穀物，直接供首都分配之用）。對於羅馬世界上下來說，這些稅捐有一些是全新的、專屬於羅馬的獨特需求（奴隸或格鬥士買賣要抽稅，奴隸贖身費也是），然而在某些省分，羅馬稅收只不過是從前羅馬時代的既有體系中稍作調整的結果。

一旦收支無法平衡，除了提高稅率（並不常見）之外，就只剩一種**體制性**的補救方法。這正是減少錢幣的重量，或是減少其中的貴金屬含量。直到西元二世紀中葉，亦即一人統治體制實施一百五十年左右，銀幣貶值程度僅百分之二十，金幣更少，由此顯示這段期間收支平衡，危機通常是暫時性的，皇帝大手筆花錢導致帝國瀕臨破產的故事淨是誇大其辭。儘管進入三世紀之後，雖然文件紀錄中曾提及塞普提米烏斯·塞維魯斯治下財政狀況，原因眾說紛紜（軍事活動增加、疾病大流行諸如此類），實情恐怕並非如此，而且這些無法充分解釋（也沒有說服力）卡拉卡拉的決定。

世界首富
The richest man in the world

古代每一段對於帝國財政的討論，無不壟罩在皇帝本身的形象底下。有些討論聚焦在個人，有時則是極其特異的改革措施。比方說，維斯帕先對洗衣和鞣革行業的關鍵材料，即尿液徵稅，至今，老式法語裡還留有對這件事的記憶——以*vespasienne*指稱小便斗（至於尿稅實際如何徵收，或者是否確實徵收過，就不得而知）。圖密善曾短暫禁止義大利栽種更多的葡萄藤，更下令剷除外省半數的葡萄藤，至今史家仍為此爭辯中。而此舉到底是認真想振興穀物的栽培呢，或是保護義大利釀酒業的措舉，抑或是類似「返璞歸真」的措施呢？整體來說，羅馬文獻中呈現「壞」皇帝時，傳統的刻板印象包括揮霍、吝嗇或貪婪（或者三者的巧妙結合），而「好」皇帝則是慷慨卻有度。

財政責任的規畫及調整是皇帝形象的一環。比方說，提比留拒絕剝削外省人，無疑成了他的功績。有些省分的行政長官想要提高稅率，他的答覆是，「好牧羊人會剃羊毛，而不是活剝牠們的皮」。「取之有道」顯然還是有自利的成分，提比留的意思絕非完全不去收割羊毛。但是他無愧於自己喊出來的口號，言而有信——曾有一次地震導致位於今土耳其的一些城市遭到損害，此時他免去這些地方大部分的稅賦達五年時間。此外，傳說中有多位皇帝曾經公開銷售前任皇帝的部分貴重物品，用前政權的揮霍來襯托自己的誠正，佩勒蒂那克斯便是其中之一。康茂德的閃亮珠寶遭到拍賣，所得則做為士兵的賞金。《帝王紀》列出了一份令人難以置信的拍賣品清單，包括陰莖圖騰杯、可調整座椅車駕（遮陽或吹風的設計），感覺比較像是對於皇帝奢糜的幻想，而非真正的庫存清單。

然而，這些刻板印象往往低估了金錢和財富對於帝權的核心，乃至於對統治者與臣民關係的巨大影響力。軍隊的支持、政治程序的掌握程度，還有跟上層社會的其他成員保持微妙的平衡等，其實是皇帝之所以能夠訂定規則的根基。不過，皇帝是羅馬世界歷來最有錢的人，也是最大的地主，這個事實也是帝制的支柱。嚴格來說，「國」庫和皇帝的私產之間雖有分野，但某些「建設性的模糊」確實讓他的財富大為增加。此外，皇帝的資產因為餽贈、繼承以及沒收而穩定累積，且每當有一新的家族登基，家族的私人財富與土地也都會納入皇帝的資產組合，這些都強化了皇帝的財富。但凡坐過寶座的人，財產都會被「皇帝」一職大口吞噬。姑且不論皇宮和其他皇居，帝國東南西北還有大片的土地及營利產業（包括礦場、大理石採石場）為統治者及其至親所持有（或者「落入其手中」）。

我們以埃及為例來說明，因為當地的莎草紙檔案有助於追溯土地持有的情況，比大多數地方更準確。我們曉得皇帝的家族在埃及有無數的產業，包括一片遼闊的營利紙莎草沼澤（業主為利薇雅，共同持有者包括她的外孫日耳曼尼庫斯一家人），而尼祿的導師塞涅卡也擁有很多埃及村落的土地，後來都進了皇帝提圖斯的口袋。根據古代的土地調查來看，該省某些區域將近半數的土地是皇帝的財產。埃及也許是特例，但也**沒那麼**特殊。數以百計的文獻提到，皇帝在羅馬世界各地擁有的產業，有些是出現在銘文中，有些則是古代文人無意間提到的。先前提到，曾有佃農因為不堪負荷而向康茂德尋求幫助，而這些佃農耕種的其實正是皇帝的土地（這或許有助於他們申訴成功）。同樣也是在北非，尼祿似乎曾沒收大片土地，其中一些土地在一個世紀後仍在他名下（「尼祿的農場」），並且依舊是皇帝財產的一部分。除了農地，皇帝也持有許多工業資產。羅馬附近有不少占地廣大的黏土礦場，從當地製作的磚頭上面的印記，便可看出業主是馬可・奧里略的母親和妹妹。

總之，皇帝不只統治羅馬世界，他和他的家人更是擁有這個世界的許多地方，而這些地產的收益（有些是租金，有些是農工產品）則是皇帝重要的收入來源。各處地產也讓皇帝及其「團隊」在帝國各地展現出不同的面貌。皇帝有部分人馬，如管理員、奴隸以及前奴隸等，在義大利維持皇宮的營運。然而，他們只是其中一群人員。皇帝的地產遍布全國各地，每一處想必都需要不少受雇於、依附於皇帝的人來管理。這一處處的產業，淨是皇帝在遼闊帝國裡一個又一個的據點。

金流
Cash flow

皇帝的財富也有較為流動的一面。無論皇帝是收錢還是花錢，總之他的「錢」都是他跟子民之間，尤其是跟義大利子民之間的關係中，不可或缺的角色。「慷慨」是君主及君主制相關的常見「美德」，而皇帝的錢扮演的戲分，已經超越了「慷慨」的範疇。奧古斯都在《我的成就》裡就曾論及此面向：皇帝的工作可不只是舉辦表演、妝點盛大的場面、發放食物和廣設娛樂設施等，還要廣發現金給子民。卡利古拉曾走上議事廣場的某棟建築物屋頂，對下方的民眾撒幣（羅馬強人總喜歡從上方遍撒禮物，一如先前我們所談到，圖密善在大競技場那場野餐會，就下過禮物雨），而多數出身上流的羅馬觀察家則暗指，卡利古拉的作法太誇張了。但說起來，卡利古拉的姿態其實只是以炫耀、誇大的方式演出人人都會做的事，而此舉也充分掌握到皇帝和人民間的關係，追根究柢還是「送錢」的基本事實。統治者一輩子不斷把錢交出去，交給貧困的元老、乞丐或嶄露頭角的詩人。他們往往在遺囑中提到，要把更多的錢送出去（奧古斯都就指定從自己的遺產中，提撥出金額相當於羅馬富省一年的年收入，並分配給羅馬人民）。皇帝甚至設有專員（管配出納〔*dispensatores*〕），而發放現金便是他們工作內容的一部份。

現金就是好，這一點可以從奧古斯都的軼聞中清楚看出來。故事是這樣的：皇帝聽了奴隸合唱隊的表演之後，龍心大悅，但他在表演結束後賞他們的不是錢，而是穀物配給。過一段時間，奧古斯都再次要求同一批合唱隊演出。「抱歉啊，凱撒」，奴隸主答覆道，「他們在磨坊裡忙，忙著磨你上次送給他們的穀物。」無論主人從中得到什麼好處（我們也只能猜測奴隸歌手到底知道有多少麵粉或多少錢），這個故事的重點有二，一是奧古斯都有接受批評的雅量，二是皇帝**應該**給現金。先前講過，維斯帕先羞辱了那個要錢的請願者，某程度來說，請願者要「錢」一事實屬正當。錯就錯在他取得主動權而直接要求的舉動，已干涉到皇帝的權威。

不出所料，皇帝們也**收取**現金。皇帝統治所引發的怨言之一，便是羅馬富人往往會因為「期盼」或受迫（有時則是自願），而在自己的遺囑中交代要留下好一部份分遺產給皇帝。富人的遺贈對皇帝的錢包來說堪稱大補帖（提比留想必不是唯一設有「繼承祕書」〔hereditatibus〕一職的皇帝），而遺贈必然牽涉到各種原因，諸如威嚇、強迫，偶爾倒也是為了與人為善。其中一方是

「壞」皇帝遭受指控，他們不只堅持他人把自己的名字列進遺囑裡，一旦得知自己確定繼承，甚至會積極促成被繼承人離世。而另一方則是「好」皇帝，普林尼在〈謝辭〉中提及圖拉真只會接受真正的友人的遺贈——不過，他也表示這種作法對皇帝而言說不定更為有利，畢竟善意跟自利之間的界線委實模糊。「對皇帝的名譽與他的資金來說」，普林尼進一步解釋，「假如對方是出於自願，而非被迫讓他成為繼承人的話，結果或許會更有建設性，收穫也更多。」但是，無論施加的壓力（或者更糟的情況）有多大，帝權都是幕後黑手：皇帝有能力控制上流社會的財富，連人死了都不放過。

羅馬錢幣上的皇帝頭像因此別具意義。尤利烏斯·凱撒的這項創舉，不僅讓皇帝的形象無所不在，在帝國各地子民的錢袋裡叮噹作響，同時凸顯了皇帝的權力有一部分的根柢在於「錢」。

高處不勝寒？
Tough at the top?

我們無從得知羅馬皇帝（或者其中一些皇帝）是否努力工作。畢竟，「努力工作」在不同文化中有不同涵義。姑且不論維斯帕先臨終前的勤懇，我們光從蘇埃托尼烏斯的描述，很難解讀維斯帕先的日常生活細節。他在天還沒亮時讀信、看公文，然後問候朋友及同僚，同時自己穿鞋披斗篷（傳記作者認為不是奴隸伺候）。處理完公事之後，他散個步，稍作休息，性交，然後泡澡，享用晚餐。有太多模糊的「然後」，著實很難確定他在什麼時候做了什麼。同樣的情況亦見於時代稍晚的卡斯西烏斯・狄歐對塞普提米烏斯・塞維魯斯時間安排的描述。塞普提米烏斯・塞維魯斯也會在黎明前早早起身，早上一邊散步，一邊討論帝國大事。然後是法律案件，然後騎馬、健身和泡澡。午餐後，他會睡個午覺，然後更多的工作，更多的討論，再泡一次澡，諸如此類。對於皇帝的一天，這些已經是最清楚的時刻表了。不過，就算我們認定這兩位晨型人或其他皇帝屬於「努力工作的人」，這個標籤對他們來說也不見得是好事。以我們現代人的講法，世界上最殘忍的一些獨裁者，都是「工作狂」。

重點是，皇帝跟他的「職位」之間的關係，始終撲朔迷離。我們無法確定他本人跟以他的名義發出的信件究竟有什麼關聯，但這也只不過是種種不確定性與謎團中的一個。我出於方便而使用了「辦公室」、「書桌」等名詞，但這其實是掩蓋了我們根本不知道皇帝坐在哪兒回信，怎麼回信的事實——也許他坐著回信，也許斜躺，都有可能。皇帝和他的手下或幕僚，會在哪裡反覆研究，討論採取甲或乙方案，又是怎麼進行的？這些我們一無所知。塔西佗用極其陰鬱的手法，把克勞狄烏斯處死妻子梅薩麗娜之後該再娶誰為妻的討論，描述成皇帝手下三個握有大權的前奴隸彼此的勾心鬥角，而這正是塔西陀主要想表達的，他要用這種方式呈現皇帝面對前奴隸時多麼無能為力。我們也幾乎不曉得未來皇帝的養成教育。我們知道塞涅卡完成《論仁慈》（*On Mercy*）專論給年輕的尼祿，也知道弗朗托教導馬可・奧里略修辭學（哲學家與讀書人也要學習修辭），而這門功課在一個非常重視寫作、演說的世界中十分有用。但是，對於皇宮乃至於帝國的運作，這些人又是從何處學習到相關的實用知識呢？是否真有某個地方提供教學？而我們也只能用猜的，而我猜——純粹只是猜測——是跟類似克勞狄烏斯·伊特魯斯庫斯之父這樣的人學習的。皇帝並不是唯一一人在毫無準備之下，就被迫面對這棘手的一門課。據我們所知，普林尼奉派前去釐清本都——比提尼亞情勢時，距離自己上一次出遠門（在敘利亞從軍）已有將近三十年了。

不過，展信、回信、審判、與外省之間的定期文書往返……所有這些文書工作對於皇帝的生活及形象而言，肯定極為關鍵。此外，我們描繪皇帝的時候，也該確保他手裡一定拿著標誌性的筆桿，還有成堆的現金——囤積來的現金，強索來的現金，從屋頂撒下來的現金，而且是刻著他頭像的錢幣。

第七章 皇帝休假？

Time Off?

全民運動

Games people play

傳說中，皇帝康茂德是熱愛格鬥及狩獵猛獸的業餘玩家，熱中到有人懷疑他的熱血本是他血裡帶著的、遺傳自那個謠言中他母親的格鬥士情夫、他的生父。西元一九二年，他在宮廷政變中被私人教練殺害前不過幾個星期，他曾在大競技場舉辦為期十四天的血腥表演，而他本人也是場上的明星表演者之一。現場目擊者卡斯西烏斯·狄歐表示，這位皇帝第一天便殺了一百頭熊，為活動揭開序幕。與其說是為了展現他的勇猛，不如說是展現他的準頭——因為不想冒險跟這些動物靠得太近，他是在「沙場」（arena，場地表面覆滿沙子，而「沙」的拉丁文為harena，因而得名）上方特別搭建的安全甬道上，以長矛刺穿這些動物的。接下來幾天早上，他確實曾走下安全

55. & 56. 康茂德的兩種形象。左邊是瓦金・菲尼克斯在雷利・史考特（Ridley Scott）執導的《神鬼戰士》裡扮演的康茂德，在競技場沙場上打鬥。右邊是古代的康茂德肖像，以海克力士扮相出現，手持棍棒，頭披獅皮，還拿著這位英雄的其中一件任務所得：赫斯珀里得斯（Hesperides）的金蘋果（頁393與413）。

甬道，站到沙場上，卻只是為了了結沒那麼危險的動物，或者是殺死被束縛在網羅裡的猛獸，如可憐的老虎、河馬以及大象等。到了下午，皇帝會暖場演出，而且一樣是在毫無風險的情況下進行（狄歐的用詞是「兒戲」）。他拿著木劍，跟僅以長棍當作武器的職業格鬥士進行了一場表演賽。贏了之後（他當然一定贏），康茂德馬上回到自己的皇帝包廂，看完接下來一整天的「實戰」。

在這次表演期間，有一次，這位皇帝砍下一隻鴕鳥的頭，接著走向坐在前排的狄歐等元老面前，邊露出威脅的笑容，邊揮舞著鴕鳥的頭（頁69-70）。史家狄歐表示，自己當下真有一股大笑的衝動，這無疑反映了眾元老當下的抗拒或不屑，但整體而言，他對這十四天「鬧劇」嗤之以鼻的說法，其實是皇帝失勢、遭到罷黜或喪命之後才開打的文宣戰。無論狄歐如何抹黑，人們顯然都覺得康茂德正可謂沙場老手。電影《神鬼戰士》中有諸多令人難忘的主題，康茂德的下場便是其一。大部分當代電影試圖重現格鬥場面時，畫面處理多顯得虛張聲勢，而《神鬼戰士》所重建的場景不僅更準確，也更生動。不過，古代也有不少謠言，說康茂德私下真會以格鬥士身分下場（有時候會殺死對手，有時候只削掉他們的鼻子或耳朵），說他殺過數以千計的動物，像是犀牛、長頸鹿等，也說他在格鬥士營地裡有處私人住所。甚至有些荒誕不經的流言說，要不是他遭到暗殺，不然他不久便會處死兩名執政官，親自接管他們的職務，以格鬥士的裝束出任執政官。這種打鬥已經超越了觀賞性競技的程度，而康茂德並不是唯一以嗜看格鬥出名的皇帝。哈德良也愛看，還有卡利古拉，據說卡利古拉有一回甚至殺了一名只配了假劍的職業格鬥士，這位皇帝自己則是拿著真正的匕首（不過，這個故事要傳達的其中一項訊息，就是絕不能相信皇帝會遵守規則）。

羅馬文人經常想像他們的皇帝如何度過「閒暇」（也就是我們說的「休假時間」）。無論是古代或現代，這類詞彙套用在任何獨裁者的世界裡，都不甚準確。對君主的日常生活來說，「工作」跟「閒暇」之間的界線向來模糊。無論皇帝是在哪一種情境下（床上、戰場上、元老院，或者運動場）做哪一件事，必然都會像我們先前討論的晚宴，反映出他們的統治性格。即便如此，他案牘勞形、出席元老院發表演說或審理法律案件，跟他在職責外得空時選擇去做的事情之間，還是有所不同。古羅馬跟今人的用語不盡然吻合，但「*otium*」跟「*negotium*」依舊有鮮明的差異——「*otium*」通常譯為「閒暇」，精確而言是指「你可以掌控自己的時間裡所做的事情」，與其相左的「*negotium*」，多譯為「工作」，意即「你無法掌控的時間裡必須做的事情」。

我們對皇帝的***otium***有各式各樣的深入了解，有些不難想像，有些又很奇妙，有些見不得人，有些又頗具啟發。皇帝們只要經常鑽研文學與演說能力，認真寫詩，玩音樂（私底下），從事拳擊、摔角、跑步、游泳等健康的運動，以及畫畫，便會不時地備受讚譽（現在我們很難把這些人想成風度翩翩的水彩畫家，或者其他類似的藝術能手，但哈德良、馬可．奧里略和亞歷山大．塞維魯斯確實有兩把刷子）。據說，有些皇帝的嗜好更是獨樹一幟。提比留除了會根據自己近日的閱讀成果，對賓客提出難以回答的問題之外，還過分沉迷於和神話相關的冷僻知識，沒事就跟專家快問快答（「赫庫芭〔Hecuba〕的母親叫什麼？」）。提圖斯以模仿他人手跡為副業，人們因此覺得這位皇帝簡直是偽造犯。其他皇帝的休閒娛樂更是不可取，卻唯獨圖密善熱中於虐殺蒼蠅，而尼祿、盧奇烏斯．烏耶魯斯與康茂德則是喜歡在晚上打架鬧事，據說他們會趁夜色偷偷變裝溜出去——有點像後世的王公貴族——體驗下層社會的生活，一心只想找人打架。很多皇帝愛玩棋盤遊戲，克勞狄烏斯不僅嗜玩，而且特別愛賭，甚至為此寫成專書。事情的表象底下潛藏著令人不快的問題——獨裁本身是否就是場賭局？西元前四十九年，橫渡盧比孔河之際，尤利烏斯．凱撒說了一句頗有賭徒風格的名言，「骰子都丟出去了」（*alea iacta est*），接著展開內戰，帶來一人統治體制。他是把「帝國」當成一盤棋局嗎？

不過，古人的焦點往往在各種大眾娛樂上，舉凡格鬥、戰車競賽、戲劇表演，而皇帝的角色或多或少是熱情粉絲，是慷慨的東道主，也是玩票演員。尤維納勒喊出「麵包與馬戲」，諷刺地以此口號總結皇帝治下向無所事事的烏合之眾所提供的賄賂及娛樂（此後反對國家提供服務、好處和糧食津貼的人，便一再地以此為最經典的口號）。這個詞雖然吸睛，卻似是而非，而且今人往往打著「麵包與馬戲」，把前述的所有娛樂活動全部混為一談。但這些娛樂節目性質各有不同，觀眾群也大不相同，不同的娛樂也有不同的歷史、宗教以及文化傳統。此外，娛樂活動也激發了種種的議論，像是皇帝在「閒暇」時，或者在群眾面前時該（或者不該）有什麼樣的舉止。其中某些議論乍看之下，就跟古代保守派評論家的義憤填膺差不多（「皇帝怎麼可以**跑去演戲**，根本有失尊嚴，也丟我們的臉」）。仔細看就能發現，批評皇帝在舞臺上昂首闊步的，表面上像是老掉牙的抱怨，實際上卻是我們如今一再看到、對於羅馬一人統治問題最尖銳的分析。

最佳視野
The best seat in the house

皇帝在大競技場的專屬座位——假如他不在甬道上保持平衡射殺老虎的話——位於橢圓形場地長邊一端最中間的皇帝包廂。他在這裡觀賞一整套的演出，有時長達數天，經典場景包括屠殺動物（或是觸怒動物讓牠們彼此相殺）、以各種殘虐的懲罰處死罪犯（最後演變成「基督徒對獅子」或是更殘忍的場面），以及格鬥士之間的打鬥（往往以死亡告終）。皇帝的包廂是競技場裡最好、最寬敞的，只可惜保存不夠完整，無法讓我們一睹包廂有多麼奢華。人在包廂裡，不只下

57. 從大競技場的遺跡，很難想像皇帝出席時的所在位置。橢圓形長邊的中間位置有包廂，他想必會在比較靠近帕拉丁山一側的包廂裡（在照片的左邊，畫面上幾乎是看不到）。沙場地面（照片中可見部分修復）下方有機關，可直接把人獸從地下室推上觀眾視野範圍。

方的場地盡收眼底，還可以一眼看清全場大多數觀眾：約五萬人；他們按照嚴格的階級安排入座，男性公民在這個場合依法必須穿著正式托加袍（不若奧古斯都對議事廣場的規定形同具文，大競技場可是嚴格實施服儀規定：未著托加袍，不得進入）。

大競技場沒有「付錢升等座位」這種事（進場或許本來就不用錢）。你在羅馬階級體系中的正式地位決定你在競技場的座位，場內的座位安排其實就是具體而微的社會秩序。基本的規則是元老坐最前幾排，足以看清場內打鬥（有時則近到令人不安），菁英的「騎士」階層則位在他們正後方，愈往後排人愈多愈擠，距離打鬥也愈遠，而最上方（距離場地超過五十公尺）即為赤貧

大競技場

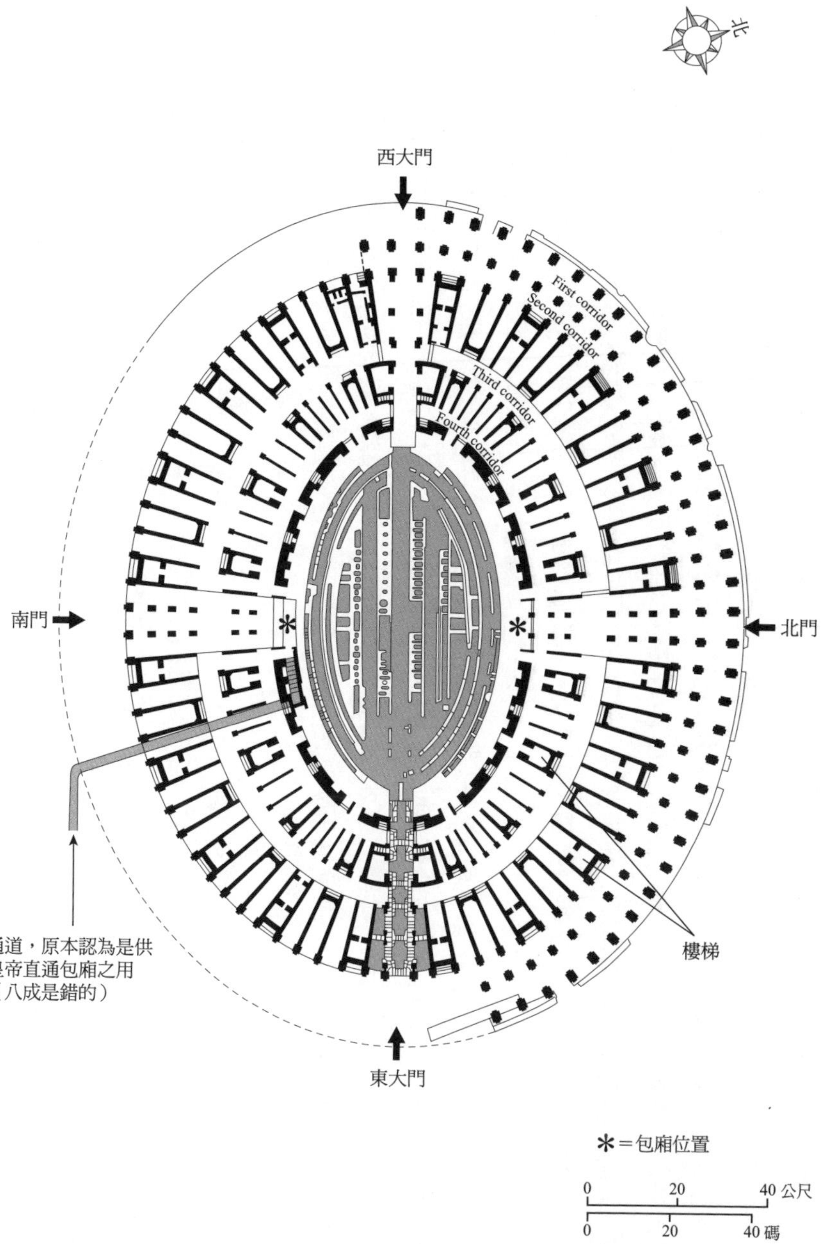
北
西大門
First corridor
Second corridor
Third corridor
Fourth corridor
南門
北門
*
*
通道，原本認為是供
皇帝直通包廂之用
（八成是錯的）
樓梯
東大門
*＝包廂位置
0
20
40 公尺
0
20
40 碼

者、婦女和奴隸的座位。除了皇室家庭外，能享有良好視野、欣賞殺戮的女性就只有地位崇高的維斯塔貞女，而她們的座位則安排在接近前排。不若人們常以為的，圓形露天競技場內的觀眾是為了見血而叫囂的群眾，反之，他們受到嚴格的規定，必須盡可能穿著正式。所有的電影都沒有掌握到這一事實。他們比較像是欣賞歌劇的現代觀眾，而非暴民；對於從包廂外望出去的皇帝來說，眼前這些依序入座的觀眾，猶如一張「他的」子民、他大多數的「男性」子民，行進中的快照。

對羅馬城本身來說，這種類型的公開展演幾乎只會讓人聯想到皇帝。格鬥本來是小規模且非公開的活動，起源似乎可回溯到西元前三世紀貴族葬禮儀式的一部分，有錢人家偶爾會以此做為提供給賓客的餐後餘興節目。這種活動隨著狩獵一起流傳到帝國各地，是典型的羅馬世界性「娛樂」，經常可見地方要人贊助，此外也有私人經營的格鬥士巡迴團與訓練營。不過，格鬥在首都卻演變為統治者的招牌大場面，而且規模真的很大。

早期，表演會在各式各樣的臨時場地舉辦。尤利烏斯．凱撒在羅馬廣場上呈現狩獵場景，而奧古斯都有時會把多餘的投票所改建為格鬥士競技場。羅馬城第一座常在性的圓形露天建築，屬於奧古斯都新建築計畫的一環，由他的左右手出資興建（之所以稱為「圓形」，是因為有別於一般的展演場所，座位沿著中央沙場環繞而上，把沙場徹底圈了起來）。一個世紀後，維斯帕先和提圖斯父子兩人更是揮霍，把他們從對猶太戰爭中獲得的戰利品拿來興建大競技場；他們出於心計，選址於尼祿金宮的半開放園林，做為人民的娛樂場所。與此同時，格鬥士的財務支持與培訓愈來愈仰賴皇帝的錢包，表演用的動物由他的手下捕捉、轉運，皇帝則一肩挑起製作人與出資者的擔子，間或（如果規模比較小的話）則是由得到皇帝授權的人來辦理。歷代皇帝對於自己推出的大場面、大屠殺相當得意，像是一萬名格鬥士在其治世期間登場（奧古斯都），一天殺了五千頭動物（提圖斯），一百二十三天內屠殺一萬一千頭動物（圖拉真）等。卡斯西烏斯．狄歐提醒讀者留意，千萬不要把這些誇張的數字當真，不過，吹噓其實才是重點。

對皇帝來說，在這種大場面當中找到平衡點，既不能太熱中，又不能不夠熱中，真的很難。有少數皇帝對於活動過程中令人倒胃口的暴力提出質疑。對於競技場，尼祿算是最興趣缺缺的了，據說他有一次主持活動時，「甚至連個罪犯」都沒有處死。（另一回，有個空中飛人特技表演者摔在地上，血濺到尼祿身上，對此他想必很不開心。）據說馬可．奧里略也同樣很反對暴力，他在《給自己的便條》中陳義甚高，表示自己覺得這些表演「很無聊」，因為一成不變——除了殺戮還是殺戮，大概吧。西元一七七年，時值奧里略治世期間，他廢除全帝國上下所徵收的格鬥士交易稅，一部分的理由正是出於國庫「不該被人血所濺汙」。可惜我們很難不懷疑他所說的反對是理論大於實際。至少他自己舉辦格鬥表演時，沒有因為前述的道德疑慮，或是無聊乏味就放棄，我想，過程中也很難不流血吧。

這類展演**暴力至極**。現代的歷史學家會從群眾心理、變態的羅馬軍國主義、探索死亡的集體儀式等角度來解釋，但無論怎麼解釋，結果都很可怕。即便指出這類事件發生的頻率，比我們以為的少許多（真正的超大型演出之間都會相隔很多年），或者指出實際傷亡遠比一般人所想像的低，都無法讓人減輕幾分恐懼。不管吹捧得有多盛大，但就連皇帝的資源也不足以將許多河馬或長頸鹿運到羅馬，而訓練有素的格鬥士實在太過珍貴，可不能隨便「浪費」，不值得在一般的打鬥場面中戰死。不過，即便競技場面之殘酷是今人所難以說明的，我們仍然可以察覺到場中那種令人戰慄的邏輯。這些場面不僅具體而微呈現出羅馬社會的階級體系，也凸顯出更為徹底的分野：「我們」觀眾跟「他們」那些在場中打鬥、受苦、身死的人，是不一樣的。

因為，唯有遭到排擠、譴責、憎惡的人和「外國」人，才會在這裡出場——根據定義，他們都不是（道地的）羅馬人。格鬥士大多是奴隸，不然就是罪犯，因其罪行而被判處參加格鬥。縱使是自願下場，一旦報名，他們也會失去部分公民權與特權。當然，那些最稀有、最恐怖的動物一出場，便會帶出一種大自然極端異世界、極端危險的感受，而征服、馴服之，正是羅馬的命途（這想必是多數觀眾的看法）。無論暴力促使個別觀眾心生哪些本能的快感（也許沒有），這些表演同時也是羅馬權力之行使的一種隱喻。他們只消穿著羅馬正裝、觀賞表演，即能體會到羅馬及羅馬人的霸權，便能在其中扮演自己的角色。

同理，格鬥士打鬥和獵獸等節目之間的空檔，間或用於執行死刑（後來基督徒在競技場中的殉難，正是其中的一部分）。綜觀歷史，許多文化都會公開處決這些藐視社會大多數基本規範的人，藉此大力強化這些規範。幾世紀以前的英格蘭還有駭人的絞刑，把無名罪犯之死化為瀰漫著窺探感的場面，而這不過是其中一個例子。但在羅馬的圓形露天廣場中進行的死刑，其扭曲的程度，更是令人毛骨悚然。某些處決反而成了演出，再現神話與傳說中知名人物之死。比方說，我曾讀到有人遭受火刑的過程，是模仿海克力士在火葬堆上活活被燒死的情境。那個血噴了尼祿一身的「特技演員」許是這類倒楣的受害者之一，扮演因為飛得太靠近太陽而墜地的神話人物伊卡洛斯（Icarus）。獲判死刑的人不只被處死，更可怕的是他們「在自身的毀滅中擔綱主角」。

大競技場在西元八〇年啟用時，這種「玩命表演」絕對曾在皇帝提圖斯眼前上演過（維斯帕先沒能活到揭幕），而馬爾庫斯．烏阿雷利烏斯．馬爾提阿利斯（Marcus Valerius Martialis，今人稱呼他「馬爾提阿利」〔Martial〕）完成了一本薄薄的詩集紀念這重大時刻。馬爾提阿利不僅積極宣傳尼祿這處開闊綠地恢復為公眾使用，他還大讚開幕表演中居然重現了羅馬傳奇英雄自焚右手、伊卡洛斯之父代達洛斯（Daedalus）被猛獸咬死，以及民間故事裡著名的反派大盜拉烏雷歐盧斯（Laureolus）被野熊撕裂的場面。馬爾提阿利捕捉到這最後一幕，他描寫競技場中的受害者（他不知道此君是兇手、竊賊，抑或是縱火犯——有誰曉得？）「將自己新鮮的腸子獻給蘇格蘭的熊，／他遭扯下的四肢一面抽動一面淌血，／他的身軀已是無軀之軀」。這下子實在很難釐清何者更是令人反感：是狂虐暴力本身，或是馬爾提阿利在慶賀的詩句中將之化為一種美學的作法。恐怕這位詩人對自己竟寫出「無軀之軀」一句感到相當得意吧。

皇帝本人是這一切的總指揮。即便實際工作想必是交由宮裡數以百計的奴隸來執行（**他們會**覺得自己屬於柵欄的哪一邊呢？）但皇帝仍然是經理人，也是重要的編導。付錢的是他，表演是為了展現他的究極權力，落敗的格鬥士是死是活最後也是由他仲裁。更有甚者，他不只在「玩命表演」時主導了對罪犯的羞辱與貶低。來到競技場，他簡直是要為神話及傳說賦予生命——或者死亡——宣告他將之化為**真實**。在拉烏雷歐盧斯之詩的最後一行，馬爾提阿利評論道：「曾經（只是）故事，如今懲罰（成真）」。

皇帝康茂德到底為何要走出自己的包廂，加入沙場上那些悽慘、遭到憎惡的對象所在的世界，甚至如此貼近他們？

怯場
Stage fright

為什麼呢？部分出於格鬥士形象一向有兩面。一方面，官方鄙視、排擠格鬥士，把他們邊緣化，剝奪他們的權利，致使他們成了國家暴力的受害者。另一方面，他們也吸引到羅馬文化想像的關注。羅馬文人有時候會以沙場上的格鬥士做為勇敢面對死亡的象徵，哲學家以他們為道德角力的隱喻，此外他們也是男性性能力的符號（拉丁文的*gladiator*字面上意為「持**劍**〔*gladius*〕鬥士」，而*gladius*一詞除了「劍」以外，俚語中則有「陰莖」之意）。康茂德的母親法烏絲蒂娜不是唯一遭指控與格鬥士有染的羅馬上層社會女性。這方面的故事近乎陳腔濫調。例如二世紀初，尤維納勒寫了一部激發負面感受的厭女諷刺作品，說白了就是在談論婚姻的壞處。尤維納勒以某元老寵壞的妻子為主角，說她拋夫棄子——與格鬥士相偕——私奔到埃及。「他的鼻子上有個很大的腫塊，眼裡還流出噁心的膿，但重點在於**他是格鬥士**」。另一種羅馬男妓，粗獷型的。

這類情節，大多想像的成分遠大於真實。我強烈懷疑，所謂「自己的妻子跟格鬥士私奔」，與其說是女性確實不貞，毋寧說是上層社會男性自身的夢魘（說不定這才是尤維納勒的重點）。即便只是出於想像，格鬥士的形象依舊太過激烈，竟然讓羅馬元老院一再明確禁止上層階級的人出現在沙場上。一九七〇年代，義大利中部有片青銅牌出土，上面銘刻了西元十九年所頒布的部分禁令條文。條文內容十分詳細，明定元老、騎士及其後裔不得出場擔任格鬥士，也不能登臺亮相。甚至有法規禁止他們在沙場內以「從旁輔助」的身分擔任助手（也就是說，任誰一律不得以自己只是為格鬥士「助拳」的方式規避禁令）。羅馬文人提及不同的皇帝對格鬥的熱中時，關注的焦點往往是他們如何設法把情緒控制在可以容許的範圍內。比方說，奧古斯都曾讓騎士以格鬥士身分出戰，而蘇埃托尼烏斯則強調，事情是發生在當局正式禁止騎士上場**之前**。其他皇帝曾親自上場，不過僅限私人場合，或者當成年輕時自我訓練、規律健身的一環。康茂德和前人的不同處，並非他的熱中程度，而是因為他跨越了「可接受」與「不可接受」之間謹慎維持的界線。即便如此，塞普提米烏斯．塞維魯斯後來也曾因為元老們非難康茂德上場格鬥一事而抨擊他們偽善：「難道**你們**全都沒有以格鬥士身分打鬥過嗎？」他想必這麼問過。「沒有的話」，他語未歇，「那你們當中的某些人，是透過什麼方法買到他的盾牌和金盔，又為什麼要買呢？」——他指的是康茂德遇刺後，有人買走了康茂德的格鬥裝備及其他周邊。

而事情可不僅止於此。競技場的邏輯和井然有序的等級制度，不只是為了人人安居其位，也是為了讓皇帝待在自己的位子上，並且提供一個任人據以評判他的框架。競技場和其他受到高度規範的體系一樣，是一個充滿「**打破**規矩」（真實或想像皆有之），以及「**遵守**規矩」的世界。人們指控皇帝在圓形場地嚴重踰矩時，他們遭指控的，可不（只）是犯下難以捉摸的殘忍之舉。更嚴重的問題在於他們的暴行顯然徹底顛覆了這個地方的邏輯。踰矩的皇帝顛覆了世界，而競技場上的越軌之舉正是把這個顛倒世界攝入眼簾的方法。事物與人物都不在其位。言下之意，不外乎是皇帝把自己的包廂跟場地對調，登場成為最卑下的表演者之一，又或者——據說尼祿曾這麼做過——要求或強迫元老離開安排好的前排座位，上場打鬥。

謠言（應該說幻想）指出，康茂德打算拿自己的弓箭朝觀眾亂射，想像自己是海克力士正在完成其中一項任務，也就是射殺會吃人的斯廷法利亞湖怪鳥（Stymphalian birds）。這個故事更是複雜了，因為在其中重新演繹神話的人，不是經定罪的罪犯，而是皇帝本人，而「觀眾」與「受害者／表演者」同樣驚險的被迫角色互換。本該在座位上安安心心**觀看**屠殺的人，反而遭受死亡之箭所威脅。還有一個更詭異的謠言說，尼祿私底下用更不離奇的方式顛覆階級秩序。據說他會披上獸皮，「玩某種遊戲」，把人綁在柱子上，然後攻擊他們的私處。這下子，皇帝簡直真變成了野獸。

不過，對於駕臨競技場的皇帝來說，最大的問題在於誰才是這場演出真正的主角，誰才是觀眾注目的焦點？照道理來說，應該是他才對。但是，觀眾的目光多半不在皇帝包廂裡的那個人身上，這也難免。他們的視線，是對著可能在打鬥中送命的格鬥士和猛獸獵人。每一次大場面，戰士們總是吸引了全場觀眾的目光，搶走了皇帝絕大部分的風頭。據說，卡利古拉在某個格鬥士得到極為熱烈的掌聲之際，直白地抱怨道：「搞什麼」，他不住大吼，「我大駕光臨，結果支配世間的人們卻是對格鬥士致上更高的敬意？」只不過故事接下來的情節是，他旋即起身企圖制止眼下的情況，卻不小心踩到自己托加袍的摺邊，結果從包廂的階梯上摔了下來。皇帝無疑是左右為難，他要麼扮演好自己的角色，容許自身退居幕後，要麼就走進沙場內（或者只是大聲反對），搶回主導權，打破規矩，**同時又**像個蠢蛋。

同情康茂德不是件容易的事（羅馬文人盡其所能，確保讀者不致對他心生憐憫）。但我們或許應該稍微快速翻動狄歐所描述的那一頁，反過來想想你孤身一人站在圓形表演場正中央，一副格格不入的樣子，並對著一群津津有味地咀嚼著月桂葉、毫不掩飾地嘲笑著自己的元老們悲摧地揮舞鴕鳥頭，你當下會有什麼感受。對於站在制高點的人來說，大競技場恐怕是孤單的所在。

競技之一日
A day at the races

相較之下，在大戰車競技場（原意為最大的競技場）就不會那麼孤單了。大戰車競技場位於帕拉丁山山腳下的低凹地，是一處長賽道，也是帝制時期羅馬城舉辦戰車競賽與賽馬的重要場地（不過，在永久的大競技場落成之前，大戰車競技場不時會用做格鬥及鬥獸的場地）。大戰車競技場和皇宮距離僅咫尺，所以後來（可能是圖拉真執政時）索性直接開了私用連通道，皇帝與隨員大可直接進入賽場。有一回，觀眾為了搶先占位，居然在比賽前一天夜裡便成群湧入賽場，吵得卡利古拉無法入睡。他派兵清場，卻在離場的推擠中——據說——導致許多人被殺。將近兩百年後，類似的故事情節也發生在埃拉加巴盧斯身上，只是更進一步出現了經典的奇幻改編。據說他派去的不是士兵，而是蛇，「許多人在逃離途中傷到自己，或是遭蛇牙所傷」。

大戰車競技場於西元六世紀時廢棄，如今幾乎完全消失。近現代的城市不斷侵入其遺址所在地，十九世紀期間，甚至直接在上方興建了一座大型天然氣廠，直到一九三〇年代才做為墨索里尼考古計畫的一部分，經清整成為公園。座位排列的輪廓是以土堆起來的仿造，為的是讓人感覺當年人在現場可能會有的感受（而真正的賽道地面，其實埋在現代地表下將近十公尺處）。如今造訪這處遺跡，感覺會相當枯燥。遺址的考古發掘相當有限，若你想感受原本的樣貌，還是去觀賞一系列古代馬賽克地板上的圖案（彩圖22），會是最好的入門選項，再搭配某些曾擺放在賽道分隔島（陳列瑰寶時出乎意料的地點選擇）的藝術品——文藝復興時代的幾位教宗把這些藝術品挖了出來，如今於其他地方展示。相形之下，大競技場占據了現代人的腦海，而原因也不難想像。遺址大致保存完好，加上位於羅馬市中心車水馬龍之處，實在無法忽視。人們會到大競技場朝聖，紀念在場內殉道的基督徒（殉道的時間點多半比本書所提及年代更晚），而這裡也是義大利數一數二的旅遊景點（外面可見仿造的格鬥士，付費即可合影），甚至在複製和再複製之下化為數以百萬計的現代紀念品，裝飾在無數個書架、壁爐以及冰箱門上。

但在古代世界中，大戰車競技場才是眾所矚目。這座建築遠比大競技場龐大得多。其比賽場

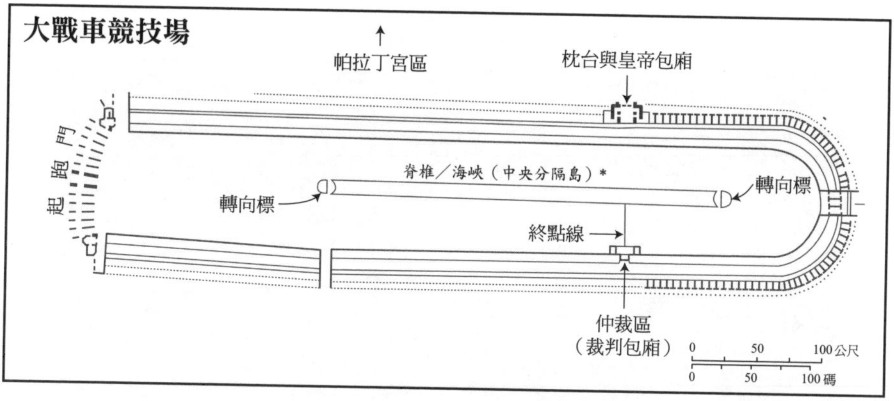

雖然很難確認其平面規畫，大戰車競技場中間的分隔島卻是最顯眼的區域。時人稱之為「脊椎」（*spina*），或希臘文的「海峽」（*euripus*），即展示古器物和藝術品的地方。

地（是大競技場沙場的十二倍）可容納十多輛由四匹甚至更多匹馬拉的戰車，在中央分隔島（時人稱為「脊椎」〔*spina*〕或海峽〔*euripus*〕）兩側長達五百公尺的賽道上競速。大競技場可容納五萬名觀眾，但大戰車競技場容留人數竟是介於十五萬至二十五萬人之間，而這個數字上限甚至是今日全球最大足球場容納人數的兩倍。而且，大戰車競技場的使用頻率也比大競技場更頻繁。根據一份西元四世紀中葉的年曆，一年當中有六十四天舉辦賽馬，而一般規模的格鬥僅十天（這些天數業已比一兩百年前更多了）。

競速的歷史也更為悠久。戰車與賽馬競速本是羅馬城傳統宗教節慶的一部分，即便宗教意味愈來愈淡（與其說是大規模祭典，不如說是大型運動賽事）——但這兩者始終跟眾神關係緊密。例如奧古斯都在《我的成就》中提到，他在大戰車競技場內新造了一處觀景臺或神壇（拉丁文的用詞是「枕臺」〔*pulvinar*〕），把神像擺在上面，彷彿諸神也在觀賞比賽。根據羅馬神話，羅

58. 從帕拉丁宮殿往大戰車競技場望去的景象，顯見兩者有多近。右下角是雙賽道的折返處；起跑匣門在另一端。靠近折返處的塔樓為中世紀的建築。

馬建城不久後，最初的羅馬人正是在後來興建大戰車競技場的這處地點舉辦宗教節日，並在過程中用計欺騙了他們的鄰居薩賓人（Sabines），擄走他們的女兒，變成羅馬人的妻子（史稱「強奪薩賓婦女」〔Rape of the Sabine Women〕）。據說，第一座常在競技場建築，正是幾個世紀後，於同一個地點落成的，時間甚至比羅馬城的每一座常在性圓形露天表演場地還早了四五百年。

賽馬沒有因為宗教而變成嚴肅的事情。恰好相反。賽馬絕非大競技場那種井然有序的世界。首先，觀眾之間較沒有區隔。雖然元老和騎士階級仍然有前排保留席，奧古斯都也規定進場同樣須著托加袍，男女卻可以同席觀賽。羅馬詩人奧維德（Ovid）甚至以一首題為〈交往之訣竅〉（Art of Dating）的滑稽詩作，打趣地說賽馬場是物色對象的好所在。他先是粗俗（應該說沒品）的肯定「強奪薩賓婦女」，然後說「坐到那個女孩邊，沒人會

59. 這座立於羅馬人民廣場（Piazza del Popolo）的方尖碑，本來是在大戰車競技場中央分隔島上。西元前第兩千年期尾聲，這座方尖碑在埃及採石鑿成，後來在皇帝奧古斯都命令下運往羅馬。

阻止你／彼此磨蹭，盡可能貼身」，為這個地點的歷史場景染上一抹色欲。古代有些描述（確實往往出自表示反對態度的知識分子）提到，隨著參賽者爭先恐後，繞過賽道兩端擁擠且危險的轉彎處時（一場比賽通常要繞中央分隔島七圈），場內的群眾真有可能陷入瘋狂。普林尼對此也嗤之以鼻，但相對低調：「成千上萬的成年人，行為卻像孩子」。一個世紀後的基督教文士特圖良（Tertullian）認為，觀看賽馬的群眾比大競技場的群眾更讓人感到毛骨悚然。他認為這些人的躁亂、盲目的激情、癲狂、尖叫及咒罵是惡魔作祟，並另外指出下注的影響——就我們目前所知，格鬥比賽並無賭博元素。四大馬迷組織（古代版的俱樂部支持者）支持各自馬場出身的騎師，平添了場內的激情。騎師身穿不同顏色的上衣，車駕說不定也是不同的顏色，有「藍隊」、「綠隊」、「紅隊」與「白隊」（圖密善試圖新增「金隊」和「紫隊」，但紅不起來）。普林尼再度以及冷淡乃至於孤高的態度提問：大驚小怪成這樣，就為了個顏色嗎？

有賺有賠
High stakes

對皇帝來說，一旦牽涉到賽馬，便關乎常見的謹慎行事。雖然挹注在戰車競速與馬廄基礎設施的私人資金，遠高於大競技場的演出，但皇帝仍很在乎他人是否視自己為慷慨的贊助者，所以會為額外舉辦的賽事出資，替獲勝隊伍加碼獎金，擴建、改善賽場本身，並且在場地損壞時加以修復（比方說，根據《帝王紀》紀載，曾經有一根支撐上層座位的柱子在比賽期間倒下，造成一千一百一十二人死亡，安敦寧．庇護便迅速修復了建物）。統治者由於認真看待這類重大活動而獲得好評。在賽場裡處理信件根本是個餿主意，假如皇帝另有要事，最好還是像奧古斯都那樣禮貌婉拒出席。皇帝坐的位置也頗有深意。儘管普林尼曾經對賽道上發生的一切表示不屑，但他在《頌辭》中仍讚美圖拉真在公共座位上觀賞賽事，「與人民平起平坐」。這可不是皇帝平常坐的位置。他們通常會跟神像一起坐在枕臺上（算是兼具皇帝包廂的功能），也就是說，他們跟肉體凡胎的人民根本不在同一個層級（一點都不平等）。而且，皇帝對於戰車競速的熱情必須經過審慎的評估。據說有幾位皇帝曾模仿職業駕車手——雖然駕車手獎金可觀，又有熱情的支持者，可是他們的社會地位幾乎跟格鬥士一樣卑微。但整體而論，前述皇帝多半是在城裡相對隱密的賽道裡稍作娛樂一下，甚或是到外地盡情演出（據傳卡拉卡拉曾在德意志或者美索不達米亞〔Mesopotamia，今伊拉克〕駕車，尼祿則是在希臘公開參賽）。按照卡斯西烏斯·狄歐的說法，就連康茂德也只會在沒有月光的夜裡才敢公開駕車，這樣就不會有人認出他來。

不過，戰車競速也會造成其他的困擾，無論是為皇帝帶來困擾，或困擾皇帝。他加入馬迷團體的競爭中，這適當嗎？他的出現會不會影響比賽？要是城裡最有權勢的人支持某一隊，會不會破壞比賽樂趣？多數皇帝都支持綠隊，維特爾利烏斯和卡拉卡拉則是跟別人有不一樣的選擇，兩人都支持藍隊。（維特爾利烏斯在成為皇帝之前，甚至受惠於另一個有權勢的藍隊支持者的影響力，而贏得某次率軍的機會——謠言是這麼說的。）此外，皇帝從偏袒演變成暴行的故事也所在多有。比方說，據說有一回群眾對敵隊的掌聲太過熱烈，卡利古拉於是惡狠狠轉身對他們咆哮：「真希望羅馬人民只有一條脖子」（意味著他想要揮個一刀，就把這些人的頭統統給砍了）。謠言說，有些無辜的支持者對藍隊太過惡言相向，維特爾利烏斯索性殺了他們。但是，「當個熱情擁護者」也有可能對皇帝及其形象造成反效果。人民對車隊的熱情，也有可能讓他們做出荒謬至極的行為——這在古代來說，算是司空見慣的事了。老普林尼的百科全書中記載，有個狂熱支持者最崇拜的紅隊駕車手過世了，結果他竟跳進駕車手的火葬堆，葬身其中。蓋倫也曾充滿興味盎然的提到，某些支持者（也有可能是馴馬師）看好哪些馬，就會跑去嗅聞馬的糞堆，藉此判斷這些奪冠熱門是否被好好餵養。皇帝的熱情不只呈現類似的模式（只是手筆更大），也顯示出一旦統治者熱中於賽馬，會危險（或者荒謬）到什麼程度。

卡利古拉最愛的賽馬叫「飆速」（*Incitatus*），他熱愛的程度遠超過邀請這匹馬參加宴會，或者揚言由牠出任執政官的故事。整體而言，這位皇帝對飆速的熱愛，其實是出於他對戰車競速的狂粉心態。據說卡利古拉對飆速傾心已極，甚至會在賽前晚上派兵守衛馬廄，確保沒有人會打擾這匹馬睡覺，同時還賞牠一座大理石馬槽、象牙食槽、紫色毛毯（皇帝的顏色）以及一連串奢侈品，例如房子、家具和專屬奴隸。卡利古拉不是唯一有這類傳聞的人。盧奇烏斯・烏耶魯斯會把愛駒「翱翔」（*Volucer*）牽進宮，並為牠披上紫色的毯子，還用葡萄乾與堅果餵馬（而不是大麥）。他甚至委託人製作翱翔的迷你金雕像，任他隨身攜帶，最後還為這匹馬設置了專屬的墓穴。康茂德同樣為一匹名叫佩勒蒂那克斯（*Pertinax*，意近於「決心」）的馬而痴狂。有一回，他將帕提納克斯的馬蹄塗成金色，在賽場上亮相，而且他給馬披上的還不是彩色的毯子，而是一張金色的皮革，可謂前所未有。故事傳達的道理是，身為崇拜者的皇帝，是不懂適可而止的。

不過，大戰車競技場場內的比賽之所以更顯刺激，是因為觀眾人數，也是因為統治者及其人民之間的戲劇性對決。羅馬沒有正式的機構能讓公民以集體身分向皇帝表達觀點，只能以個別身分或小型代表團為之。因此，但凡皇帝出席重要活動，民眾就等於有機會可以反對、抗議、懇求或要求，總之是**引起他的注意**。這種情況有時候會發生在大競技場中（哈德良冒險透過傳令回應民眾的一些要求，而不是親自面對群眾）。接下來我們會談到，城裡規模相對小的表演場地有時也會有民眾陳抗。不過，當年足以讓統治者和被統治者齊聚一堂的場地中，最大、最重要的無非是大戰車競技場——場內可容納羅馬城近四分之一的總人口，而且皇帝就在視線和聲音可及的範圍內。他在這裡面臨自己所統治的群眾，人數比其他場合都要多。對於皇帝乃至於群眾來說，在賽場度過的「休」日，也有可能變成「政治」日。

猶太史家約瑟夫斯清楚看出背後的思路。他解釋道，羅馬人會在賽道周邊告訴皇帝自己想要什麼，而滿足其要求也符合皇帝的利益。我們完全不曉得這類情事發生的頻率高低。但我猜想，一旦面臨這樣的狀況，各個皇帝多半會應允群眾的要求。畢竟，面對數十萬憤怒或急切的民眾（民眾覺得人多就是靠山），皇帝根本無所謂得體的拒絕或妥協的餘地。羅馬文人樂於發表評論，談皇帝以**不得體**的方式拒絕，而群眾自以為人數可以當靠山，未想實際不可行的例子。比方說，約瑟夫斯之所以談及此事，正是因為西元四十一年，民眾在大戰車競技場要求卡利古拉減稅。卡利古拉索性派士兵逮捕、殺害帶頭抗議的人，藉此表達「不」的意思（其餘民眾馬上安靜下來，很難想像他們接下來能專心看比賽）。這種控制民眾的方式殘忍又霸道，不過也許是迫於情勢，在不想答應的情況下，恐怕也只剩這種方法可行了。

就算皇帝沒有出席，民眾仍然會認為**就是要在**大戰車競技場取得皇帝的讓步，甚至演變成示威抗議。比方說，西元一九三年內戰期間，狄狄烏斯·尤利阿努斯短暫登上寶座——卡斯西烏斯·狄歐曾為了掩飾自己對他身亡的悲痛而「調整臉上的表情」，見頁94-5），群眾在空蕩蕩的大戰車競技場示威一整天，最終由於肚子太餓索性回家了。大戰車競技場好比倫敦的特拉法加廣場（Trafalgar Square），是相當便民的開放空間，也是跟民眾心聲緊密相連的場所。

西元一九〇年康茂德治世期間，一場示威活動在比賽進行期間展開，下場很是嚴重。時值饑荒期間，民眾（錯）怪罪於前奴隸克列安德（Cleander）——皇帝的私人祕書，據信對朝政有深遠的影響力。精心策畫的示威活動在當天的第七場賽事結束時展開，一名「恐怖」的女子（後來人們視她為女神）催促著一群孩子衝上賽道，高喊反對克列安德的口號，其他觀眾也隨之響應。由於康茂德並未觀賽，大批示威者於是動身前往他位於郊區的其中一座別墅，也就是庫因提利別墅，並要求他處死克列安德。狄歐（故事敘事者）聲稱，康茂德因怯懦而屈服，同意把此君的頭顱插在竿子上遊街示眾。然而此事也提醒我們，皇帝的斡旋空間多麼有限。就約瑟夫斯看來，讓步大致上對皇帝比較有利。

這些面對面的時刻風險很高，難怪這類競賽同時標誌著某些皇帝下臺一鞠躬的起點。卡利古拉下令攻擊群眾的作法，據信是促使刺客採取行動的原因之一。不過，即使皇帝在賽道上很成功，死亡的陰慘預兆仍有可能隱約透露出來。康茂德最後或許會很後悔自己對愛駒佩勒蒂那克斯投注那麼多的愛。這匹馬進場後同樣得到其他支持者的熱烈歡呼。「佩勒蒂那克斯來了，佩勒蒂那克斯來了」，他們不住大叫道。而這當然是某種讖緯，因為康茂德遇刺後，馬上獲立為皇帝的人，也叫佩勒蒂那克斯。甚至早在那匹賽馬進場、群眾高喊「佩勒蒂那克斯來了」之際，據說就有人嘟噥回應：「但願如此！」姑且不論是真是假（這類預兆全是後人根據情勢所需，編造、虛構或操作後的成果），故事再再把握到對統治者來說，競賽不只歡樂，同時也危機四伏。

惡搞
Acting up

古羅馬人如今最出名的，就屬他們對血腥場面或戰車競速的熱愛，但通常來說他們對各種戲劇的熱中程度也不遑多讓。不過，對皇帝來說，劇場可能是另一處高風險場所。奧古斯都治世即將結束之際，羅馬城有三座常在性的露天劇院建築，以及數量不詳的臨時或快閃演出場所，民眾可以在這些場地觀看各種風格的演出：滑稽劇、悲劇、新編希臘古典戲劇、單口喜劇、低俗鬧劇、詩歌朗誦或吟唱。有些和競賽一樣跟官方宗教節慶有關，也有一些是民間私人活動。劇場容納人數遠低於其他娛樂建築。三座常在性表演場地中最大的一座稱為「馬爾克勒盧斯劇院」（Theatre of Marcellus），由尤利烏斯・凱撒起造，在奧古斯都手中完成，以茲紀念他其中一名早逝的可能繼承人選。十六世紀時，劇場的遺址經改建成了富麗堂皇的宅邸，如今則成為一些豪宅公寓的所在地。就算是三座劇場中最大的一座，但至多也只能容納兩萬名觀眾，而且說不定還要再少幾千人。不過，為了彌補容留人數少的缺點，戲劇演出的頻次比其他娛樂活動更多——先前提到的那份四世紀年曆中，賽事有六十四天，而戲劇表演卻有一百零一天。

劇場的座次安排，採行大競技場那樣的嚴格隔離原則：男女分開坐，觀眾席面對舞臺排成半圓，而元老的座位則是貼近表演空間本身。我們不確定皇帝通常坐在哪裡（多少是因為羅馬城內的劇場座位區根本未留下遺跡）。但觀眾絕對可以看到他，他也因此再度成為人們提出訴求的

60. 馬爾克勒盧斯劇院外觀，上方是文藝復興時代的加蓋建築。前景的三根柱子屬於阿波羅神廟，兩者皆建於奧古斯都治世期間。

目標。事情發生在劇場裡：提比留之前把展示在公共浴場外的一組古希臘雕像搬到自己住所，劇場中的觀眾則趁他出席時抗議，迫使他復舊。奧古斯都則是在馬爾克勒盧斯劇院的開幕典禮上，在眾目睽睽下出盡洋相。開幕時，他想必是跟元老們一同圍坐在表演空間的邊上，而他坐的是一張攜帶式折疊凳（*sella curulis*）——一種可折疊的華麗椅凳，近似於羅馬人實際上所坐的「寶座」。皇帝之所以大出洋相，是因為折疊椅的關節處突然斷了。整張凳子散了開來，皇帝就在所有人面前跌坐在地板上。

不過，戲劇表演特出之處，在於挖苦皇帝的內容是怎麼寫進演出臺詞中，或者大膽的演員如何將之臨場發揮，讓觀眾大呼過癮。劇場所擁有的表演自由（所謂的許可〔*licentia*〕）包括可以挖苦當權者，甚至是當著他們的面。其中最突出也最狠的「笑話」是在尼祿統治時期，由名為達圖斯（Datus）的演員在音樂劇中演出的。時人謠傳皇帝不只密謀毒殺養父，亦即皇帝克勞狄烏斯，還試圖弒母——用一艘會解體的船送母親離開巴伊埃，船隻將在開放海域解體，致使母親淹死。（她其實未死於船難，而是成功游上岸；尼祿沒想到老媽是游泳健將，據說他因此派出一批刺客了結她的性命。）達圖斯表定要唱的其中一首歌裡有一句歌詞，「別了父親，別了母親」。他在歌頌這些詞句時，多添了一些手勢，他先出喝（毒藥）的動作，然後假裝游泳。而在百年後，換成馬可．奧里略必須忍受舞臺上的兩個演員，以他的妻子法烏絲蒂娜傳言中情夫之一的名字，開了一個爛透了的雙關玩笑。劇中，某甲問某乙，**他的**妻子的情夫叫什麼名字，某乙回：「圖爾盧斯圖爾盧斯圖爾盧斯」（Tullus Tullus Tullus）。「我不懂」，某甲說。「我已經跟你講三遍了」，某乙接著說，「是圖爾盧斯」。這段劇情裡那著實老套、又難笑的笑點，在於法烏絲蒂娜的情夫叫特爾圖爾盧斯（Tertullus），字面上的意思就是「三遍（*ter*）圖爾盧斯」。

皇帝的問題在於如何回應這類揶揄才好。輕易就會行差踏錯。據說，某文人在詩裡用了雙關語（八成是影射皇帝），結果卡利古拉把他活活燒死。馬可．奧里略則是耐心坐在位子上，聽著「特爾圖爾盧斯」的名字這般挖苦，也沒有為此懲罰逆龍鱗的罪人，卻也沒有因此贏得美名。喜劇演員也好，自己的妻子也好，感覺他根本不把他人的惡意羞辱看在眼裡。就這方面來說，尼祿是皇帝中分寸拿捏的最好的，既顯示自己有雅量接受玩笑，同時也展現自己並不好惹。他沒有因為達圖斯膽敢模仿服毒與游泳的樣子而處死他，只不過流放他而已。

但尼祿也是和舞臺相關的爭議性核心人物：他要怎麼調和自身皇帝角色與登臺演戲的熱情

呢？演員，一如格鬥士和駕車手，社會地位卑微，卻又是魅力性感的名人。舉個例子：據說克勞狄烏斯在劇院裡一直忍受別人不斷質問他名演員梅內斯特（Mnester）怎麼沒有登臺演出——所有人都覺得，梅內斯特人正在宮裡，跟克勞狄烏斯當時的妻子梅薩麗娜打得火熱。羅馬上層社會不只喜歡扮演沙場上的格鬥士，也沉迷於親自上臺大展身手，以致當局覺得有必要嚴令禁止。然而眾所公認，最是嚴重踐踏這些規矩的人，非尼祿莫屬，未來幾世紀的人一想到他，腦海浮現的都是「演員皇帝」的印象。

一開始，他大多是私下演出，後來卻漸漸（不意外）走向公開，先是在那不勒斯登臺（他演出之後劇場就垮了，相當不祥），後來則是在羅馬城表演，朗誦（不是固定班底，而是在一小支舞群的襯托下獨挑大樑）、唱歌、彈里拉琴。關於他的演出和他在戲劇方面的抱負，足見諸多繽紛、有趣的軼事。他演過一些很放浪形骸的角色，演過男角也演過女角，其中最荒唐的就屬「分娩中的卡那刻」（Canace in Childbirth，卡那刻是希臘神話故事的其中一位「女英雄」，她生下哥哥的孩子，隨後自殺）。此外，他完全能夠駕馭和傳說諸王、暴君相關的劇目，包括《盲眼伊底帕斯》和《弒母兇手俄瑞斯忒斯》。據悉他會牢牢控制觀眾的行動。在他表演的當下，觀眾一律不准離開劇場（據說有人為了逃出去而裝死，還有婦女因為所有出口都被擋住了，只好在座位上生產）。未來的皇帝維斯帕先甚至因為在尼祿對著觀眾朗誦時，被逮到正在打瞌睡，因而被逐出尼祿的圈子。尼祿對劇場的興趣，感覺一而再、再而三超越了他對治國的興趣。治世之末，他組織特遣隊對抗高盧的叛亂時，居然以安排馬車載運舞臺設備為首要之務。而他最師出有名的舉動，則是把羅馬大火變成表演的機會，從安全距離邊觀火邊彈琴，唱著以特洛伊城城破為題材的歌曲，而這正是原汁原味的「羅馬失火而我琴照彈」。

有些故事言過其實。就算維斯帕先曾經不待見於皇帝的圈子，那也沒有持續太久，因為他旋即銜命擔任猶太戰爭的主要將領。無論尼祿在大火延燒之際做了什麼，災後由他推動的賑濟計畫確實很有章法（包括把自己的地開放給無家可歸的人棲身），卓有成效。連立場對立的古代批評者亦無不承認此事。總之，他的某些表演說不定人氣很高。（古代與現在文人輕易在各個角落埋藏「強迫」的暗示，以「許多人**被迫**出席」之說，塑造出負面印象，而其實觀眾也有可能是自願出席的。）不過，無論歪曲、誇大與否，關於尼祿這些戲劇方面的故事，其中的憤怒之情，早已遠超過單一皇帝的惡行或暴君傾向了。羅馬文人在探討「皇帝當演員」的涵義時，便巧妙地將焦點轉移到一人統治的問題及其引發的不滿上。

先前我們在埃拉加巴盧斯的反烏托邦幻想世界中已經看到，羅馬獨裁體制最具顛覆性的問題，是你要如何分辨虛實，也就是在皇帝的世界中，你要怎麼相信自己所見所聞真可信。舞臺上的真真假假使得這個問題尤其難以言喻。首先，尼祿登臺表演的故事當中，有時候負責「假裝不是某人」的，不是演員而是觀眾。他們也許為了逃出劇場而裝死，或者假裝自己如痴如醉（維斯帕先例外）。這就猶如皇帝變成演員，其他人也被迫成為演員／掩飾自己真實感受的人。

只不過，還有另一個問題——在皇帝尼祿以及尼祿扮演的角色之間，其界線一直在變化、捉摸不定。他最有名的幾個角色，跟他自己的生活有明顯的共鳴《盲眼伊底帕斯》（根據神話，伊底帕斯發現自己娶了母親之後，立刻戳瞎自己）想必呼應了他人對尼祿與自己的母親阿格麗普庇娜亂倫的指控。此外《弒母兇手俄瑞斯忒斯》跟達圖斯的笑話也有異曲同工之妙，令人想到尼祿弒母的謠言。他的舞臺裝扮更是引發共鳴。尼祿按照傳統，在演出時佩戴面具。演員的面具通常都是依臉譜製作，而據說尼祿的面具，不若一般，反而有時會有可以讓人認出是他的個人特色。他扮演女角時所戴的面具，會跟當時他的伴侶面容相似。至於他演出神話中那位著名的弒母者時，甚至戴著一張和自己的臉極為相似的面具。如此一來，你**要怎麼**分辨真正的皇帝跟舞臺上的角色呢？皇帝到底是在演戲嗎？換句話說，希臘智者斐洛斯特拉圖斯在一百五十年後自忖：一是在舞臺上演出暴君的演員，自此一心想著在真實世界中成為暴君，另一則是真實世界裡的暴君（如尼祿），卻一心想在舞臺上演出暴君，這兩者之間，是如何劃清界線的？

尼祿有一個關於「閒暇」時光的故事，最是能生動展現這些喬裝和隱瞞的問題。尼祿晚上會變裝出外，四處找廉價酒吧、下三濫的人物，打架鬧事，甚至比這些更等而下之的事（蘇埃托尼烏斯聲稱，他把幾個受害者丟進下水道）。某個晚上，尼祿的樂子竟成了某個本該名不見經傳的無辜元老尤利烏斯．蒙塔努斯（Julius Montanus）的噩夢。他當時跟妻子出門在外，未想戴著假髮、仔細變裝後的尼祿竟在大街對妻子毛手毛腳。蒙塔努斯當下揍了皇帝一拳，賞他一記黑眼圈。在狄歐版的故事裡，作者指出，蒙塔努斯只要不聲張，本來不會有事。未想羅馬城內有太多人都知道尼祿在暗夜的所作所為，而那位倒楣的元老意識到自己揍的人是皇帝，於是寫信向他道歉。此舉真是大錯特錯。皇帝讀信時沒說什麼別的，只說：「所以他知道自己揍了尼祿。」蒙塔努斯得知皇帝的反應，便立刻自殺了，可想而知，是擔心自己將面臨更慘的下場。依這個故事的邏輯，他是透過演技認出此君就是皇帝，而這便是他的罪行。

獵捕美男子
Hunting for boys

康茂德雖然在羅馬競技場的甬道上射殺動物，但他只是**假裝**自己是個獵人。不過，在羅馬的種種娛樂當中，還有另一種殺害動物的方式。出了圓形競技場，有些皇帝（尤其是圖拉真與哈德良）特別喜歡到郊外打獵，或騎馬或步行。他們馳獵的場面，不只一次永恆的化為雕塑，出現在羅馬城裡，場景包括皇帝戰勝獅子、野豬、猛熊等。然而，儘管馳獵會讓人聯想到勇敢、陽剛、極具魅力，而且過程中不用面對一大群很可能是咄咄逼人的觀眾，但這種帝王級的娛樂也有著影響名譽的風險。

羅馬人對「狩獵」的想法相當矛盾。有一派人認為，把動物圈在特定範圍或是獵場內，方便獵手瞄準的作法（跟康茂德的作法差不多），是「東方」的暴虐行徑，應予以譴責；與此同時，他們則讚許「真」打獵的技術及危險，並認為「真」男人就該如此。卻也有人質疑，打獵（就算是在野外也一樣）究竟是訓練打仗的好方法，或只是一種玩樂，反而荒廢了訓練？另有人認為，反正殺害動物只是為了好玩，何必特別跑去野外？在競技場上看不是很好嗎，「兩條腿大可好好

61. 哈德良狩獵場景浮雕，材料來自以前的紀念碑，後來浮雕嵌在西元三一五年完工的君士坦丁凱旋門上。畫面上，哈德良一行人正在獵捕野豬。哈德良（馬背上的主角）的臉經過重塑後，更像是君士坦丁，不過，背景裡安提諾烏斯（左二）還是認得出來。

的，不像在林間跑跳，整條腿到處是破皮」。狩獵的風格也各不相同。不出所料，普林尼是書香派的佼佼者，連追蹤野豬時也隨身攜帶文具用品，以免靈光乍現什麼絕妙點子卻沒得記下來。

雖然打獵一事大多不在民眾的視線範圍內，但不同的打獵風格仍足以充分說明不同皇帝的個性及特質。年輕的馬可．奧里略同樣是手不釋卷。有一回，他寫信給弗朗托，詳述自己適才打獵回來，也沒有看清楚到底獵到什麼，就馬上換下獵裝，沉浸在羅馬經典演說詞，長達兩小時（他的老師肯定就想聽到這個）。奧古斯都顯然不是那種專事獵捕「大型動物」的人，他寧可在午後靜靜釣魚。圖密善和圖拉真兩人打獵風格的差異，則是讓普林尼在《頌辭》中又多了一個凸顯兩人優劣的方式。

據普林尼的說法，圖拉真的休閒娛樂是徒步獨攀高山，把野獸從藏身處逼出來，或者把他們趕出平地，藉此保護農民不致因為這些獵殺行為而受到傷害。就好像他在空閒時，仍一門心思於日常的工作：守衛羅馬，抵禦外侮，保護公民。相形之下，圖密善便是那種殺動物取樂的人，反正，大概也只是把獵物關在阿爾巴諾別墅的獵場裡。蘇埃托尼烏斯形容圖密善無聊透頂，把兩支箭射進獵物的腦袋，一副牠們生了一對角的樣子（射得是滿準）。有個也叫狄歐（Dio）、綽號「金口」（*Chrysostom*）的希臘知識分子，把打獵一事講得更明白。有些皇帝（他表示不贊同）閒暇時會在舞臺上嗚咽啜泣（指的是尼祿），或只是捕獲關在自家園林裡的獵物，連點力氣都不出。至於像圖拉真這樣的好皇帝，則是在可以強身健體、增加膽識、磨練戰技的活動中，展現自己的堅毅。

普林尼的看法是，皇帝閒暇時的選擇，最是能清楚展現其為人。然而，他為圖拉真打獵一事積極辯護，或許也反證了不是每個人都覺得圖拉真無可指謫。從圖拉真的後繼者，亦即從哈德良對打獵的熱愛，我們可以明確察覺到各種相關的爭議與焦慮。

哈德良不只是狩獵場景化為雕塑出現在羅馬城內，他的狩獵足跡甚至遍布羅馬世界各地。他在位於今日土耳其的某個地方興建了一座城，賜名「哈德良之獵」（Hadrianoutherae，因為他在那裡打獵收穫甚豐），而他身著獵裝的姿態也出現在該城的錢幣上。他在希臘打死一頭熊之後，把「最好的部位」獻給愛神厄洛斯（Eros）。他在一篇煽情到令人不太舒服的祈禱文上（刻石至今猶存），祈求愛神對自己吹拂其母神阿芙蘿黛蒂的恩典。過幾年，也就是西元一三〇年，他人在埃及，和男友安提諾烏斯一起出門打獵。當時的埃及詩人潘克拉提斯（Pankrates）以希臘文創作了一首詩，仔細刻劃這次的遊獵。這首詩之所以為人所知，純粹是因為潘克拉提斯夠幸運：皇帝注意到他寫的詩，也享受詩中的讚頌。其中四行詩因為摘錄於數十年後的一部大部頭文集中而傳世，另外從埃及莎草紙殘片中，也找到了三十多行極有可能出自同一首詩的詩句。

詩句的內容把哈德良和安提諾烏斯追逐獵物的過程，吹捧得有如壯闊的史詩——獵物是一頭肆虐遼闊北非鄉間的獅子。手持青銅長矛的哈德良率先出手，卻只傷到那頭猛獸。獅子因傷勃然大怒，張著大口不住嘶吼，咬牙切齒，並奮力用爪扒地，揚起的塵土甚至遮蔽了陽光。哈德良是故意避免一擊斃命，他想看看安提諾烏斯擲矛準頭如何（這種誇大的史詩般敘述方式，旨在令人想起荷馬，而非描述眼下的狩獵；詩中甚至稱這名「俊美」的年輕人是「天神赫密斯〔Hermes〕之子」，系出神聖）。由於相應的段落已經亡佚，到底是哪一個人最後殺死了獅子，我們已無法得知。不過，我們從至今尚存的浪漫筆觸，再加上一些矯情的深奧學識，我們所解讀而出的詩句，正是由於這頭獅子的血滴在地上，埃及紅蓮才會有那獨一無二的紅。當然，這不是詩裡唯一浪漫之處。自古以來，打獵都不只是武勇與堅忍的象徵，也是欲求的隱喻（至今猶然，看看「獵艷」一詞就知道了）。潘克拉底斯順著這古老的命題，暗示哈德良的目標不只是兇猛的獅子，還有俊美的安提諾烏斯。

古代讀者對於「打獵中」的皇帝有什麼看法，我們不得而知，也只能猜測。不過，證據顯示有些人覺得哈德良對打獵太過熱中。例如《帝王紀》提到，連圖拉真都覺得哈德良太誇張（當時他還年輕），於是把他從西班牙召回羅馬，不讓他有機會在那邊打獵。對我來說，哈德良為了紀念自己心愛的獵馬博呂斯瑟尼斯（**Borysthenes**，聶伯河〔**Dnieper**〕的古名，據信博呂斯瑟尼斯來自該流域）所寫、以為墓誌銘的詩，那才教人受不了。

希臘與羅馬有一項悠久的傳統，領導者會向自己的坐騎致敬，最經典的例子就是亞歷山大大帝和他的戰馬「牛頭」（**Bucephalus**）。牛頭死於東征期間，亞歷山大以軍禮下葬。卡利古拉和其他瘋賽馬的皇帝相較之下，顯得有點可悲，居然為一匹自己沒有騎乘過、只能在大戰車競技場賽道上跑來跑去的動物興奮不已。騎馬打獵的哈德良稍微接近亞歷山大一些。不過，這首僅十六行的短詩（據說是十七世紀時拓自原本的墓碑，今已不存）卻是無病呻吟的蹩腳御筆——當然，也有可能是幕僚代筆。這首頗有拉丁語風範的詩，大讚「凱撒的駿馬……電光火石」，甚至還特別讚頌這隻動物的口水，「馬吻飛沫……落馬尾末」。詩末寫到，博呂斯瑟尼斯終於入土，「四肢無傷不再奔馳……入其冢培」。原文押韻的手法跟現代的賀卡相去無幾。

我們可以把皇帝在文字上的這番努力，視為表達對這匹馬的熱愛，不過讀來委實尷尬——或者我們不要那麼嚴格，應說讀起來還是令人動容，只是很天真。不過，無論怎麼解讀，這首詩再再清楚提醒我們：「好」皇帝與「壞」皇帝的名聲之間，安全脫身的皇帝跟未能倖免的皇帝之間，界線其實是很脆弱的。假如這首詩是卡利古拉描寫他的飆速，是盧奇烏斯．烏耶魯斯為心愛

第八章 巡狩
Emperors Abroad

雕像會唱歌
A singing statue

西元一三〇年，哈德良和安提諾烏斯結束了那場驚心動魄的獵獅行又過了幾個月，兩人乘船逆流而上尼羅河，感覺此行是以尋幽覽勝為主。一行人乘坐的小舟組成了一支船隊，隊伍人數眾多，包括皇帝的妻子薩比娜（Sabina）和她的詩人朋友尤莉亞·巴爾比爾拉（Julia Balbilla，她既是羅馬公民，也是來自東方的公主）。此行某程度來說，堪稱古代版的噴射機旅行，另一方面則帶有軍事行動意含。

大約兩星期後，安提諾烏斯在這次旅途中離奇溺斃，旅行的氣氛想必因此蒙上陰影。但一行人仍然奮力挺進上游，抵達全埃及最著名的景點之一：古城底比斯（Thebes，今盧克索）外，臨

62. 從將近兩千年前哈德良巡禮時至今，埃及盧克索郊外的門農巨像始終是觀光熱點。會「唱歌」的是右邊那一尊。

尼羅河處的那一對高十八公尺的雕像，即便到了今天，仍吸引一車車的遊客，而他們今日看到的景象，說不定跟當年皇帝一行人差不多。

這對雕像依埃及法老阿蒙霍特普三世（Amenhotep III，統治埃及的時間比哈德良的時代早了一千五百年）的形象刻成，但不知怎地，後人將之誤指為英雄門農（Memnon，傳說中的衣索比亞國王，據說曾參與特洛伊戰爭），而其中右邊這尊據信擁有神奇的力量。有時候，它會在一大清早發出像是口哨的聲響。不管這是因為石頭在陽光照射下因高溫而意外出現裂縫，還是哪個本地騙徒發出的聲響——不止一名古代文人如此懷疑——人人都說這是門農的聲音，是他在對其母黎明女神唱歌。

63. 尤莉亞·巴爾比爾拉為了紀念哥哥斐洛帕普波斯而在雅典樹立的紀念碑。她所紀念的斐洛帕普波斯，既是東方望族，亦是羅馬公民及執政官（其時為圖拉真治世，比普林尼任執政官晚了幾年）。

我們百分之百確定哈德良一行人曾在西元一三〇年十一月中旬到訪，因為薩比娜在神像的左腿刻下一行希臘文，寫著身為「哈德良皇帝之妻」的她聽到了門農之聲音。巴爾比爾拉也在同一條腿上，用希臘文題了四首詩，記錄自己在當地的體驗——不過，後世對她的印象，多半來自她為了紀念其兄蓋烏斯·尤利烏斯·斐洛帕普波斯（Gaius Julius Philopappos）而在雅典斐洛帕普波斯丘（Philopappos Hill）樹立一座大型紀念碑。這些石刻並非兩名自命不凡的王公貴族破壞文物的偶然之舉，而是

64. 會唱歌的那尊巨像的左腳。巴爾比爾拉的其中一首詩便刻在裂縫左邊，呈垂直九十度。

當地的傳統。古代觀光客委人在上面刻字（他們感覺不太可能自己動手鑿），如今仍有一百多個類似石刻保存良好。這種情形也不只在門農巨像上。另一名羅馬仕女（很有可能也是哈德良一行人的成員）刻了一些拉丁詩文在大金字塔上，以哀悼**她的**兄弟——此舉顯示，底比斯下游四百多哩處，即今日開羅城外的金字塔群，也是這次皇帝行旅的所到之處。

巴爾比爾拉的詩（跟薩比娜的行文一樣，仍然清晰可讀），揭露了這次覽勝不算順遂。第一天，雕像沒有出聲音。而她一副滿不在乎的樣子，宣稱是雕像在「欲擒故縱」，以吸引「可愛的薩比娜再次到來」。接下來幾天有了好消息，門農「懾服於哈德良的威嚴」，為皇帝及諸位女士表演。這個故事乍看之下雖然古老，但觀光體驗竟出奇的現代（不過，我要鄭重提醒各位，這尊雕像數個世紀以來從未發出聲音過——無論是真的，或是人為的）。

這幾首詩未透露皇帝御駕中其他人的存在。詩裡一副只有皇帝、薩比娜和巴爾比爾拉三人的樣子，而整團的友朋、廷臣、工作人員、衛兵以及其他隨從，加起來恐怕有數百人。對當地民眾來說，皇帝出巡經過本地，無疑為他們帶來大好機會。平民大眾罕有機會當面求助，把自己的請願書塞進皇帝手裡；這一回，埃及人得到一整座新城鎮（不管他們是否想要）——安提諾烏斯城——即哈德良為了紀念安提諾烏斯而建立於其溺斃之處的城鎮，也因而得名。不過，上達天聽亦有其代價。接待御駕所帶來的重責大任、困擾以及巨大開銷，諸如飲食、接待、住宿和運輸，大抵由當地民眾承擔。過程中造成的不便，遠遠超過平常的通行許可的負載量。

我們可以從一些莎草紙殘片和刻在陶器碎片（古代版便條紙）上的訊息，了解埃及當地為了哈德良的造訪做了哪些準備，而且是提前幾個月便著手準備，規模可謂浩大。其中有一份兩名官員寫於西元一二九年年底的備忘錄，更是記錄了「皇帝即將到訪」所預先準備的物資。莎草紙本身受損嚴重，但仍然可以看到光是這兩名官員，就要經手多麼大量的物品：三百七十二頭乳豬、兩千頭綿羊（也有比較保守的復原結果，認為是兩百頭），六千公斤大麥、九十公斤青橄欖、三千捆乾草等。我們很難確切了解這些數字的意含。這兩人也許高估了皇帝停留的時間，或是多估了隨行人數，抑或只是為了保險起見。無論如何，這可不是替一小群VIP及其親朋好友所準備的必需品。這幾乎是整個朝廷在帝國境內巡狩。

由此順藤摸瓜，會衍生一些大哉問。各個皇帝以此等規模四處旅行的頻率有多高？他們去哪裡？這一切要如何籌畫？吸引他們走出義大利的原因是什麼？是為了尋幽探勝、文化巡禮，還是軍事遠征（有凱旋而歸，也有損失慘重），或是前往鎮守邊疆的軍營對守軍喊話呢？

哈德良移動中
Hadrian on the move

哈德良是各個皇帝中巡狩範圍最廣的一人。不管他的動機是出於好奇，是腳癢想出遊，或是渴望跟整個帝國互動，總之他無處不至。這一回到訪埃及並非匆匆渡海放假的旅程。他兩度巡狩全帝國，期間多年不在義大利，而埃及其實是二度巡狩中的一小段行程。第一次巡狩始於一二一年，行程中他去了日耳曼、高盧、不列顛（**他的**長城當時正在興建）和西班牙，然後轉了個彎，經兩千五百哩的旅途，前往地中海彼端的敘利亞，接著前往今日土耳其所在地與希臘。從一封在蒂沃利別墅簽發的信件複本來看（頁180），他直到西元一二五年夏天才終於回到家。第二趟巡狩始於西元一二八年，及至一三〇年遍遊尼羅河之前，他已經去過北非、希臘、今日土耳其所在地、耶路撒冷與加薩了。他在一三四年夏天重返義大利（另一封簽發自羅馬的信件銘文複本可以證明），在此之前，他也回訪了希臘、土耳其，甚至是猶太。我們只要一想到哈德良，也要想到**馬不停蹄**的他，而不只是從羅馬或蒂沃利的皇居中統治帝國的他。從不列顛尼亞到敘利亞這一趟

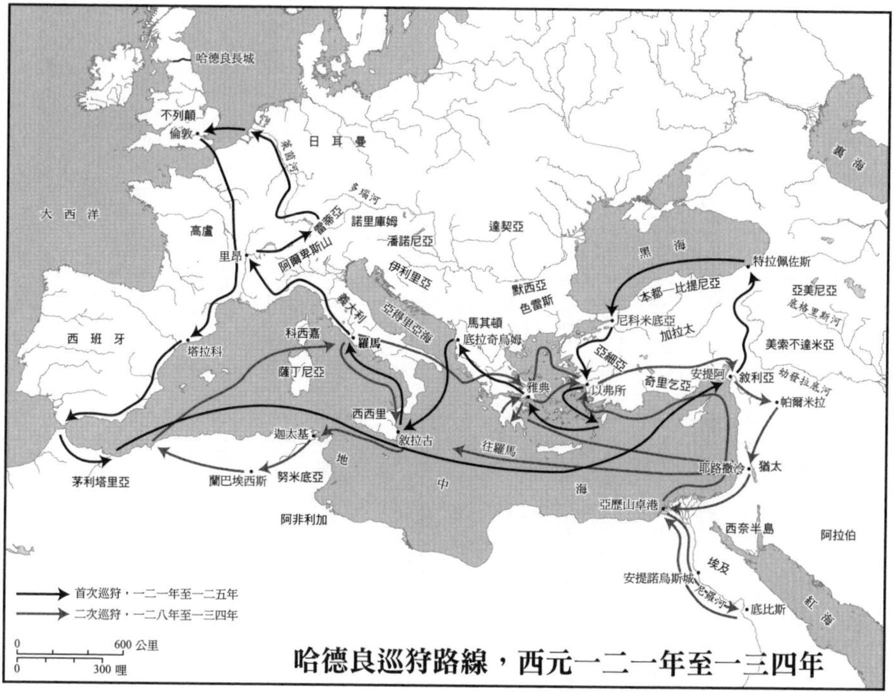

馬不停蹄的皇帝。關於哈德良停留的確切地點以及日期等細節我們雖不清楚，但這張路線圖所提供的訊息，有助於我們一目了然他在統治期間，曾經遊歷過的範圍有多廣。

得騎馬、乘車或搭船，行程想必又緩慢又乏味，而且多半很不舒服。最終，羅馬帝國的每一個省分，他幾乎都去過了。

這些旅程有著各式各樣未解的謎團。現代繪製的皇帝巡狩路線圖（我畫的也不例外）雖然清清楚楚，但實際路線其實更難掌握。我們十分確定他出現在某幾個定點（因為他的傳記或現存銘文中曾經提到），只是若想知道他是如何從甲地到乙地的，其實就跟連連看差不了多少。在不斷移動的朝廷和其餘留在羅馬城的行政部門之間，兩者要如何在這幾年間協調國政的經營呢？

我們也只能用猜的。例如，如普林尼等官員，要把信寄去哪裡？你根本不曉得皇帝的地址，那要怎麼有效進行「通訊統治」呢？此外，我們對於一同巡行的成員並沒有明確的了解，只知道上有薩比娜（她跟丈夫有幾段同行，不是全程同行），下則有比較低階的隨員和士兵。我們有把握的支援隊伍成員不多，其中一人是名為盧奇烏斯・馬里烏斯・維塔利斯（Lucius Marius Vitalis）的少年。他的母親為他立的墓碑上，提及他很想多多學習一些藝術與文化（至少他是這麼跟媽媽說的），於是加入了禁衛軍，隨哈德良離開羅馬，未想從此天人永隔。據墓誌銘所載，他在途中過世時，年僅十七歲又五十五天。

巡狩的目的雖包括觀光，但顯然不僅止於此。哈德良欽點目的地時，其背後是有軍事用意的，例如他曾造訪北疆的不列顛，也很可能去過猶太戰爭的前線（猶太人於西元一三〇年代起事）。我們發現，他間或積極參與（也可以說是干預）各省大城的政局，與城裡的權勢往來（大概就是在其中一趟旅程期間，和奴隸安提諾烏斯首次接觸）。有時候，他或許是想把自己的形象打在不同的背景上，一如現代政治人物仔細安排自己的曝光時機。然而，重點是他隨時準備好在羅馬世界的各個角落留下自己的印記，在大理石、磚塊以及混凝土上。他在蒂沃利興建了一座堪稱迷你版帝國的私人別墅，而在某種意義上，他的幾趟出巡皆可視為蒂沃利建築的鏡像。他往來各地時，等於是把「哈德良」蓋進整個羅馬世界裡。

他幾乎每到一個地方，就發包興建並出資重建，有劇場、露天表演場、神廟、橋梁、引水道、體育場、港口設施，甚至是全新的城鎮。無論如何，他都不是唯一從無到有、建設新城鎮的皇帝，但他可是為了標示出愛人辭世之地（安提諾烏斯城），或是紀念自己打獵之行大豐收的地方（哈德良之獵），無疑是非常獨樹一格、個人特色的宣示。他有幾次出手規模不大卻是奇特的干預作為。連破舊的陵墓也逃不過他的法眼。據悉，他人到埃及時曾整修龐培墓（那可是尤利烏斯・凱撒的敵人），並親自題詩，以為墓誌銘。（這座陵墓相當有名，數十年後塞普提米烏斯・塞維魯斯也親自走訪）。我們曉得還有近十個地方得到類似待遇。他出資修復阿爾奇比阿德斯（Alcibiades）的墓地——西元前五世紀雅典政壇中，深具個人魅力的獨行俠，也是哲學家蘇格拉底的密友——添了一座新雕像以表敬意，並翻修據稱是特洛伊戰爭神話英雄海克力士與阿賈克斯（Ajax）等人的墓碑。這些只算是小規模的工程，卻也傳達出重要的訊息：整個羅馬帝國的歷史、文化、英雄人物及神話，盡皆由哈德良庇佑並控制。

不過，我們可以從哈德良與雅典的故事中，把他跟帝國中特定群體的關係放大來看。雅典絕非尋常城市。雅典是地中海世界最為人所知的文化、藝術與知識重鎮。雖然西元二世紀初的雅典風光不再，只能仰仗昔日榮光，未想哈德良治世時駐蹕雅典的時間卻遠多於各地（僅次於羅馬與蒂沃利），並在此成為城裡一些富人的座上賓。在義大利之外，他護持最力的正是雅典。身為皇帝、身為雅典公民（早在他登基之前，雅典人便授予他公民資格，顯然眼光精準），他要著手重振這座城市的運途。他開辦諸多新的宗教節慶，並且在各種市政改革中掛名，像是減稅、徹底審視當地財政以改造橄欖油產業，甚至是改善雅典公民身分規定（至於有多少真的出自他的手筆，又是另一回事）。不過，最是賣弄炫耀的，莫過於他對各種建案的挹注，徹底改變了這座城市的

65. 奧林匹亞宙斯神廟遺跡，歷經幾世紀的工程，最終在哈德良治下竣工。這座神廟光彩的時間不長，約莫在哈德良治世後的一世紀，希臘遭到入侵，神廟飽受攻擊，往後再也沒有完全修復。

樣貌，程度遠甚於此前的每一個人，連西元前五世紀主導在衛城興建帕德嫩神廟等重大建設的伯里克利斯（Pericles）也得甘拜下風。時至今日，哈德良在雅典留下的史蹟，仍多於伯里克利斯。

如今，你依然得以參觀他獻給「奧林匹亞的宙斯」的神廟，那是全希臘最大的神廟（面積約為帕德嫩神廟的兩倍），原本從西元前六世紀起便開始興建，因故擱置了近六百五十年，最終於哈德良手中完成。他為神廟的落成大張旗鼓，舉辦了一場揭幕式，還找來他最欣賞的幾個希臘知識分子，上演了一番滔滔不絕的冗長演說。皇帝命人製作各式各樣的奢侈品和珍奇製品做

66. 哈德良在雅典留下的豐碑中相對謙虛的一座，既是在歌頌舊城，也是在標榜哈德良治下的「新」建設。這座拱門一側的銘文寫著「這是雅典，忒修斯的古城」，而另一側（如照片所示）則寫著「這是哈德良的城市，不是忒修斯的」。只不過，哈德良跟忒修斯，皇帝跟傳說建立雅典的王者，孰高孰低呢？

為裝飾，包括一尊由黃金、象牙製作的巨大神像，以及一條特地從印度引進的蛇，想必是做為羅馬全球實力及影響力的象徵。四座超過真人大小的哈德良塑像立在神廟入口處（或許是為了凸顯皇帝與神的關係），而建築主體周圍還有許多比較小的雕像。他新建的圖書館與藝術中心不僅華麗程度不輸前者，規模甚至更大。一位對哈德良有點崇拜的古代文人說，這座藝文中心有金色天花板，幾座裝飾用的水池，甚至有一百根多彩大理石柱（而如今光禿禿的遺址，實在難以令人感受其原貌）。此外還有諸多建設計畫，有實用也有炫耀，如一座兼有河橋功能的浴場給水道、一座體育館等。

為了回報如此的資助和關愛有加，雅典人把各式各樣的市民榮譽授予了哈德良。他們調整了其中一種紀年，改以哈德良來到雅典城的時間為元年（調整後，雅典人有時會以類似「哈德良首度到訪的十五年後」來紀年），並且把當地習俗與制度冠上他的名字（加上形容詞Hadrianis）。咸認為，這些舉動意在展現雅典人對皇帝的關愛有多麼感激。想必有許多人**感恩戴德**。不過，不難想像，一定也有少數人態度矛盾。這多少是因為慷慨亦有其代價。皇帝本人絕對曾以自己的資金挹注這些建設，但他也確保（大概介於鼓勵與強迫之間）榨光當地權貴的口袋。對於不得不接待、款待皇帝及其隨員的人來說，巡幸可能是福也是禍。皇帝大駕光臨，雖然有「恩澤」，卻也有「接管」的感覺。公開展示的銘文宣稱哈德良取代了（至少風頭更勝於）雅典建城傳奇君主忒修斯（Theseus），而他的肖像甚至同時展示在雅典最神聖的地點之一，亦即帕德嫩神廟內。在一座城市得到皇帝的抬舉，以及皇帝利用其傳統與文化美名來提升自己的聲望，此兩者之間畢竟是不一樣的。

劣跡斑斑？
Emperors behaving badly?

舉凡涵蓋的距離、耗費的時間以及造成的影響，哈德良在每一個範疇一再把「巡狩」的概念推向極致。不過，多數皇帝也會以或此或彼的形式巡狩，而某程度而言，我們大可把哈德良的行程視為較極端、詳盡的規模。確實有少數「堅守本土」型的皇帝。安敦寧・庇護就是個好例子，治世期間，他從未離開義大利。而愈來愈多皇帝出身義大利以外的地方，此時的「堅守本土」一定也有其他的涵義（哪裡才是「本土」呢？）不過，大多數羅馬統治者（無論是上位前或後）都曾短暫「外出」過，目的跟哈德良類似，包括訪查、跟地方要人稍加接觸、赴前線勞軍，以及休閒旅遊。

不過，出外往往會有影響名譽的風險，皇帝離開本土時的滿腔熱情，也會有不同的解讀。比方說，提比留在奧古斯都統治期間，曾移居羅德斯島（Rhodes）數年，所有人都覺得他在生悶氣，或者躲老婆。然而，羅馬文人最是揶揄的，莫過於尼祿在西元六十六至六十七年間造訪希臘的那十六個月。他們嘲笑尼祿此行為一系列尷尬滑稽的行為、妄自尊大的舉動，以及毫無意義的權力展示——總之是負面教材，教導人們出門在外，可不要自詡為皇帝。據說尼祿很想參加每一項希臘的重要節慶（包括奧林匹亞賽事），節慶時程因此全部有所調整，以配合皇帝在當地停留的時間，甚至還得操縱比賽，讓他贏得每一項報名參加的賽事（無論藝術類或運動類皆然）。在一次令人貽笑大方的比賽中，他從自己駕馭的戰車上跌了下來，根本沒有完賽，卻還是把大獎捧回家。另一次也沒有比較好，據說他魯莽地計畫開鑿運河，想鑿穿科林斯（Corinth）地狹，不久後又放棄了。在一篇完成於西元二世紀的文章中，作者不懷好意地提到，他親自主持動工典禮，他先是對幾個海神獻唱一曲，然後鄭重用一把金色的鶴嘴鋤敲了地面三下。蘇埃托尼烏斯又補充細節，說尼祿親自扛起了第一筐土。

同一次訪問期間，他還自我宣傳，展現自己的慷慨，將「自由」（包括免稅）授予羅馬行省亞該亞（Achaea，範圍涵蓋今希臘南部），可惜效果不彰。皇帝親自在精心策畫的地峽運動會（Isthmian Games，地點同樣在科林斯）典禮上，宣布希臘獲得了新的自由。他在儀式中發表的演講詞，以希臘文刻在一塊石頭上，後來這塊石頭在中世紀再利用於興建教堂，文字則保存至今。他的這一席話如今讀來確實誇張到令人尷尬的地步：「希臘諸君，我要給你們一份意想不到的大禮，慷慨如我，沒有什麼是你們盼望不到的。我很高興，能把諸位未曾想過可以要求的天恩賜給你們……其他領導者或許能解放城市，卻唯有尼祿能解放一整個省。」

這趟旅程恐怕有些環節已超越人們所謂可接受和不可接受之間的範疇了。其他羅馬統治者樂於從觀眾席看公開的比賽，未想尼祿卻是下場比賽。先不論其他，他這樣的行為，給當地人帶來十分棘手的難題：當他們的統治者也是其中一名參賽者，這獎項要怎麼頒？倘使操縱比賽的故事屬實，那他們解決問題的方法就是乾脆每一場都讓他贏——直接、可以理解，但到底還是荒謬至極。不過，就很多方面來看，尼祿的希臘行或許沒那麼荒唐，也沒有像那些言之鑿鑿的敘述說的那般惡形惡狀，畢竟那些文章都是多年後才下筆，多少是為了讓他看起來既愚蠢又暴虐。

首先，雖然這位皇帝吹捧自己是第一個解放整個省的「領導者」，但早在兩百五十年前，也就是西元前一九六年，就有共和時期的將領做過一樣的宣示——他宣稱解放希臘，而且地點正是尼祿發表聲明的同一個地方（很難說是巧合）。尼祿確實是第一位這麼做的皇帝，可惜廣義來說，他不是第一位這麼做的**羅馬領導者**。此外，他的運河計畫不見得如人們所渲染的那般瘋狂，畢竟我們今天所稱的「科林斯運河」，最終也在一八九三年鑿穿地峽竣工了。這條安全便捷的船運捷徑是很實用的設施，其他人（包括尤利烏斯・凱撒）也研究過可行性——歷史已證明了尼祿的計畫是對的。在羅馬世界裡，總會有人把展開工程建設的雄心壯志，斥為不經大腦的愚蠢之舉——普林尼向圖拉真提出計畫在本都—比提尼亞開鑿運河時，對此便深有體悟。而一旦心懷壯志的是皇帝，那就是妄自尊大了。

巡幸的評價是好是壞，幾乎取決於人們如何書寫，由誰書寫，以及有什麼企圖。還記得那首紀念馬的詩嗎？外界對尼祿不懷好意，而我們也不難想像哈德良炫耀的姿態也有可能遭遇一樣的下場。假如用四尊有如自己的逼真雕像來妝點神廟的門面，並在神廟內部展示一條印度蛇的人是尼祿，人們會如何評論？不大可能會是追星般的驚喜。同理，尼祿建設希臘的計畫，也可以呈現為（有時確實是）樂善好施，而非大肆揮霍。

整體而言，我強烈認為尼祿造訪希臘之舉，實質上跟（例如）數十年前王子日耳曼尼庫斯走訪埃及並無多少差異。塔西陀認為，日耳曼尼庫斯此行其實是古蹟巡禮。未想他也在亞歷山卓港引發轟動。他調降糧食價格，安排在沒有護衛的情況下公開徒步旅行，過程中吐露自己懷念外婆的心聲，還盛讚這座城市的壯麗——細心的他補上一句，而此番更顯壯麗的景象，則「要歸功於我外祖父奧古斯都的慷慨」。演完這一輪，他這才逆流而上尼羅河，遊覽從金字塔到古城底比斯的各個景點（在底比斯時，一名年邁的祭司為他翻譯象形文字，替他上了一堂特別的歷史課），當然也沒放過那尊會唱歌的知名神像。據塔西陀表示，對於這次採訪大表不滿的人，反而是皇帝提比留。日耳曼尼庫斯未經皇帝許可便前往埃及，總讓人禁不住懷疑他會惹出麻煩，或是勾結外人。羅馬城十分依賴埃及的小麥，奧古斯都甚至立規，明定身居高位的羅馬人必須得到皇帝明確允許，否則不得前往埃及，以免他們藉由封鎖糧食運輸，迫使首都圈因飢餓而舉手投降，進而奪取權力。

當地人對皇帝大駕光臨的反應則是另一回事。與哈德良的情況類似，眾多證據一再顯示，皇帝在旅途中得到熱烈歡迎。尼祿宣布解放亞該亞省，而刻有其演講詞的石頭上，也銘刻了某個感恩戴德的希臘人對此的回應——浮誇的程度不下於前者。他把尼祿捧成「照耀希臘的新太陽……歷史上唯一一位熱愛希臘的皇帝，也是最偉大的皇帝」。至於日耳曼尼庫斯，他在亞歷山卓港的演說內容保存在莎草紙上，而根據記載，群眾不停歇歡呼著祝他「行大運」，不時打斷這位謙遜王子的演說。姑且不論這些反應是否真誠——想當然耳，當地人公開的說法跟真實的感受不見得一致——我們總可感覺到，皇帝或王子跟外地群體之間的這些相遇，雙方似乎都會感到「飄飄然」。

不過，除了冷眼旁觀的現代史家，還有其他人懷疑不見得所有人或所有城市都會熱情接待御駕。我們偶爾會發現不滿的明確跡象。西元前二十二年、即將進入二十一年的冬天，甫改稱「奧古斯都」的屋大維走訪希臘，結果雙方有所齟齬，原因或許是屋大維與馬克・安東尼之間的內戰所留下的宿怨（雅典當時屬安東尼陣營）。據說，衛城的雅典娜女神像顯靈，轉而面朝羅馬，接著竟朝羅馬的方向吐鮮血。奧古斯都本人決定不進雅典（算是很識相），改成駐蹕於附近的愛吉納島（Aegina）。無獨有偶，從奧古斯都跟亞歷山大大帝的遺骸之間的故事裡，我們或許也見證了對奧古斯都的負面攻擊。亞歷山大遺體一直保存在埃及的一座神殿中，而據說奧古斯都在埃及時，竟命人取出，他實在太想摸摸看，結果不小心弄斷了遺體的鼻子（勢必已做過防腐處理）。重點在於，有些羅馬統治者修復、改建了古代「英雄」的長眠之地，有些則是破壞。巡幸不見得人人歡迎。

供給與生存
Supply and survival

對於接駕的人來說，巡幸往往是極度的重擔。在伊莉莎白時代的英格蘭，不少人對女王和朝廷的駕到惶恐不已，因為娛樂接待的花費意味著破產（一六〇〇年，甚至有個小貴族寫信給女王的左右手，拜託不要讓她來）。羅馬其他行省的情況多半跟雅典一樣，皇帝及其隨員大駕光臨總讓當地有錢人又喜又驚，正確來說，是唯恐對方真把自己家吃垮。不過，巡幸造成最嚴重的問題，在於御駕無論駐蹕何處，人民都得承擔招待的責任及開銷。

對此，羅馬文人大多不想再多費唇舌。卡斯西烏斯．狄歐確實曾提到，這一切，對上層社會人士帶來的負擔，卡拉卡拉曾要求他所造訪的地方，都必須興建賽道與圓形表演場，他進一步聲稱，埃拉加巴盧斯巡幸時，動用了六百輛車駕（還說車上都是妓女，實在不太可信），而他的說法也讓我們一窺羅馬人想像中皇帝巡狩場面有多壯觀。不過，我們之所以能了解實際情況，乃是因為羅馬埃及的莎草紙文獻，而且是當地官員檔案櫃裡的公文。那三百七十二頭豬和其他，只不過是地方上為了迎接哈德良的到來而承擔的部分重擔。有份文件提到，亞歷山大．塞維魯斯及其母將在西元二三〇年代到訪（我們不確定最終是否成行），必須預作準備，並要求所有補給的徵用必須以合法、透明的方式進行，具體要求必須公開張貼在各大城鎮。關於同一趟預定訪問，某一份莎草紙文件出自官階更低的官員，內容提及某村主管階級回報，已經為皇帝一行人備妥四十頭豬，總重達兩千羅馬磅，平均每一頭約十七點五公斤。從這個重量來看，要麼牠們都是幼崽，要麼古代豬隻確實如考古證據所顯示，體型遠比現代歐洲家豬小了許多（後者動輒超過三百公斤）。

不過，最是能鮮活呈現御駕光臨前夕的幕後工作的，就數埃及帕諾波利斯城（Panopolis，亞歷山卓港以南約三百七十哩）出土的大批莎草紙卷宗了。這一回，人們預計要迎接的是時代更晚的皇帝戴克里先（Diocletian，西元二八四年至三〇五年在位）。除去地方官員任命、帳目遲交等公文之外，卷宗的內容讓我們看到一名特定地方官正努力備辦皇帝巡幸的各項事宜，向行政體系裡的上級與下級發出一連串急切（也可以說是盛怒）的信件。

從字裡行間來看，這個倒楣鬼（我們不知道他的名字，只知道他官拜「地區行政官員」〔*strategos*，希臘語〕）已經忍無可忍。他試圖對下屬施壓，要他們加快腳步。他寫信給一個名為奧雷里烏斯·普魯托吉尼斯（Aurelius Plutogenes）的地方議會領導者，「我告訴過你一次，告訴過你兩次……皇帝即將巡幸，要預作準備，盡快派人監督並接受補給，供應即將進城的這批高貴人馬」，可惜此君顯然拖慢了他的節奏。幾週後，他再次聯繫對方，這一回是擔心負責的烘培坊是否準備好餵飽飢腸轆轆的士兵。「事情迫在眉睫。請你盡快依慣例，命人以合宜的方式監督烘培坊的修繕，為預定在坊內工作的烘培師傅提供吃穿用度。」他同時發上行文，堅稱所有的延誤都是普魯托吉尼斯造成的。「我要他任命不同的人負責徵集、發送並接收穀物，以求收發工作順利進行。可是他卻用另一套方法，打亂、削弱了軍隊的補給鏈。」他向上級解釋，這次的任務比上次更艱鉅，因為所需的船舶仍需翻修。他要求派一個檢查員來展開翻新工作，豈知普魯托吉尼斯「竟敢置之不理，還回說這件事跟他的城無關」。我們不難想像，「皇帝即將巡幸」（卷宗裡一再提到這個詞）幾乎每一趟都是對耐心的考驗，逼得負責組織運補的人精神耗弱。

御駕親征
Emperors at war

比起觀光、旅遊成癮、明察暗訪，或是公關活動，皇帝更有可能因為戰事而跨出義大利。他們的正式頭銜之一——*imperator*（後來演變成你我所說的「皇帝」〔emperor〕一詞）——字面上的意思即是「統帥」。羅馬城與羅馬世界各地都能看到統治者著戰鬥裝束的圖像：從圖拉真柱

67. 全副武裝的哈德良，至少是象徵性的。他頭戴橡葉環，即「公民冠」（civic crown），是在戰場上拯救其他公民性命的人才能獲頒的榮譽。

和馬可．奧里略柱（柱身可見銘刻著兩人軍事行動告捷的景象，皇帝本人的浮雕往往是場景中的焦點），到無數刻劃統治者身著華麗軍服的大理石雕像，又或者著名的馬可．奧里略騎馬青銅像——自文藝復興時代數個世紀以來，奧里略騎馬像一直是卡比托利歐丘（Capitoline Hill）廣場的焦點（圖44）。這尊青銅像如今看起來一副天下太平的樣子，一旦你知道那抬起的馬蹄下原本踩著一尊蠻族雕像，而且被馬踩死了，整尊塑像要傳達的訊息就大不相同了。另一個陣營的人確實是這麼看待他。有一

68. 圖拉真柱上，達契亞戰爭的某個關鍵時刻。皇帝居中，向眼前的部隊發表演說，在他背後則是涉水渡河的羅馬士兵。

部內容著實非比尋常的猶太教、基督教文獻彙編中，蒐羅了西元前二世紀以來的文本——部分預言，部分則是對羅馬權力的抨擊——而羅馬皇帝在彙編中一再以「殺敵」的形象出現。其正字標記，便是「生靈塗炭的戰爭」。

依照羅馬人的思維，好皇帝必然是傑出將領。想要削弱統治者權威，最簡單的方法就是嘲笑他在戰場上的能力。卡利古拉於西元四〇年親征的故事，便是經典的例子。此行可能原定目標是入侵不列顛，卻臨陣喊停。他面對英吉利海峽，望向那尚未征服的島嶼，他排兵布陣，吹響號角，接著下令士兵……不是要他們奮勇向前爭取戰功，而是在海灘上撿貝殼。這個故事真假難辨，可能是刻意或無意間誤會的結果（有些現代學者另闢蹊徑，認為在這個故事之中有著拉丁語彙的含糊之處，而皇帝其實是命令他們抬起小船或是拔營，不是撿貝殼）。無論背後真相為何，人們之所以不斷流傳這則軼事，顯然是為了凸顯卡利古拉是個讓勇氣瞬間洩氣的統治者，強迫部隊去執行瑣碎——毫無丁點男子氣概——的任務，藉此羞辱軍人。卡利古拉扮演起將領實在太過拙劣。

然而，皇帝在軍事方面的角色並沒有表面上單純。在軍事方面，羅馬統治者也面臨某種微妙的平衡。西元第一與第二世紀並非大幅擴張的時代。「帝國」（意指羅馬所征服的海外領土）泰半是在數百年前，也就是西元前三世紀至前一世紀間形成的，遠早於一人統治的出現。連最後才納入的大片土地（包括埃及）也是在奧古斯都治世之初新擴張的。西元九年，羅馬軍在條頓堡森林（Teutoburg Forest，今德國奧斯納布呂克〔Osnabrück〕周邊）慘敗，或有兩萬名羅馬士兵戰死（古代戰役的傷亡估計，很少能擺脫「或」一字），據說奧古斯都決定從此之後不再對外擴張帝國版圖。他甚至留下了明確的書面建議給繼承人提比留，「帝國版圖應限於既有疆界之內」。挨了這一記顏面掃地的警鐘，他很可能認為，軍力資源已經太過分散，繼續維持軍事強度的成本恐怕太高。這位羅馬獨裁體制創始人之一留下了簡單扼要的訊息——未來的皇帝一旦擴大帝國版圖，正可謂愚蠢之舉。

即使不擴張，奧古斯都的後繼者仍不失發光發熱的機會。奧古斯都意不在標榜和平思想。抵禦來自帝國外的威脅，總能備添光榮。馬可．奧里略柱是為了紀念其中一次抗戰，抵擋的是來自多瑙河彼岸各部落的壓境。鎮壓羅馬領土內的暴動及叛亂，同樣也能帶來威望。例如哈德良大可

69. 馬可．奧里略柱上的場景，往往比先前的圖拉真柱殘忍許多。圖為羅馬人攻擊日耳曼村莊（從獨特的小屋外型可以看出），一名女子與小孩設法逃跑。

宣稱殘酷（他會說是「堅決」）鎮壓西元一三〇年代的猶太暴動是自己的功勞。總而言之，帝國的「邊界」絕不是現代地圖上簡單明快的線條。當時的疆界流動性更高，而羅馬帝國的影響力與控制力其實遠超過行省建制的範圍，通常會及於邊區，而非邊界。英格蘭的哈德良長城乍看之下彷彿標示出羅馬領土及影響力的邊線，但實際上的影響力及於更北邊（長城本身與其說是羅馬的邊界線，不如說是大搖大擺宣示羅馬對這片土地的宰制力）。因此，後人可以在廣義上遵循奧古斯都的建議，同時把影響地區化為帝國正式版圖，或是把新的疆土納入羅馬實際擁有卻間接控制的範圍。只要稍加施壓，就有不少異國君主準

70. 以弗所的浮雕，呈現羅馬人對勝利的刻板印象——戰敗的「蠻族」（穿著標準的「蠻族」褲子）沉沉地倒在自己的馬背上。後方羅馬士兵殘片則清楚可見。

備成為羅馬的傀儡。

儘管如此，傳統觀點與避險立場之間仍有根本立場的衝突——傳統觀點認為，榮譽來自軍事擴張，民間長期幻想羅馬的命途便是要成為「無止境的帝國」（這是維吉爾在他的史詩《艾尼亞斯紀》裡讓朱庇特大神所說的話）。反觀避險的立場，多少是在可行範圍內維持既有領土現狀。換句話說，皇帝的形象在擴張與否之間，存在衝突之處，一是以共和時期以降的傳統羅馬模子鑄出來的英勇將領，率領麾下部隊奔赴戰場，擴張再擴張；另一則是英勇的總指揮官，有效執行護衛任務。想成為「偉大的」羅馬人，卻不是「偉大的」征服者，這怎麼可能？「皇帝應當開疆拓土」的看法，一直都存在於檯面上。

全副武裝的皇帝雕像，多少掩蓋了兩種立場之間的裂痕。這些雕像不只是為了**紀念**他身為軍事領袖的角色，更是為了**取代**這種角色——所有這些用大理石雕鑿出來的半身鎧甲及戰「裙」，無不掩蓋了皇帝現實生活中很少著軍裝的事實。同理，西元二世紀中葉，安敦寧・庇護治世期間之所以在以弗所（位於今土耳其）樹立一系列描繪羅馬人戰勝「蠻族」（刻劃得相當刻板）的壯觀雕像，一部分也是有意掩飾當時沒有這類戰事進行。這些野蠻人就是「刻板印象」。我們同樣注意到，發在西元第一和第二世紀的一連串軍事行動後，羅馬帝國整體版圖並未擴張太多，而且新領土持有的時間也不長，但仍然為皇帝提供了足以用於誇口、慶祝的勝利。這就是軍事的「面子工程」，而這種「面子」必然造成雙方的傷亡。

勝利！
Victory!

我們現在幾乎無法重建皇帝決定採取軍事行動的決策過程。宮內組織雖然有財務或請願部門，但沒有戰爭局處。現代軍事教育組織的某些分析家老想把羅馬人的「成就」化為理論，而除去他們的美好想像，羅馬實在看不出有中長期的軍事**政策**，更別說什麼帝國的「大戰略」了。就我們所知，最接近軍事政策的，莫過於所謂奧古斯都給後繼者的建議，也就是帝國版圖「應限於既有疆界之內」，而這甚至離「政策」都還有一段距離。

整個帝國範圍內，大部分的尋常軍事行動多屬被動反應。軍事相關決策就如同帝國許許多多的行政決策，主要是由行省長官，或是實戰中的部隊指揮官定奪，而這些多是對問題當下的回應，或是進行非常局部的行動。皇帝本人鮮少跟上述情況有直接關係。當然會有許多戰報送回宮裡，就像普林尼會回報圖拉真，並請他裁示。但是，無論皇帝回覆了什麼命令，軍隊指揮官通常都等不了那麼久，畢竟一來一回有時會長達數個月。縱使皇帝及幕僚（無論其組成）其實可以事必躬親、通盤掌控，但大多不會直接插手，而是頒布幾點指示梗概，並於事件後再追認下級指揮官的決策（或是否定），授權將部隊從帝國境內的甲地移防乙地，以及任用或開除前線人員。布狄卡之亂後，尼祿撤換掉導致情勢雪上加霜的不列顛行政長官，正是個絕佳範例。

而有規則就有例外，偶爾會有一系列高調、顯然早有準備的軍事行動，皇帝會在前線或接近前線的地方直接參與。這類行動多少是為了他的公眾形象而策畫，抑或是為了他的形象，所以在事後記錄下來。其中有兩場戰事別具代表性，結果卻大不相同。其一始於西元四十三年，是克勞狄烏斯對不列顛的征服行動。其二則是圖拉真的東征，直到行動於一一七年因圖拉真過世而結束之際，戰事推進的範圍已遠至波斯灣。

西元四十一年，克勞狄烏斯在卡利古拉遇刺後登基。他之所以雀屏中選，無論幕後因素是僥倖或是討價還價及分贓，他都是個出人意料、難以想像的人選。照常理，身為前任皇帝年過半百的叔父，任何人在思考繼位計畫時，他理應都不會在人選名單內才是。蘇埃托尼烏斯甚至從奧古斯都寫給利薇雅的一系列信件中引用了一段內容（我們不知道他是從哪裡找來這些信的），這位皇帝在信裡曾表示，自己對於這個男孩的問題感到很遺憾（奧古斯都寫信時，克勞狄烏斯年紀還小）。奧古斯都很懷疑，他根本沒有能力出任公職。是不是該禁止他出現在大戰車競技場的皇帝包廂？他們**到底**該拿他怎麼辦？在這種脈絡下登基的新皇帝有個辦法支持自身足以勝任的立場，那就是擁抱古老的尚武傳統，**發動一場征服行動**。不列顛令人垂涎三尺。然而，不列顛對帝國的安寧一點威脅都沒有，想侵略的話，還是得虛構點似是而非的藉口。不過，在羅馬人腦海裡，不列顛是個遙遠的地方，位於「大洋」（Ocean，聽起來比你我所說的「英吉利海峽」更是深不可測）的另一端，神祕、充滿魅力、危險。不列顛是終極邊疆，位於世界的邊緣，住著奇怪的人，會把自己的皮膚染藍，吃的不是麵包、小麥，而是奶與肉，身穿獸皮。布立吞人（Briton）曾在西元前五〇年代阻止了尤利烏斯．凱撒，或計還有後來的卡利古拉（「撿貝殼」事件）的入侵企圖。也就是說，新皇帝有了大好機會發光發熱——他要超越前人。

由曾任執政官的資深元老奧盧斯．普拉烏提烏斯（Aulus Plautius）擔任總指揮，派出先遣部隊。從運輸與軍糧的供應，到軍備、營房、通訊乃至於時機的掌握，整體後勤想必複雜無比。據卡斯西烏斯．狄歐表示，由於士兵們起先並不情願到已知世界以外的地方冒險，而克勞狄烏斯派遣在宮中任事的前奴隸去鼓舞士氣的作法也是成效不彰，因此各項準備都有延誤。全軍加起來有兩萬多人，分為四個軍團，其中之一的指揮官是未來的皇帝維斯帕先（遠遠早於他開始有了稱帝之心），而他也因此成為第一位曾經踏上不列顛土地的羅馬皇帝（除非你把尤利烏斯·凱撒算進去）。

克勞狄烏斯自己則是稍後才從羅馬出發，及時參與占領之初的最後階段。關於他在行動中的角色，各方說法不一。狄歐所記錄者，想必是官方版——可能也是廣為接受的版本——所以才會提及普拉烏提烏斯出師不利，最後只好找皇帝出馬救援，膠著的戰事等到克勞狄烏斯抵達才勢如破竹，不列顛各部落投降。至於其他古今文人，則把普拉烏提烏斯勾勒成羅馬凱旋的唯一功臣，克勞狄烏斯直到最後一刻，才在一群大象的圍繞下出場居功（這些大象也許不甚有用，卻能讓人心生敬畏）。皇帝隨後直接返回羅馬，得到各式各樣的榮銜，其中最特別的，就屬「不列顛尼庫斯」（Britannicus），而他也把這個稱號賜給襁褓中的兒子。這是一種長達數世紀之久的傳統羞辱方法，被羅馬征服的民族得眼睜睜看著征服自己的人，用名號和頭銜四處招搖，像是「阿非利加努斯」（Africanus）、「亞細亞提庫斯」（Asiaticus）、「日耳曼尼庫斯」等。甚至有個地獄笑話說，皇帝卡拉卡拉殺了自己的弟弟蓋塔之後，人們應該稱呼他「蓋塔庫斯」（Geticus）。

雖然打了勝仗要慶祝，但從羅馬人的角度看，不列顛卻是資源的無底洞。根據地理學家史特拉波所做的悲觀經濟評估，征服這片土地恐怕得不償失，而事實也證明他是對的。說到底，「征服」到底意味著什麼，根本不清不楚。對於住在鄉下的多數布立吞人來說，就算出現了新的上層建築物，像是城鎮、別墅，或是塔西陀用譏諷口吻提到的拉丁語及托加袍，他們的生活並無多大改變。不過，縱使耗費龐大人力和物力，持續面對游擊戰，甚至是公然反叛，羅馬人仍設法控制島上幾個地區（從未完全控制），直到西元五世紀初。

克勞狄烏斯治世的五十年後，皇帝圖拉真發動了幾次高調的征服行動，結果卻是南轅北轍：後者獲得的土地，幾乎是一拿下便又丟失。今人反而認為圖拉真是羅馬所有統治者中最好戰、最致力於擴張的一人。這種印象多少得歸功於圖拉真柱——柱身刻劃了皇帝身為「統帥」的上百個場景，而且至今仍立於羅馬城的中央。說起來，他確實算最好戰。他成為皇帝之後，有半數時間都在義大利之外征戰，他也因此跟哈德良一樣到處「巡狩」。由於他正式併吞建省的土地之多，人們往往認為，他的治世期間也是帝國版圖的極盛期。可惜那只是一眨眼。圖拉真的某些征服行動，總結來說，可謂自吹自擂到了極點，而實際成果卻是探了底的短暫——說穿了，也只是為了自己的戰功。

圖拉真柱是為了紀念他在西元二世紀初的頭十年，對達契亞（位於今羅馬尼亞）發動的戰爭。雖然如今徒留這根柱子孤傲矗立，但圖拉真柱原本也只是他龐大的「廣場」的一個元素，廣場上本來還有市場、圖書館、柱廊、凱旋門，以及大量呈現達契亞人被俘受制的雕像。如此多功能的複合建築群，是為了慶祝圖拉真的凱旋，以及羅馬新省分達契亞的建立——無疑是延續了帝國擴張的古老傳統。數世紀以降，這座議事廣場一直是皇帝將才的有力宣傳。不過——最初的設計無疑是為了慶祝——其所遮掩的，就跟外在所見一樣多。這片華而不實的建築群落成後的兩百五十年間，一直是名流政要前往羅馬一遊時必定造訪的景點。只是，來人看到眼前場面，絕不會想到圖拉真在達契亞的作為，其實只是延續圖密善先前的行動。新省分的土地，多少是從本來就受到羅馬控制的土地中劃出來的（本來有個附庸統治者，只是他後來拒絕再當魁儡）。而議事廣場存世的時間，遠比當初闢建時所要紀念的新省分更久——到了三世紀，羅馬人便放棄了達契亞。

圖拉真在西元一一三年展開東征，而他在帕提亞（今伊拉克）取得的一連串勝利，既是大張旗鼓的宣傳手法，也是皇帝形象塑造及現實軍情相衝突的實例，既極端又令人不解。從古代以來，各界對於這些軍事行動背後的原因就有諸多爭論。卡斯西烏斯・狄歐認為，圖拉真只不過是被榮譽的渴望所驅使。其他人則是相對寬容，點出了達契亞與其他地方同樣面臨且需要解決的問題：羅馬人控制的區域範圍不明確，附庸統治者又搖搖擺擺（只不過狄歐覺得這些都是藉口）。「戰勝帕提亞帝國」本身對羅馬來說，也是強大的政治資本，畢竟如果更往東走，非得直抵中國，才會遇到最令人擔心的唯一競爭對手。西元前五十三年克拉蘇戰敗遭到斬首後，羅馬人與帕提亞人時不時便為敵，所以圖拉真但凡能有任何勝利，都會是可圈可點的公關凱旋。不過，無論行動的宗旨為何，也不管時程及路線細節尚有諸多爭議，戰事的梗概已足夠明確。

有些現代歷史學家估計，圖拉真及麾下將領率領達八萬人之眾（足以讓入侵不列顛看起來像是小規模衝突），在帝國東緣以突襲的戰略進攻，穿過古時美索不達米亞的領域，於西元一一六年攻占帕提亞首都泰西豐（Ctesiphon，今巴格達南方），成立三個全新的羅馬省分，最後推進至波斯灣岸。一如預料，榮譽接連而來。皇帝獲封「帕提庫斯」（Parthicus），把自己的戰績風風光光打在硬幣上（彩圖14）。他就像羅馬將領一樣，把自己的勝利和亞歷山大大帝相提並論，卻又遺憾自己已不再年輕，無法跟隨亞歷山大的腳步，一路打到印度（「無止境的帝國」？）圖拉真的英雄死於西元前三二三年，辭世的地點巴比倫如今已成觀光景點。等到他前往巴比倫朝聖時，局面已混亂了起來——西方大國（也可以說是好事者）涉足這個地區時，往往會造成這種結果。前述遭到征服的土地舉起反叛旗（畢竟只是一場突擊戰，打了就撤），而圖拉真本人也生了重病。他在返回羅馬途中去世，權力的交接問題則是由陪在他身邊的普羅蒂娜解決了（端看你相不相信）。哈德良繼承大位之後立即採取措施，其中之一便是乾脆放棄了新的省分。這三省曾經是羅馬帝國的一部分，卻只維持不到兩年時間。

圖拉真因為過度自我膨脹，反而毀了自己，但對於這同一個人，普林尼的刻劃卻是相當腳踏實地，說他不懂裝模作樣，注重細節，吃得又很簡單。這兩種形象一對照，還真是讓人啞口無言啊。

軍中弟兄
One of the lads

各個皇帝標榜自己對戰爭有多投入，為的可不只是想為自己建立或奪人軍功。這麼做也有「與士兵同在」的意思。羅馬的權勢及國防終究建立在武力之上（無論是公開或是隱藏的武力），因此對皇帝來說，維繫部隊的忠誠是絕對的首要之務——到了西元二世紀，全帝國上下的軍隊人數早已突破奧古斯都時期的二三十萬，逼近五十萬之譜。皇帝的夢魘莫過於軍隊調過頭來對付自己。之所以會有大筆金錢持續挹注，給予軍隊慷慨的薪餉與退休福利，不時還額外發放現金津貼，其中一個原因就是穩定軍心。但是，忠誠也仰仗理性與感性，皇帝必須表現出自己是「戰友」或「弟兄」（*commilitio*），才能穩穩把握軍人的心。普林尼在《頌辭》中特別提到，並稱讚圖拉真雖然是**統帥**，卻也有如**弟兄**，兩者之間的分寸拿捏得極其到位。金口狄歐也說過（同樣是對圖拉真說），假如統治者不了解那些為了保護他的帝國而冒險犯難的人，猶如牧羊人不曉得是誰幫助自己保護羊群，如此一來野獸恐怕就會趁隙闖入。

皇帝有很多方法可以成為「戰友」。理論上，他要帶兵打仗，但這絕不代表他要親自衝鋒陷陣。現在想重現古代戰役中的場面，可謂難如登天（恐怕比古人記載的規模更小、更混亂，當場戰死的人比幾天後因傷口感染而死的人少得多）。但無論公開形象為何，皇帝們並未親自浴血奮戰，共和時期的知名將領大抵亦如是。比方說，根據維吉爾所勾勒的知名場面，西元前三十一年的阿克提烏姆海戰中，奧古斯都「雄赳赳立於艦艉」，在緊繃的戰局中指揮部隊。但根據其他記載，實際指揮的人是他的朋友馬爾庫斯・阿格利普帕（Marcus Agrippa），奧古斯都（當時仍叫屋大維）則是在一旁的小船上觀戰，絕沒有雄赳赳立於艦艉。至於西元六〇年代晚期，提圖斯在耶路撒冷圍城戰時躲避敵軍的箭矢，反殺十二名敵人（據蘇埃托尼烏斯的說法，這十二人都是被他一擊斃命），頂住對手壓力的英勇事蹟，則統統發生在他登基之前許久。相比之下，圖拉真柱上的軍事場景準確多了。畫面中，皇帝指揮若定——對部隊喊話，主持宗教儀式，接收戰俘——反而沒有戰鬥場面，沒有衝鋒陷陣，而且也沒有一直穿著戰甲。

重點在於怎麼視對方為「軍中弟兄」。無論命士兵撿貝殼的故事究竟全貌為何，日耳曼尼庫斯在軍營把小卡利古拉帶大，把他打扮成小小兵，一副軍中吉祥物的樣子，這件事對卡利古拉絕對有利而無害。今人一般稱他「卡利古拉」，其實正是從當時延續至今。其字面上的意思是「小靴子」，指的是卡利古拉小時候穿的迷你軍鞋（英文的Bootikins也許還帶有一點當時拉丁文的味道，有助於解釋他本人為何不喜歡這個名號）。整體來說，每當皇帝與部隊同在，他們就得讓士兵們看到自己**派上用場**，而且**有難同當**。他們必須再度化身為「其中一分子」，只不過跟做為羅馬上層社會的「吾輩之一員」的方式有別。

羅馬文人有一套相當的標準，反覆羅列了人們對於軍事情境下的皇帝會有的期待。他必須叫得出士兵的名字，在他們生病時照料他們（圖拉真在達契亞戰爭中曾經剪開自己的衣服，以做為繃帶，一口氣補到滿分）。他頭上不能配戴任何物品，住的環境也該跟小兵一樣。他不該多拿口糧。出征時，皇帝就該跟所有人一起吃軍營裡的大鍋飯，完全顛覆了宮裡的飲食階級。例如，哈德良跟大家一起吃乳酪、培根以及廉價葡萄酒。塞普提米烏斯・塞維魯斯在別無選擇的情況下帶頭喝髒水，成為其他人的榜樣。卡拉卡拉在與同袍同甘共苦這方面所得到的評價，高於其他領域的表現——據說他更上一層樓，雖然個頭不大，卻自願自行扛起沉重的軍旗，更遑論他挖壕溝，用普通的木盤當餐具，自己的口糧自己研磨，用營火餘燼烤粗麵包。

對於皇帝和普通士兵之間的關係，除去這類軼事（感覺太多了），我們手邊就只有一項直接證據，帶領我們穿越回到哈德良人在非洲大陸期間。不過，這次的場合不是進行中的軍事行動，而是對長期的軍事基地進行視察。時值西元一二八年，哈德良第二次大巡狩期間（跟安提諾烏斯一起獵獅子是幾個月後的事），他走訪了蘭巴埃西斯（Lambaesis，位於今阿爾及利亞，撒哈拉沙漠以北一百多哩處）的要塞。他在要塞校閱了幾個軍事單位的操演，並對部隊的表現做了口頭點評。我們之所以得知此事，是因為點評的內容後來經刻石、展示在要塞操練場上，一些磚塊及許多殘片在十九世紀時由考古學家發掘出土。我先前提到（頁262），哈德良這次點評風格相當「死板」，或許不盡公允。大多數內容讀起來確實就像：「你們照章辦事。你們充分運用操練場，雖然手中的矛又硬又短，但你們擲起來卻不失優雅，而其中幾位擲起長矛真可謂專業……」就算皇帝表達的是個人意見，語調也很類似：「我不喜歡轉進，而我追隨的榜樣圖拉真也不喜歡轉進。騎兵的職責就是自藏身處安然脫身……」也許，「死板」在此亦有其重要性。我所謂的重要性，不是說皇帝跟士兵吃一樣的火腿和乳酪這等「同吃住」，而是他以士兵對士兵的口吻說話，遵循和士兵一樣的訓練守則，只有極少數的個人意見（而哈德良提到自己以圖拉真為模範，其實也暗示了無論圖拉真的戰果多麼脆弱難守，他仍為士兵所接受）。此時，身為皇帝兼統帥的哈德良，在跟士兵相處時同樣是說到做到，一如他所言的，「照章辦事」。

凱旋難題
Trouble with triumphs

克勞狄烏斯在戰鬥中頂多只有象徵性參與，卻逕自宣稱得勝，不難想像有人會出言揶揄。但正式來說，「居功」並沒有錯。無論皇帝在戰場上扮演什麼角色，甚或他人是否真出現在前線過，他們畢竟是官方的總指揮，也因此，所有軍事勝利都歸功於他們。正因為如此，他們照道理確實應該獨占古老的「凱旋」（triumph）儀式；羅馬人相信，該儀式是從建城伊始、羅慕路斯王治世時流傳下來的。

按照傳統，羅馬元老院只會把凱旋式之殊榮，授予最為戰功彪炳的總指揮官；對敵方來說，則是看誰主導的大屠殺最為血腥（甚至有規定明確表示，想獲得凱旋式殊榮，得先殺死五千名敵人）。凱旋式的內容包括一場精心規畫的繞城遊行、歡呼的群眾，以及各種樂子（詩人奧維德認為，凱旋式跟競速比賽一樣，都是把妹的好機會——也算是種「征服」）。將領會穿上天神朱庇特的服裝，站在一輛專為儀式準備的戰車上。車前遊街的正是他的戰俘和戰利品，此外還會有標語牌，詳述其勝利之戰（尤利烏斯・凱撒就是在某次凱旋式打出了最是有名的口號：「我來，我見，我征服」〔*Veni, vidi, vici*〕）。士兵們跟在指揮官後面，高聲歡呼，有時吟唱著粗鄙的歌曲，看來是神志不清了。凱旋式是個在首都展示帝國邊區的機會。搶來的金銀與珍貴藝術品只是其中一部分。有時候連生長在遙遠地方的樹木，以及遭占領的異國城市之模型及畫作，也會出現在遊行隊伍裡。對於共和時期的眾多權貴來說，這可是他們人生抱負的至高點。帶兵打仗的人大可在這一天，如天神般受到崇敬。

只不過，這一切在奧古斯都統治期間都改變了。從此以後，再也沒有「尋常」將領被授予凱旋。這項殊榮僅限於皇帝（官方總指揮）及其直系傳人得以享有。對其中一部分人來說，實際參與凱旋式有利有弊。儀式本身其實不太舒服：在戰車上一站好幾個小時，笨重穿行於城裡的圓石子路，中間還不能喝水或稍作休息。西元七十一年，維斯帕先出席慶祝猶太戰爭勝利而舉行的凱旋式。聽說直腸子出了名的他在儀式結束後，一跛一跛地從戰車上走下來，邊說道：「我這把年紀最好還是別辦凱旋式了。」據說，塞普提米烏斯・塞維魯斯還真因為關節炎，婉拒了這項殊榮。不過，新規定更是明確指出，無論實際上參戰的人是誰，所有軍功皆歸皇帝所有（圖3與12）。

然而，新式的凱旋式無法掩飾潛藏的問題。這多少是因為人們會注意到皇帝角色的不協調，一部分人還會注意到舊有菁英銳氣重挫。西元四十三年，在克勞狄烏斯的盛大凱旋式中，他的妻子梅薩琳娜甚至搭乘一輛稍小的戰車客串演出。親眼見證儀式的觀眾，難道會相信「皇帝救陣，反敗為勝」的官方說法？他們能不能接受，無論克勞狄烏斯實際上發揮什麼作用，一切都該歸功給他？還是說，儀式等於公然表示實際上的功臣奧盧斯・普拉烏提烏斯已經被排除在外了？除此之外，還有更嚴重的問題，亦即凱旋式意義究竟何在，以及，再提一次，皇帝的統治中揮之不去的虛假及欺瞞。

西元六十七年，尼祿結束希臘之旅返回羅馬後，在城裡舉辦了一場「類凱旋」儀式，以慶祝他贏得的所有獎項。據說，他乘坐的戰車，就是當年奧古斯都慶祝軍事勝利的凱旋式上乘坐的那一輛。跟在戰車後的不是士兵，而是由一群加油團取代；隊伍前方舉的標語牌傳達的也不是贏得哪些戰役，而是他在運動與藝術方面的成績。凱旋式的終點，通常是坐落在卡比托利歐丘的至尊至大朱庇特神廟（Temple of Jupiter Optimus Maximus），但尼祿這一回改以阿波羅神廟為終點，而以里拉琴藝聞名的阿波羅的確是很「藝術」的神。此舉是在重新定義凱旋式可以慶祝的「勝利」的內涵，試圖超越純軍事的範疇所帶來的建樹嗎？還是說，他是想顛覆或嘲笑這項傳統儀式的整體構想及價值觀，就像卡利古拉把麾下士兵變成撿貝殼的人那樣？

其他案例中，即便是按照傳統軍事定義舉行的凱旋式，也會引發如下的尖銳難題：你怎麼能相信自己在皇帝的遊行隊伍裡看到的都是真的，甚至連儀式所慶祝的勝利會不會也有問題？最可笑也最回馬槍的故事，講的則是卡利古拉與圖密善。兩人慶祝（或者計畫要慶祝）對日耳曼人的勝利，而所謂的勝利若非過於誇大，就是根本沒有發生過。（奧古斯都的建議擺在眼前，那麼捏造自己的勝利，說不定是另一種收獲軍功的方法，如同一個多世紀後，據傳卡拉卡拉編出自己面對帕提亞人〔又是他們〕驍勇善戰的表現。）但是，要是你根本沒有戰俘，那要怎麼讓戰俘列隊呢？根據蘇埃托尼烏斯的說法，卡利古拉把一些高盧人打扮成日耳曼人，把他們的頭髮染紅，教他們講幾句日耳曼語，給他們取日耳曼式名字。圖密善的解決方法也很雷同，甚至還平添了一些物品。為了補上不存在的戰利品，他從宮裡找了些壓箱寶來權充。這類故事傳達的重點在於，一

71. 尼祿發行的青銅幣。周圍是這位皇帝的部分頭銜。中間的圖案是彈奏里拉琴的阿波羅神——也或許是扮演阿波羅的尼祿。

旦跟皇帝有關，連凱旋式裡的一切也不能盡信。站在一旁觀賞隊伍行進時，你真有辦法打消疑慮，相信這一切都是貨真價實？

不過，最不尋常的或許就數西元一一七至一一八年間，為了慶祝圖拉真在美索不達米亞打勝仗而舉辦的凱旋式。不難看出，這件事對哈德良來說是個大問題。前任皇帝早已作古，要怎麼標榜他打的勝仗呢？答案是，做個已逝皇帝的模型（材質也許是蠟），置於戰車上遊城。這些所有無非是為了慶祝某些表面上光榮的征服行動，但在凱旋式進行之際，其所征服的戰果哈德良早就棄守了。有時候，你著實很難理解，羅馬人是怎麼做到不苟言笑的。

第九章 面對面
Face to Face

近距離
At close quarters

他的英俊一望便知……雙眸清澈明亮……可惜老的時候左眼看不太到。他的齒縫明顯，牙齒小又坑坑巴巴。他黃髮、微鬈。他眉毛連心。耳朵不大不小。他鼻梁上半隆起，下半彎曲。他的膚色不深不淺。他個子不高……不過身形比例對稱，只要沒有高個子站在他旁邊，沒有比較之下，就不會注意到他矮小。據說，他皮膚都是斑，胸腹皆有胎記……

上述這段內容，為蘇埃托尼烏斯所描述的皇帝奧古斯都的外貌。他在自己所寫的一系列皇帝傳記中——雖不若這些皇帝部分詳盡的病理報告那般私密——以文字勾勒出羅馬統治者的面容、身材以及缺陷。他寫道，卡利古拉「人高馬大，皮膚毫無血色，身材比例很差，脖子跟雙腳又細又長，雙眼與太陽穴凹陷……頭髮稀疏，已經謝頂」。加爾巴（Galba）在尼祿死後立刻即位，帝祚不長，他「全禿，藍眼睛，鷹勾鼻」，還患有嚴重疝氣，只能用綳帶勉強固定住。加爾巴短暫治世後不久便繼位的奧托，則是戴假髮掩飾他那稀疏的髮流；因為戴得太過妥貼，以致沒人懷疑那根本不是原本的頭髮。維斯帕先的表情看起來一副在憋尿的樣子（曾經有個尖刻厲嘴的人對他說，「你先拉完屎，我再跟你講個笑話」）。圖密善是個大肚腩，腿異常纖細，幾乎是全禿了。他甚至寫過一本題為《論護髮》（*On Care of the Hair*）的書，內容包括教人接受禿頭的事實。可惜此書今已不傳。

這一切在在顯示羅馬統治者的外貌人盡皆知，而且紀錄詳實。更有甚者，古代文人讓讀者以為一般民眾好像常常能近距離見到皇帝，趁皇帝巡狩帝國上下時把自己的請願信塞進他手裡，在皇帝夜遊羅馬街頭時撞見他，又或者在更日常的場合得見御容。《帝王紀》裡有個關於哈德良的故事，其內容想像他和一般來客在公共浴場裡混浴，所有人都沒穿衣服。他在浴場裡看到自己在軍中認識的一個退伍士兵，對方正用背磨蹭大理石牆壁，他禁不住問這人到底在做什麼。對方答：「我可沒有奴隸幫我擦背」。於是，皇帝給了他一些奴隸，並提供他們所需用度。又過了一段時間，他再度來到浴場，只見一群老人家不停地用自己的背磨蹭大理石。這一回沒有禮物了。他告訴老人家們，不妨幫彼此擦背。

之所以特地寫這個故事，是為了展現皇帝對子民的照顧，展現他的樸實及詼諧：他很慷慨，這些露骨的花招是騙不了他的，而他也不會對犯錯的人下重手，頂多拿他們來開無傷大雅的玩笑。但箇中深意不只如此。這個故事一方面是「把人當成禮物」無情打包送出去的又一個例子，卻也同時顯示哈德良實事求是，他很清楚奴隸的食衣住都需要用錢。此外，故事再度凸顯皇帝身為「軍中同袍」的一面（他在軍隊裡認識此人），同時讓他置身凡夫俗子之間、在澡堂裡——《帝王紀》記載，「他**常常**跟其他人一起共浴」。

「皇帝親近臣民」對於他的聲望來說至關重要，所以才會有這麼多相關的軼事及雋言妙語。先前提過，有個婦女當著哈德良的面說，要是沒時間聽她講話，「那就別擺皇帝架子」，真可謂一針見血。照道理，皇帝**容易親近**，所到之處萬人空巷。但現實狀況不可能跟理想相提並論。實際上，義大利與海外帝國六千多萬人口當中，僅一小部分人有機會親眼見到皇帝。對於哈德良造訪公共浴場的頻次，我們也只能猜測，但我認為，那不過是經安排上個幾次澡堂，說不定身邊還有一些身強力壯的護衛。縱使他是所有皇帝裡最愛旅行的，他也不可能大老遠走到帝國絕大多數人的面前。即便羅馬統治者會出現在大競技場，並坐在顯眼的包廂裡，甚或跟示威群眾面對面，大多數觀眾看到的他，也只不過就是個小點，是成千上萬觀眾當中的一個小點——遠得看不見頭髮哪裡禿一塊，或者缺哪一顆牙。

權力的形象
Images of power

帝國的大多數居民在夢裡見到皇帝的機會，比現實生活中來得多。我這話不是在開玩笑。西元二〇〇年前後的一本解夢手冊裡，就記載了各式各樣的個案研究，是以夢到皇帝為主題（解夢書是古代世界難得流傳下來的專論，卻往往在偉大的「古典」詩歌與哲學著作間受到忽略）。夢到皇帝恐怕大事不妙（你命不久矣），但有些解夢倒是正面許多。我們在解夢書裡讀到，有個人夢到自己踢了「皇帝」一腳（沒有明確提到名字，單純就是個「皇帝」）。據手冊作者阿爾提米多魯斯（Artemidorus）的說法，這表示此君將撿到一枚鑄有皇帝頭像的金幣，而且是因為踩到金幣才發現的。另一個例子是，有人夢見自己得到「皇帝」嘴裡的兩顆牙。姑且不論佛洛伊德會怎麼解這個夢，總之阿爾提米多魯斯覺得這也是個好兆頭。他的解夢是，此人將會在一天之內，贏得自己正在進行的兩場官司。

可惜，仍有數以百萬計的民眾從來沒有機會親眼見到他，或者在夢中見到他，只能從皇帝及其家人一度充斥整個羅馬帝國的形象來認識他。各種大小、材質，有用來裝飾門廊、公共廣場、法庭與神廟的顯眼雕像，也有出現在帝國各地私宅的小型雕像。他們的形象出現在錢幣上，化身為大理石、青銅、白銀甚至偶爾以黃金為材質的雕刻作品，此外也可以繪畫、昂貴的浮雕寶石、珍貴的耳環乃至於三十多公尺的巨大雕像上看到。他們無處不在。重點是，先不論數百萬件錢幣、珍貴的迷你人偶以及林林總總的小裝飾品以外，傳世至今的真人大小雕塑作品的數量仍有上千，陳列在世界各地的博物館牆面，構成我們腦海中的羅馬統治者意象。兩千年過去了，我們依然能夠親眼看著這些皇帝，與他們面對面。

如上所說的雕像，完全沒有任何一尊的形象跟蘇埃托尼烏斯的描述相似。如此一來，哪一種勾勒的才「精準」，並提供可信的指引，有助於我們了解任一位羅馬統治者實際的外貌？我最有把握的推測是，兩者都不準確——多麼令人失望啊。文字敘述相對容易說服讀者，因為個性鮮明。而蘇埃托尼烏斯對於奧古斯都的牙齒或體斑的說法到底可不可信？這也是個大問題。他的傳記中有一種令人匪夷所思的傾向，也就是「好」皇帝身體上的瑕疵比「壞」皇帝少。以大理石、青銅呈現的肖像（或者是出現在錢幣上的肖像），道出的故事卻是截然不同。我們固然可以在上述媒材的形象中找到幾抹個人特質。但那並不常見。假如圖密善果真是出了名的頭髮稀疏，甚至為此寫了一部談護髮的書，那你一定想不到在現存的肖像中，他可是頭髮茂密（圖7）。這些肖像其實是精心建構的權力圖像，旨在呈現寶座上的個別人物，此外，有時更是意味著如朕親臨。這些肖像的使命，在於以前所未有的方式，把皇帝的面容傳播到整個羅馬世界。

羅馬皇帝官方圖像感覺貧乏、了無生趣，差不多的頭，差不多的身體，一尊尊盡是古典主義毫無新意的樣板。如今少有人會為他們佇足停留。不過，這種顯而易見的平淡，的確是皇帝們成功奠定這種權力視覺語言的部分結果，延續的時間甚至比羅馬帝國國祚長好幾個世紀，連今日世人都還在傳承。綜觀西方歷史，幾乎每一個獨裁者或君主都會不時借用羅馬皇帝為自己所創造的

72. 從提比留到亞歷山大・塞維魯斯。第一排：提比留、卡利古拉、克勞狄烏斯、尼祿。第二排：維斯帕先、提圖斯、圖密善、涅爾瓦。第三排：圖拉真、哈德良、安敦寧・庇護、馬可・奧里略。第四排：盧奇烏斯・烏耶魯斯、康茂德、塞普提米烏斯・塞維魯斯、卡拉卡拉。第五排：埃拉加巴盧斯、亞歷山大・塞維魯斯。

73. 英王喬治一世像，著羅馬皇帝全套服裝；麥可．留斯布拉克（Michael Rysbrack）製，一七三九年。

形象，來為自己宣傳。我們往往對這類形象感到理所當然。然而，對於西元前一世紀末，在公共場所和自己的錢袋裡看到這些圖像的人來說，這種視覺語言絕對是場革命。它們絕非乏味的樣板，而是「新時代的震撼」。

雕塑革命
The sculptural revolution

這場皇帝意象建構乃至於意象傳播的革命，最早可以回溯到一人統治的先行者尤利烏斯．凱撒身上。他不只是第一位在世時，就把自己的頭像打在羅馬城所鑄錢幣上的人，他更打破了唯

74. 這是目前人們公認最有可能是尤利烏斯．凱撒本人的肖像，是在他在世時雕刻的。這尊半身像是二〇〇七年在隆河的法國亞爾薩斯段發現的，而且引發廣泛關注。之所以認為是凱撒，只是因為跟錢幣上的凱撒肖像據說有相似之處（圖9）。

有諸神、傳說英雄以及早已謝世之人才能出現在錢幣上的古老共和傳統。根據卡斯西烏斯．狄歐的說法，他還有更恢弘的計畫，他打算把自己的雕像擺放在羅馬各大城市，以及羅馬城的每一座神廟內。狄歐此說距離凱撒離世已有兩百多年，內容聽起來也有點言過其實，但凱撒似乎還真有個前所未有的計畫，要讓羅馬世界上上下下都能看見自己——不見得是他想出來的，不過確實是他推動的。從現今土耳其到古代高盧的範圍內，有二十多座刻有銘文的雕像基座，指出其上確實曾有凱撒在世時就豎立的凱撒像。無奈在這類計畫大功告成之前，他便遭暗殺，而今人也無法明確指出當時留下的哪一尊雕像確實就是他本人的樣貌。有不少態度樂觀的說法，會宣稱甲雕像或乙雕像的面孔，是如假包換的尤利烏斯．凱撒（感覺起來，連最理智的一些考古學家也渴望凝視這位獨裁官的眼眸）。其實，我們能百分之百確定是他的，唯有西元前四十四年某些錢幣上的微小肖像。

後來，凱撒的繼任者統治了四十五年，這才有機會把凱撒的計畫付諸實現。從義大利與整個羅馬世界的範圍，已經有約兩百尊出土的頭像、半身像或全身像，可以大致確定是奧古斯都像。這些雕像上大多沒有名字（也許早已和足以驗明正身的雕像基座分離了），而且也無法確認雕像旨在呈現奧古斯都本人，或是他的其中一位繼承人，抑或是某個想模仿皇帝「架式」的地方要人。不過，經過一兩百年努力不懈的考古研究，將各個肖像與硬幣上的微小頭像（上面**打了名號**）相互比較之後，仍有爭議的作品已經大幅減少。

這些曾經在帝國各地展示的皇帝雕像，彼此雖然相距成千上萬哩，難得的是，設計上居然有許多微妙的相似處，甚至細緻到精確的髮流分布。這正是其製造方式的明證。其中許多尊雕像想必是在羅馬世界各個角落當地製作的，因為它們是用當地石材鑿刻而成的。但是，如果要**相似到如此的程度**，那勢必得按照中央所發放、做為奧古斯都「官方形象」的模型（材質為蠟、黏土或石膏）來製作。

這是唯一合理的解釋。不過，確切的安排方式仍然令人感到困惑。這又是一個例子，說明即便我們對於宮內庶務的其他環節有豐富的資料，但實際的運作依然是令人摸不著頭緒。就連是由誰指揮這個過程，是誰在制定我們所謂的「宣傳」決策，都讓我們難以著手研究，至於是誰製作模型，乃至於製作雕塑本身，就更不用說了。即便他們是世界藝術史上重大轉變的一分子，我

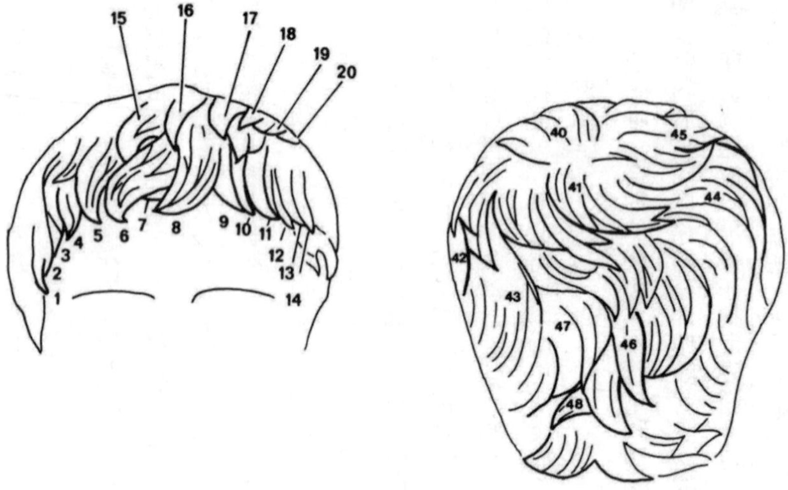

75. 若要斷定肖像出自同一個模型，往往得詳盡比較髮流的安排方式。這是利薇雅別墅找到的奧古斯都像的髮流示意圖。（彩圖15）

們也說不出現存任何一座大理石或青銅奧古斯都像的原作者是誰。這跟「君主出資讓傑出藝術家去創作」，如英王亨利八世（Henry VIII）贊助霍爾班（Holbein），或西班牙國王菲利普二世（Philip II）贊助提香（Titian）的作法完全不同。當時多是匿名，也多是幕後。

此外，我們也無從確定現存的兩百多尊作品，在原本肖像數量中占比是多少。根據最有把握（卻也空泛）的估計，西元十四年奧古斯都去世時，公開展示的同類型圖像約有兩萬五千件至五萬件之譜，這我們稍微有個概念就好。無論你生活在帝國的哪個角落，也不用在意錢袋裡的硬幣有沒有打上他的頭像，你所居住的城鎮都會有大理石、青銅甚至是白銀材質的真人大小塑像，不時地跟你面面相覷。這種情境很難讓人不去聯想到現代獨裁者從每一面看板凝望一切的感

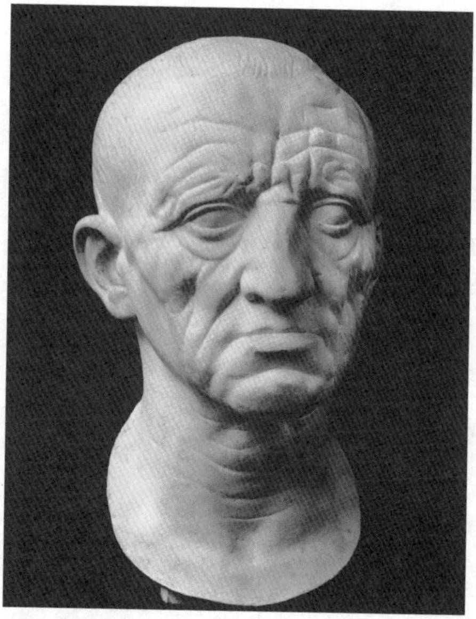

76. 這尊半胸像的皺紋、凹陷的兩頰以及稜角分明的五官，是西元前一世紀的典型風格。毫無疑問，這種老態就跟後來的皇帝那種青春、「仿古典風格」的形象一樣，都是「權力的修辭」（我們大可不必認為這些反映了真實）。不過，奧古斯都肖像最讓人印象深刻之處，就在於沒有這種老態。

覺。同樣的，即使印刷術跟海報尚未出現，但奧古斯都一直都在。

不過，這場革命不只是「量」的革命。奧古斯都（或是向他提議的人）更是開創了一種**嶄新的**羅馬肖像藝術風格，用以配合他一些更加政治性的改革。共和時代的上層社會人士偏好「任憑風霜」的作像準則：憔悴、皺紋、年邁。無論這是否就是像中之人的真實模樣（我們無法驗證），他們要的就是歷練和權勢的力道。奧古斯都卻改變了一切。他的形象以西元前五世紀希臘雕塑的理想傳統為典範。奧古斯都的全身像，身軀以理想的、古典的樣貌呈現，且呈現的姿勢有限（穿著托加袍或戰甲，以站姿為主，間或騎在馬背上）。他的頭像同樣是理想、青春的造物，在四十多年治世期間始終不老。在他七十歲時製作的雕像，跟三十歲時的成品一模一樣。大權在握的人，他們的肖像往往會出現這種年歲的斷層。以女王伊莉莎白二世為例，錢幣上她的肖像年齡增長的速度，比現實中衰老的速度來得慢。而在奧古斯都的例子裡，年齡的差距明顯到令人難以忽視的地步。

換句話說，其年齡表現毫無「寫實」的痕跡。奧古斯都很可能從來沒有像現代君主一樣，「坐著」讓人畫過肖像（有些古代統治者有，例如亞歷山大大帝就有御用肖像畫家）。而且，更有可能的是，奧古斯都的雕像根本完全是一種誤導，人們無從透過雕像辨識出現實中的他。他的雕像其實是一種「政治現實主義」風格，刻劃的是這位羅馬皇帝的新政、他跟過去的斷絕，以及「元首」與「吾輩之一員」近乎於不可能的結合。以前從來沒有任何羅馬人以這種方式呈現肖像，而皇帝也絕不會是這個模樣。

奧古斯都在尤利烏斯．凱撒開創的基礎上塑造自己的形象，成為未來數世紀間羅馬肖像的典範。除去統治時間極短者，我們從每一位皇帝的治世中都能觀察到相同的雕像複製過程（而且就連帝祚短暫的皇帝，也有可能說做就說）。儘管愈後期的作品愈見爭議之處，我們仍然能辨識出現存的哈德良半身像或全身像共計一百五十多尊，總數僅次於奧古斯都像；至於哈德良的男友安提諾烏斯的雕像，也有多達約百尊，排行第三。這些雕像有許多是中樞的宣傳，目的在於把統治者的圖像傳播到帝國各地；至於安提諾烏斯像的情況，則是哈德良個人渴望紀念愛人的結果。其他雕像則很可能是地方自動自發的結果，當地社群急於獻忠輸誠，在自己所在城鎮展示皇帝的樣貌。即便如此，雕像仍需要符合一定程度的官方設計。地方先請求樹立雕像的許可，然後收到官方的模型。或者說，理論上應該是這麼進行的。哈德良的某個朋友曾寫信提醒這

77. & 78. 呈現兩種皇帝身形的樣板：左邊是近乎裸體的盧奇烏斯·烏耶魯斯，右邊是穿著托加袍的提比留。至於戎裝扮相，見圖67。

位皇帝，告訴他特拉佩佐斯（Trapezus，今黑海邊的特拉布宗〔Trabzon〕）有尊雕像看起來「不太像他」，最好送一尊過去替換。我猜想，他的意思是那尊雕像不像官版的形象，而非不像皇帝本人。而這封信的潛臺詞是說，特拉佩佐斯「自行其是」，採用自己設計的非官方雕像。

另外，從西元前一世紀末至西元三世紀初，奧古斯都所確立的風格也有幾個環節始終沒有變化。以單獨塑像而論，皇帝的身體大致一模一樣。每一位統治者都是以完美的身形比例加以呈現，穿著與姿勢的選擇都在同一個範圍內，不是穿著托加袍就是作戰服，偶爾全裸或半裸，彷彿希臘古典藝術中的傳說英雄或神祉。不像英格蘭亨利八世的臃腫，也不像維多利亞女王的日益豐滿，他們的形象不會有個人特色或標誌性的姿態，當然也沒有啤酒肚。也確實，浮雕飾板上的皇帝姿態更為豐富，比方說圖拉真與同袍相偕、打獵中的哈德良，但服裝和基本體態幾乎不會走樣。日子久了，皇帝形象也有細微的轉變，例如相較於一世紀，二世紀的皇帝像少見穿著托加袍，反而較常著軍裝。但它們展示的基本上是「皇帝」的身體，而不是個別統治者的身體。乍看之下之所以如此雷同，多少與此脫不了關係。身體是一**樣的**，換的只是腦袋。

奧古斯都的青春永駐原則並無多少改變。肖像中的皇帝不會明顯變老。羅馬統治者的面目始終保持在登基時的年歲，或者更年輕一些；只有在極少數的情況下，例如皇帝幼年登基的話，他們的形象才會有所改變，但這也不一定。西元九十六年，圖密善的後繼者涅爾瓦雖然已經六十五歲，未想他的肖像幾乎沒有皺紋。奧斯卡．王爾德（Oscar Wilde）所著《格雷的畫像》（*Picture of Dorian Gray*），故事情節是畫中人明顯變老，而畫主人青春永駐；羅馬皇帝像簡直就是這個故事的倒置版，肉身衰老，肖像卻始終保持令人難以置信的年輕。

不過，肖像面部的一些細節，尤其是臉上的毛髮（妙吧），卻透露出更複雜多變的故事。問題來了：我們要如何分辨甲皇帝像跟乙皇帝像是不同人，更何況在某些情形下，根本是意圖讓人分不清？

身分大校閱
Identity parade

今人想當然耳，會認為「肖像」就是在畫人，但皇帝的肖像可不是如此。無論我們檢視得多麼仔細，這些雕像也不會告訴我們特定統治者的性格，甚至也無法告訴我們雕刻家對於雕像本人有什麼想法。除了政治目的之外，這些雕像沒有透露出一絲邪念、扭曲，乃至於任何一種德目。不過，按照常理，把皇帝全部擺在一起，透露出的訊息會比個別研究來得多。第354頁那一排排頭貼，是從提比留（西元十四年即位）到亞歷山大．塞維魯斯（二三五年遇刺）之間全體皇帝的頭像，只除了帝祚最短暫的之外。這些頭像在視覺上的相似及相異處，對我們透露了什麼呢？

犖犖大者，在於這些肖像帶我們重回繼承問題，重回權力自甲統治者傳至乙統治者過程中的問題。就連大頭貼都能清楚看出，將欽定的傳人確立為唯一合法繼承人的方法之一，便是讓他長**得像**他所繼承之人。對於新皇帝來說，確立皇位繼承權的好方法，即是讓自己看起來和前任皇帝一模一樣，彷彿權力無縫接軌，傳給了另一個長相雷同的人。無可否認的是，多少還是有一些個人特色發揮的空間，而最一開始塗在眾多肖像上的顏料，想必便是為了此目的。不過，大原則是現任皇帝必須仿效把統治權交給他們的那位前人。西元一世紀，有幾位皇帝是因為跟奧古斯都關係密切才得以上位，例如透過收養（提比留），或者是奧古斯都親生女兒的血脈（卡利古拉），他們的公開肖像便會複製奧古斯都肖像的元素。到了西元二世紀，哈德良以降的幾位收養皇帝，

79. 認錯了嗎？大英博物館的這尊肖像，反映出尤利—克勞狄朝皇帝及其繼承人的典型五官，但究竟是誰，就任憑各人猜測了。

他們的肖像看起來都很像養父兼前任皇帝。例如塞普提米烏斯・塞維魯斯的公眾形象，就是以馬可・奧里略的形象為雛形——這並不讓人意外，畢竟塞普提米烏斯為了稱帝所玩的花招，便是以回溯既往的方式，捏造奧里略曾收他為養子。

這也說明了為何許多人會有「甲皇帝看起來跟乙皇帝也太像了」的反應。事實就是，皇帝像往往極其相似。目前僅少數專家能夠分辨（或者覺得自己能夠分辨）西元二世紀那些收養皇帝的部分肖像。就算已是專家的程度了，對於一些特別棘手的案例也沒有定見。大英博物館現存的某個大理石頭像，一度經人指認為奧古斯都、卡利古拉，甚至是奧古斯都欽點、卻英年早逝的兩位繼承者——蓋烏斯・凱撒（Gaius Caesar）和盧奇烏斯・凱撒（Lucius Caesar）。另一個收藏

80. 維斯帕先標榜自己傳統、老派的義大利家世。這尊肖像製作於西元一世紀下半葉，飄盪著以前的共和風格，暗示要回歸過往的價值觀，與尼祿的毫無節制有所區隔。

於梵蒂岡的頭像，曾被認作是奧古斯都、卡利古拉、尼祿，或是剛剛那位英年早逝的蓋烏斯・凱撒。而說不定這就是重點，儘管考古學家已經盡力分辨，但肖像的製作意圖始終都是為了模糊建國元勳及其繼承人和潛在繼承人的形象。「**分不出來**」，可是足以發揮作用的武器。

反之，有時候「分得出來」才是其用意。例如經歷暗殺事件或內戰之後，新皇帝與前任皇帝遺緒保持距離的基本方法之一，就是為自己建構出迥異於前人的形象。維斯帕先的官方形象堪稱教材。西元六十九年，他在尼祿垮臺後的衝突中成為最後贏家。維斯帕先力求最好在每一個方方面面都有別於尼祿，並且以尼祿奢靡、自大、揮霍的刻板印象（想必有部分出於捏造）來大作文章。舉例來說，做為公共娛樂場所的大競技場，就蓋在尼祿私人樂園金宮的位置上。更有甚者，維斯帕先的肖像不僅出現皺紋，頭頂毛髮顯然不多，感覺簡直是重回過往共和時期「任憑風霜」的風格。不難想像，這種皇帝形象意在讓你我對維斯帕先腳踏實地的傢伙這般性格有一絲感覺。但是，無論他究竟長什麼樣子，也無論時人怎麼用廁所段子揶揄他的長相，我們完全沒有根據足以斷定這些是寫實的圖像。它們的「腳踏實地」不見得是個性的刻劃，而是政治訊息的一環。這些圖像是要告訴你：「新上任的人跟尼祿完全不同」。「他堅守的是傳統、嚴肅、老派的價值觀」。

不過，這一排排的皇帝頭貼確實有個明顯的變化。西元一一七年哈德良登基之後，一百五十年來皇帝及其繼承者刮得乾乾淨淨的臉，逐漸變成蓄著大鬍子，有時候還相當茂密（其細緻的描繪，堪稱是雕刻技術的華麗展現，簡直是為了炫技而炫技）。連十來歲的埃拉加巴盧斯和亞歷山大．塞維魯斯，有時候也留著一臉超過其年華應有的小鬍子。

按照先前所說的邏輯，我們本以為哈德良的肖像，會跟養父圖拉真的肖像亦步亦趨才對，尤其是因為繼位的過程波折不斷。所以，為什麼突然改弦易轍？沒有證據顯示這只是反映上層社會男性整體時尚的轉變。那會不會是皇帝個人外貌的某個特點偶然出現在肖像上，而繼任者緊緊跟隨呢？《帝王紀》的作者無所不用其極地聲稱道，哈德良留鬍子是為了掩蓋面皰，他一副就是在暗示這種可能的樣子。還是說，這番權力新面貌的創造，背後還有更重要的理由呢？現代某些史家指出，早在馬可．奧里略以其哲學愛好聞名於世的數十年前，哈德良就開始標榜「皇帝即哲學家」或「皇帝即希臘愛好者」，更蓄起「希臘風」的鬍子。也許是吧。但是，他的靈感究竟來自哪一種希臘原型？更遑論那所謂「冥思出神」的頭部，往往安在全副武裝、身披鎧甲的龍虎之軀上，這兩相結合的關係，更是令人難以斷定。到頭來，鬍子的轉變仍是和皇帝相關的藝術與文化的又一道謎。但如果想分辨不同的成年皇帝頭像，至少有沒有鬍子確實是個有用的判準。假如頭像沒有鬍子，則此君想必是一人統治之初到皇帝圖拉真之間的人物。假如頭像有鬍子，那他要麼是哈德良，要麼是接下來一百多年中的其中一個繼承者。甚至到了西元四世紀，多數的皇帝像仍可見蓄鬍，只不過這些時代較晚的頭像，鬍子通常不太茂密。

至於女性呢？
What about the women?

帝室女性的肖像，創新幅度居然比男性肖像更明顯。其革新的程度不只在於她們的肖像也逐漸大量製作了起來（規模畢竟無法與皇帝本人相提並論，例如現存的利薇雅雕像大約九十尊，而她的丈夫奧古斯都則有兩百多尊），關鍵在於，這是義大利首度經常性且公開地展示女性肖像（東地中海倒是有些更早的例子）。假如你在西元前五〇年代前後的羅馬城打轉，那幾乎不可能看到女神或神話女主角以外的女性形象。一百年後，你走到哪兒，反而無法避免看到皇帝女性親屬的雕像。視覺世界已經徹底轉變。

頁368的陣容從利薇雅（奧古斯都的妻子）到尤莉亞·多姆娜（塞普提米烏斯·塞維魯斯的妻子），為帝室當中最突出的幾位女性。還是一樣，對於一頭霧水的博物館遊客來說，點出雕像年

81. 羅馬皇后。第一排：利薇雅，奧古斯都之妻、提比留之母；小阿格麗普庇娜，克勞狄烏斯之妻、尼祿之母。第二排：圖密媞亞．隆吉納，圖密善之妻；普羅蒂娜，圖拉真之妻。第三排：小法烏絲蒂娜，馬可．奧里略之妻、康茂德之母；尤莉亞．多姆娜，塞普提米烏斯．塞維魯斯之妻、卡拉卡拉和蓋塔之母。

代、身分的關鍵指標，依舊是毛髮——但這一回，我們要看的，是頭上的。奧古斯都及其後續幾位繼承人的朝中女性，其髮型著實素雅；但到了西元一世紀末，帝室婦女的髮式卻變成精心整理、一綹又一綹的鬈髮束成的髮髻。這顯然是貴族特權的表徵（頭髮盤成這樣，任誰都無法勞動），而且若肖像確實反映了她們的真實髮型，而不只是雕塑炫技的話，那這整套髮妝必然得靠某種古代版的接髮來支撐。又過了一個世紀，歷經西元二世紀上半葉相對低調的風格之後，尤莉亞·多姆娜的肖像所刻劃的她，往往戴著假髮。這種刻劃方式意不在掩飾，或說不是為了假裝那確實是她的頭髮。事實上，某些雕塑刻意凸顯假髮的人為性質，讓幾綹「自然的」髮絲（仍是大理石雕刻）從假髮下溜出來。感覺起來，彷彿在說，假髮的這般藝術效果在當時正是一種身分表徵。

而光有髮型還不足以稱后。證據顯示，要替這些女性肖像標上姓名，會比男性的更不容易，這也是意料中吧。根據羅馬世界不同地方發現的女性雕像來看，其間的相似處顯示它們也仰賴中央所派發的印模。而刻劃這些女性的方式，也是「繼承之政治」的一個元素。塞普提米烏斯·塞維魯斯的肖像，會設法跟馬可·奧里略有所連結；其妻尤莉亞·多姆娜的形象，有時候也會配合馬可·奧里略之妻法烏絲蒂娜的形象。皇室家族中女性成員的樣貌，偶爾甚至會模仿她們的皇帝親人，猶如強調她們在公領域的地位取決於皇帝。無奈的是，由於現存女性肖像數量少，不容易比較並對照，而錢幣上的女性頭像也少，加上蘇埃托尼烏斯的著作中並未提及她們的樣貌（他沒有耗費篇幅去描述女性），這意味著對這些肖像的身分確認更是難有任何把握。今人認定為西元

82. 幾乎一模一樣的利薇雅、大阿格麗普庇娜與小阿格麗普庇娜的三座雕像。它們是十八世紀時，在烏耶雷亞發現的十三尊皇帝及其家族群像的一部分。

一世紀晚期某皇帝（無論是提圖斯還是圖密善，任你選）女性親屬的雕像，其實很有可能應標示為「身分不詳的羅馬婦女」，她們只是有著一樣的流行髮型。

北義大利古羅馬小鎮烏耶雷亞（Veleia）發現的三尊大理石仕女像，如實道出了前述的身分辨別問題。雕像原本的底座也在附近找到，上面的銘文明確指出它們分別是利薇雅、大阿格麗普庇娜（卡利古拉的母親），以及她的女兒小阿格麗普庇娜

83. 比真人稍大的梅薩麗娜雕像，完成於西元一世紀中葉，呈現母親的完美形象。其設計顯然來自西元前四世紀初期，由塞弗索多杜斯創作的雕像，主題是和平女神輕柔地抱著其子普路托斯（Ploutos）——財富之神。

（克勞狄烏斯的妻子、尼祿之母）。即使有這個線索，也不可能釐清哪一尊是誰。三尊雕像看起來根本大同小異。也許這麼做是為了傳達皇帝的妻子或母親彼此非常相像。無論八卦裡的女人如何惡毒算計、床笫不安，也無論古代文學中對幾名女性的負面描繪，至少公共雕塑多半把她們塑造為一系列的慈母、賢妻及愛女樣貌，她們的形象一致，採用的姿態和服裝也大致相同。這簡直就像她們的官方形象，其設計不只在於象徵這些女性在帝室存續方面的影響力，更是為了直接反擊某些誹謗傳言。有一尊知名雕像，刻劃的人物大概是皇帝克勞狄烏斯那個傳說中通姦、性成癮的妻子梅薩麗娜，而雕像呈現的卻是她把兒子

84. 這塊浮雕板與其他嵌板，堪稱是百年來最重要的羅馬雕塑發現，原是阿芙蘿黛西雅（位於今土耳其，同圖51）一處用以向皇帝致敬的城區所使用的裝飾品。阿格麗普庇娜為其子尼祿加冕——於西元五十四年登基（不到幾年，他便置她於死）。浮雕上，新皇帝拿下頭盔（放在腳邊），並接受加冕。

不列塔尼庫斯抱在懷裡，這般姿勢是以早期希臘那仁慈和平女神的雕像為本。其所傳達的訊息是「沒事的」。

唯有在極為罕見的情況下，我們才會遇到某個帝室女性看似——至少第一眼——破除了尋常的習氣，挑戰常見的賢內助刻板印象。古城阿芙蘿黛西雅（位於今土耳其）發現了一大塊雕刻飾板，內容所刻劃的，無疑是這之間最有膽識的，堪稱是另一種版本的阿格麗普

85. 阿芙蘿黛西雅的雕塑中，包括最早的不列顛尼亞擬人化形象，以皇帝克勞狄烏斯的受害者之姿出現。這個行省化為楚楚可憐的女子樣貌，被戰勝的皇帝踩在腳下（情況或者更慘）（見頁337-8）。

庇娜。在此，最大的爭議不是她在這塊飾板上的外貌，而是她正在做什麼。她正在為自己的兒子尼祿戴上月桂冠，彷彿真是由她授予皇權給尼祿。

這塊飾板出土的地方，是一座神廟及其附屬門廊的遺跡。西元一世紀中葉，阿芙蘿黛西雅當地一些顯貴興建了這座神廟，用以尊崇羅馬皇帝，考古學家在一九七四至八四年間的發掘工作後，神廟自此重見天日。這片建築群外牆覆有數十塊雕板和獨立的雕像。我們

86. 這塊浮雕板比阿芙蘿黛西雅的加冕圖像（圖84）的更小（不到一平方公尺），不過，基本概念如出一轍：卡拉卡拉之母尤莉亞・多姆娜以勝利女神之姿，為兒子加冕（他身旁擺放著戰利品，腳下蜷縮著兩名戰俘）。今藏於華沙國家博物館（National Museum of Warsaw），可能來自敘利亞。

不確定當地設計師的靈感從何而來，居然想出這個大膽的雕塑計畫，也不曉得其中有多少元素是來自羅馬中樞提供的模型。不過，此地仍有約六十尊相對完整的雕塑保存下來，部分仍與銘刻其上的作品名稱相連，因而得以確切知道刻劃的人物，堪稱二十世紀最重大的羅馬藝術發現。有些雕塑是羅馬世界中各民族（例如達契亞人）及地點（例如克里特島〔Crete〕）的擬人化，有些則是希臘羅馬神話主題之薈萃（有的一眼便可看出，有的難以辨認），例如羅馬建城英雄艾尼亞斯（Aeneas）把父親救出特洛伊；變成天鵝、侵犯斯巴達公主麗達（Leda）的天神宙斯；以及三尊裸體的無名英雄正神祕地輕拍著狗。而同樣吸引人的，還有一系列以一人統治的歷史、象徵為靈感的飾板，其中的場景亦可見皇帝及其家人。

其中一塊飾板上是奧古斯都以戰勝者的姿態昂然而立，一旁是遭縛跪地的俘虜；不遠處是衣不蔽體的克勞狄烏斯「英勇」擊敗不列顛尼亞（Britannia），以及尼祿屠殺亞美尼亞王國（擬人化為近乎全裸的女人）。亞美尼亞是「標誌性征服」或「面子工程」的又一個例子——雕板刻劃的雖然是「親自出馬」的景象，把軍功歸給皇帝，但他本人其實並未直接參與此次行動。小阿格麗普庇娜為兒子戴上月桂冠的「加冕場景」同樣不是現實。現實中從未舉行過這類儀式。羅馬皇帝的「加冕」，不是字面上的動作。不過，從象徵意義來看，這個形象猶如以大言不慚的口吻，複誦著某些羅馬文人的言之鑿鑿，言說尼祿之所以上位，得歸功於其母的操作。其他幾件藝術品也呼應了這種說法。比方說，有一件浮雕刻劃的也是小阿格麗普庇娜替兒子戴上月桂冠。另一件一個半世紀後創作的雕板上，則是尤莉亞．多姆娜也為卡拉卡拉戴上月桂冠。

看到這些圖像，實在令人禁不住視之為罕見的實驗，旨在把帝室中與繼承過程中的女性權威呈現得更為主動。我們看到的，會不會是女性政治力量及作用力僅有的一次大膽呈現，與常見的視覺刻板印象背道而馳？我希望是，但我說不準。

上述這幾種形象的皇后各自帶有截然不同的女神特色：阿芙蘿黛西雅神廟與浮雕上的小阿

87. 這尊皇帝克勞狄烏斯做朱庇特扮相的雕像，高二點五公尺，來自羅馬周邊城鎮拉努維烏姆（Lanuvium）。朱庇特神的象徵——老鷹——就在他的腳邊。雕像的右手原本想必拿著閃電（祭酒碗是現代的錯誤修復）。他頭上的橡葉冠讓他腳跨人神之界線：橡樹跟朱庇特有關，而橡葉冠則是為了嘉勉軍人在戰事中的英勇表現。

格麗普庇娜，都拿著幸運女神堤喀的標記——豐饒之角（cornucopia）——不過這個形象也有可能是在呼應穀物與農產女神克蕾絲（Ceres）；而尤莉亞．多姆娜則是以勝利女神的面貌示人。當時的人在刻劃跟皇帝有關的人物，尤其是（但不只是）女性時，多以代表神性的象徵來描繪。此舉多少為她們平添一抹聖光，有別於終將一死的凡人，同時符合把皇帝描繪為神的整體框架（我們將在下一章探究其中）。可惜，實情沒有表面上單純。有一尊超過真人大小的皇帝克勞狄烏斯像，跟朱庇特一樣半裸，神鷹正依在他腳邊。這種呈現方式，老實說，襯著皇帝感覺有點蠢。至於小阿格麗普庇娜和尤莉亞·多姆娜的情況，神性反而使得真正的權力所在——皇后與女神的合體——變得含糊。至少，女神的部分不但壓過了皇后，甚至有掩蓋皇后權威的作用。從這個角度切入的話，前述的意象就不是真正的女人（帶有女神的些許意象）在為兒子加冕，而是女神（帶有真正女人的些許意象）在認可皇帝的治權。神性的形象並未提高皇后的權力，而是埋沒。

變奏曲
Variations on a theme

真人大小的青銅或大理石雕像，以及帝國各地難以計數的錢幣上鑄印的皇帝頭像——曾經的創新之舉，如今的理所當然——竟決定了羅馬皇帝及其家族在現代人眼中的標準形象。它們對於勾勒皇帝在古代的形象也很重要，堪稱是以視覺形式總結了一人統治的政治操作。不過，雕像與錢幣上的頭像還不是皇帝圖像的全貌。遍觀整個羅馬世界，皇帝的形象不只出現在公共廣場和柱廊中，同時也裝飾著一般人民的家中，塞滿他們的碗盤櫃，妝點了他們的衣物及珠寶，而且各種價格都有，足以配合多數人的口袋深度。這類物品在現代研究中，受到關注的程度很難跟威風凜凜的皇帝像相提並論。老實說，其中確實只有一小部分具有相當程度的藝術價值，至於其他大部分，如今都擺在博物館倉庫和地下室裡不見天日。不過，如果我們把它們再次放入我們的視覺內，就會對羅馬世界中人們以什麼樣的方式，在哪些地點，以及以何等規模來看待（以及想像）皇帝，有了更豐富多彩的印象。

各式物品中最具價值的（有些無疑是傑作），莫過於精緻且貴重的浮雕寶石與珠寶，皇室成員的微型圖像肆無忌憚地在上面一字排開，有些是全體皇族群像，有些則是重要人物（彩圖5、17）。這些寶物想必有不少是皇帝為了自己而委人打造的（不然還有誰有這等財力？）用途無疑是裝飾皇居、美化宮內設宴用的餐桌，或者做為禮物送給特別的友人，或是影響力卓著的外使。而價值較低者，則是出現在義大利上層社會的住所裡的昂貴銀器，表面可見統治者身影（圖12）。不過，最能立刻吸引我們目光的，或許是一些比較平凡的器物，例如糕餅模，臣民索性直接把皇帝塞進嘴裡（圖3）。

人們以統治者及其家族的小肖像來裝飾廉價的陶燈、士兵的甲冑、鏡子以及日晷，甚至壓印在日常的家具上。除了鑄上塞普提米烏斯．塞維魯斯頭像的耳環（圖4），安敦寧．庇護的妻子法烏絲蒂娜（馬可．奧里略之妻法烏絲蒂娜的母親）也出現在一面小金牌上（曾經是羅馬時代不列顛南部科赤斯特〔Colchester〕某居民的寶物）；而錢幣上圖密善、圖拉真、卡拉卡拉、亞歷山大．塞維魯斯等眾多皇帝的頭像，則經常被古人鑲嵌在一些風格低調的戒指正中央以為裝飾。皇族甚至在賭桌上露面：古代就有的棋盤遊戲裡，其中的低面額賭局代幣設計中，便可見奧古斯都之妻利薇雅的頭像。

以現代的物品來比喻的話，羅馬帝國絕非是個只有官方「形象管理」的世界，皇帝的臉也

88. 一批有羅馬皇帝圖像的廉價飾品：左為戒指，嵌有卡拉卡拉頭像的硬幣；下為玻璃獎章，中間的頭像（可能）是提比留，左右兩邊各是年輕皇族成員；右為陶碗，碗底是穿著祭司儀式裝扮的奧古斯都。

會出現在古代版冰箱磁鐵、量產馬克杯和手提袋等物品上，成為日常家務的一部分。現今有些王室紀念品一如古代的青銅與大理石肖像，有一致的設計，圖樣來自中央，而不若上述這些，剛提到的小物並未遵循於此。帝國行政機關既無人力，亦無意願去控制皇帝在尋常人家裡呈現的樣貌。這些小物源於地方自發性的結果，小商人間接根據中央派發的模型（二手、三手，複製品的複製品的複製品）而生產，希望藉此獲利（一定有人想買這些成品）。也由於是複製，我們終究還是能辨認出上面的人是皇帝。實際存在過的物品種類勢必比我們今日能找到的還要多，畢竟它們多少已經脫離官方的樣板，就像哈德良的朋友在特拉佩佐斯看到的皇帝「肖像」。無論你人在哪裡，總之，沒有什麼能阻止你自行發想皇帝的圖像。

就我們所見，羅馬時代的埃及便發生過這種情況——不是私宅，而是公共的、神廟的裝飾。埃及是羅馬帝國裡歷史最悠久的行省，吸引了哈德良等皇帝溯流而上，展開尼羅河沿岸的古蹟巡禮。而又誰想得到，彩圖21上居然是羅馬世界少數明確無誤的皇帝奧古斯都巨幅肖像呢？這幅肖像是奧古斯都統治期間，刻劃在埃及神廟立面上，皇帝被勾勒為祭祀埃及地方神祇的古代法老。埃及人一旁的象形文字分別稱他是「凱撒」、「皇帝」、「法老」，也因此我們才得以認出是他。埃及人也以同樣的方式呈現後來的一些皇帝，例如克勞狄烏斯、尼祿、圖拉真與卡拉卡拉。

我們沒有任何根據可以推測皇帝確實曾裝扮成法老的樣子。這些雕刻也許是羅馬統治者把法老的權威併入己身的作法，但更有可能是埃及人試圖根據自身傳統筆法，再造羅馬皇帝的形象。無論怎麼解釋，都能顯示皇帝的形象多麼有彈性。雖然帝國大多數人想像中的統治者是身穿戰服或托加袍，卻也少數人想像中的他腰際以上並無片縷，頭戴代表上下埃及的傳統「雙冠」，以及埃及裹腰裙（shendyt）。

如果我們一併衡量早已亡佚的圖像，那麼皇帝像的種類一定更多。我指的不是隨機的佚失，而是因為材質本身太過脆弱（或是可以重複利用）而消失的圖像。以易碎的玻璃材質製作的皇帝像是個明顯的例子。同樣地，青銅像的數量之所以少於大理石像，主要在於青銅輕易便能熔化再製。著名的馬可．奧里略騎馬青銅像從西元一七〇年代製成以來，就一直在羅馬露天展出。之所以能免於熔化的命運，可能是因為中世紀人誤認了他的身分（圖44）。時人將他誤認為公認的羅馬第一位基督徒統治者，也就是四世紀初的皇帝君士坦丁——虔誠的廢金屬商和回收業者，恐怕是被這偶然的誤會給嚇跑了。不過，綜觀古代藝術史，輕易便可帶走的畫作中所蘊含的豐富傳統，恐怕是最大的損失。繪畫與雕塑同為羅馬世界成就傲然、獨特的藝術形式。可惜的是，僅憑少數倖存的藝術品，你絕對無法看出這一點。而正是繪製在木材和亞麻布上的這些皇帝肖像，造成了現存的史料中，最讓人茫茫無所依恃的大缺口。

它們原本無所不在。例如在西元一四〇年代，弗朗托寫信給當時仍是學生的馬可．奧里略說，城裡到處可以看到畫有馬可的畫作（但也有可能是上色的雕像），「攤販、店面、柱廊、玄關與窗口」。他以嗤之以鼻的口吻，挖苦那些作品盡是出自毫無天分的匠人，糟糕透頂，不過只要他看到，還是會親它們一下（他這裡寫的拉丁文意思令人費解，另一個版本的翻譯是，「它們總能逗我笑」，多了一絲紆尊降貴的味道）。普林尼的叔叔在百科全書裡提到一幅上等之作，委託的案主想必是皇帝本人——高三十五公尺的巨幅尼祿畫像，繪於亞麻布上，展示在羅馬城郊的一處別苑中。還有大量文獻提及皇室成員的畫像，出現在宗教隊伍中、畫在軍旗上，或者放置於神廟內。它們的作用在於明確傳達皇帝的旨意。比方說，據說埃拉加巴盧斯即位而尚未抵達羅馬前，便先遣一幅巨大的畫像，畫中便是他本人，一身全套的東方式祭司裝束，懸掛在元老院醒目處，讓元老們習慣一下他不尋常的裝扮。繪製而成的皇帝像，數量想必曾經跟大理石皇帝像不相上下。

倖存至今的畫像，只有一個孤例（彩圖3）。這片直徑約三十公分的圓形木嵌板上，畫的顯然是塞普提米烏斯．塞維魯斯、他的妻子尤莉亞．多姆娜（注意髮型）和兩人的兒子卡拉卡拉，以及某個臉被塗掉的人物，很可能是他的弟弟蓋塔。這片木板現藏於柏林，有著一段複雜的故事。嵌板本身想必是因為埃及的乾燥氣候才得以保存至今。而出現在二十世紀的古物市場之前，這片木板是怎麼被發現的，又是在哪裡發現的？總之來路不明。看起來，這塊木板是從一幅更大的畫作上切割下來的，**也許**來自埃及的神廟，**也許**現存書寫在莎草紙上的神廟財產清單曾提到原件，**也許**是當地人為了紀念皇帝一家人在西元二〇〇年前後拜訪埃及，於是委人繪製的畫作。

不論實情為何（那幾個「也許」可是很重要的），相較於那三張還留下來的臉，多數歷史學家反而對那張被塗掉的臉更有興趣。我們現在還能看到的三人肖像，比大多數的雕像還要華麗，兩名男子頭戴華麗的金冠，尤莉亞．多姆娜的珠寶看起來是珍珠。除此之外，皇帝頭上居然有一絲華髮，不若雕像青春永駐的外貌（也許大理石像上的這類特徵，原本或許以著色的方式呈現）。不過，單憑這件作品很難推導出多少結論，甚至其藝術水準也很難評價。近年來有位藝術史家稱這幅畫「相當粗糙」，而另一位藝術史家則是稍顯牽強地吹捧成「水準絕佳」的「傑作」。

而尺寸太大的話，也有可能破壞形象。今人恐怕難以想像，羅馬統治者及其家族成員的雕像（有時候是真人的十到十五倍大）一度在帝國各大城市隨處可見，但如今多已不存，可謂又一大損失。這些巨大的工藝品根本是毀在自身的營造技術之下。只用大理石的話，簡直不可能如實地雕鑿出龐大的巨像；就算雕出來了，也會因為太重而立不起來。米開朗基羅的〈大衛

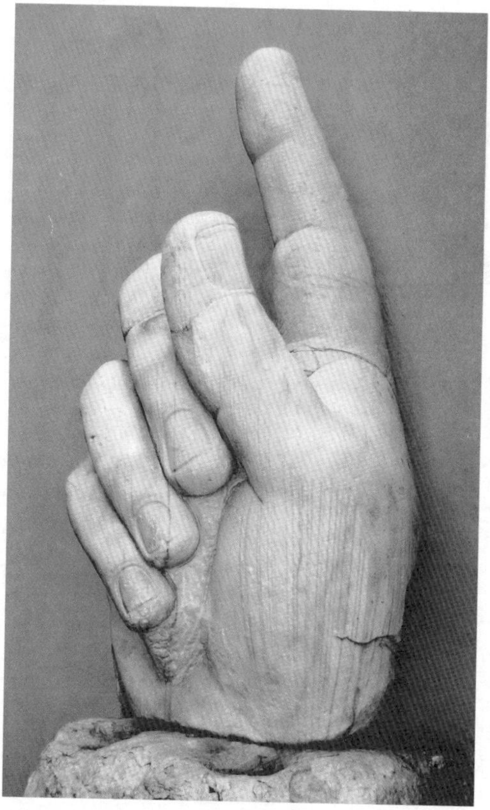

89. 皇帝君士坦丁的手，完成於西元四世紀初，比真人的手大上好幾倍。而現存的其中一塊皇帝雕像大理石外殼（我們還有腳跟頭），原本安在木頭與磚石框架外、採坐姿，高度超過十二公尺。

像〉（David）才超出五公尺一些，對羅馬人來說就是小指頭，但這已經是實心大理石的極限了，至少是獨立立像的極限了（坐像的話可能還有餘裕）。對此，羅馬人的其中一項解決方案是預作框架：以木材或磚材打造出預想的大小做為主體，然後「覆上」金屬薄片，或許還有可替換的布料，只有最表層採用石材雕刻，固定在前述的框架上。時至今日，留下來的都是最表層，像是臉部的殘片，或是看起來跟大石塊沒兩樣的手、腳殘片，幾乎難以想像原件看起來有多

90. 小顆的紫水晶，西元一世紀末或二世紀初，上面刻著尼祿巨像，匠心獨具。從上面的圖像來看，裸體的皇帝像頭上或許有戴冠，右手則撐在舵上以為支撐（這是從其他文獻中得知的）。

麼令人難忘，甚或是懾人。

另一種解方則是用空心的模造青銅，相對輕、有彈性，也是最著名的雕像所採用的素材。最著名的羅馬巨像就是這麼建造出來的——尼祿金宮門廳原本擺了一尊鍍金的裸體尼祿巨像，大概是四分之三根圖拉真柱的高度（假如真有超過三十五公尺的話）。不過，這類巨像通常會熔化再利用，所以存世者比預作框架類的還少。我們得仰賴羅馬文人的說法，才能感受這種巨型造物有多麼震撼。

詩人斯塔提烏斯的見證尤為生動，他寫了一百多行的詩，向一尊巨大的圖密善騎馬青銅像致敬。西元九〇年前後，這尊雕像豎立於羅馬廣場中央。由元老院官方正式發包，以此紀念皇帝據說在日耳曼人身上贏得（或者沒有贏得）的勝利，諸如此類的。根據考古發掘找到的可能「足跡」來判斷，雕像高約十八公尺（含基座）。不出所料，這位詩人言過其實。他寫道，圖密善周圍盡是神廟，他兀自在上方閃耀著，頭部直抵純淨的空氣。皇帝的左手托著智慧與戰爭女神密涅瓦（Minerva）的雕像（「女神從未選擇過這麼令人滿意的休憩之所」），而座下馬的青銅蹄則踩著擬人化的、被俘遭縛的萊茵河。他預言，「只要天地在」，雕像就屹立不搖。

自古（以及文藝復興時期）以來，鋼筋混凝土大大改變了雕像規模的極限。今天，全世界最高的雕像（位於古吉拉特〔Gujarat〕）高度超過一百八十公尺，刻劃的是一位印度律師兼政治家，此外還有數十座（多是佛像）的高度足以讓尼祿巨像瞬間顯得矮小許多，區區十八公尺的圖密善像就別提了。不過，那尊超尺寸尼祿依然是人類「以最原始的技術」而創作出的前十高雕像。斯塔提烏斯提醒了我們，許多羅馬人是有機會**仰望**皇帝的形象，而且在很遠的距離之外也得以仰望——比你我在博物館與藝廊裡看到的真人大小雕像高太多了。

雕像戰爭
Statue Wars

斯塔提烏斯對於圖密善巨像將永遠長存的預測完全錯了。不過幾年光景，這尊雕像便已消失無影蹤，連在羅馬廣場地也未留下其立足點的考古痕跡。斯塔提烏斯創作這首詩的時候，皇帝尚且在世，而他除了讚歎之外，也暗示了一定程度的焦慮感，擔憂巨像侵犯了羅馬城市的公共空間。他承認，這座雕像之龐大，簡直要吞沒整座廣場。連地面都因為承受的重量而不住喘氣。這名詩人把圖密善巨像比作特洛伊木馬，也就是希臘人用來攻陷特洛伊城的詭計，而這種比擬似乎透露著弦外之音。圖密善的這匹馬，會對羅馬城造成什麼威脅呢？無論答案是什麼，我們不難理解在統治者遇刺之後，廣場上這咄咄逼人的形象也留不了太久。

羅馬的一人統治當中，在諸多方面都面臨棘手的平衡，雕像也不例外。奧古斯都所建構的形象，算是巧妙結合了「公民盡皆平等」與「近乎完人」，可惜的是，權力的視覺表現很容易傳達出妄自尊大的心態。用貴金屬製作的雕像，正是其中明顯的例子。貴金屬像並不罕見，但總有其風險，而且大多難以久留。皇帝把貴金屬像熔掉而獲得的聲望，並不亞於立像。奧古斯都在《我的成就》裡便誇口自己熔毀大概八十尊自己的銀像（想必是別人送的），把收益奉獻給阿波羅神，他想必已經預料到銀像是「過度」的表徵，會威脅到名聲。根據一份傳世銘文所記載，馬可．奧里略與盧奇烏斯．烏耶魯斯根據同樣的邏輯，都不願將以弗所舊有、歷經風霜的皇帝銀像重鑄成自己的樣貌。

「巨大」也有著同樣的風險。用超凡的尺度來再現皇帝，恐怕會戳破他身為「吾輩之一員」的神話。有些皇帝僥倖逃過一劫。現存文獻稍微提到，羅馬曾可見奧古斯都巨像，也提到東地中海的一些城市集資委製一尊巨大的提比留像，豎立在羅馬城中，用以對他在震災後慷慨賑濟之舉表達謝意。反觀尼祿那幅三十五公尺長的畫像，卻是透露著危機。老普林尼曾簡短敘述過那幅畫，他認為，那根本「瘋了」，還提到不久後便出了惡兆，一道閃電毀了那幅畫（我們只能說，這道閃電是懲罰他做得太過了）。尼祿青銅巨像的故事則介於上述兩種極端之間，務求達到平衡。

普林尼對這尊青銅像的評價遠高於那幅畫像。他曾經在工匠芝諾多魯斯（Zenodorus，我們難得知道工匠的名字）創作這尊塑像的過程中參觀過工坊，認定這是一件藝術傑作，創作者確實天才，功夫爐火純青。然而，這尊在古羅馬城留存數世紀之久的青銅像，卻成了尼祿無節制、好賣弄的象徵（現代的史家如是想，但古羅馬人不見得這麼認為）。不管這尊雕像在尼祿下臺前是否已徹底完工，總之據傳維斯帕先命人替它製作全新的頭部——不是哪任何皇帝的臉，而是太陽神的臉（不過，根據卡斯西烏斯．狄歐的記載，有些人看了之後，認定那是維斯帕先的兒子、繼位者，也就是提圖斯的形象）。哈德良統治期間，為了騰出空間新建神廟，於是浩浩蕩蕩出動二十四隻大象，把這尊巨像從原本的位置移動了一小段距離。但到了西元二世紀末，巨像依然屹立，並平添了康茂德的五官（還搭了一根棍棒，讓巨像看起來更像海克力士），之後又改回太陽神的臉。我們不確定巨像的結局如何。而最後一次耳聞它的存在，是西元四世紀的事情了。最有可能的下場，是在中世紀初期遭到熔毀，回收利用。到了那時，離巨像不遠處、今人所謂「大競技場」（Colosseum），便以巨像之名（Colossus of Nero）而存在，成為其記憶之所繫。

尼祿的巨像在其他方面感覺也幸運逃過一劫。如果想凸顯不受愛戴的前任皇帝已離世，或者想取而代之，抑或是想把前任打上「不受愛戴」的烙印，方法之一便是抹殺他——而且是真真切切的在物質上抹殺他，圖密善的騎馬像就是這個下場。元老院有時候會以投票的方式決定把前任皇帝的名字自公開的銘文中抹去。人們會自動自發，或者是受到精心的策動下，把他的雕像拉倒丟棄（肯定有不少最後進了臺伯河），畫像上他的臉也會遭到毀容。卡拉卡拉的弟弟、短命的共治者蓋塔就遭到如此待遇——西元二一一年遇刺後，他的形象遭人抹去，畫有塞普提米烏斯．塞維魯斯一家人的嵌板上因此空了一塊。（所謂木板上仍留有糞便的痕跡，是當時為了確保人們沒誤塗而抹上去的——而此說乃現代學界的謠言。）羅馬城與其他地方仍有許多群像，都可見啟人疑竇的汙漬，再再留下了蓋塔原本在那個位置的痕跡。

皇帝的雕像也有可能成為羅馬外敵鎖定的目標。奧古斯都存世的頭像中最有名者（彩圖13）之所以能夠保存下來，是因為那是反羅馬抗爭的焦點所在。西元前二十五年，皇帝為了在埃及立威，於是豎立了一系列的青銅雕像，而現存下來的頭部本來是其中一部分。後來，來自羅馬控制區以南的掠奪者把那顆頭切了下來，當成戰利品帶走，並埋在首都麥羅埃（Meroe，位於今蘇丹）的勝利之神神廟的臺階下。之後便一直埋在那，直到大約兩千年後，一群考古學家才讓它重見天日——他們完全沒想到，自己發掘的地點距離皇帝的地盤那麼遠，居然還找得到羅馬皇帝的頭像。

尼祿的巨像之所以能夠保存那麼久，是因為經過一系列改造及身分的重新設定。整體而論，同樣都在打「雕像戰爭」，羅馬人比現在的人有想像力多了。假如有人變得不受歡迎，我們對他的圖像不過三種處置方式：拉倒它、不理它，不然就是送進博物館。相較之下，即便是實心的雕像，羅馬人也會把它們當成「進行中」的作品，總是可以調整、重新雕刻，當然也可以重新上色，甚至是換上新的頭。先前那塊哈德良與安提諾烏斯狩獵場面的飾板之所以傳世至今，是因為在西元四世紀時經過重新利用，鑲在君士坦丁凱旋門（Arch of Constantine），而且還把原本該是哈德良的臉再鑿了幾刀，好「看起來像」比他時代更晚的那位皇帝（圖61）。斯塔提烏斯說，圖密善騎馬巨像附近還有另一尊雕像，本來是亞歷山大大帝，但後來頭部換成尤利烏斯．凱撒了。

91. 詳盡分析若干皇帝雕像之後，可以看出它們的身分如何變化。以圖中的頭像為例，工匠重新雕鑿、打薄頭髮，在眉毛上添加皺紋，尼祿轉而成為維斯帕先。

這可不是什麼隨性的舉動。這近乎意味著尤利烏斯．凱撒將接手亞歷山大大帝的功績——斯塔提烏斯忍不住開了個小玩笑：「一發現自己頂著凱撒的臉，亞歷山大的脖子想必嚇壞了。」

重要的藝術創作往往很戲劇性、很公開，而些微的調整並沒有那麼顯眼。無獨有偶，小規模的調整與重刻往往是皇位繼承過程中的一環；從現存的數十幅作品中，仍可以看到這種微調的痕跡，尤其是西元一世紀的作品（但其他時代也有）。假如你仔細審視這些作品，是有機會注意到原本用來表現特定統治者的習慣手法，是怎麼變成後繼者所延用的慣例的。一尊卡利古拉變成一尊克勞狄烏斯，一尊尼祿變成尊維斯帕先，一尊圖密善變成一尊涅爾瓦。這種現象有幾種可能的解釋。省錢是一種。既然修雕舊像更便宜也更快速，何必花錢替新皇帝弄一尊全新的雕像呢（何況，新舊雕像長相也差不了太多）？想要抹殺舊政權以利新政權，則是另一種原因。把失勢皇帝的頭像改造成後繼者面貌，可以詮釋成一種消除抹盡的作法——維斯帕先已經徹底取代了尼祿，以此類推。但這種作法也意味著皇帝並非不可取代。馬可．奧里略的箴言竟透過大理石演繹而出：「劇碼一樣，演員不同」。

皇帝的鏡像
Emperors in the mirror

在這一切作為中，皇帝本人在哪裡？我們不曉得他在自己的官方形象，或者家人的形象設計過程中扮演什麼角色。我們甚至不曉得他是否親眼見過為「他」畫像或雕塑的工匠（但我猜，尼祿應該見過芝諾多魯斯）。皇帝的雕像之於帝國裡許許多多的人，尤其是永遠沒機會親眼見到皇帝的人來說，顯然等於他的化身。至少統治者的本尊和他的形象之間有著重要的重疊。人們認為皇帝像具有本尊的部分權力。

幾乎每一種文化，都得面對肖像與本尊之間的界線——也就是標準的行話所說的「形象與原型」（image and prototype）——要怎麼劃分的問題。畢竟，驅使我們為了拉倒或放過哪一尊雕像而激辯的動力，其實是因為對我們來說，雕像不只是雕鑄出人類面孔的大塊大理石或金屬。它們代表了本尊的部分特質與性格。而對於羅馬來說，界線更是模糊得可以。塔西陀在描寫尼祿死後內戰開打的紀錄中，提到一段小插曲，而他的用意正是在講界線問題。短短幾個月時間裡，彼此為敵的競爭者來來去去，他們匆忙製作的雕像亦如是。這名史家說了一件發生在軍營裡的事情。當時，年邁的加爾巴遇刺，奧托取而代之。歡欣鼓舞的士兵想必是把加爾巴的鍍金雕像從基座上敲了下來，未想隨之登上基座的不是奧托「像」，而是如假包換的奧托本人。皇帝的真身暫且站上了原本立著雕像的基座：皇帝等於雕像。

這種模糊有象徵的一面，也有實際的一面。比方說，皇帝像可以替誓言做見證。你只要在皇帝像前宣誓即可。它們還有力量能保護來尋求幫助、支持或庇護的人。西元二世紀初，普林尼（年輕的那個）在駐地本都—比提尼亞行省時，便面臨到這股力量——當時，他正在處理一件複雜的案件，事主是個奴隸，名叫卡利德羅穆斯（Callidromus，意為「很會跑」，不巧完整表述了這段故事）。普林尼為此寫信給圖拉真，信上說卡利德羅穆斯表示，自己幾年前是羅馬某上層社會人士的奴隸，在皇帝發動達契亞戰爭期間遭敵軍俘虜，被人當成禮物（劇情大家現在都很熟悉了）先後送給達契亞王、帕提亞皇帝。最後他逃走，在普林尼的行省裡落腳，替兩名烘培師傅工作。如今他再次逃跑，在皇帝的雕像下尋求庇護。普林尼似乎不確定該拿此人怎麼辦，言談之間透露出自己對他的說法並未全然採信。即便如此，他還是打算把卡利德羅穆斯從皇帝的**雕像**身邊送去**真正的**皇帝面前，以求裁斷。

然而，「皇帝形象」的力量跟「皇帝本人」的力量，到底重疊到什麼程度？這向來是個費解

92. 三尊盧奇烏斯・烏耶魯斯肖像，來自他在羅馬郊外阿克瓦特拉維爾薩的別墅，三尊皆可見他標誌性的鬍子與鬈髮。他的住所簡直就像他的藝廊。

的問題。舉例來說，假如誰侮辱了雕像，此舉真的視同為侮辱統治者本人嗎？「壞」皇帝，或者說偏執的皇帝的特色之一，就是用「沒錯」來回答這個問題。據說，舉凡在前任皇帝奧古斯都雕像旁脫衣，或是把印有奧古斯都頭像的錢幣帶進妓院或廁所等行為，提比留一律定為死罪。兩個世紀後，傳聞卡拉卡拉曾下令處死在皇帝像所在地小便的人，他認定這些人是在皇帝御前小便。這些故事實在難以令人盡信，卻也不盡然是任意妄想。反之，是要提醒人們，把皇帝的**真身**跟替身或仿品分別看待（或者一視同仁）的話，恐怕都得背負極大風險。只是，界線到底該畫在哪裡？

不過，皇帝對於自身形象的影響更是直接，而且直接到人們無意間就忘了。每當我們思考這些形象原本是**為了誰**而造，或塑造給誰看時，我們總不自覺想到各式各樣的人，例如把皇帝送的浮雕寶石好好珍藏、滿心感激的元老，或是某個發案製作新皇帝雕像的邊城議員，抑或是巴著皇帝的形象保全自己的奴隸，乃至於把前任皇帝肖像扔進河裡的群眾。而我們往往忽略的，正是居中的那個人。羅馬統治者及其家族不只是肖像的**主題**，也是肖像的**觀者**。最是讓人難以忘懷的皇帝像，確實多半是在皇帝的地產中發現的。

知名的奧古斯都像——一身戎裝（彩圖15），向想像中的群眾舉起手臂——是在羅馬城外、一座屬於其妻利薇雅的別墅中發現的。至於康茂德那尊精雕細琢，頭上頂著海克力士的獅子皮，手持棍棒的囂張半身像（圖56），則是在卡利古拉一個半世紀前重新裝潢過的那一座別苑的地窖裡發現的。這尊半身像應該是康茂德死後就不再展示，跟幾尊多餘的圖密善半身像一起放進地窖裡。歷來出土過最精美的一批二世紀皇帝肖像，是在十六世紀開始的發掘工作中，從一處屬於盧奇烏斯・烏耶魯斯的別墅（同樣位於羅馬城郊）裡重見天日的：總計十六尊雕像，其中至少有七尊是盧奇烏斯・烏耶魯斯本人。許多浮雕寶石同樣來自皇宮，奔放展現著皇帝的權力。

我們姑且相信蘇埃托尼烏斯所說，奧古斯都齒列不整，皮膚有斑與胎記云云。而在妻子的別墅裡，奧古斯都想必會看到那尊形象完美的雕像，不知他當下有何感想，我們真的也只能猜測。

而我們同樣也只能猜測，任一位年華老去的皇帝，看著雕像、浮雕寶石及錢幣上青春永駐的自己，他當下會有何感想。無奈這種權力形象所乘載的訊息，必然不只是要傳達給被統治者，也是要傳達給統治者。它們的宗旨不只是要把忠誠心與崇拜感灌輸到子民身上（成功與否難以斷定，畢竟所有宣傳多少都有一廂情願的成分），也是要指點統治者如何看待，乃至於相信**身為統治者**的自己。帝國萬民透過皇帝的形象來認識皇帝。而皇帝形象的目的，也是為了讓寶座上的那個凡人，那個有弱點、會動搖的凡人，深信自己就是**羅馬皇帝**。

第十章

「我感覺我快成仙了」
'I Think I Am Becoming a God'

天梯
Stairway to heaven

現存羅馬文學中最好笑的，也是唯一讓我忍不住大笑的，就屬某篇幽默小品，內容說的是皇帝克勞狄烏斯死後登上奧林帕斯山的種種經歷。西元五十四年，葬禮結束後不久，羅馬元老院按照標準程序，宣布大行皇帝如今已成為神，享有專屬祭司、官方敬拜，配享神廟。這篇惡搞作品——幾可確定出自尼祿的家教、哲學家塞涅卡的手筆——揭露的是「神格化」（deification），也就是成為神的過程中真正發生的事。文章標題十分拗口，題為「*Apocolocyntosis*」（意近於「南瓜化」）。

笑話的主旨是，這位飽讀詩書卻年邁迂腐的皇帝（據說最後是被妻子阿格麗普庇娜用毒菇了結的）根本不夠格位列仙班。他登上奧林帕斯山，奉命迎接他的人發現，自己完全聽不懂他講的話；後來，海克力士來到現場，兩人口頭上對了幾句荷馬的詩句（「謝天謝地，天庭還有讀書人」，克勞狄烏斯當下激動不已）。不過，眾神決定在祂們的元老院舉行閉門會議，以表決要不要讓克勞狄烏斯加入祂們的行列。「意見分歧，但整體對克勞狄烏斯有利」，誰知此時皇帝奧古斯都（四十年前就成仙了）卻讓投票結果徹底倒向否決自己的繼任者。奧古斯都堅決反對（語氣稍顯緊張，畢竟這是他第一次在天界元老院發言），他認為，克勞狄烏斯根本是禽獸，絕不能讓他加入諸神的行列。「雖然他一副看起來連蒼蠅都不怕的樣子，但他殺起人來，就跟狗拉屎一樣輕鬆」。

就這樣，即便人間元老院已經投票通過，正式將克勞狄烏斯封神，但在塞涅卡的小品文裡，「真正的」諸神把他打發走，限他三天內離開奧林帕斯山。他將永遠和其他罪人待在冥界，接受應有的懲罰。這位據說徹底被宮內前奴隸所掌控的皇帝，這下子，果真得替前奴隸打雜：他被指派擔任前任皇帝卡利古拉手下其中一個前奴隸的法務祕書，永永遠遠。

今人或許會覺得，當年透過元老院投票，把已逝皇帝封為永恆眾神的作法，簡直是羅馬宗教與政治在一人統治體制下最令人費解，甚至愚蠢至極的一個面向。對於授予永生、氣派的神廟、專屬祭司及相關的宗教儀式，他們是認真的嗎？這一切會不會只是一場粗劣的政治秀？塞涅卡對於神化克勞狄烏斯之舉的批判，感覺和許多現代人對這套程序的看法一致，也和早期基督教文士的抨擊相呼應。對基督徒來說，把絕對不完美的獨裁者變成超越人類的不朽神祇，實在是最方便的攻擊目標，而這無疑也成為他們擊敗羅馬傳統宗教的必勝王牌。甚至有皇帝死到臨頭，還是想對此開個玩笑。據說，維斯帕先臨終時吐出如珠妙語：「嗚呼哀哉（*Vae*），我感覺我快成仙了」（而以「嗚呼哀哉」（blimey）一詞詮釋些許過時的拉丁字「*Vae*」著實貼切）。

然而，這種作法其實不若乍看之下那般愚蠢。羅馬人對於眾神的觀念，舉凡觀念如何創造出來、如何運作，是有其脈絡的。那屬於一套精心建構的儀式，而其中更有其邏輯。宗教是「身為皇帝」，以及皇帝形象的重要部分。皇帝的死亦然，從細心規畫、甚至有時鋪張到反常的葬禮，到如今仍矗立於羅馬城的龐大皇帝陵寢，都是其中的一部分。而維斯帕先的遺言所道盡的，可不僅止於此。臨終場面更可做為身為皇帝者應如是，或者不應如是的重要教訓。

葬儀
Last rites

皇帝的死狀各有不同，有時景象很是悽慘。從西元前四十四年尤利烏斯．凱撒遇刺，到西元二二二年埃拉加巴盧斯遭棄屍，而繼任的亞歷山大．塞維魯斯則是在二三五年，被麾下士兵在今德國美因茨（Mainz）附近予以致命一擊為止，冷血刺殺向來是令人難忘。（其間亦是高潮迭起，如西元四十一年，卡利古拉在宮殿區的暗巷遭伏擊；九十六年，圖密善在斗室中被人捅死；二一七年，東征的卡拉卡拉在小便時遇刺。）這些人的橫死多少可以說明，倘若一位皇帝要離開寶座，由另一人取而代之，「死」是唯一獲得公認的途徑。戴克里先在三〇五年退位之前，除去西元六十九年的內戰期間曾上演過一次拙劣的退位戲碼之外，歷代羅馬統治者從來沒有人放棄寶座，無論是出於自願或非自願。想要政權更迭，就得靠「殺」。但還是有許多皇帝有幸死在床上（應該說躺椅）或不遠處，只不過常常有不祥的傳聞，懷疑是因為有人下毒的關係。羅馬文人對於終結統治者生命的疾病，就跟對暗殺陰謀的情節一樣好奇。比方說，我們會讀到西元七十九年，維斯帕先發燒下痢而死之前曾洗冷水澡來治病；我們會讀到涅爾瓦在九十八年病逝前，嚴重發冷汗打顫；我們會讀到一六一年，安敦寧．庇護因為暴食高山乳酪而倒下。

葬禮的風格難免因為死時的情勢，以及是否有人願意替已故的皇帝風光送行而有所不同。遇刺的部分受害者──如果不是像埃拉加巴盧斯那樣，結束在臺伯河裡，或者像尤利烏斯．凱撒那樣，在羅馬廣場上急就章搭成的火葬堆上火化──將由尚未變節的友人或手下將之迅速火化，悄悄下葬。以卡拉卡拉為例，經手葬禮的人把他的骨灰裝在甕裡，送去安提阿（今土耳其安塔克雅）給他的母親尤莉亞．多姆娜──據某古代文人記載，她受此刺激而自殺。不過，除去上述案例，羅馬皇帝是有一套標準卻有調整空間的葬儀，而且最早的標竿正是西元十四年的奧古斯都的葬禮。他的葬禮以舊共和上層人士獨有的喪葬傳統為基礎。歌頌死者以及隨後的火葬，只是其中的一個環節。遺體會在羅馬廣場上公開展示（有時候還會把遺體架起來呈站姿，這實在太恐怖了），而葬儀中最特別的莫過於家屬列隊，活著的人戴上肖像面具，飾演族中的傑出先人，彷彿他們也來悼念。不過，就皇帝的葬禮來說，這個儀式在奧古斯都之後多了全新的帝王色彩。

奧古斯都得享天年（除非你相信是利薇雅毒殺他的謠言），西元十四年八月十九日於那不勒斯附近的諾拉（Nola）離世。接下來兩個星期，他的遺體在安排下從諾拉運往首都。當時的人對屍體防腐相當感冒，認為那是埃及的習俗，當時義大利很少這麼做。所以，蘇埃托尼烏斯才會幽微地提到，由於時值「一年的這個時間點」（意思是極熱的夏季），遺體只得在夜間移動。即便如此，皇帝遺體抵達羅馬時，恐怕也已嚴重腐敗，而葬禮還要一個多星期才會舉行。或許正因如此，棺木好不容易安置在羅馬廣場上了，卻沒有開棺，而是在上方擺放一尊蠟像，供人瞻仰。

葬禮的呈現方式，簡直就像凱旋式。大行皇帝的模型穿著凱旋將領般的衣服，也就是天神朱庇特的裝扮。送葬隊伍中，另一輛凱旋戰車上則展示著奧古斯都的畫像。元老院規定，送葬隊伍從羅馬廣場前往所謂「戰神廣場」（Campus Martius，位於北方一哩多之外）的火葬地的路線，必須跟凱旋式相同，不過行進方向相反。這場葬禮猶如一場勝利大遊行，遊走於羅馬公民傳統與明目張膽的專制之間。

也正是葬禮，把皇帝置於整個羅馬世界，乃至於羅馬歷史的中心。遵循傳統葬儀，奧古斯都的葬禮中也有他祖先的形象出現，而且，不只是他的直系祖先。行進中，從建城者羅慕路斯以降，「每一個領域的傑出羅馬人」（卡斯西烏斯．狄歐是這麼說的），以及「他所贏得的萬國」的代表，都以面具或半身像的形式現身。就跟奧古斯都廣場的情況一樣，送葬隊伍中連尤利烏斯．凱撒的對手——大龐培的形象都出現了，彷彿一人統治的**敵人**，也回過頭來受到徵召進入奧古斯都的背景故事裡。負責抬棺的不是家族，而是羅馬名流和任官元老；全體公民必須守喪，女性為

93. 圖拉真柱的基座構成他的墓室。門楣上方的銘文洋洋灑灑，誇稱這根柱子的高度，就跟為了打造這一大片廣場（圖拉真柱只是其中一部分）而挖去的地面一樣厚。

期一年，男性卻只要幾天。奧古斯都的榮譽稱號之一是「國父」（*pater patriae*）。這次葬禮完全演繹了這個稱號：所有的羅馬英雄都算是他的祖先，所有的公民都算是他的家人。

兩百年後，史家希羅狄安（Herodian）以塞普提米烏斯．塞維魯斯的葬禮為例，來說明這類儀式的標準格局。這兩百年的改變不多。希羅狄安提到會有人戴著過去羅馬將軍與皇帝的面具（不過，他說這些人如今是乘坐戰車，而非步行），提到歌班吟唱輓歌，提到送

94. 哈德良陵墓如今仍是羅馬市中心的標誌。今稱聖天使城堡的哈德良陵墓，經歷了一段多采多姿的現代歷史，甚至一度為監獄關押激進的理論家日奧達諾．布魯諾（Giordano Bruno），並成為普契尼歌劇《托斯卡》（*Tosca*）的背景之一。

葬隊伍從議事廣場走到火葬地。但在他的描述中，皇帝蠟像的角色比以往來得突出。塞普提米烏斯．塞維魯斯在英格蘭北部的約克（York）逝世，就地火化後，骨灰隨後送回羅馬。葬禮上完全沒有遺體，連腐爛的也沒有。皇帝的蠟像就是全部了。據希羅狄安記載，蠟像在皇宮入口處的躺椅上放置了一星期，「看起來就像病人」，在場的還有所有元老。醫生每天都會來，假裝替皇帝的蠟像進行檢查，確認他狀況正在惡化，直到宣布他死亡之後，蠟像才運下山送往廣場。一九三年，皇帝佩勒蒂那克斯的正式葬禮中也用了類似的蠟像，而且身穿凱旋式的服裝。葬禮舉行時，距離他遭人暗殺已過了三個月，而他被肢解的屍體早就下葬了。在這次葬禮上，換成某個「帥氣少年」奉命照顧蠟像，「用孔雀羽毛把蒼蠅趕跑，一副真有人在睡覺的樣子」。這些盡是圖拉真蠟像凱旋式的變奏，一樣是用蠟像代表皇帝仍在世，而皇帝其實已經死了；不過，塞普提米烏斯・塞維魯斯的葬儀則多了另一個細節：蠟像彷彿在眾人面前步向死亡，活生生的醫生在這場表演，或說鬧劇中軋上一角。

羅馬史上乃至於世界史上最令人難忘的陵墓，墓主除了圖拉真，還能有誰呢？我們不曉得他是否一直計畫以此為自己的安息之地，又或者，這是繼任者哈德良某個手下的聰明構想。總之，圖拉真在去世的地方附近（今土耳其）火化之後，他的骨灰就埋下圖拉真柱底部的小空間，後來妻子的遺骨也進來陪他。皇帝在達契亞的戰功化為圖像，盤旋而上，堪稱是視覺版的《我的成就》，而他的雕像就在柱頂睥睨（如今在上面保持平衡的聖彼得像，是十六世紀時的替代品）。其他皇帝的陵寢都沒他這麼獨樹一幟。大多數皇帝及其家族的骨灰，最終一律歸葬於兩座巨大陵墓，也是羅馬世界最大的兩座陵墓。其一是奧古斯都修建的，奧古斯都的家人及其後代有二十人的骨灰就在這裡，後來還放置了涅爾瓦的骨灰（圖13）；其二則為哈德良所修建，內部有一連續迷宮般的墓室，從哈德良本人到普提米烏斯・塞維魯斯及其家族，下一代統治者的多數遺骸皆葬於此（甚至連途經千山萬水的卡拉卡拉骨灰，最後好像也放進來了）。這棟建物後來變成教宗的城塞，改名為聖天使城堡（Castel Sant'Angelo），至今仍傲視現代羅馬城臺伯河岸。

這兩座相距僅步行十分鐘距離的建物，一同彰顯著皇帝世系與權力，令人無法忽視；兩者原

95. 大阿格麗普庇娜的墓碑，最上方斗大的字，表明她的*ossa*（遺骨、遺體）安眠於此。墓碑本來放置在奧古斯都陵墓，之所以能留存至今，是因為中世紀期間，被用來當作穀物秤重器具。

本的高度就超過四十公尺（亦即高於圖拉真柱的三十八公尺），跨度則大約九十公尺。聖天使城堡的細節及設備有相對完善的保存及紀錄，根據我們所能重建的原貌來判斷，原本內部裝潢奢華，包括哈德良本人的巨像（頭部至今仍在），還有一群鍍金的青銅孔雀和一頭青銅公牛（彩圖24）。其中本屬於一斑岩棺木的奢華棺蓋（顯見後來安葬於這座陵墓的逝者，有部分並非不是火葬），後來經過再利用，成了聖彼得大殿的洗

96. 提圖斯凱旋門拱內，可見皇帝升天的圖像。現在你往上看，還是可以跟往下看著你、巍巍顫顫攀在老鷹背上的提圖斯對到眼。

禮盆。

反觀個別皇帝及其家族的墓誌銘（或置於陵墓內，或嵌在陵墓立面上），卻是謙虛到超乎尋常的程度——至少傳世猶存者，或者經早期古物學家傳鈔者，看起來盡是如此。大阿格麗普庇娜，也就是卡利古拉的母親，素有兇悍之名，未想她的墓誌銘除了提及跟男性親屬的關係外（「某某之女」、「某某之妻」……），別無他詞。皇帝提比留的墓誌銘也極為簡短，只用了不到二十個詞來總結他的職涯，而且幾乎只提他曾擔任的舊共和官職（祭司、執政官、軍事指揮官）。康茂德雖然遇刺身亡，卻還是進了哈德良陵墓，與家人一起永眠。即便他的墓誌銘稍長，大半仍是用他父親、祖父、曾祖父等人的名字充篇幅。姑且不論奧古斯都陵墓大門上所鐫刻的《我的成就》，這些墓誌銘沒有過度渲染，沒有詳盡的職涯經歷，幾無違反共和傳統之處，甚至連他們不時跌宕起伏的生涯也未有一絲提及。皇室的墓誌銘行文克制，顯得輕描淡寫。

飛吧，老鷹！
Free the eagle!

羅馬皇帝的火葬，無論火化的是真身或是蠟像，都有其特殊意義。火葬不僅是葬禮儀式的一部分，有些羅馬皇帝及其家族成員在正式封神時，火葬也是過程中的關鍵（塞涅卡的《南瓜化》也挖苦了火葬的這個功用）。

無論是皇室的哪一位個別成員，其神格化（拉丁文作 *consecratio*）究竟是由誰主事呢？這個問題如今很難回答，不過我想，是一直以來都很難回答。對於前任皇帝、自己的亡妻或子女能否正式封神，今上的意願想必有極大的影響力。西元六十三年，尼祿尚在襁褓中的女兒克勞狄雅（Claudia）夭折時才四個月大，卻獲封為女神，感覺除了皇帝以外，這背後沒其他人。話雖如此，神格化卻不是皇帝想要就能實現的。唯有元老院的正式投票結果，才能決定死者能否成為新的神。以克勞狄雅為例，塔西陀痛斥元老院卑鄙無恥，居然投票封她為神，簡直趨炎附勢。但是，無論是不是逢迎諂媚，這都是元老院與皇帝之間微妙平衡的另一面。假如皇帝志在死後成神（而不是進入多數羅馬人認為死者所居的陰暗冥間），這種想望便取決於元老院。

皇帝火葬堆上發生的事也很重要。希羅狄安描述中的火葬堆，是一落巨大的多層結構，圍繞著木框搭建而成，內部擺上乾柴以利火生，外圍則放置畫作、象牙雕刻與金絲布疋，想必全都化為冉冉而升的煙霧。最後一刻，會釋放一隻老鷹（牠一定也很開心能逃離下方的火焰），老鷹直飛天際，彷彿帶著皇帝的靈魂加入眾神行列——只不過，從皇帝提圖斯的凱旋門（至今仍屹立於羅馬廣場邊）上看來，這一幕感覺相當彆扭（皇帝顯然緊緊抓著老鷹的背）。

是否有人替小嬰兒克勞狄雅安排這個場面，我們對此一無所知，據說放飛老鷹這一幕，曾在奧古斯都火葬時表演過。這就讓勞勃．格雷夫斯有了千載難逢的機會，得以在《我，克勞狄烏斯》以他自己的方法來挖苦。在這本專屬於皇帝的葬儀想像場景中，他說，悲慟的寡婦利薇雅在火葬堆上方藏了籠子，裡面是一隻老鷹，籠子連著一條線，讓人可以在適當時間拉開籠子，放飛老鷹。未想機關失靈了。結果「負責的官員」被迫爬上燃燒的火堆，親手打開籠子，以免可憐的老鷹被火燒死。而「神格化」的其他情節，則會讓古代人與現代人雙雙眉頭一皺。根據卡斯西烏斯．狄歐等人的說法，不時會有事先安排好的目擊者發誓，自己確實看到靈魂升天。這可是發財的門路。據說，利薇雅支付了一筆不菲的金額，給那個聲稱目睹奧古斯都升天的人。

不管每一次神格化程序中是由誰策畫，總之，從尤利烏斯．凱撒到亞歷山大．塞維魯斯之間——只除了亞歷山大．塞維魯斯於遇刺的三年後，也就是西元二三八年，才在繼任者的努力

97. 歐羅巴（Dura Europos）要塞裡的宗教行事曆局部。某些內容依舊不難推敲。莎草紙左緣的羅馬數字是節慶日期的一部分。第二、四、五行等可以看出 *Ob natalem*（為了……的誕辰），說明這些儀式是為了紀念皇族成員的生日（在世與故去者皆有之）。

下，迎來遲來的封神——總共有三十三名皇族成員變成神，男性稱為「*divus*」，女性稱為「*diva*」，此即他們的新官方稱號。其中有十七人是皇帝本身（包括尤利烏斯．凱撒），其他則是妻子、姊妹、子女，圖拉真的話則納入自己的生父及姪女。我們不妨把其中幾人的神格化稱為「虛有其表的神格化」，因為對宗教敬拜幾乎未帶來任何影響。尼祿那化為神的女兒，似乎在成為女神之後就被人忘記了。而且，雖然羅馬文人列出卡利古拉已逝的妹妹——「女神」德魯西利爾拉（Drusilla）曾獲得的封神榮譽（配有男女共二十名祭司，並且把她的生日定為年度節日）——我們從其他證據中，卻都看不出她的神性曾留下任何痕跡。

不過，其中有些顯然是眾人心目中的不朽之神，他們離世後仍受到崇拜，持續數十年或數世紀。其中就包括克勞狄烏斯，雖然他在塞涅卡的奇想諷諭之作結局如此，但他其實未遭到降格，沒有被天庭拋下，而是像其他許多皇帝一樣，在羅馬城裡有自己的大廟。（尤利烏斯〔凱撒〕神、維斯帕先神、安敦寧〔庇護〕神，以及其妻法烏絲蒂娜女神的神廟，如今依然鎮守著羅馬廣場。）更有甚者，銘文紀錄同時告訴我們，祭祀這些皇帝的眾多祭司的名字，有時候也會列出古代祭儀的重頭戲——動物獻祭——在神面前進行的景象。九月二十三日，奧古斯都神生日當天，可享一頭奉他之名宰殺的公牛，以茲紀念。利薇雅（或者用神名「奧古斯塔女神」稱之）則能享一頭母牛（這是羅馬宗教的習慣，以雄性祭男神，以雌性祭女神）。

這種敬拜儀式在羅馬城以外的地方同樣行之有年。各省各地群眾或者主動，或者受行政長官敦促，或者奉宮內某人的指示，一一向皇帝表示敬意——他們崇拜的不只是已故、正式封神的皇帝，偶爾也會把今上當成神崇拜。權貴要人往往競相擔任省級的皇帝祭司。各地都有奉祀皇帝的新神廟起建。位於阿芙蘿黛西雅那座外牆有尼祿和阿格麗普庇娜雕板的建築（圖84），便是眾多皇帝神廟之一。今日安卡拉仍矗立一座奧古斯都神廟，人們便是在這裡的牆上發現銘刻的《我的成就》主要文本。西元前九年，帝國東部亞細亞行省（今土耳其部分地區）在行政長官的提點下，重新安排當地曆法，以奧古斯都誕辰為一年的開始，該月則稱為「凱撒月」。這一切都是今日所謂「皇帝崇拜」——聽來讓人有種不寒而慄的錯誤感受——必然包含的一部分。

一九三〇年代，考古學家從幼發拉底河畔的歐羅巴要塞（Dura Europos，位於今敘利亞）發掘出一份莎草紙文獻，我們因此清楚了解到「皇帝崇拜」對於當地的羅馬駐軍的意義，並深入了解士兵們的宗教世界。乍看之下，這只是一份軍事公文，一份可以回溯到西元二二〇年代的日曆，羅列部隊在一整年中應按月正式舉行的祭儀。不過，這其中頗有深意。尤為矚目者，是其中大部分儀式多少都跟皇帝及皇族有關。為了向今上亞歷山大．塞維魯斯致敬，凡是他的人生和治世期間的重要事件週年紀念（例如登基、首度擔任執政官等）都有各式各樣的儀式，但沒有完整的動物獻祭儀式，因為那是唯有正式封神的皇帝才能享有。至於那些經過神格化的歷代皇帝，則得以享有完整的獻祭儀式，**以榮耀**其冥誕或登基日。日曆上不見那些早已為人遺忘的「虛有其表的神格化」眾神，但塞普提米烏斯．塞維魯斯、卡拉卡拉、康茂德、安敦寧．庇護、法烏絲蒂娜、哈德良、圖拉真、克勞狄烏斯、奧古斯都等人都得到應有的敬拜，甚至還上溯到尤利烏斯．凱撒。也就是說，距離遭到暗殺近三百年後，帝國東疆的一群士兵仍會在皇族中第一位稱聖的「尤利烏斯神」冥誕時，為祂獻上一頭公牛。他們的宗教行事曆上滿是皇帝，已逝的、仍在世的。

皇帝崇拜有時候會引發反效果。塔西陀表示，羅馬不列顛主城的克勞狄烏斯神廟，正是西元六〇年代（尼祿治世期間）布狄卡之亂的部分起因，因為神廟在當地人心中代表的是「壓迫」（更遑論當地不列顛上層社會人士發現，所謂擔任祭司的「榮譽」竟超過自身財力所能負擔時，更完全被激怒了）。但整體而言，皇帝崇拜是另一種將皇帝置於帝國舞臺中央的方式，只不過這一回是以神的姿態現身。

循著父母的血統即能回溯到奧古斯都，也就此有了統治的基礎。此外，無論各省實施的皇帝崇拜是鼓勵性質或是強制性質，也無論巨大的克勞狄烏斯神神廟的侵門踏戶，逼使不列顛人憤而反抗一事，今人是否同情，這種崇拜都比其他作法更能展現政治忠誠。而事實上，某些外省城鎮的公民請求皇帝恩准自己興建神廟向他致敬時，皇帝有時的確會婉拒他們。但你也可以說，他們之所以拒絕，是為了確保「神格化」的價值不至遭到貶低的好方法。

皇帝及其幕僚在推動對**神**（*divi*與*divae*）的崇拜，並以神性的方式呈現皇權時，怎麼可能沒有一點精明的現實操作或政治盤算？但事情也沒有那麼簡單。只要我們把皇帝崇拜重新放在羅馬宗教整體原則的脈絡下，感覺會更合理，至少看起來操作的意味會少一點，也不致那麼突兀。皇帝崇拜當中固然有某些面向是我們（以及古代猶太人、基督徒）很難真心接受的，但它們確實符合傳統羅馬人對於神，以及對於神威如何在世界展現的看法。

首先，羅馬宗教對新神祇整體是欣然接受的。羅馬宗教有諸多不同的派別，而且都是多神信仰，整個羅馬世界從未有單一的正統信仰。不是唯一的神而是多神，而且神的數量不只不固定，甚至沒人知道有多少。不斷有新的神得到認可，也不斷有其他神在未曾遭到除名的情況下為人所淡忘。羅馬古玩藏家尤其喜歡挖掘被時光淘汰的奇怪神靈，而民眾接納這種神祇的時間，說不定比尼祿的克勞狄雅女神還要短暫。更重要的是，就皇帝可以被封神的脈絡來看，有些神祇（有新有舊）據說原本也是凡人。例如海克力士，他在凡間過完大力士的一生，直到被送上火葬堆後才化為神。據說，建立羅馬城的羅慕路斯，死後也成了神。

易言之，對羅馬人來說，「人」與「神」之間的界線不僅可以跨越，而且在某些重要的情況下，有可能變得非常模糊。時人認為，有些人雖然是凡人，但他們的直系先祖當中是有神的。知名者如尤利烏斯．凱撒的家族，把血緣推回傳說中的特洛伊英雄艾尼亞斯，藉由他上溯其母——女神維納斯（無怪乎凱撒在羅馬新建了一座神廟，來祭祀羅馬民族**以及**自己家族的祖先——母神〔Genetrix〕維納斯）。而凱撒家族並非唯一。蘇埃托尼烏斯聲稱，加爾巴（曾在尼祿死後短暫治世）的族譜把朱庇特列為父系始祖，而母系始祖則是流有天神之血、在克里特島生下半牛半人怪米諾陶（Minotaur）的帕西懷（Pasiphae）——這血統感覺起來也太不祥了。

即便走出了這個神話世界，羅馬人仍時常以「神聖」的角度，來呈現、理解羅馬的非凡力量及成就。最明顯的例子，莫過於羅馬將領傳統上在自己的凱旋式上的朱庇特裝扮。名望如日中天的他彷彿**就是**神，或者**即將成為**神，或者**看起來就像**神——就算只有一天也好。對希臘世界來說，神的地位也是可觸及的。早於羅馬人出現之前，在亞歷山大大帝東征之後，但凡任何王者稱霸東地中海地區，這些古老城市國家接受現況的方法之一，便是以近乎於神的方式對待並崇拜之。將傑出的凡人重新勾勒為神，是既有宗教傳統的一部分。

皇帝的神格化，就落在這種座標系當中。東方人崇拜皇帝時的某些元素，極有可能直接源自於他們對待古代諸王的方式。無論當地社群是否得到羅馬方面的鼓勵，他們應對皇帝的方法，和他們應對此前統治本地的希臘君主並無二致。奧古斯都的葬禮有部分儀式以凱旋式為範本來設計，由一身凱旋式服裝的奧古斯都本人蠟像可知，箇中目的想必是要利用凱旋將軍和眾神的連

98. 這個獻祭場景的圖像，出現在羅馬的一座拱門上——原為一群銀匠或貨幣兌換人為了向塞普提米烏斯·塞維魯斯致敬而建造。皇帝（頭上披著布）一如既往行獻祭，他先對著擺滿水果的祭壇敬酒（實際的犧牲刻劃在下方的浮雕嵌板上）。尤莉亞·多姆娜站在皇帝身邊，右邊本來還有蓋塔的浮雕，後來遭到破壞（見彩圖3）。

結。康茂德無論在現實生活中或是其自身雕像，盡是海克力士的扮相（圖56），亦是出於一樣的道理。自大或許是有的，但海克力士的「由人變成神」，對於距離神性只差臨門一腳的羅馬皇帝來說，可謂極致完美的範本。

皇帝崇拜具有強烈政治性質一事，同樣是完完全全的傳統。在我們眼裡，皇帝崇拜有某些特徵看起來非常**不**宗教，反而在羅馬人眼中具典型的**宗教特質**。羅馬從未有「政」、「教」之別，宗教的基礎也不是個別的敬拜、個人的信念或「信仰」的教義。羅馬宗教奠基在一條簡單的原則上，也就是「羅馬的軍事與政治成就，有賴於以合宜的方式敬拜諸神」。換言之，一旦諸神**沒有**得到適當的敬拜，國家就會有危險。個人虔誠與否，幾乎無關痛癢。

正因為如此，奧古斯都才會在《我的成就》中明確提到自己修復了羅馬城內的八十二座神廟（他想傳達的訊息是，打完內戰，掌權之後，自己正在修復羅馬與諸神的關係）。正因為如此，埃拉加巴盧斯打算以自身信奉的敘利亞神取代朱庇特的流言，感覺才會這麼危險。最後也正是背後潛藏的思維，演變成對基督徒的迫害——就羅馬人的觀點，這便是「懲罰」。大規模基督徒拒絕傳統諸神的作法，將致使國家陷入危機——當局內部想必有這類恐懼伏流。整體而言，皇帝與諸神的關係要以政治與宗教之間的原則為脈絡，如此一來，看起來就不致像我們大多數認為的那麼虛假造作了。

上述關係還有另一個面向——處理國家與人世間關係的人，同樣是處理人世間與諸神世界關係的人。唯一、明確的例外是維斯塔貞女，也就是負責在羅馬廣場的神殿中，守護女神維斯塔的聖火於不滅的女祭司們（當然難免有各種謠言及醜聞）。除此之外，羅馬各大祭司團（colleges）一律由元老所組成。他們各司其職，有人主理神兆，有人負責敬拜個別的神祇。但他們不是專門的**宗教界**人士，也並非以此為全職，對於信徒也沒有牧養責任。羅馬人不會找祭司尋求個人建議或靈性相談。

皇帝身為所有祭司「團」的成員，地位等同於「羅馬宗教領袖」與大祭司。也因此，我們現今仍可見他以主祭者的姿態，出現在公共紀念碑雕塑上，主持牲禮，展現其虔敬。除了各種求情信和行政長官的報告，宗教事務也常常出現在他辦公桌的案頭，諸如請求允許根據宗教法律替某人的叔公遷葬，或是遞補某祭司團的空缺等。皇權還有另一個重要的面向：想要維護良好人神關係，就得透過他，他的重要性高於任何人。有些皇帝在離世之際，順利地從皇帝的角色無縫接軌到成為眾神的一員。

無解之謎
The impossible conundrum

儘管如此，你愈深入研究皇帝崇拜，它就愈難捉摸，難題、矛盾以及不確定性也變得更多。女性和其他家庭成員，便是皇帝崇拜中顯而易見的問題。把皇帝理解成神，背後可見極其羅馬風格的邏輯，但這種邏輯能否延伸到皇帝的妻子和小女嬰呢（雖然她們的雕像握著豐饒之角以及其他屬於女神的象徵）？此外也有其他疑慮和保留意見，比方說，神格化的皇帝真的跟其他「正規」的不朽者一樣那麼的具有神性嗎？也許祂們都有神廟、祭司與祭品，但我們也感受到強烈暗示——「已故皇帝」與「真神」，仍有一線之隔。用以稱呼這兩者的，甚至不是同一個單字。人們通常稱「得到升級」的皇帝為「*divus*」，反觀傳統的神，則是「*deus*」。規則不見得鐵板一塊（維斯帕先遺言的用詞其實是「我感覺我快成*deus*了」）。而「*divus*」和「*deus*」之間的差異，表明了神聖皇帝更像是**如神一般**，而不是那麼的具有神性。塞涅卡的笑話提到，直到即將成為**神**（**divus**）的克勞狄烏斯出現以前，奧古斯都**神**（divus）從未在天界元老院開口過，他的用字遣詞也指向了同一面向。相較於奧林帕斯山的其他居民，奧古斯都顯然地位較卑微。

99. 雖然安敦寧．庇護及其妻法烏絲蒂娜辭世的時間相隔二十年，但在這幅圖像中，兩人卻乘坐在某個奇特、有翼的生物背上，一同升天。這件浮雕是皇帝紀念柱底座的一部分（這根紀念柱沒有什麼裝飾，比圖拉真柱和馬可．奧里略柱小，而且大多已經不見了）。

原則上，皇帝死前不會（或者**不應該**）成為神，但這條看似基本的準則，其實也沒有現代的史家想得簡單。我們確實可以從宗教儀式中注意到一些蛛絲馬跡，顯然是在強調已故統治者有別於仍在世的統治者。歐羅巴要塞的軍隊行事曆明確展現出這一點，其中清楚規定不同類別的皇帝，有不同的崇拜方式：他們可以**代表**今上向傳統神祇行牲禮，但若要像獻祭神那樣直接**祭獻**皇帝的話，那也只能留給死後經正式封神的皇帝。而這也正是人們抨擊「壞」皇帝的其中一種老調，一旦他明明還活著，卻堅持要求把他當成神對待。例如圖密善正是由於妄自尊大，要求人們稱他為正式成為神的「*deus*」（不只是「*divus*」），因而飽受揶揄。

無奈實際比原則複雜多了。帝國各地風俗想必各有不同，東地中海部分地區或許能接受把現世統治者視為神的作法，反觀羅馬本土，卻不見得如此。總而言之，肉體凡胎的皇帝跟神聖、**如神般**的皇帝之間，仍有模糊的分野。祭獻奧古斯都之「靈」（genius），跟祭獻尚且在世的奧古斯都本人，這兩種行為的差別到底在哪裡？姑且不論少數宗教專家，大多數民眾真有注意到「『代替』皇帝祭獻」跟「**祭獻**皇帝」之間的不同嗎？神在成神之前，**本來**是什麼狀態？我懷疑，即便是宗教專家，也化解不了這個無解之謎。

還有另一個也很難，而且很傷腦筋的問題：人到底是怎麼轉化成神的？兩座皇帝陵墓裡語帶保留的墓誌銘，清楚表示皇帝是以肉體凡胎下葬（行文之所以含蓄，多少是因為不朽的神本來就不會死，所以這些不可能是祂們的墓穴）。那麼接下來呢？一般人想像中，皇帝加入奧林匹斯眾神行列時，是什麼樣的光景？塞涅卡之所以撰寫那篇談克勞狄烏斯神格化一事的幽默小品，想來也是有意回答這個問題；回過頭來再談談火葬堆，關於老鷹這類花招的古今故事，背後也是為了回答這個問題。

羅馬有些著名的雕塑，則試圖以視覺方式呈現升天的過程，結果卻更是凸顯了問題。提圖斯緊抓在老鷹背上的尷尬畫面（圖96），不過其中規模較小的作品。今日的羅馬有兩大片雕塑鑲版，實屬更為壯觀的作品，內容呈現了哈德良之妻薩比娜，以及安敦寧．庇護及其妻法烏絲蒂娜的神格化過程。現代的藝術史家多半以崇敬的態度看待這類形象，並將之視為羅馬雕塑技藝的輝煌典範。說起來也確實是。然而，後兩個例子都是讓某種難以名狀的混種生物——身體是人，卻生了一對寬翼——把皇族成員載上天，看起來既危險又荒謬。雕刻師試圖用大理石捕抓此情此景時，感覺也成功凸顯了另一個重點。他們把皇帝變成神的過程具象化，以令人不得不服的手法，展現了這過程簡直難於上青天。

其言也善
Famous last words

蘇埃托尼烏斯把那句「嗚呼哀哉，我感覺我快成仙了」總結進維斯帕先的遺言，有些人可能會認為，他意在表達維斯帕先不過多此一舉，又或是對即將到來的不朽有多渴望，然蘇埃托尼烏斯其實是為了呈現這位皇帝對於將來的神格化態度很實際。一人統治體制從尤利烏斯・凱撒到亞歷山大・塞維魯斯，延續將近三百年。這三百年間的皇帝遺言偶有秉筆直書者，然多數還是經過潤色、細心編造，甚或有意創作而來的。無論是哪一種情況，遺言若非具體而微展現出統治者某個面向的個性，就是道出「皇帝統治」的宗旨。當然，之所以要美化潤色或編造這些遺言，道理就在這裡。

蘇埃托尼烏斯撰寫的傳記裡有些特別到位的例子。在他勾勒的同一幅臨終場景中，維斯帕

100. 克勞狄雅·艾克羅格墓誌銘。克勞狄雅·艾克羅格是帝國歷史上跑龍套的角色，據蘇埃托尼烏斯的說法，她是尼祿的乳母，直到他死時仍隨侍在側，並安排將他的骨灰下葬。銘文最後一行模糊寫著*piissim(ae)*，「最忠實的」。

先在寒顫最後一次發作時曾試圖起身，他喃喃道：「皇帝就該站著死」。對於一位臨終前還在處理文件、接待使節的勤奮統治者來說，這是一句很適合他的道別詞。這位傳記作家用去不少篇幅描述西元六十八年尼祿人生的最後幾天、幾個時辰，對於統治者失去權力時（古今皆然）會發生的殘酷事實刻劃得入木三分。人在宮中的尼祿坐困愁城，叛軍的勝利已不能免。待貼身侍衛不見蹤影，命人來卻無人回應時，他這才意識到自己已經無法發號施令——「看護都溜之大吉了」，蘇埃托尼烏斯描述道，「而且連床單都帶走了」。（某些現代政治領導者的下場也不無類似：沒人聽他們講話。）皇帝帶著幾名親信成功逃離（包括他的老奶媽），前往城郊的別墅，最終在某些協助下結束了自己的生命。在無數的絕望呼喊、虛弱的笑鬧及吟詩放歌之中，他吐出自己最知名的遺言：「將死的，是何等的藝術家啊！」他對於自身藝術天分的過度自信，彷彿直到人生最後一刻都不得罷休。不過，塞涅卡在《南瓜化》裡替垂死的克勞狄烏斯所編造的字句，可是刻薄多了：「嗚呼哀哉，我好像大出來了」。而且，塞涅卡唯恐讀者未把握到重點，於是補上一句：「我是不曉得他有沒有大出來，但他倒是把每件事情都搞得跟屎一樣。」

傳言中其他皇帝交代遺言的口吻文雅多了。據說哈德良在臨終前寫了一首詩給自己的靈魂，此舉既鞏固了自己在某些人眼中憂鬱神祕的形象，也為二十世紀時瑪格麗特．尤瑟娜所寫的虛構哈德良自傳提供了相稱的結尾（「親愛的遊蕩的可愛的靈魂／我肉體的客人和伴侶／如今何域將為你所嚮／你這蒼白的凡物，赤裸僵直／無法玩笑如昔」）。安敦寧．庇護在臨終前只吐出一字遺言，「淡定」（Composure），以做為禁衛軍當天放哨的暗語。外人把塞普提米烏斯．塞維魯斯想得很實際。據狄歐所說，他曾經就統治帝國一事，提供了一些建議給兒子卡拉卡拉和蓋塔——假如狄歐所言屬實的話——而這兩人顯然違背旨意（「不要起爭執，要發薪餉給軍隊，其他人都不重要」），接著，他跟維斯帕先一樣，要來更多事做（「還有什麼要處理的，拿來給我」）。不過幾個月，蓋塔即在哥哥派來的刺客手中命在旦夕，最後在母親的懷裡斷氣，而他的遺言著實辛酸，「媽咪，媽咪，有人要殺我」。

然而，一人統治最重要也最難的真相，卻是濃縮在蘇埃托尼烏斯對西元十四年，皇帝奧古斯都生命中最後一刻的描述。蘇埃托尼烏斯以奧古斯都臨終為背景，針對他所確立的獨裁體制提出最關鍵，或許也是最令人意想不到的教訓，甚至直指其虛假。

西元十四年，現年七十五歲的皇帝先是在卡普里島上好好放鬆了幾天，接著乘船在那不勒斯灣一帶海域設宴——但此時他開始出現下痢症狀，死期恐已不遠。等到抵達父親生前在諾拉的故居時，他感覺更不舒服了。他的躺椅就放在父親過世的房間裡，躺椅上的他要人拿來一面鏡子，好把頭髮梳齊，端正儀容，而他尚且不知道這就是自己人生的最後一天。接著，他叫幾個朋友進來，原本對著鏡子的他轉過頭來，並問他們，「他在人生喜劇中表現得好不好」，然後以希臘語補了幾句臺詞：「既然這齣戲演得很好，請為我們拍拍手／再用掌聲送我們下臺」。蘇埃托尼烏斯未描述友人的反應。但他讓他們退下，之後問起一名年輕晚輩身體情況如何，原來他的繼外孫女生病了；然後他吻了妻子利薇雅（蘇埃托尼烏斯筆下沒有任何跡象顯示利薇雅在他的水果裡下毒）。他接下來說出來的話，想必就是最後的遺言：「好好生活，別忘了我們的婚姻生活啊，利薇雅，別了。」唯一的譫妄跡象，是他嚷嚷著有四十名年輕人正試著把自己抬走，但這其實是神準的預言，因為不久後，真有四十名士兵把他抬了出去，並在酷暑中展開前往羅馬的最後一程。

這精心編造的臨終場景，凸顯出人們期望皇帝應有的眾多個人特質。此情此景或許出人意外，卻不若維斯帕先與塞普提米烏斯．塞維魯斯，沒有任何處理公事的畫面，而是聚焦在對家人的關懷與照顧。他提到自己婚姻的長長久久，提到自己對祖上血緣的重視（所以他才會跟父親在同一間房間辭世）。他請友人來到自己的病榻前，也給人一種「吾輩之一員」的感覺，而他也表現出自己渴求形象良好（這才是他要來鏡子和梳子的原因，不是純粹面子問題）。整體而言，他的離世相當平靜，就連看似譫妄的胡話，也顯示出皇帝對未來的了解。

不過，其中最誠實的，莫過於在「戲演得很好」等戲劇比喻襯托下，他那句「在人生喜劇中表現得好不好」的妙語。我所勾勒的羅馬皇帝，始終離不開虛假與欺瞞的問題，離不開形象與現實的問題。我們從這一切的案牘勞形、權力饗宴、粗茶淡飯、繼承鬥爭以及乞討求情當中，照見想當演員的尼祿、凱旋式的蠟像圖拉真、扮演格鬥士的康茂德，還有埃拉加巴盧斯那些反烏托邦的幻境。蘇埃托尼烏斯憑藉想像力，讓讀者回到一人統治的開端。皇帝制度的奠基者，居然把自己的這輩子比擬為一場戲、一段表演？對於羅馬專制的內裡，其所述說的，委實太多了。

劇終　時代落幕
Epilogue: The End of an Era

何以停筆？
Why stop here?

此際，我們來到西元二三五年。距離奧古斯都以安詳、精心設計的姿態辭世，已然過了兩百二十一年、將近三十位皇帝的統治。這一年，人在日耳曼（另有一說是不列顛，但可信度較低）軍營中的亞歷山大·塞維魯斯和他的母親尤莉亞·瑪麥雅，遭麾下的幾個士兵殺害。年僅二十六歲的他，是埃拉加巴盧斯的表弟、養子兼繼任者。十三年前，埃拉加巴盧斯遭人推翻，屍首投入了臺伯河。亞歷山大在邊境的戰事表現不佳，結果深受其害。人們往往會大肆渲染皇帝成功征服或抵禦入侵的戰事，一如失敗了便大加撻伐。就他來說，這位皇帝之前跟威脅羅馬東疆的波斯人以不光彩的平手收場（羅馬城依舊舉辦了凱旋式，以掩飾不盡人意的戰果），而如今來到北方面對日耳曼人的襲擊，表現也沒有好到哪裡去。此外，他也遭人指控為人小氣、任其母擺布（甚至隨他一同出征），而這些也是過往其他統治者都曾受過的抨擊。

這對母子想必是在日耳曼當地火化，骨灰運回羅馬，安葬的地點或許是目前羅馬城發掘出第三大的古墳。雖然不若奧古斯都陵和哈德良陵那般壯觀，但這座墳墓殘存的部分，仍構成了市郊的一座公園。文藝復興時期以來，咸認此地為亞歷山大長眠之處。若真如此，那著名的藍琉璃「波特蘭花瓶」（Portland Vase，現藏於大英博物館，其最初是在這座墓葬中發現的），就很可能曾經裝過他的骨灰。

他治世的真實情況不出所料，相當晦澀不明。對於他被殺的地點，傳統上居然存在如此迥異的說法，顯見我們對他其實所知非常有限。不過，無論他的戰功有多失敗，或者在他母親的問題上有多失能，人們基本上還是把他寫成傳統的「好」皇帝。《帝王紀》將他視為埃拉加巴盧斯的對照組：埃拉加巴盧斯是顛倒自然與社會秩序的越軌之人，而他卻是受人尊敬、平等待人的皇帝，是「吾輩之一員」。他尊重元老院，他斷案睿智，他克勤克勉處理子民的請求與乞求，他在羅馬城內推動新建案及修復計畫，並嚴厲打擊奢華宴會（不會有如漫天飛絮的玫瑰花瓣，侍者也不會穿著金燦燦的制服）。至少我們從文字中所讀到的他，其治國能力符合從奧古斯都《我的成就》或普林尼《頌辭》中所推論出來的皇帝徵才條件。

亞歷山大離世後，徵才條件的內容逐漸有了改變。因此我選擇以西元二三五年前後，做為《羅馬皇帝》的停筆之處。倒不是說在他之後的皇帝，依傳統標準都是「壞」皇帝。而是因為

101. 世界不一樣了。這面西元三世紀中葉的岩雕位於波斯城（Persepolis，今伊朗），上面刻劃的是兩位羅馬皇帝——「阿拉伯人」菲利浦與瓦勒良一世——向波斯王沙普爾表歸順。

「所謂羅馬皇帝」所在的座標系出現了翻天覆地的變化。接下來五十年，統治者不斷上上下下，在長期內戰中競相奪權繼位。西元二三五至八五年間，約莫有三十位皇帝（或短暫得勢者）曾經掌權，「有人在寶座上坐了六個月，有人坐了一年，有人坐了兩三年，但最多就三年」。《帝王紀》作者如是說。對他來說，亞歷山大不只是典範，也是時代的結束。在他之後有許多皇帝出自傳統菁英圈之外，靠戰功加官晉爵，在軍事政變中登上寶座。這往往根本稱不上「一人統治」。他們憑恃著愈來愈多的正式或非正式協議而得以分享權力，實際統治的甚至只有帝國的一部分。其中許多人不過是**偏安一隅皇帝**。面對羅馬世界之外的敵人，他們一而再、再而三吞敗，即便是贏了，也很有爭議。

這些人常常被人拿來挖苦。西元二三五

年，亞歷山大遇刺後，色雷斯人馬克西米努斯旋即在日耳曼獲軍隊擁立為皇帝。他出身行伍，據說目不識丁，三年後就被麾下士兵殺害，甚至未曾以皇帝身分踏進羅馬城。（至於他不識字的說法，究竟是顯示了羅馬上層人士的偏見、層峰的社會流動性，抑或是新統治者的粗野，則有待討論。）馬克西米努斯去世前幾個月，羅馬世界彼端已經出了一對靠不住的搭檔——曾任阿非利加行政長官的年邁元老及其子，相當堂而皇之地號稱戈爾迪安一世（Gordian I）與戈爾迪安二世（Gordian II）——想挑戰他的地位，並獲元老院遙奉為共帝。不到三個星期，這二人就在北非被另一支羅馬軍系消滅（一人戰死，一人上吊自盡），從此成為羅馬皇帝中治世時間最短的紀錄保持人。不過，在所有形象當中，最是鮮明、令人難忘的，莫過於瓦勒良一世（Valerian I，遭波斯人俘虜，二六二年前後過世）與「阿拉伯人」菲利浦（Philip 'the Arab'，二四四至四九年間治世）。在這幅今存於伊朗的岩雕中，呈現了這兩名言聽計從的羅馬統治者，向勝利的波斯國王沙普爾（Shapur）宣示效忠的畫面，可謂徹底顛覆了一直以來權力展現的樣貌。

實情當然微妙得多。這許多的變化，其實是羅馬帝國及其近鄰的整體歷史問題所造成的：邊區的壓力，或是軍隊、元老院以及人民之間的權力平衡改變，抑或是皇帝人選是怎麼合法出爐的老問題。說起來，軍團把皇位繼承掌握在手中的作法，也就揭露了從最一開始，羅馬權力的遞嬗背後其實沒有什麼**制度**可言。局勢的變化絕非亞歷山大去世後才突然發生的。我們在前幾章所追溯的皇帝統治慣例（包括請願信），仍然以差不多的方式維持了數十年。西元二三八年，年輕的皇帝戈爾迪安三世——同一年遭到推翻的戈爾迪安一世與二世，分別是他的外公和舅舅——（想必極其簡短地）回應了斯卡普托帕拉人的請願。而戈爾迪安三世在位也沒有多久。他在對波斯的戰役中身亡，殺他的人若非自己麾下士兵，就是另一位羅馬競爭者。

與此同時，這段時期有些發展乍看之下前所未有，但單獨來看的話，也就沒有一般所見的那麼不一樣了。早在尼祿死後發生的內戰中，軍方就開始干預新皇帝的人選了。羅馬帝國此前也有過幾段共治時期。西元一七〇年代，馬可・奧里略已經開始面對未來幾世紀蔚為特色的邊境壓力了。早期羅馬統治者也許比較擅長以假亂真，讓自己的軍事失利看起來像是成功。然沙普爾那塊紀念碑上威風凜凜的圖像，確實也讓人想起那顆被人搶去、當成「凱旋」的象徵、最終埋在麥羅埃的神殿底下的青銅像頭部（頁388）。話雖如此，這一切在三世紀中葉統統**加起來**的結果，倒是前所未見。假如讓幾百年前的皇帝側近，親歷馬克西米努斯或戈爾迪安三代人的世界，他們一定會覺得很奇怪，很陌生。

局勢到了三世紀末再度有了改變。戴克里先與君士坦丁之治世（介於西元二八五年至三三七年間，兩者都超過二十年）當然很顯著。可惜老派的皇帝已一去不復返。西元三世紀初期的「危機」期間採取的若干應急措施，如今已成正式制度。比方說，戴克里先將帝國正式分為東部與西部行省，兩邊分別由資深和資淺的皇帝搭檔統治，共計四位皇帝。某種型態的共治體系，成為未來數十年間的常態。更有甚者，統治者與被統治者之間的距離愈來愈遠，看來是重新鞏固皇帝權威所必須付出的代價。愈來愈繁複的儀節，把皇帝與子民區隔開來，被統治者不僅明顯服從於統治者，像普林尼這種地位的人也愈來愈難跟皇帝簡單吃頓飯。這當然也有先例。如斯塔提烏斯曾提到，他跟圖密善共進晚餐時，感受到的主要是有距離的敬畏，而非親密。除了皇帝和元老之間友好的親吻外，過往幾個世紀也少不了前恭後倨（至於是恭是倨，主要取決於說故事的人是誰）。然而到了四世紀初，皇帝身為「吾輩之一員」的神話，對任何人而言，已經不像以前那麼有意義了。

殉道者的鮮血
Blood of the martyrs

基督教也是這場轉變中至關重要的元素。目前為止，羅馬帝國的基督徒在本書中所占的比例相當少。主要原因在於，羅馬皇帝所統治的前兩個世紀裡，他們人數確實很少，也鮮少引起羅馬當局關注。據合理估計（難免有點猜測成分），西元一〇〇年時的羅馬世界各地共有約七千名基督徒（約占全帝國人口百分之零點零一），到了二〇〇年，人數約增加兩百倍，來到二十萬人（占人口比約百分之零點三五）。後來的基督徒文人憑藉後見之明——或說以弱勢之姿——則訴說了另一種截然不同的故事：彷彿蓬勃發展的教會遭到皇帝親下指示，以計畫性的方式迫害。殉道——連最軟弱的基督徒，都在面對殘虐和折磨時展現不屈的勇氣——肯定成為信仰最堅定的證明。而真相是，在西元一世紀與二世紀，羅馬帝國大多數人一輩子都沒遇過一個基督徒。對基督徒施加的暴行，也都是局部、零星的。

當然，對受害者來說，即便是零星的暴行，也跟計畫性迫害一樣殘忍痛苦。西元六十四年，皇帝尼祿把基督徒當成羅馬大火的代罪羔羊，其懲罰之殘酷，連非基督徒在記錄時也是筆端顫慄（釘死在十字架上、活活燒死，或是餵狗），而後來文人對於二世紀下半葉，基督徒在里昂圓形露天表演場中殉死的描述，無論怎麼潤飾，其駭人程度依舊未減。不過，圖拉真與普林尼魚雁往返時表現出來的警戒觀望（「不要太緊張，不要自找麻煩」），或者皇宮下人生活區刻劃那幅釘刑惡搞塗鴉的人所抱持的挖苦嘲笑，才是普遍的態度。《帝王紀》甚至聲稱（不知真假），亞歷山大．塞維魯斯在自宅的神龕裡，除了各式各樣的神像（包括已經成神的歷代皇帝，以及亞巴郎〔Abraham〕），也供奉著耶穌像。

但是，自亞歷山大．塞維魯斯治世起，直到君士坦丁在西元四世紀初成為第一位張開雙手擁抱基督教的羅馬皇帝為止，這段時間確實有一系列中央主導的迫害行動，規模是帝國史上所僅見。二五〇年前後，一位帝祚短暫的統治者甚至要求全帝國居民都要祭獻，以展現對傳統諸神的忠誠，並取得確實行過祭獻的證明文件（未想他根本活不到看到整個計畫實施）。這種變化背後是多重因素的結合。基督徒人數持續增加。假如我們根據前幾個世紀增加的速度推斷，到了西元三〇〇年，基督徒人數很可能已經增加三百倍，達到六百萬人。他們比以前更為常見。毫無疑問，確實有人擔憂這段時間之所以發生某些災禍，是因為羅馬跟傳統諸神關係瓦解所導致的。簡言之，新興的基督教不時以毫不妥協的態度拒斥舊有宗教，人們（至少部分人）會認為這就是帝國「危機」的根本原因。

102. 羅馬皇帝的新形象。在這片西元四世紀末的儀式用銀盤上，畫面中間是形象較大的狄奧多西一世（Theodosius I），兩旁則是共帝，頭上都有光環。他正在傳遞基督教上帝的大能與權柄。

為什麼從社會階級頂端到底端，有這麼多羅馬人皈依基督教，又為什麼羅馬帝國會變成基督教國度？這些堪稱是羅馬史上討論最熱烈，也是最大的謎團。基督教變革對文化與政治，乃至於信仰方面的影響，顯然顛覆了過往羅馬皇帝奠定舊有秩序的眾多基礎。比方說，我們在第七章談到皇帝怎麼融入圓型表演場的邏輯，如格鬥比賽與獵殺野獸象徵「他們」與「我們」之間的區隔，透過舉辦活動來強化社會階級，還有吸納在沙場上打鬥的人所散發的危險魅力。而基督徒在競技場的殉道——「基督徒vs.雄獅！」卻顛覆了上述一切。無論個別觀眾對此情此景有什麼評價，如今的基督教文化把傳統上場內人人喊打的受害者變成自己宗教的英雄，以信仰傲然面對死亡，神與他們同在。這麼做就破壞了舊秩序的邏輯。格鬥比賽之所以在羅馬帝國基督教時期逐漸式微，不光是因為基督徒覺得這些比賽很殘酷（雖然這確實是部分原因），更是因為這些比賽已經不再有意義了。

皇帝本身的形象也受到影響。基督教並未削弱（基督徒）羅馬皇帝的權威，而是加以強化。只不過，此處所指強化，卻是在全新的宗教座標系中進行的。我會認為克勞狄烏斯那尊尺寸太大、扮作朱庇特神的雕像有點「蠢」（頁375），多少是因為受到基督教影響的關係。新的皇權視覺語言，不用讓老鷹依偎在皇帝腳邊，也不用讓皇后像幸運女神般拿穩豐饒之角。這種新語彙多少會用透過耶穌的形象來看皇帝，透過皇帝的形象來看耶穌。這耶穌可不是「良善心謙」（meek and mild）的樣子。皇權得到新的神聖秩序所認可（同時反過來認可之）。此時的**羅馬皇帝**已大不相同。

總點評
Taking stock

本書所聚焦的老派**羅馬皇帝**，已在西方歷史與文化留下持久的痕跡。後人再現權力時所採用的樣板，像是穿著戰服或托加袍，正是老派皇帝雕像的遺贈。他的頭銜隱藏在帶有專制意味的現代語言中，從皇帝（emperer/imperator）到王公（prince/princeps），從德皇（Kaiser）到沙皇（Czar）皆然。他既把統御之道交付給我們，同時也警惕我們如何收手。人們很容易因為羅馬皇帝身為長期的政治掌控者而（勉強）佩服他們，或者因為他們的名字和暴政、殘虐、奢靡以及放縱有所連結而加以譴責。他們是令歷史學家左右為難的極端案例。我們要怎麼從羅馬皇帝的角度去理解他們，同時還要保有我們自身的道德方針，並奉行我們描述過去、評價過去的義務？舉例來說，皇帝身為格鬥比賽的東道主，一旦我們只揭露比賽運作的邏輯，卻不談其暴力與殘忍，那無疑是失職了。同理，如果你光譴責暴行，卻不試著理解比賽背後的道理，那也是失職。

一方面是只因為羅馬皇帝實在距離今天太久（不能用我們的標準來評判他們）而給予「特赦」，另一方面則是只因為他們**跟我們不一樣**就判他們有罪，而我則是在這兩者之間一直努力的權衡行事。羅馬帝國是個充滿殺戮的世界，無論是有背叛嫌疑的親人，還是大戰車競技場裡的示威者，這所有的問題，在羅馬世界往往是用「殺」來解決的。對於今人來說，這件事實光是要消化就夠難了，解釋更是難上加難。我沒有打算跟個別統治者換位思考，也不想評價人格。依我看來，這類問題根本無從解決（但我偶爾會想知道，從皇帝的角度看世界是什麼感覺，比方說坐在大競技場的皇帝包廂往外看）。我所要深究的，反而是你我如何、為何要用我們的方式來勾勒羅馬皇帝（像是自大狂尼祿、腳踏實地的維斯帕先，諸如此類）。我同時也思索羅馬帝國的人民如何為自己建立「皇帝」的形象。而我更不斷嘗試將統治者放回他習以為常的環境，放回跟他關係最密切的人當中。他不是孤身一人進行著統治，更不是在真空中統治。假如我們了解他在哪裡生活，吃的方面是如何解決的，他口授的文字是誰為他寫的，誰幫他送信，或者他睡了誰，由此，我們便能更了解他這個人。而這**才是**可行方案。

帝國上下有成千上萬的人為皇帝及朝廷做事，有人是奴隸，有人是自由身，有些人遭到殘酷剝削，有人叛變，有人不滿，但也有人對於自己從事的工作感到滿足，甚至引以為豪。綜觀歷史，暴政也好，獨裁也好，無論我們以什麼字彙來稱呼專制，專制所依憑的都是各個階層當中那些接受它、適應它，甚至覺得生活在其中也挺自在的人們。我們在這本書裡見到這許多人，從普林尼到克勞狄烏斯．伊特魯斯庫斯之父，甚或是在尼祿自殺後仍然不離不棄、將他下葬的乳母——這些男男女女從來不曉得有其他型態的政治制度。維持專制運作的不是暴力，也不是祕密警察，而是合謀與合作——也許知情，也許天真，也許出於好意，也許心懷惡意。

不過，假如我們想尋找對羅馬一人統治的批判，是可以在羅馬的作品中找到的。我所想的，倒不見得完全是元老院裡高風亮節，懷想他們所謂共和自由的異議派（亦即我所說的「為反而反的人」）。他們的戲份已經太多了。我所思考的，是整體的羅馬文獻，即便下筆的人**並未**公開表示異議，他們也一再把皇帝勾勒成騙子或是扭曲真相之人，把一人統治本身刻劃成虛偽與表演。我從埃拉加巴盧斯的反烏托邦世界寫起，寫這個世界的假食物、假慷慨真殺人；其間經過莫名所以的凱旋式，已逝的圖拉真化身為蠟像，把戰敗標榜為「勝利」大肆慶祝；最後是皇帝奧古斯都傳聞中的遺言，把自己比做喜劇演員——這便是我反覆提及的主題，希望也是讓人大開眼界、有

名裡乾坤？
What's In a Name?

從卡利古拉到卡拉卡拉，從尼祿到埃拉加巴魯斯，我們現今用來稱呼羅馬皇帝的名字，要麼不是他們的正式頭銜，不然就是頭銜的極簡稱。「卡利古拉」（小靴子）是個綽號，其由來是這位皇帝童年時穿的軍靴（他有另一個小名，也是他個人比較喜歡的，叫「蓋烏斯」〔Gaius〕）。「卡拉卡拉」也很類似，由來是這位皇帝喜歡的斗篷式樣便是*caracalla*。「尼祿」只是皇帝克勞狄烏斯收養他的時候，從克勞狄烏斯的名字裡過繼的其中一個名字（「尼祿」其實是克勞狄烏斯的姓）。「埃拉加巴盧斯」則是來自皇帝所護持的神。另外，名稱也有不同的排列，例如我選擇「亞歷山大・塞維魯斯」，而其他人則是「塞維魯斯・亞歷山大」。

不只現代人習慣用這些名字稱呼皇帝。羅馬人自己提到皇帝的時候，大多也使用這些名號（比官方頭銜更短、更好記，也更容易辨別），我們也只是沿用罷了。但他們通常不會當著皇帝的面這麼稱呼他。在卡利古拉面前稱他「卡利古拉」，那就大事不妙了。面對面時，人們大多稱羅馬統治者為「凱撒」，一如我們在普林尼《頌辭》裡讀到的。官方文書裡也不會用這些稱呼，至於我在書裡提到的銘文，其中許多也都**採用**皇帝的**正式頭銜**。也因此，現今想清楚譯解都是有難度的。

舉個比較極端的例子——塞普提米烏斯·塞維魯斯。羅馬廣場上，他的凱旋門上銘刻著的，不是我們平常稱呼的Septimius Severus，而是：

> Imperator Caesar Lucius Septimius, Marci Filius, Severus Pius Pertinax Augustus, Pater Patriae, Parthico Arabico, Parthico Adiabenico
>
> 統帥凱撒·盧奇烏斯·塞普提米烏斯，馬可之子，塞維魯斯·庇護·佩勒蒂那克斯·奧古斯都，祖國之父，阿拉伯帕提亞人的征服者，阿迪阿卜帕提亞人的征服者……

上述這一長串，除了他的本名盧奇烏斯·塞普提米烏斯·塞維魯斯之外，還包括標準的皇帝頭銜（統帥凱撒·奧古斯都），也提到他所虛構的、馬可·奧里略曾收養他（馬可之子）一事，以及他想攀上關係的歷代皇帝（庇護與佩勒蒂那克斯），再加上一些繞口的榮銜。

以最核心的部分而論，皇帝的名字在他這輩子裡不斷變化的過程，就相當於一段迷你傳記。**奧古斯都**本名「蓋烏斯·屋大維烏斯」，西元前四十四年依凱撒遺囑收養時正式改名為「蓋烏斯·尤利烏斯·凱撒」（不過，現代人習慣稱他「屋大維」，以求跟獨裁官凱撒有所區別）。西元前二十七年起，他以「統帥凱撒·奧古斯都」之名治世，為後繼者奠定模式。**提比留**本名提貝利烏斯・克勞狄烏斯・尼祿，經奧古斯都收養後改名為提貝利烏斯・尤利烏斯・凱撒（Tiberius Julius Caesar），治世時正式名為提貝利烏斯・凱撒・奧古斯都（Tiberius Caesar Augustus）。**卡利古拉**本名「蓋烏斯・尤利烏斯・凱撒」（Gaius Julius Caesar），以「蓋烏斯・凱撒・奧古斯都・日耳曼尼庫斯」（Gaius Caesar Augustus Germanicus）之名治世。諸如此類。

上述演變的過程基本上很清楚。無奈自西元一世紀下半葉以降，各個皇帝在治世期間所使用的官方頭銜如此雷同，就算是專家也苦於辨明。偶爾，他們的名字裡就只有一個元素，也就足以區分彼此，如以下我挑選出的幾位統治者（並刪去額外的稱號）：

維斯帕先：統帥凱撒・維斯帕西阿努斯・奧古斯都（Imperator Caesar Vespasianus Augustus）

提圖斯：統帥提圖斯・凱撒・維斯帕西阿努斯・奧古斯都（Imperator Titus Caesar Vespasianus Augustus）

圖拉真：統帥凱撒・涅瓦爾・圖拉伊阿努斯・奧古斯都（Imperator Caesar Nerva Traianus Augustus）

哈德良：統帥凱撒・圖拉伊阿努斯・哈德利阿努斯・奧古斯都（Imperator Caesar Traianus Hadrianus Augustus）

馬可・奧里略：統帥凱撒・馬爾庫斯・奧里利烏斯・安托尼努斯・奧古斯都（Imperator Caesar Marcus Aurelius Antoninus Augustus）

康茂德：統帥凱撒．馬爾庫斯．奧里利烏斯．康茂杜斯．安托尼努斯．奧古斯都（Imperator Caesar Marcus Aurelius Commodus Antoninus Augustus）

卡拉卡拉：統帥凱撒．馬爾庫斯．奧里利烏斯．塞維魯斯．安托尼努斯．庇護．奧古斯都（Imperator Caesar Marcus Aurelius Severus Antoninus Pius Augustus）

埃拉加巴盧斯：統帥凱撒．馬爾庫斯．奧里利烏斯．塞維魯斯．安托尼努斯．皮烏斯．費利克斯．奧古斯都（Imperator Caesar Marcus Aurelius Antoninus Pius Felix Augustus）

亞歷山大．塞維魯斯：統帥凱撒．馬爾庫斯．奧里利烏斯．塞維魯斯．亞歷山大．庇護．費利克斯．奧古斯都（Imperator Caesar Marcus Aurelius Severus Alexander Pius Felix Augustus）

我很確定，羅馬人不見得比我們更有辦法分辨康茂德跟他的父親馬可．奧里略，或是維斯帕先及其子提圖斯正式頭銜之間的差異。不用懷疑，「難以辨別」也是目的之一。如同皇帝肖像之間的相似度，而這些幾乎一模一樣的名字（今人看來也一樣困惑）目的就在於標榜歷代皇帝，讓皇帝的權力合法化。以康茂德、卡拉卡拉或埃拉加巴盧斯來說，無論傳說中他們有多麼踰矩，從正式名稱來看，他們幾乎就是過往（好）皇帝的合體。

若想進一步了解細節，近年來最好的參考資料就數 Alison E. Cooley, *The Cambridge Manual of Latin Epigraphy* (Cambridge UP, 2012), 488–509，其中詳細了條列各個皇帝的頭銜。

延伸閱讀與參觀建議

Further Reading and Places to Visit

談整體羅馬皇帝相關的書目，乃至於個別皇帝及其家人的生平的資料，皆可謂汗牛充棟。下列延伸閱讀必得有所揀選。之所以列出這些文獻，首先是為了替主題提供一些整體背景相關的閱讀資料，並指出如何輕鬆取得我論述所根基的古代證據。接下來，我會按照章節順序，提供建議專書及文章，一來這些都是我在過程中覺得特別有用的資料，二來則是希望能幫助讀者進一步探索書內討論到的題目。我試著詳列史實與論據的精確出處，並點出學界爭議焦點或關鍵的專業研究，由此，便得以從我的說法出發，運用具權威的參考書目和有效率的搜尋引擎，找出這些資料。每一段的最後，我會著重在幾個對公眾開放的重要考古遺址，以及相關博物館館藏。

通論
General

我所參考的古代文獻，幾乎都有今譯本。Loeb Classical Library (Harvard UP) 囊括主流文人與許多小眾的作品，提供希臘文或拉丁文原典，以及英譯文對照。系列作也是可靠的英譯本（雖然選錄內容稍微有限，也沒有原文，但經費上相對負擔得起）。多數文本在網路上為共享資源。LacusCurtius (http://penelope.uchicago.edu/Thayer/E/Roman/Texts/home.html) 與 Perseus Digital Library (http://www.perseus.tufts.edu/hopper/collections) 特別好用。這兩個網站都有各式各樣的原典與英譯本，包括 Loeb Library 部分早期版本。下面數個段落，我會挑出幾個不在上述範圍內的譯本，或是特別好的版本。至於正文中的英譯，若下面未提及出處，則是我自行翻譯的。

切記：徵引少數重要古代文人的作品時，現代有幾種不同的編目方式，容易混淆。尤其是 Cassius Dio 的 *Roman History*（以下多半簡稱為'Cassius Dio'）的最後幾冊（因為其內容如今只存在後代文人的摘錄與摘要中），以及 Fronto 的 *Letters*。我不希望接下來的內容因為各種編目方式而顯得零亂，因此我只使用一種方式，也會盡可能告訴讀者，近年來有哪些選集可以找到他們的譯文（尤其是 Fronto）。即便如此，要找到特定的文獻，偶爾還是需要一點堅持！

有些以皇帝統治為題的主要古代文獻，相關討論很容易找到。對塔西陀不熟悉的人，Rhiannon Ash, *Tacitus* (Bristol Classical Press, 2006) 是很好的起點。*Tacitus* (Oxford Readings in

Classical Studies), edited by Ash (Oxford UP, 2012)是近年來相關批判研究的好用彙編。Andrew Wallace-Hadrill, *Suetonius: The Scholar and his Caesars* (2nd ed., Bristol Classical Press, 1998; originally published 1983)是現代對蘇埃托尼烏斯研究的基礎，近年則有*Suetonius the Biographer: Studies in Roman Lives*, edited by Tristan Power and Roy K. Gibson (Oxford UP, 2014)。Fergus Millar, *A Study of Cassius Dio* (Oxford UP, 1964)則是今人了解狄歐的基礎，近期還有*Emperors and Political Culture in Cassius Dio's Roman History*, edited by Caillan Davenport and Christopher Mallan (Oxford UP, 2021)。關於*Imperial History*，見後〈序幕〉。

我也參考了許多銘文和莎草紙文獻。要找到這類史料難度更高，通常都是以大部頭彙編形式出版。其中份量最驚人的是*Corpus Inscriptionum Latinarum*，彙編工作從十九世紀起至今，收錄了數以萬計的拉丁銘文。即便是可以用搜尋功能的線上版(https://cil.bbaw.de/, in German and English)，也還是會令人卻步。許多提到皇帝的文獻是以古希臘文寫成的，古希臘銘文也有類似的彙編，A. E Cooley, *The Cambridge Manual of Latin Epigraphy* (Cambridge UP, 2012) 327–448詳細說明了拉丁銘文是在哪些地點，以及何種方式發表的謎團。莎草紙也很棘手，有許多書籍收錄了出土地點不一、現代館藏地點不同的文獻。*Papyri.info* (https://papyri.info/)是超大型資料庫，但你還是得費點工夫才能想找到要的資料。*POxy: Oxyrhyncus Online* (http://www.papyrology.ox.ac.uk/POxy/)對使用者比較友善的內容，是今藏於牛津大學的莎草紙（我談到的其中一些也在其中）。所幸還是有方便的彙編，按照特定主題或斷代，把銘文與／或莎草紙蒐集起來，通常附有譯文。

接下來的段落，只要是重要的範例，我會盡量（很難全部）告訴讀者可以到哪裡搜尋。

西元前四十四年至西元二三五年間的整體歷史，足見很多優秀的大範圍分析研究，像是Martin Goodman, *The Roman World 44 BC – AD 180* (2nd ed., Routledge, 2011)、Clifford Ando, *Imperial Rome, AD 193 – 284* (Edinburgh UP, 2012)的前半部、David Potter, *The Roman Empire at Bay, AD 180–395* (2nd ed., Routledge, 2013)與Michael Kulikowski, *Imperial Triumph: The Roman World from Hadrian to Constantine* (Profile, 2016)。細節可見*Cambridge Ancient History* (Cambridge UP)相應冊數(10–12)。Christopher Kelly, *The Roman Empire: A Very Short Introduction* (Oxford UP, 2006); Greg Woolf, *Rome: An Empire's Story* (1st ed., Oxford UP, 2013; 2nd ed., 2021)以及Peter Garnsey and Richard Saller, *The Roman Empire: Economy, Society and Culture* (2nd ed., Bloomsbury, 2014)同樣有許多我覺得很受用，有時甚至大開眼界的討論。多數通史討論尤利烏斯・凱撒時，大多會把他置於共和制的脈絡，而非一人統治時期。David Potter, *The Origin of Empire: Rome from the Republic to Hadrian, 264 BC – AD 138* (Profile, 2021)是別出心裁的例外。

Fergus Millar, *The Emperor in the Roman World (31 BC – AD 337)* (1st ed., 1977; 2nd ed. Bristol Classical Press, 1992)是羅馬皇帝研究的轉捩點。此後，這個主題的大多數研究無非就是在跟Millar的煌煌巨作對話。Keith Hopkins對Millar的評論收錄在*Journal of Roman Studies* 68 (1978), 178–86，是非常關鍵的回應；Olivier Hekster, *Caesar Rules: The Emperor in the Changing Roman World (c.50 BC – AD 565)* (Cambridge UP, 2023)則是整本書都在跟Millar對話（此書出版時，我已

完成本書的正文）。關於朝廷內與宮廷文化中的皇帝，近年來重要研究不斷出爐。我從Andrew Wallace-Hadrill, 'The Imperial Court', in the *Cambridge Ancient History* vol. 10 (2nd ed., Cambridge UP, 1996), 283–308; Aloys Winterling, *Aula Caesaris* (Oldenbourg,1999) (in German)與Jeremy Paterson, 'Friends in High Places', in *The Court and Court Society in Ancient Monarchies*, edited by A. J. S. Spawforth (Cambridge UP, 2007), 121–56得益甚豐。*The Roman Emperor and his Court c. 30 BC – c. AD 300*, two volumes, edited by Benjamin Kelly and Angela Hug (Cambridge UP, 2022)出版時，《羅馬皇帝》已經差不多完成了。第一冊收錄的論文根據各種歷史主題，探討羅馬宮廷文化，而談到的古代文本、文件與圖像，則收錄在第二冊中。

過去幾十年來，個別皇帝或其家族的傳記，簡直就像是出版產業的其中一條生命線。我的寫法雖然與傳記大不相同，但我也不斷回頭參考其中的一些作品，例如Miriam T. Griffin, *Nero: The End of a Dynasty* (2nd ed., Routledge, 1987); Anthony R. Birley, *Hadrian: The Restless Emperor* (Routledge, 1997)與*Septimius Severus: The African Emperor* (2nd ed., Routledge, 1999); Barbara M. Levick, *Faustina I and II* (Oxford UP, 2014)，以及T. Corey Brennan, *Sabina Augusta: An Imperial Journey* (Oxford UP, 2018)。有些風格比較非傳統，但仍然以單一皇帝或皇室為軸心，例如Danny Danziger and Nicholas Purcell, *Hadrian's Empire: When Rome Ruled the World* (Hodder and Stoughton, 2005)與Peter Stothard, *Palatine: An Alternative History of the Caesars* (Oxford UP, 2023)，是談皇帝維特爾利烏斯一家。Tom Holland, *Dynasty* (Little, Brown, 2015)與*Pax* (Abacus, 2023)屬內容生動

的傳記類羅馬史，範圍也很廣，從一人統治之初描寫到西元二世紀中葉。

雖然在書裡，我刻意把比較研究減到最少，但我對於羅馬皇帝的分析，是以不同時代及地點的專制君主和專制制度為基礎的。對於宮廷文化有興趣的人，是無法略過Norbert Elias, *The Court Society* (originally written in the 1930s, first published in German in 1969, translated Blackwell, 1983)的。後人對於Elias的回應，於我頗有影響，尤其是Jeroen Duindam所做的一系列研究，包括*Myths of Power: Norbert Elias and the Early Modern European Court* (Amsterdam UP, 2014)以及*Dynasties: A Global History of Power* (Cambridge UP, 2015)；*Hof und Theorie* (Böhlau, 2004)是論文集，由Reinhardt Butz et al主編，有德文也有英文；*Princely Courts of Europe, 1500–1700*, edited by John Adamson (Weidenfeld and Nicolson, 1999)有豐富的插圖。Spawforth所編的*The Court and Court Society in Ancient Monarchies*是古代宮廷的比較研究，羅馬也包括在內。中國與羅馬的皇帝及帝制比較研究，近年來成果頗豐。犖犖大者如*Rome and China: Comparative Perspectives on Ancient World Empires* (Oxford UP, 2009)以 及*State Power in Ancient China and Rome* (Oxford UP, 2015)，兩本都是由Walter Scheidel主編。

Oxford Classical Dictionary, edited by Simon Hornblower et al. (4th ed., Oxford UP, 2012，線上版更新幅度很大)是羅馬世界人物、地點、作者與文本非常可靠的參照資料。

序幕
Prologue

詳述（或者說捏造）埃拉加巴盧斯殘忍、鋪張習慣的主要古代文獻，有Cassius Dio, Books 79–80; Herodian, *History*, Book 5；以及*Imperial History*裡的埃拉加巴盧斯傳。近年來有兩部作品中的埃拉加巴盧斯傳記值得一讀：Martijn Icks, *The Crimes of Elagabalus: The Life and Legacy of Rome's Decadent Boy Emperor* (I. B. Tauris, 2011)，對於這位皇帝的文化「建構」，以及當代藝術與小說中對他的刻劃，討論尤其精采；還有Harry Sidebottom, *The Mad Emperor: Heliogabalus and the Decadence of Rome* (Oneworld, 2022)，其中認為可以接觸到其治世真實情況的想法，或許太自信了。Gottfried Mader, 'History as Carnival, or Method and Madness in the *Vita Heliogabali*', *Classical Antiquity* 24 (2005), 131–72對於*Imperial History*的埃拉加巴盧斯傳記有非常精闢的剖析。Fergus Millar, *The Roman Near East, 31 BC – AD 337* (Harvard UP, 1993), 300–9清楚介紹了埃姆薩的政局與文化。

學界對於*Imperial History* (often abbreviated to '*SHA*', *Scriptores Historiae Augustae*)的謎團已經爭辯超過一個世紀。Anthony Birley在Penguin Classics translation, *Lives of the Later Caesars* (Penguin, 1976)的導論中對此有清楚的回顧。Michael Kulikowski的傑出論文'The *Historia Augusta*. Minimalism and the Adequacy of Evidence', in *Late Antique Studies in Memory of Alan Cameron*, edited by W. V. Harris and Anne Hunnell Chen (Columbia Studies in the Classical Tradition, Brill, 2021), 23–40是最新的研究（也相對艱澀）。

這一章提到的內容，大部分在本書後續章節裡都有更詳盡的討論。個別皇帝的好習慣與壞習慣，經常可以在Suetonius的*Life*或*Imperial History*的相應部分找到。以下是一些例外。凱撒在賽場邊辦公的習慣，出現在繼任者的傳記中，Suetonius, *Augustus* 45。哈德良被女子攔住的軼事，出自Cassius Dio, 69, 6。奧古斯都對於「夜壺掉落案」完整答覆的譯文是以銘文形式保存，Robert K. Sherk, *Rome and the Greek East to the Death of Augustus* (Cambridge UP, 1984), no. 103收錄其中；其他法律案件的細節及脈絡，其討論見Serena Connolly, *Lives behind the Laws: The World of the* Codex Hermogenianus (Indiana UP, 2010)。奧古斯都的笑話（有些是他女兒尤莉亞的笑話）收錄在Macrobius（約西元四〇〇年）*Saturnalia*第二冊。尤利安的戲謔劇作出現在許多書本裡，像是*The Caesars*、*Symposium*或*Saturnalia*。日耳曼尼庫斯演說的希臘文原文與譯文，出自James H. Oliver, *Greek Constitutions of Early Roman Emperors* (American Philosophical Society, 1989), no. 295（但他的譯文漏了「奶奶」在家裡至為親切的部分）。所謂兩萬五千至五萬尊的合理推測，出自Michael Pfanner, 'Über das Herstellen von Porträts', *Jahrbuch des Deutschen Archäologischen Instituts* 104 (1989) 157–257 (esp. 178–9)。George C. Boon, 'A Roman Pastrycook's mould from Silchester', *Antiquaries' Journal* 38 (1958), 237–40探討有皇帝頭像的糕餅模。（Maria Letizia Gualandi and A. Pinelli, 'Un trionfo per due', in '*Conosco un ottimo storico dell'arte* ...', edited by Maria Monica Donato and Massimo Ferretti (Edizioni della Normale, 2012), 11–20雖然懷疑這類物品並非糕餅模，但提不出可能性更高的選擇。）現存的耳環出自Karsten Dahmen, *Untersuchungen zu Form und Funktion kleinformatiger Porträts der römischen Kaiserzeit* (Scriptorium, 2001), no. Anhang 13, 18。「面子工程」是Clifford Ando, *Imperial Rome*, 28的講法。「劇碼一樣，演員不同」（希臘文原文稍微冗一點）是馬可．奧里略在*Jottings to Himself* 10, 27的看法，他說的「演員」也包括過去的希臘君主。基督教主教是Synesius，他開的玩笑出自氏著*Letters* 148, 16, translated as *The Letters of Synesius of Cyrene*, by A. Fitzgerald (Oxford UP, 1926)。

第一章
Chapter 1

Shadi Bartsch, *Actors in the Audience: Theatricality and Doublespeak from Nero to Hadrian* (Harvard UP, 1994), 148–87，以及by the essays in *Pliny's Praise: The* Panegyricus *in the Roman World*, edited by Paul Roche (Cambridge UP, 2011)對於普林尼的*Speech of Praise*有極其到位的闡釋。F. R. D. Goodyear在*Cambridge History of Latin Literature*, edited by E. J. Kenney and W. V. Clausen (Cambridge UP, 1982), 660表達了反感（「人皆恥之」）。Roy K. Gibson, *Man of High Empire: The Life of Pliny the Younger* (Oxford UP, 2020)是當代對普林尼生涯最好的概述。Michael Peachin, 'Rome the Superpower: 96–

235 CE', in *A Companion to the Roman Empire*, edited by David S. Potter (Blackwell, 2006), 126–52同樣把普林尼的*Speech of Praise*（以及奧古斯都的*What I Did*）當成皇帝徵才條件與工作內容的敘述來探討。

羅馬帝國崛起、「專制前傳」，以及尤利烏斯．凱撒帶來的變革，在我的*SPQR* (Profile, 2015)有更多討論。凱撒的生涯、內戰表現以及遇刺有諸多研究，以下是很實用的起點：*A Companion to Julius Caesar*, edited by Miriam Griffin (Blackwell, 2009); Greg Woolf, *Et Tu Brute: The Murder of Caesar and Political Assassination* (Profile, 2006); T. P. Wiseman, *Remembering the Roman People* (Oxford UP, 2009) (chapter 10 on the assassination); Barry Strauss, *The War that Made the Roman Empire: Antony, Cleopatra and Octavian at Actium* (Simon and Schuster, 2022)，以及Josiah Osgood, *Caesar's Legacy: Civil War and the Emergence of the Roman Empire* (Cambridge UP, 2006)。

以奧古斯都「新政」為主題的研究甚至更多。關於他的治世，Andrew Wallace-Hadrill, *Augustan Rome* (2nd ed., Bloomsbury, 2018)是很可靠的簡短概述。關於我討論的幾個主題，有幾部論文集分別從不同的角度出發探討，幫助很大：*Caesar Augustus: Seven Aspects*, edited by Fergus Millar and Erich Segal (Oxford UP, 1984); *The Cambridge Companion to the Age of Augustus*, edited by Karl Galinsky (Cambridge UP, 2005) ;*Augustus*, edited by Jonathan Edmondson (Edinburgh UP, 2009)，集結了當時影響力最大的幾篇論文，最後則是*The Alternative Augustan Age*, edited by Josiah Osgood et al. (Oxford UP, 2019)，挑戰了當代過度注重奧古斯都本人的情況。Fergus Millar對於奧古斯都時期的政局，寫過

一系列著名論文，後重新集結在他的論文集*Rome, the Greek World and the East: The Roman Republic and the Augustan Revolution*, edited by Hannah M. Cotton and Guy M. Rogers (University of North Carolina Press, 2002)的第一冊。Andrew Wallace-Hadrill, '*Civilis Princeps*: Between Citizen and King', *Journal of Roman Studies* 72 (1982), 32–48探討*civilitas*（身為「吾輩之一員」）的重要概念。

關於Cassius Dio的阿格麗普庇娜與馬耶克納斯之辯（氏著*Roman History*, Book 52），討論見：Millar, *A Study of Cassius Dio*（見前〈通論〉），102–18; J. W. Rich, 'Dio on Augustus', in *History as Text: The Writing of Ancient History*, edited by Averil Cameron (Duckworth, 1989), 86–110；以及Christopher Burden-Strevens, 'The Agrippa-Maecenas Debate', in *Brill's Companion to Cassius Dio*, edited by Jesper Majbom Madsen and Andrew G. Scott (Brill, 2023), 371–405。關於*What I Did*，Alison E. Cooley, Res Gestae Divi Augusti: *Text, Translation and Commentary* (Cambridge UP, 2009)是最全面的介紹。Jaś Elsner, 'Inventing imperium', in *Art and Text in Roman Culture*, edited by Elsner (Cambridge UP, 1996), 32–53分析奧古斯都對於城內大型紀念建物的重視。Paul Zanker, *The Power of Images in the Age of Augustus* (University of Michigan Press, 1988)的第十章，堪稱分析「復仇者」馬爾斯神廟，以及周邊「奧古斯都廣場」的新一代經典，這本書對於視覺藝術在一人統治之始的影響力有廣泛的研究。Zanker的論文'By the Emperor, for the People', in *The Emperor and Rome: Space, Representation and Ritual*, edited by Björn C. Ewald and Carlos F. Noreña (Cambridge UP, Yale Classical Studies 35, 2010) 45–87探討皇帝在建築方面各種形式的「大手筆」。奧古斯都廣場雕像

的安排規畫，是Joseph Geiger, *The First Hall of Fame: A Study of the Statues of the Forum Augustum* (Brill, 2008)探討的重點。

古今以羅馬的一人統治為題所寫的歷史，都是從皇帝與元老院關係切入。Richard J. A. Talbert, *The Senate of Imperial Rome* (Princeton UP, 1987)探討元老院在皇帝統治下的制度性角色。皇帝與元老關係的細緻討論，可見Keith Hopkins, *Death and Renewal* (Cambridge UP, 1983), 120–200（與Graham Burton一同重寫）以及Matthew Roller, *Constructing Autocracy: Aristocrats and Emperors in Julio-Claudian Rome* (Princeton UP, 2001)。關於一人統治如何動用人們對於共和制度的理念，以及共和「自由」的看法，有不同的觀點，可見Alain M. Gowing, *Empire and Memory: The Representation of the Roman Republic in Imperial Culture* (Cambridge UP, 2005)與Matthew Roller, 'The Difference an Emperor Makes', *Classical Receptions Journal* 7 (2015), 11–30。S. P. Oakley, '*Res olim dissociabiles*: Emperors, Senators and Liberty', in *The Cambridge Companion to Tacitus*, edited by A. J. Woodman (Cambridge UP, 2010), 184–94探討塔西陀對皇帝與元老院的看法。關於在政治僵局中以談笑為武器，見Aloys Winterling, *Caligula: A Biography* (University of California Press, 2011), 64–5，以及我所寫的*Laughter in Ancient Rome* (University of California Press, 2014), 1–8（關於大競技場中的康茂德與眾元老，見Cassius Dio 73, 18–21）。Emily R. Wilson, *Seneca: A Life* (Penguin, 2016)是對塞涅卡的生平與死亡的優秀入門。Gibson, *Man of High Empire*（見前）充分把握到「合作」的風情。

除了Suetonius的*Life*與*Imperial History*相應段落提到之外，還可以注意以下幾點。普林尼對維蘇威火山爆發的描述，出現在Tacitus, *Letters* 6, 16 and 20這幾封信中；八旬元老的意見於*Letters* 2, 1。克拉蘇對於誰算有錢人，還有他自己腦袋的下場，記錄在Plutarch, *Crassus* 2 and 33。關於星星的妙語出自Marcus Tullius Cicero，記載於Plutarch, *Julius Caesar* 59。布魯圖斯放高利貸的細節，亦見於Cicero, *Letters to Atticus* 5, 21 and 6, 1。Cassius Dio 53, 16（以及Suetonius, *Augustus* 7）解釋了奧古斯都對稱號的選擇。Macrobius, *Saturnalia* 1, 12提到「五月」在西元前四十四年易名的事情（不確定是在凱撒遇刺前還是遇刺後），還有「六月」在西元前八年的改名（亦見於Suetonius, *Augustus* 31與Cassius Dio 55, 6），而奧古斯都為保安全而全副武裝，和有意退休之事（部分跟體恙有關）在Cassius Dio 54, 12 and 53, 30曾提到（亦見於Suetonius, *Augustus* 35 and 28）。羅馬軍人實際上的裝束，討論見*Wearing the Cloak: Dressing the Soldier in Roman Times*, edited by Marie-Louise Nosch (Oxbow, 2012)。如果想了解羅馬凱旋式，我的*The Roman Triumph* (Harvard UP, 2007)提供的內容絕對超過你的需要。Keith Hopkins, 'Taxes and Trade in the Roman Empire (200 bc–ad 400), *Journal of Roman Studies* 70 (1980), 101–25的附錄，提供對於羅馬軍費最可信的評估。Tacitus, *Annals* 1, 34提到牙齒掉光的老士兵，1, 15提到選舉的改變。關於投票廳的大小，討論見Henrik Mouritsen, *Plebs and Politics* (Cambridge UP, 2001), 27–8; Suetonius, *Augustus* 43很可能提到廳內有格鬥士（但問題在於如何解讀其拉丁文原文）。勤王派的史家Velleius Paterculus, *Roman History* 2, 91談Tiberius的段落，從偏奧古斯都的觀點，解釋了

部分遺址，可以直接從萬神殿東邊的街道看到。

第二章
Chapter 2

繼承議題，以及羅馬統治者出身愈來愈多元的情況，深植於一人統治的歷史發展中，也深植於皇帝與元老院的碰撞中。現代的皇帝傳記一再討論到繼承規畫，而重要女性的傳記也會談到她們在過程中扮演的角色（有好有壞），例見Anthony A. Barrett, *Agrippina: Mother of Nero* (Batsford, 1996)與*Livia: First Lady of Imperial Rome* (Yale UP, 2002)。做為皇族集體入土之用的奧古斯都陵墓，是Penelope J. E. Davies, *Death and the Emperor* (Cambridge UP, 2000), 13–19, 49–67探討的其中一個重點。繼承的原則及難題，討論見*The Julio-Claudian Succession: Reality and Perception of the 'Augustan Model'*, edited by A. G. G. Gibson (Brill, 2013)，這兩者也是Olivier Hekster, *Emperors and Ancestors: Roman Rulers and the Constraints of Tradition* (Oxford UP, 2015)的重點之一，作者對塞普提米烏斯．塞維魯斯虛構的收養，在205–17有精闢討論。John D. Grainger, *The Roman Imperial Succession* (Pen and Sword, 2020)按照時間順序，爬梳了每一回繼承的情勢。預兆與奇蹟對於維斯帕先即位的影響，已經有許多深入討論，例如Albert Henrichs, 'Vespasian's Visit to Alexandria', *Zeitschrift für Papyrologie und Epigraphik* 3 (1968), 51–80與Trevor S. Luke, 'A Healing Touch for

Empire: Vespasian's Wonders in Domitianic Rome', *Greece and Rome* 57 (2010), 77–106。Hugh Lindsay, *Adoption in the Roman World* (Cambridge UP, 2009)討論羅馬與現代世界性質大不相同的收養（直到西元三世紀的皇帝收養也在討論範圍內）。Barbara Levick, *Claudius* (2nd ed., Routledge, 2015), 38–44跟我一樣，我們都懷疑克勞狄烏斯在那場讓他上位的政變中究竟有多無辜（深入探討見A. G. G. Gibson, '"All Things to All Men": Claudius and the Politics of AD 41', in *The Julio-Claudian Succession*, 107–32）。Julian Bennett, *Trajan Optimus Princeps* (2nd ed., Routledge, 2001), 42–52說明了涅爾瓦收養圖拉真時的情勢。

Harriet I. Flower, *The Art of Forgetting: Disgrace and Oblivion in Roman Political Culture* (University of North Carolina Press, 2006)的後半，探討先皇雕像的破壞，以及對其名諱的抹除。普林尼在圖密善統治期間的仕途（以及現代史家各異的看法），相關討論見Christopher Whitton, 'Pliny's Progress: On a Troublesome Domitianic Career', *Chiron* 45 (2015), 1–22與Gibson, *Man of High Empire*（見前〈第一章〉），92–102，後者162–6收錄其履歷銘文的原文與譯文（流傳至今的原文，有大部分是透過一份十五世紀的抄錄手稿）。Martin Szoke 'Condemning Domitian or Un-damning Themselves? Tacitus and Pliny on the Domitianic "Reign of Terror"', *Illinois Classical Studies* 44 (2019), 430–52把普林尼與塔西陀放在一起討論。其中，認為普林尼「在任何獨裁政權」統治下都能飛黃騰達，是Karl Strobel, 'Plinius und Domitian: Der willige Helfer eines Unrechtssystems?' in *Plinius der Jüngere und seine Zeit*, edited by Luigi Castagna and Eckard Lefèvre (K. G. Saur, 2003),

303–14的看法。Pliny, *Letters* 4, 22描述與涅爾瓦的晚宴。對於這個場合也有其他的詮釋，如William C. McDermott, 'Pliny, *Epistulae* iv 22', *Antichthon* 12 (1978), 78–82（涅爾瓦之天真）；Paul Roche, 'The *Panegyricus* and the monuments of Rome', in 'Pliny's Praise', edited by Roche（見前〈第一章〉）（涅爾瓦無法擺脫過去）；以及*The Roman Emperor and his Court*, edited by Kelly and Hug（見前〈通論〉）, vol. II, no. 4.30（涅爾瓦朝中的緊張情勢）。

大多數的重點，在Suetonius或*Imperial History*等古代傳記的相應章節很容易就能找到。其他參考文獻下述。利薇雅和無花果的故事，見Cassius Dio 56, 30。提比留共治計畫有稍微不同的版本，見Cassius Dio 58, 23 and Suetonius, *Tiberius* 76。埃拉加巴盧斯穿上卡拉卡拉的衣服，以及「找到父親」的揶揄，皆出自Cassius Dio 79, 30 and 77, 9。吉朋名言引自氏著*History of the Decline and Fall of the Roman Empire* (first published 1776)第一卷第三章，與Niccolò Machiavelli, in his *Discorsi sopra la prima deca di Tito Livio* (first published, posthumously, in 1531; in English, *Discourses on Livy*)相呼應。權力易手時的各種暗算或詭計，例見Tacitus, *Annals* 1, 5（利薇雅的情報操作）、*Annals* 6, 50（悶死提比留）與Cassius Dio 66, 71（否認維斯帕斯之死相關的陰謀傳聞）。狄歐「調整臉上的表情」在74, 13。途經現場化解嘩變的哲學家是金口狄歐，此事記載於三世紀的Philostratus, *Lives of the Sophists* 488。

* * *

參觀景點：本書寫作時，位於羅馬統帥奧古斯都廣場中心的奧古斯都陵墓尚未對外開放，但不久後有望開放。普林尼履歷銘文現存米蘭，嵌在聖安布羅焦聖殿（church of Sant'Ambrogio，位於聖安布羅焦廣場〔Piazza Sant'Ambrogio〕）前庭牆上。

第三章
Chapter 3

圖密善的「黑色晚宴」是Cassius Dio 67, 9的勾勒；Seneca, *Moral Letters* 12, 8提到把這場晚宴當成對葬禮的預演。晚宴與死亡的聯想，是Catharine Edwards, *Death in Ancient Rome* (Yale UP, 2007), 161–78的主題之一。整體來說，羅馬人的用餐是新進的研究。Katherine M. B. Dunbabin and William J. Slater, 'Roman Dining' in *The Oxford Handbook of Social Relations in the Roman World*, edited by Michael Peachin (Oxford UP, 2011), 438–66是很好的入門通論。Dunbabin的*The Roman Banquet: Images of Conviviality* (Cambridge UP, 2003)把重點聚焦在視覺再現。John H. D'Arms在'Performing Culture: Roman Spectacle and the Banquets of the Powerful', in *The Art of Ancient Spectacle*, edited by Bettina Bergmann and Christine Kondoleon (National Gallery of Art/Yale UP, 1999), 300–19探討飲宴的場面，在'The Culinary Reality of Roman Upper-Class *Convivia*: Integrating Texts and Images', *Comparative Studies in Society and History* 46 (2004), 428–50探討用餐的實際與想

像之間的關係。皇室以外的饗宴實例，則有西元前一世紀巨頭盧庫爾盧斯（Lucullus，Plutarch, *Lucullus* 41）與普林尼的水景用餐室（Pliny, *Letters* 5, 6）。Justin Goddard, 'The Tyrant at Table', in *Reflections of Nero*, edited by Jaś Elsner and Jamie Masters (Duckworth, 1994), 67–82, Susanna Morton Braund, 'The Solitary Feast: A Contradiction in Terms?', *Bulletin of the Institute of Classical Studies* 41 (1996), 37–52以及John F. Donahue, *The Roman Community at Table During the Principate* (University of Michigan Press, 2017), 66–78特別探討宴客的皇帝。我在本章討論過皇帝享用晚餐的幾個例子，Verena Schulz, *Deconstructing Imperial Representation: Tacitus, Cassius Dio, and Suetonius on Nero and Domitian* (Brill, 2019), 11–32也有相關處理。

關於尼祿旋轉用餐室（Suetonius, *Nero* 31）所在地，最新的論點在Francoise Villedieu in the online periodical *Neronia Electronica* 1 (2011): http://www.sien-neron.fr/wp-content/uploads/2011/11/Neronia-Electronica-F.1.pd有簡短討論；內文為法文，但有豐富的平面圖與照片。關於人稱「利薇雅浴場」的用餐室，詳盡說明可見Thorsten Opper, *Nero: The Man behind the Myth* (British Museum Press, 2021), 219–22；更詳盡的義大利文討論見*Aureo Filo: La Prima Reggia de Nerone sul Palatino*, edited by Stefano Borghini et al. (Electa, 2019)（p. 13提到博福特公爵的角色，至於他的大理石像大部分的下落，見Lucy Abel Smith, 'The Duke of Beaufort's Marble Room', *Burlington Magazine* 138, no. 1114 (January 1996), 25–30）。斯塔提烏斯的詩是*Silvae* 4, 2（*Silvae*字面上的意思是「樹叢」或「森林」，對今人的來說則意近於「自然詩文」或「花冠」）。Carole Newlands, *Statius'*

Silvae *and the Poetics of Empire* (Cambridge UP, 2002), 260–83, by K. M. Coleman, *Statius* Silvae *IV* (Oxford UP, 1988), 8–13, 82–101（比較艱深的語言學研究）以及Martha Malamud, 'A Spectacular Feast: *Silvae* 4. 2', *Arethusa* 40 (2007), 223–44都有探討斯塔提烏斯的詩。對於那棟很有可能是圖密善宴會所在地的用餐室建築（或者說部分建築），Sheila Gibson et al., 'The Triclinium of the Domus Flavia: A New Reconstruction', *Papers of the British School at Rome* 62 (1994), 67–100有一番重建。其他設宴地點的討論見Deborah N. Carlson, 'Caligula's Floating Palaces', *Archaeology* 55 (2002)（遊舫），以及（哈德良的別墅）Eugenia Salza Prina Ricotti, 'The Importance of Water in Roman Garden Triclinia', in *Ancient Roman Villa Gardens*, edited by Elisabeth Blair MacDougall (Dumbarton Oaks, 1987), esp. 174–81, William L. MacDonald and John A. Pinto, *Hadrian's Villa and Its Legacy* (Yale UP, 1995), 102–16，以及*The Roman Emperor and his Court*, edited by Kelly and Hug (above, *General*), vol. II, no. 2.21。卡利古拉的「鳥巢」見Pliny, *Natural History* 12, 10，尼祿的水上用餐室（民眾爭相圍觀）見Cassius Dio 62, 15（Tacitus, *Annals* 15, 37的描述則大不相同）。斯塔提烏斯提到，在大競技場內野餐的詩是*Silvae* 1, 6，Martha Malamud, 'That's Entertainment! Dining with Domitian in Statius' *Silvae'*, *Ramus* 30 (2001), 23–45與Newlands, *Statius'* Silvae, 227–59對此有討論。*Petronius: A Handbook*, edited by Jonathan Prag and Ian Repath (Blackwell, 2009)對於特里馬爾奇歐晚宴及其文學脈絡有很實用的介紹。Emily Gowers, *The Loaded Table: Representations of Food in Roman Literature* (Oxford UP, 1996)縝密探討了文學中出現的浮誇羅馬飲宴（包括「密涅瓦之盾」）。特

里馬爾奇歐的剝豆子專人，見Petronius, *Satyricon* 28。

我在*Laughter in Ancient Rome*（見前〈第一章〉），142–5討論過皇宮晚宴上的喜劇演員及娛樂表演者。M.-A. Le Guennec, 'Être cuisinier dans l'Occident romain antique', *Archeologia Classica* 70 (2019), 295–327研究皇宮與其他地方的廚師職業。個別的墓碑很難找到，重要研究也多半不是英文。Konrad Vössing, *Mensa Regia* (K. G. Saur, 2004), 509–29（德文）列出了全部並稍事討論。普利米提烏斯的墓誌銘刊於*Corpus Inscriptionum Latinarum*（見前〈通論〉）VI, 7458 and 8750；希律狄阿努斯的墓誌銘亦見於*Corpus* VI, 9005。佐西穆斯與試毒人的討論見Leonhard Schumacher, 'Der Grabstein des Ti Claudius Zosimus', *Epigraphische Studien* 11 (1976), 131–41。普魯塔克對亞歷山卓港廚房之一窺，見於氏著*Antony* 28。皇宮廚師團隊另外兩名成員的墓誌銘，原文與譯文可見Brian K. Harvey, *Roman Lives: Ancient Roman Life as Illustrated by Latin Inscriptions* (Focus, 2004), nos. 74 and 76。

從安敦寧．庇護的阿納尼（Anagni）別墅的安排，可以清楚看出用餐場所的權力關係，Elizabeth Fentress et al., 'Wine, Slaves and the Emperor at Villa Magna', *Expedition* 53 (2011), 13–20 (available online: https://www.penn.museum/documents/publications/expedition/PDFs/53-2/fentress.pdf)對此有點簡短討論，詳盡討論可見Fentress and Marco Maiuro, 'Villa Magna near Anagni: The Emperor, his Winery and the Wine of Signia', *Journal of Roman Archaeology* 24 (2011), 333–69。Emlyn Dodd et al., 'The spectacle of production: a Roman imperial winery at the Villa of the Quintilli,

Rome', *Antiquity* 97 (2023), 436–53探討類似的用餐安排。Suetonius, *Augustus* 74提到皇帝請來用餐的人之間的社交隔閡。Lisa Trentin, 'Deformity in the Roman Imperial Court', *Greece and Rome* 58 (2011), 195–208提到對於「異常身體」的展示（包括把駝背的人擺在餐盤上）。烏埃迪烏斯・波勒利歐的故事見Seneca, *On Anger* 3, 40與Cassius Dio 54, 23；不列塔尼庫斯之死見Tacitus, *Annals* 13, 15–17。我在*Laughter in Ancient Rome*（見前〈第一章〉）129–35討論對於玩笑的濫用，其中也包括本章提及的幾個故事。Sorcha Carey, 'A Tradition of Adventures in the Imperial Grotto', *Greece and Rome* 49 (2002), 44–61與Michael Squire, 'Giant Questions: Dining with Polyphemus at Sperlonga and Baiae', *Apollo* 158, no. 497 (2003), 29–37探討了斯佩爾隆加與巴伊埃等地的用餐室。塔西陀提到洞窟塌陷（*Annals* 4, 59）與阿格麗普庇娜人生最後一夜（*Annals* 14, 4–9）的故事；把巴伊埃的用餐室跟阿格麗普庇娜最後一餐的地點連在一起的人，是Lawrence Keppie, '"Guess who's coming to dinner?": The Murder of Nero's Mother in its Topographical Setting', *Greece and Rome* 58 (2011), 33–47

關於宴客的其他用處及濫用，下面列出相應的古代傳記中比較不容易找到的部分。哈德良的餐巾見*Imperial History*當中的*Alexander Severus* 3。*Visitors to Versailles: From Louis XIV to the French Revolution*, edited by Daniëlle Kisluk-Grosheide and Bertrand Rondot (Metropolitan Museum of Art, Exhibition Catalogue, 2018), 21–2提到，扒手趁觀光客觀賞國王在凡爾賽宮用餐時動手。西塞羅在*Letters to Atticus* 13, 52提到宴請凱撒。希律設宴遊說一事，見Josephus, *Jewish Antiquities* 18,

289–97。Cassius Dio 57, 11提到提比留歡迎來賓（跟來賓道別則是Suetonius, *Tiberius* 72）。克勞狄烏斯的溫和性情見Plutarch, *Galba* 12以及Suetonius, *Claudius* 32；晚宴時的通姦見Seneca, *On the Firmness of the Wise Man* 18，亦見於Suetonius, *Caligula* 36（以及*Augustus* 69）。

* * *

參觀景點：羅馬帕拉丁皇宮主餐室遺址對外開放（本書寫作時，「利薇雅浴場」再度關閉，但未來應該會在適當時機開放——部分裝飾展示於附近的帕拉丁博物館〔Palatine Museum〕）。「利薇雅花園間」（Livia's Garden Room，用途是用餐室）的壁畫如今展示在羅馬中央車站附近的馬西莫宮博物館。去義大利時，你可以探訪哈德良蒂沃利別墅幾個奢華的用餐區域，以及斯佩爾隆加的洞窟（與附屬博物館），還有巴伊埃火山區考古博物館（Archaeological Museum of the Phlegraean Fields）裡克勞狄烏斯水景用餐區的重建。卡利古拉遊舫殘骸現藏內米的羅馬船舶博物館（Roman Ship Museum，部分華麗內裝藏於馬西莫宮博物館）。龐貝與赫庫蘭尼姆（Herculaneum）還有許多比較樸實，但同樣令人印象深刻的用餐間可以參觀。至於銘文，佛羅倫斯的烏菲茲美術館（Uffizi Gallery）展出其中一塊提及佐西穆斯的石碑，另一塊在德國的邦立美因茨博物館（Landesmuseum Mainz）。

第四章
Chapter 4

斐洛在*On the Embassy to Gaius* (*Legatio*) 349–67中描述他與卡利古拉的過從。當時的情況（以及亞歷山卓港爭議的背景）在Erich S. Gruen, *Diaspora: Jews amidst Greeks and Romans* (Harvard UP, 2002), 54–83可見討論。Panayiotis Christoforou在'"An Indication of Truly Imperial Manners": The Roman Emperor in Philo's Legatio ad Gaium', *Historia* 70 (2021), 83–115一文中取笑斐洛對於「皇帝」的看法。Katharine T. von Stackelberg, *The Roman Garden: Space, Sense and Society* (Routledge, 2009)介紹羅馬各種花園，包括御苑，也特別討論卡利古拉和拉米阿別苑，134–40。Kim J. Hartswick, *The Gardens of Sallust: A Changing Landscape* (University of Texas Press, 2004)對於裝飾這類別苑的工藝品有絕佳的設想。Amanda Claridge, *Rome: An Oxford Archaeological Guide* (2nd ed., Oxford UP, 2010), 330–33對於「馬耶克納斯講堂」的探討簡明易懂，同時也是羅馬城所有皇居的可靠指南。

T. P. Wiseman, *The House of Augustus: A Historical Detective Story* (Princeton UP, 2019)以奧古斯都時代的帕拉丁山與皇居的歷史（與史前史）為主軸，'Access for Augustus: "The House of Livia" and the Palatine passages', *Journal of Roman Studies* 112 (2022), 57–77有進一步的細節。我的看法是，即便其他理論這麼多，但Wiseman已經一錘定音，指出所謂的「奧古斯都邸」與「利薇雅

邸」不可能真是他們的住所。西塞羅說，可以從自己在帕拉丁山的房子看到城區（以及被城區的人看到）的說法，來自他的演說詞，*On his House* 100。約瑟夫斯對於卡利古拉遇害一事，以及事發之際帕拉丁山環境的描述，見其所著*Jewish Antiquities* 19, 1–273, translated by Wiseman in *Death of Caligula*（見前〈第一章〉）。早期宮殿區的布局，見117（我使用的是Wiseman的譯文）。Wiseman在'The Palatine, from Evander to Elagabalus', *Journal of Roman Studies* 103 (2013), 234–68，講述了直到西元三世紀的帕拉丁山歷史。

Aureo Filo（見前〈第三章〉）談到尼祿時代在帕拉丁山上的建設。古代對於金宮的主要討論，有Suetonius, *Nero* 31（包括「活得像個人」的戲言，引自39），Tacitus, *Annals* 15, 42以及Cassius Dio 64, 4（維特爾利烏斯的嗤之以鼻）。關於金宮還剩下什麼，以及該如何重建（並有深入的專業考古研究），有Opper, *Nero*（見前〈第三章〉），228–41，早期的皇宮建築，216–28; Edward Champlin, *Nero* (Harvard UP, 2003), 178–209以及Anthony A. Barrett, *Rome is Burning: Nero and the Fire that Ended a Dynasty* (Princeton UP, 2020), 175–222。Larry F. Ball, *The Domus Aurea and the Roman Architectural Revolution* (Cambridge UP, 2003)談建築創新。Maren Elisabeth Schwab and Anthony Grafton, *The Art of Discovery: Digging into the Past in Renaissance Europe* (Princeton UP, 2022), 190–225對於文藝復興時代藝術家與金宮之間的相遇有絕佳的討論。詩人馬爾提阿利在氏著*On the Spectacles* 2提到羅馬恢復原狀。

Martial, *Epigrams* 8, 36對新的開發講得天花亂墜，將之比座金字塔。Jens Pflug and Ulrike

Wulf-Rheidt in *The Roman Emperor and his Court*, edited by Kelly and Hug（見前〈通論〉），vol. I, 204–38對帕拉丁宮殿區主要區域有清楚的介紹，Paul Zanker, 'Domitian's Palace on the Palatine and the Imperial Image', in *Representations of Empire: Rome and the Mediterranean World*, edited by Alan Bowman et al. (*Proceedings of the British Academy* 114, Oxford UP, 2002), 105–30（提到前往皇宮致意的迂迴路線，足以誇耀皇宮的輝煌）Wulf-Rheidt, 'The Palace of the Roman Emperors on the Palatine in Rome', in *The Emperor's House: Palaces from Augustus to the Age of Absolutism*, edited by Michael Featherstone et al. (Walter de Gruyter, 2015), 3–18有更進一步的資料。Maria Antonietta Tomei, *The Palatine* (Electa, 1998)清楚說明了皇宮的遺跡與舊有建築脈絡的關係。千代田城的複雜，見Duindam, *Dynasties*（見前〈通論〉），185。「競技場式花園」的構想見Pliny, *Letters* 5, 6。帕拉丁皇宮發展歷史上的許多事件，以及宮殿的特色，可見於相應的古代傳記。但以下幾點也要注意。Cassius Dio 68, 5提到普羅蒂娜在臺階上發表演說：Aulus Gellius, *Attic Nights* 4, 1 and 20, 1回想學者等待謁見時會聊天。一九二年大火的範圍，見Cassius Dio 73, 24。Herodian提到卡拉卡拉與蓋塔劃分皇宮（*History* 4, 1）以及蓋塔遇刺（*History* 4, 4）。

老普林尼在氏著*Natural History*中談到，帕拉丁與其他皇宮裡各式各樣的藝術品：比方說勞孔雕塑（36, 37）提比留的畫（35, 69）以及因民眾抗議而返還的雕像（34, 61–62）。*Greek Anthology* 9, 224提到奧古斯都的山羊（Loeb Classical Library等亦收錄）。Josephus, *Jewish War* 7, 162提到耶路撒冷聖殿特定的一些寶物最後進了皇宮。浮雕寶石的文化，討論見R. R. R. Smith,

'*Maiestas Serena*: Roman Court Cameos and Early Imperial Poetry and Panegyric', *Journal of Roman Studies* 111 (2021), 75–152。「世界最早的古生物博物館」，見Adrienne Mayor, *The First Fossil Hunters* (revised ed., Princeton UP, 2011), 143（皇宮與其他人的收藏，通論見142–54）。奧古斯都的「卡利敦野豬」牙齒與「珍奇照管者」，見Pausanias, *Description of Greece* 8, 46。「半人馬」的故事見Phlegon, *Book of Marvels* 34，譯本與討論見William Hansen, *Phlegon of Tralles' Book of Marvels* (University of Exeter Press, 1996)。Steven Rutledge, *Ancient Rome as a Museum: Power, Identity, and the Culture of Collecting* (Oxford UP, 2012)探討在羅馬，「蒐集」與「權力」之間有什麼關係。Mary Beard et al., *Religions of Rome* (Cambridge UP, 1998), vol. II, no. 2.10b稍微談到釘刑的塗鴉；所有塗鴉（及其考古出土脈絡）都發表在Heikki Solin and Marja Itkonen-Kaila, *Graffiti del Palatino, I Paedogogium* (Finnish Institute in Rome, 1966)（義大利文）。近年來對於這處建物、塗鴉諷刺的意義，以及基督徒出現在皇帝府內的研究，有Felicity Harley-McGowan, 'The Alexamenos Graffito', in *The Reception of Jesus in the First Three Centuries*, edited by Chris Keith et al. (T&T Clark, 2019), Vol. 3, 105–40; Peter Keegan, 'Reading the "Pages" of the *Domus Caesaris*' in *Roman Slavery and Roman Material Culture*, edited by Michele George (University of Toronto Press, 2013), 69–98；以及Michael Flexsenhar III, *Christians in Caesars Household: The Emperor's Slaves in the Makings of Christianity* (Penn State UP, 2019)。

Michele George在*The Roman Emperor and his Court*, edited by Kelly and Hug（見前〈通論〉），

vol. I, 239–66爬梳了羅馬城外的皇帝別墅。對於個別地產的研究有：*Villa Magna: An Imperial Estate and its Legacies*, edited by Elisabeth Fentress et al. (British School at Rome, Oxbow Books, 2017); Federico Di Matteo, *Villa di Nerone a Subiaco* (L'Erma di Bretschneider, 2005); Clemens Krause, *Villa Jovis: Die Residenz des Tiberius auf Capri* (Philipp von Zabern, 2003); *La villa dei Quintili*, edited by Andreina Ricci (Lithos, 1998); R. Paris, *Via Appia: La villa dei Quintili* (Electa, 2000)；以及Robin Darwall-Smith, 'Albanum and the Villas of Domitian', *Pallas* 40 (1994), 145–65。馬可．奧里略在寫給家教的信上提到自己在鄉間的生活風格，見Fronto, *Letters to Marcus* 4, 6，亦見於Caillan Davenport and Jennifer Manley, *Fronto: Selected Letters* (Bloomsbury, 2014) no. 6; Pliny, *Letters* 6, 31提到自己拜訪圖拉真的別墅。阿爾巴諾別墅發出的那份文件（涉及法雷里奧與費爾姆之間的衝突，見頁229），譯文見Robert K. Sherk, *The Roman Empire from Augustus to Hadrian* (Cambridge UP, 1988), no. 96；蒂沃發出的希臘文信件刊於Oliver, *Greek Constitutions*（見前〈序幕〉），no. 74 *bis*（殘缺嚴重，無法翻譯）。

對於哈德良別墅整體最詳盡的英文說明，包括跟後代藝術家之間的過從，是MacDonald and Pinto, *Hadrian's Villa*（見前〈第三章〉）；with, more briefly, Thorsten Opper, *Hadrian: Empire and Conflict* (British Museum Press, 2008), 130–65。義大利文的話，Eugenia Salza Prina Ricotti的研究一直都很有影響力，例如*Villa Adriana: Il sogno di un imperatore* (L'Erma di Bretschneider, 2001)。Thea Ravasi, 'Displaying Sculpture in Rome', in *A Companion to Ancient Aesthetics*, edited by Pierre

Destrée and Penelope Murray (Blackwell, 2015), 248–60探討其雕塑展現的美學。在'The Antinoeion of Hadrian's Villa: Interpretation and Architectural Reconstruction', *American Journal of Archaeology* 111 (2007), 83–104，Zaccaria Mari and Sergio Sgalambro提出了現場的新發現，並主張該埃及風建築為安提諾烏斯的墓（恐難盡信）。Wilhelmina F. Jashemski and Salza Prina Ricotti, 'Preliminary Excavations in the Gardens of Hadrian's Villa' *American Journal of Archaeology* 96 (1992), 579–97討論若干園林的部分發掘工作。Marina De Franceschini, 'Villa Adriana (Tivoli, Rome) Subterranean Corridors', *Archeologia Sotterra-nea* 2012 (online journal: www.sotterraneidiroma.it/rivista-online)探討地下通道。Gemma C. M. Jansen, 'Social Distinctions and Issues of Privacy in the Toilets of Hadrian's Villa', *Journal of Roman Archaeology* 16 (2003), 137–52是對廁所的精闢分析。*Imperial History, Hadrian* 26是其中一份可以用於辨別園區分區的文本。

* * *

參觀景點：羅馬的主要皇居，從帕拉丁皇宮本身（不包括尼祿時代的樓層）到金宮都是對外開放的。想知道別苑的樣貌，「馬耶克納斯講堂」對外開放（通常要事先預約），還有新開幕的拉米阿別苑博物館（「寧芙博物館」〔Museo Ninfeo〕）。卡比托利歐博物館展示了許多來自御「苑」的奢侈品（哥本哈根的新嘉士伯美術館〔Ny Carlsberg Museum〕則藏有大量雕塑）。帕拉丁博物館經常展示那幅釘刑塗鴉。出了羅馬（到了用餐室以外的地方），可參訪哈德良的蒂沃利別墅（但占地非常廣大），你也可以探索尼祿在安齊奧的別墅、羅馬城邊的庫因提利別墅（在羅馬跟錢皮諾〔Ciampino〕機場之間）、圖拉真在阿爾奇納佐羅馬諾（Arcinazzo Romano）的別墅，以及尼祿蘇比亞科別墅的部分。甘多爾福堡的花園可以看到圖密善別墅的幾個區（梵蒂岡博物館安排了許多導覽選項）。提比留別墅的遺跡是現代卡普里島的旅遊熱點。

第五章
Chapter 5

以克勞狄烏斯・伊特魯斯庫斯之父為題的詩，是Statius, *Silvae* 3, 3; P. R. C. Weaver, 'The Father of Claudius Etruscus: Statius, *Silvae* 3, 3', *Classical Quarterly* 15 (1965), 145–54討論了此人的生涯。前面〈序幕〉已列出近年來對於羅馬宮廷文化的研究。關於宮廷風氣特性，很容易在相應的古代自傳中（或者Marcus Aurelius, *Jottings to Himself*）找到，試舉如下。宮裡的孩子們見Cassius Dio 48, 44。小提圖斯目擊不列塔尼庫斯身亡一事，記錄在Suetonius, *Titus* 2。Arrian, *Discourses of Epictetus* 4, 7把資深朝臣比喻成小孩。Tacitus, *Annals* 15, 23提到色雷塞亞・帕耶圖斯遭到排擠，普魯塔克的一篇文章（*On Talkativeness* 11）提到富爾維烏斯自殺。宮裡為了避免皰疹傳染爆發而禁止親吻，是從Pliny, *Natural History* 26, 3與Suetonius, *Tiberius* 34重建得來的。

Seneca, *On Benefits* 2, 12提到親吻卡利古拉的腳。老維特爾利烏斯的諂媚，見於蘇埃托尼烏斯寫的小維特爾利烏斯傳，*Vitellius* 2。大菱鮃的諷刺故事出自Juvenal, *Satires* 4，Christopher S. van den Berg, 'Imperial Satire and Rhetoric', in *A Companion to Persius and Juvenal*, edited by Susanna Braund and Josiah Osgood (Blackwell, 2012), esp. 279–81可見詳盡介紹，如今還有Gowers, *The Loaded Table*（見前〈第三章〉），202–11的經典分析。Jerzy Linderski, '*Fumum vendere* and *fumo necare*', *Glotta* 65 (1987), 137–46對於「放煙霧」的意思有深入剖析。

皇帝的奴隸與前奴隸的家庭，討論見P. R. C Weaver, *Familia Caesaris: A Social Study of the Emperor's Freedmen and Slaves* (Cambridge UP, 1972), Rose MacLean, *Freed Slaves and Roman Imperial Culture: Social Integration and the Transformation of Values* (Cambridge UP, 2018), 104–30（聚焦在前奴隸），還有Jonathan Edmondson in *The Roman Emperor and his Court*, edited by Kelly and Hug（見前〈通論〉），vol. I, 168–203的傑出論文。奴隸在帕拉丁皇宮的塗鴉，討論見Solin and Itkonen-Kaila, *Graffiti del Palatino*（見前〈第四章〉）。提圖斯的醫生出現在Alison E. Cooley and M. G. L. Cooley, *Pompeii and Herculaneum: A Sourcebook* (2nd ed., Routledge, 2014), 110；Garrett G. Fagan, 'Bathing for Health with Celsus and Pliny the Elder', *Classical Quarterly* 56 (2006), 190–207（在頁204）就是那個掃興鬼。Susan Treggiari在'Jobs in the Household of Livia', *Papers of the British School at Rome* 43 (1975), 48–77討論利薇雅的人手。Keith Bradley, *Slavery and Society at Rome* (Cambridge UP, 1994), 2–3簡短討論到穆西庫斯・斯古爾拉努斯；墓誌銘譯文見Harvey,

Roman Lives（見前〈第三章〉），no. 68（還有一段談到其他皇帝的奴隸，包括幫圖拉真管衣服的人，no. 77）。詳述了那位試毒者生涯的銘文，譯文見Harvey, *Roman Lives* no. 74，以及*The Roman Emperor and his Court*, edited by Kelly and Hug, vol. II, no. 5.11；科耶圖斯．希律狄阿努斯墓誌銘在前面〈第三章〉曾提到。提比留與奴隸守門人的故事，見Phaedrus, *Fables* 2, 5，John Henderson, *Telling Tales on Caesar: Roman Stories from Phaedrus* (Oxford UP, 2001), 9–31對此有討論。塔西陀在*Annals* 15, 35 and 16, 8對這些「皇帝派頭」的部門表示不滿。

Henrik Mouritsen, *The Freedman in the Roman World* (Cambridge UP, 2011), 66–119，以及P. R. C. Weaver, 'Social Mobility in the Early Roman Empire: The Evidence of the Imperial Freedmen and Slaves', in *Studies in Ancient Society*, edited by M. I. Finley (Routledge, 1974), 121–40深入探討大權在握的前奴隸。愛比克泰德的補鞋奴故事，見Arrian, *Discourses of Epictetus* 1, 19。帕爾拉斯的生平，討論見MacLean, *Freed Slaves*, 107–11，普林尼的反應見James McNamara, 'Pliny, Tacitus and the Monuments of Pallas', *Classical Quarterly* 71 (2021), 308–29（普林尼的信，我採用McNamara的譯文）。一份今藏於倫敦的莎草紙文件，記錄了帕爾拉斯的財產（*P.Lond* II, 195 recto): https://www.bl.uk/ manuscripts/FullDisplay.aspx?ref=Papyrus_195(A-B)。Suetonius, *Vitellius* 2提到神龕裡帕爾拉斯的小雕像。斐洛對於赫利科的幾點攻擊，見*On the Embassy to Gaius*, 168–206；克烈安德遭受到的「指控」，A. R. Birley in the *Cambridge Ancient History* vol. 11 (2nd ed. Cambridge UP, 2000), 189–90可見其大要。賀拉斯拒絕出任奧古斯都祕書一事，在Suetonius, *Horace*曾提及（蘇

埃托尼烏斯也有寫文人傳記）。關於特里馬爾奇歐的刻劃，見前〈第三章〉。塔西陀對於尼祿前奴隸（波利克利圖斯）任務的描述，見*Annals* 14, 39。Pliny, *Letters* 10, 63 and 67提到他在等皇帝的前奴隸下指示。

皇帝歡場生活的再現（以及相關的幻想）在Caroline Vout, *Power and Eroticism in Imperial Rome* (Cambridge UP, 2007)（包括對安提諾烏斯、斯波洛斯、春光以及潘忒雅的討論），以及Anise K. Strong, *Prostitutes and Matrons in the Roman World* (Cambridge UP, 2016), 80–96可見深入討論。除了相應的古代傳記中關於性剝削與性伴侶的段落，還有以下文獻。尤利安關於圖拉真的笑話，見*The Caesars* 311c，斯塔提烏斯關於春光的詩見*Silvae* 3, 4，Cassius Dio, *Roman History* 65, 14提到卡耶妮絲之富有（她墓碑的圖收錄在*The Roman Emperor and his Court*, edited by Kelly and Hug, vol. II, no. 3.50，見前〈通論〉）。

皇帝的妻子與女性親屬具備的影響力，幾乎是現代對於宮廷政治與皇帝史的所有討論的重點，皇后的傳記數量也不少（我最喜歡的幾部作品，已經列在前面的〈通論〉）。Mary T. Boatwright, *Imperial Women of Rome: Power, Gender, Context* (Oxford UP, 2021)，對一人統治前三個世紀的皇室女性有清楚的介紹，書也才剛出。非嚴格傳記性質的研究中，有幾個特別重要，如（以利薇雅為主題）Nicholas Purcell, 'Livia and the Womanhood of Rome', *Proceedings of the Cambridge Philological Society* 32 (1986), 78–105，以及（以小阿格麗普庇娜為主題）Judith Ginsburg, *Representing Agrippina: Constructions of Female Power in the Early Roman Empire* (Oxford

UP, 2006)。比較不容易在Suetonius或*Imperial History*找到的文獻，茲羅列如下。Cassius Dio 57, 3公開表示，利薇雅操盤提比留的繼位。Tacitus, *Annals* 13, 5提到塞涅卡暗示尼祿應該從講臺下去，去見阿格麗普庇娜。Cassius Dio 78, 18提到尤莉亞．多姆娜接管了卡拉卡拉的往來信件。尤莉亞在論壇上做愛的事，備受Seneca, *On Benefits* 6, 32的撻伐，而梅薩麗娜跟妓女比賽的事，則出於Pliny, *Natural History* 10, 172。Levick, *Faustina I and II*（見前〈通論〉）79–80，揭發了法烏絲蒂娜跟格鬥士的情事，以及背後的理論。Cassius Dio 58, 2提到有人稱呼利薇雅為「國母」（'Mother of her Country'，Tacitus, *Annals* 1, 14有稍微不同的故事）。普羅蒂娜寫給哈德良的信，在Riet van Bremen, 'Plotina to all her Friends: The Letter(s) of the Empress Plotina to the Epicureans in Athens', *Chiron* 35 (2005), 499–532有完整討論（以及譯文）；利薇雅替薩摩斯人出手干預，見Joyce Reynolds, *Aphrodisias and Rome* (Society for the Promotion of Roman Studies, 1982), no. 13 (104–6)；哈德良關於瑪提蒂雅的演說，在Christopher P. Jones, 'A Speech of the Emperor Hadrian', *Classical Quarterly* 54 (2004), 266–73有討論（與譯文）（Jones認為，這篇演說詞是在官方將她神格化的儀式上，而非葬禮上講的）。塔西陀在*Annals* 3, 17提到反對利薇雅運用影響力。銘文內容是Alison E. Cooley, *The Senatus Consultum de Pisone Patre: Text, Translation. and Commentary* (Cambridge UP, 2023)的主題。Suetonius, *Claudius* 36或許沒有我愛用的現代版譯本那麼生動（克勞狄烏斯其實「只有問自己的位子安不安全」）。尤莉亞對通姦開的玩笑，引自Macrobius, *Saturnalia* 2, 5。我所引用的銘文，其譯文（有些只有部分）收入*The Roman Emperor and his*

Court, edited by Kelly and Hug（見前〈通論〉），vol. II, no. 3.27（利薇雅與薩摩斯人）、3.29（利薇雅影響審判）、3.32（普羅蒂娜與以弗所人）、3.34（尤莉亞・多姆娜與以弗所人）。

那篇用塞普提米烏斯・塞維魯斯的口吻撰寫的古怪論文，是Keith Hopkins, 'How to be a Roman Emperor: An Autobiography', in *Sociological Studies in Roman History*, edited by Christopher Kelly (Cambridge UP, 2018), 534–48。*The Cambridge Companion to Galen*, edited by R. J. Hankinson (Cambridge UP, 2008)以及Susan P. Mattern, *The Prince of Medicine: Galen in the Roman Empire* (Oxford UP, 2013)是對蓋倫及其研究的優秀介紹。Claire Bubb, *Dissection in Classical Antiquity* (Cambridge UP, 2022)對於蓋倫在解剖學上的地位有很好的說明（書中引用的材料不見於標準版的翻譯）。Antoine Pietrobelli找到的*On the Avoidance of Grief*，業已譯為*Galen: Psychological Writings*, edited by P. N. Singer (Cambridge UP, 2013)，*Galen's Treatise* Peri Alupias (De indolentia) *in Context: A Tale of Resilience*, edited by Caroline Petit (Brill, 2019)有深入討論，同一本文集中還有Matthew Nicholls談蓋倫對康茂德的看法，245–62。蓋倫對皇帝的診斷，譯本與討論見Mattern, *The Prince of Medicine*, 200–1（康茂德的扁桃腺）、205–7（馬可・奧里略跟粥），以及207–12（底野迦）。

Davenport and Manley, *Fronto*（見前〈第四章〉）清楚介紹了弗朗托的信件如何找到，以及他跟皇家的關係。兩人也翻譯了頗有價值的部分信件，例如nos. 20 and 21（生病）、24（壞脾氣）、26（生病）= *Letters to Marcus* 5, 55; 5, 23; 4, 12; 5, 25（按照最新的標準編目）。Annelise

Freisenbruch, 'Back to Fronto: Doctor and Patient in his Correspondence with an Emperor', in *Ancient Letters: Classical and Late Antique Epistolography*, edited by Ruth Morello and A. D. Morrison (Oxford UP, 2007), 235–56討論了信裡對於疾病的痴迷。我在正文中提到跟生病相關的短引文，摘自*Letters to Marcus* 5, 27–30。阿埃里烏斯・阿里斯提德斯的病，見氏著*Sacred Tales*。Amy Richlin, *Marcus Aurelius in Love: The Letters of Marcus and Fronto* (Chicago UP, 2006)強調這些信件內容的情欲面向（另外還選節了其他的信）。我引用了Richlin的nos. 1, 3, 9 (*Letters to Marcus* 3, 9; additional letters 7; *Letters to Marcus* 3, 3)。

馬可・奧里略《給自己的便條》的譯本，多半都採用《沉思錄》為書名（但我避免這麼用，因為聽起來太有深度，或者太有神祕感了）。我提到的內容都不難在譯本中找到。*A Companion to Marcus Aurelius*, edited by Marcel van Ackeren (Blackwell, 2012)對於這份文本的各個面向，以及皇帝本人的生平，有很精采的介紹。猿猴的故事見Phaedrus, *Fables* 4, 13（以及Henderson, *Telling Tales on Caesar*, 177–80）。

第六章
Chapter 6

普林尼在本都—比提尼亞的職位，Gibson, *Man of High Empire*, 190–237有深入討論。Greg

Woolf, 'Pliny/Trajan and the Poetics of Empire', *Classical Philology* 110 (2015), 132–51與Myles Lavan, 'Pliny *Epistles* 10 and Imperial Correspondence', in *Roman Literature under Nerva, Trajan and Hadrian: Literary Interactions, AD 96–138*, edited by Alice König and Christopher Whitton (Cambridge UP, 2018), 280–301分析了他跟圖拉真的通信。Kathleen M. Coleman, 'Bureaucratic Language in the Correspondence between Pliny and Trajan', *Transactions of the American Philological Association* 142 (2012), 189–238研究信中的用語。A. N. Sherwin-White, 'Trajan's Replies to Pliny: Authorship and Necessity', *Journal of Roman Studies* 52 (1962), 114–25探討書記在寫「圖拉真」的信時扮演的角色。Pliny, *Letters*第十冊不難找，至於我談到的主題請見：10, 17b–18 and 39–40（建築師與測量員）；10, 23–4（布魯薩的浴場）；10, 33–4（消防隊）；10, 41–2 and 61–62（湖）；10, 53（制式回覆）；96–7（基督徒）。阿埃里烏斯．阿里斯提德斯對皇帝的信大肆吹捧，是在氏著*Roman Oration* 33至於「猶如歌舞隊等著老師的指示」則是*Roman Oration* 32（我使用的譯文是J. H. Oliver, in 'The Ruling Power', *Transactions of the American Philosophical Society* 43 (1953), 871–1003）。「通訊治國」取自Fergus Millar的文章標題，'Trajan, Government by Correspondence', in the second volume of *Rome, the Greek World and the East*, edited by Cotton and Rogers（見前〈第一章〉），23–46。弗朗托的*To Marcus Aurelius, On Eloquence* 2.7強調通信對皇帝統治的重要性。

皇帝在司法判決或回應請願時的角色，是皇帝傳記的主題之一。除了*Life*相應傳記的段落，其他說明如下。Cassius Dio 68, 24提到安提阿群眾，Philostratus, *Lives of the Sophists* 2, 5提到安敦寧對塞琉西亞代表團成員的回答。A. J. Graham, 'The Division of Britain', *Journal of Roman Studies* 56 (1966), 92–107 (esp. 100–1)因為其他原因，曾簡短討論到記錄了代表團從以弗所追到不列顛一事的銘文。維斯帕先收到要錢的紙條，典出Philostratus, *Life of Apollonius of Tyana* 5, 38。假自白案件的梗概紀錄於*The Digest of Justinian* 48, 18, 27 (translated by Alan Watson, University of Pennsylvania Press)。塞普提米烏斯．塞維魯斯與卡拉卡拉（當時還是小孩）回得最制式的訊息，見Westermann and A. Arthur Schiller, *Apokrimata: Decisions of Septimius Severus on Legal Matters* (Columbia UP, 1954)，但後來這些官樣回覆都有新增與改進。從莎草紙文件推測，行政長官一天最多可能收到六百封請願（但這不是常態），William V. Harris, *Ancient Literacy* (Harvard UP, 1989), 215對此有稍事討論。斯卡普托帕拉的銘文已佚。Connolly, *Lives behind the Laws*（見前〈序幕〉），167–73有其中一種版本的譯文。斯塔提烏斯寫書信部長的詩，是*Silvae* 5, 1。Philostratus, *Lives of the Sophists* 2, 24誇獎過優秀的代筆人。Plutarch, *Julius Caesar* 17提到凱撒一次做很多事，Aulus Gellius, *Attic Nights* 3, 16提到哈德良的產科研究。Philo, *On the Embassy to Gaius* 254–60提到卡利古拉的閱讀，Philostratus, *The Lives of the Sophists* 2, 9提到馬可．奧里略苦民所苦。蓋倫的段落（*Diseases of the Mind* 4），譯文見Thomas Wiedemann, *Greek and Roman Slavery* (Routledge, 1981), no. 198。「借用文采」是塔西陀在*Annals* 13, 3的講法。尤利安開的圖拉真玩笑，在*The Caesars* 327。

法雷里奧與費爾姆之間的爭議，其記錄（也就是從圖密善阿爾巴諾別墅發出的文）譯文見

Sherk, *The Roman Empire from Augustus to Hadrian*（見前〈第四章〉），no. 96。康茂德對佃農的回覆，譯文見Dennis Kehoe, *The Economics of Agriculture on Roman Imperial Estates in North Africa* (Vandenhoeck & Ruprecht, 1988) 67–8（線上版加上進一步的討論，可見https://www.judaism-and-rome.org/coloni-north-africa-complain-mistreatment-roman-officials-cil-viii-10570）。阿芙蘿黛西雅的「檔案牆」，Reynolds, *Aphrodisias and Rome*（見前〈第五章〉）有文件的翻譯與討論；指甲稅，no. 15。Menander Rhetor, *Treatise* 2, 12解釋如何寫信給皇帝。亞歷山大．塞維魯斯堅持不該阻撓民眾向皇帝上訴，記錄此事的莎草紙文件在Oliver, *Greek Constitutions of Early Roman Emperors*（見前〈通論〉），no. 276有翻譯與討論。拿錢給大象的妙語，引自Macrobius, *Saturnalia* 2, 4，亦見於Suetonius, *Augustus* 53。捕鳥問題是皇帝裁斷的案例，引自*The Digest of Justinian* 8, 3, 16。Westermann and Schiller, *Apokrimata*討論了塞普提米烏斯．塞維魯斯與卡拉卡拉的十三件回覆。Stephen Mitchell, 'Requisitioned Transport in the Roman Empire', *Journal of Roman Studies* 66 (1976), 106–31深入研究了徵用運輸的問題；哈德良在一二九年實施的規定，見Tor Hauken and Hasan Malay, 'A New Edict of Hadrian from the Province of Asia', in *Selbstdarstellung und Kommunikation*, edited by Rudolf Haensch (C. H. Beck, 2009), 327–48（Christopher P. Jones, 'An Edict of Hadrian from Maroneia', *Chiron* 41 (2011), 313–25有另一個比較晚的例子）。紀念涅爾瓦改革的錢幣，見圖52。普林尼顯然破壞規矩，見*Letters* 10, 120–21。

Millar在*The Emperor in the Roman World*（見前〈通論〉）標誌性的研究取徑，就是認為羅馬

皇帝基本上是個反應的角色，這一點他在‘Emperors at Work’, *Journal of Roman Studies* 57 (1967), 9–19一文有簡要解釋。Tacitus, *Annals* 14, 38–9提到發生在不列顛的事情以及吹哨者。皇帝對於小酒館飲食的規定，在Annalisa Marzano, ‘Food, *Popinae* and the Emperor’, in *The Past as Present*, edited by Giovanni Alberto Cecconi et al. (Brepols, 2019), 435–58有充分討論（但我覺得規定是象徵性的，作者則不這麼認為）；關鍵的段落見Cassius Dio，如60, 6（克勞狄烏斯），65, 10（維斯帕先）。其他規定（包括「托加袍」規定），可以在蘇埃托尼烏斯的相應皇帝傳記中找到。S. J. V. Malloch, *The Tabula Lugdunensis* (Cambridge UP, 2020)探討克勞狄烏斯的演說以及其背景，但他對待克勞狄烏斯的態度比我來得友善；文言版見Tacitus, *Annals* 11, 23–5。我在*SPQR*（見前〈第一章〉），527–9討論卡拉卡拉廣授公民權的詔書。Alex Imrie, *The Antonine Constitution: An Edict for the Caracallan Empire* (Brill, 2018)對此有完整的研究，尤其是國庫的狀態）。Myles Lavan, ‘The Spread of Roman Citizenship, 14–212 CE’, *Past and Present* 230 (2016)研究這份詔書對羅馬全體公民人數的影響。

近年來，有諸多對於羅馬帝國經濟體系的研究（結果彼此對立）。對於我提到的題目，*The Cambridge Economic History of the Greco-Roman World*, edited by Walter Scheidel et al. (Cambridge UP, 2007)，是很可靠的背景研究，Garnsey and Saller, *The Roman Empire*（見前〈通論〉）則更為簡明。對於格陵蘭與其他地方的鑽探，Philip Kay, *Rome's Economic Revolution* (Oxford UP, 2014), 46–9有非技術性的說明。史特拉波對不列顛的評估在氏著*Geography* 2, 5。蘇埃托尼烏斯與

*Imperial History*提到許多個別皇帝的經濟措施。除了蘇埃托尼烏斯（*Domitian* 7），斯塔提烏斯在*Silvae* 4, 3也有提到葡萄藤的詔令沒有成功：Brian W. Jones, *The Emperor Domitian* (Routledge, 1992), 77–8對相關爭議有簡短的介紹。對於土耳其的地震與提比留的回應，最完整的紀錄是Tacitus, *Annals* 2, 47。*Imperial History*, *Pertinax* 7–8提到賣掉康茂德財產。關於皇帝在埃及的地產，G. M. Parassoglou, *Imperial Estates in Roman Egypt* (Hakkert, 1978)蒐集了零星的莎草紙文件證明，G. M. Parassoglou, *Imperial Estates in Roman Egypt* (Hakkert, 1978)，Dorothy J. Crawford, 'Imperial Estates' in *Studies in Roman Property*, edited by Moses I. Finley (Cambridge UP, 1976), 35–70有簡要的介紹。「尼祿的農場」（Saltus Neronianus），討論見Mariette de Vos, 'The Rural Landscape of Thugga', in *The Roman Agricultural Economy*, edited by Alan Bowman and Andrew Wilson (Oxford UP, 2013), 143–218。Levick, *Faustina I and II*（見前〈通論〉），23 and 178提到法烏絲蒂娜的磚頭。對於奧古斯都的慷慨遺贈，Suetonius, *Augustus* 101, Tacitus, *Annals* 1, 8以及Cassius Dio 56, 32記錄的數字稍有不同。合唱隊的故事見Macrobius, *Saturnalia* 2, 28。Cassius Dio 77, 17有塞普提米烏斯・塞維魯斯日常行程的摘要。Tacitus, *Annals* 12, 1–3提到克勞狄烏斯婚娶對象的討論。

* * *

參觀景點：在羅馬的話，可以登記去「陶片山」，不過通常不開放踏進去。我提到的許多銘文，如今都收藏在博物館地下室裡。但也有一些通常會公開展出的，例如里昂高盧羅馬文明博物館（Museum of Gallo-Roman Civilisation）展出克勞狄烏斯的演說詞，倫敦的大英博物館則有那名吹哨者——蓋烏斯．尤利烏斯．克拉斯西奇阿努斯（Gaius Julius Classicianus）——的墓碑。眼尖的人想必會發現，羅馬卡比托利歐博物館舊館牆上嵌有許多未有說明牌的小片墓誌銘，多屬於皇帝的奴隸與前奴隸。

第七章
Chapter 7

圓形表演場裡的康茂德，以及他對格鬥的執迷，見Cassius Dio 73, 17–22。古代傳記經常提到皇帝在自己閒暇時喜歡做的事情，而我引用的內容，多半都可以在這些傳記中找到。從蘇埃托尼烏斯明確批評卡利古拉不會游泳（*Caligula* 54），可以看出時人對游泳抱持正面態度。凱撒跨越盧比孔河的時候，講的其實是希臘語（如Plutarch, *Pompey* 60），只是拉丁語版（Suetonius *Julius Caesar* 32）現在變成標準版本。「麵包與馬戲」出自Juvenal, *Satire* 10, 77–81。關於羅馬的大場面與不同類型的娛樂活動，見*Gladiators and Caesars: The Power of Spectacle in Ancient Rome*, edited by Eckart Köhne and Cornelia Ewigleben (University of California Press, 2000); Kathleen Coleman, 'Entertaining Rome', in *Ancient Rome: The Archaeology of the Eternal City*, edited by John Coulston and Hazel Dodge (Oxbow, 2000), 210–58; David S. Potter, ‘Spectacle’, in *A Companion to the Roman Empire*, edited by Potter（見前〈第一章〉），385–408；以及Nicholas Purcell, ‘“Romans, play on!”: City of the Games’, in *The Cambridge Companion to Ancient Rome*, edited by Paul Erdkamp (Cambridge UP, 2013), 441–58有清楚的探討。*The Roman Games: Historical Sources in Translation*, edited by Alison Futrell (Blackwell, 2006)蒐集了關於圓形表演場與大戰車競技場的古代史料。Katherine Dunbabin, *Theater and Spectacle in the Art of the Roman Empire* (Cornell UP, 2016)聚焦於現存的視覺形象。

大競技場與其中的表演，是我與Keith Hopkins合著的書*The Colosseum* (Profile, 2005)的重點，本書提到的大多數主題，都可以從前書繼續跟進。不過，仍有諸多對於羅馬圓形表演場的探討頗有啟發，像是Jerry Toner, *The Day Commodus Killed a Rhino: Understanding the Roman Games* (Johns Hopkins UP, 2014)，我從這裡借來跟歌劇的比方；Garrett G. Fagan, *The Lure of the Arena: Social Psychology and the Crowd at the Roman Games* (Cambridge UP, 2011)；Jonathan Edmondson, ‘Dynamic Arenas: Gladiatorial Presentations in the City of Rome’ in *Roman Theater and Society*, edited by W. J. Slater (University of Michigan Press, 1996), 69–112。Katherine E. Welch, *The Roman Amphitheatre: From Its Origins to the Colosseum* (Cambridge UP, 2007)研究沙場的建築形式。特定皇帝舉辦的比賽，以及他對沙場的態度，通常可以在蘇埃托尼烏斯或*Imperial History*的相應傳記中找到。以下稍作補充。奧古斯都在*What I Did*, 22提到一萬名格鬥士。Cassius Dio 68, 15提

到圖拉真辦的活動殺了一萬一千頭動物，43, 22則提醒這些數字有誇大之嫌。馬可・奧里略是在*Jottings to Himself* 6, 46表示暴力很「無聊」，對於血腥的反感則在Cassius Dio 72, 29。關於「濺汙」的說法（語出某個元老），見James H. Oliver and Robert E. A. Palmer, 'Minutes of an Act of the Roman Senate', *Hesperia* 24 (1955), 320–49, esp. 340。「在自身的毀滅中擔綱主角」是Toner, *The Day Commodus Killed a Rhino* 10的名言；「玩命表演」取自K. M. Coleman, 'Fatal Charades: Roman Executions Staged as Mythological Enactments', *Journal of Roman Studies* 80 (1990), 44–73這篇卓有創見的文章的標題。馬爾提阿利對於大競技場啟用典禮中比賽的讚美，可見氏著小書*On the Spectacles*（恢復為公眾使用見poem 2）。尤維納勒對那位元老妻子的挖苦，見*Satire* 6, 82–113。Barbara Levick, 'The *Senatus Consultum* from Larinum', *Journal of Roman Studies* 73 (1983), 97–115探討禁止上層社會人士出入沙場的規定。指控塞普提米烏斯・塞維魯斯偽善，引自Cassius Dio 76, 8。

戰車競速是Fik Meijer, *Chariot Racing in the Roman Empire* (Johns Hopkins University Press, 2010)一書的主題。羅馬帝國各競技場（包括大戰車競技場）的考古以及功能之研究，細節討論見John Humphrey, *Roman Circuses: Arenas for Chariot Racing* (University of California Press, 1986)。Alan Cameron, *Circus Factions: Blues and Greens at Rome and Byzantium* (Oxford UP, 1976)是競速及其參賽者的歷史，從奧古斯都時期寫到拜占庭帝國。競速引起色欲的一面，John Henderson, 'A Doo-Dah-Doo-Dah-Dey at the Races: Ovid *Amores* 3. 2 and the Personal Politics of the *Circus*

Maximus', *Classical Antiquity* 21 (2002), 41–65有深入探討。

Wulf-Rheidt, 'The Palace of the Roman Emperors on the Palatine in Rome'（見前〈第四章〉，13簡短討論到皇宮跟競技場的關係。四世紀的年曆是所謂的*Chronography of 354*。Michele Renee Salzman, 'Structuring Time: Festivals, Holidays and the Calendar', in *The Cambridge Companion to Ancient Rome*, edited by Erdkamp, 478–96曾討論到。奧古斯都的新**枕臺**在*What I Did* 19曾提到，Cooley, Res Gestae Divi Augusti（見前〈第一章〉），187–8可見討論。Ovid, *Art of Dating* (*Ars Amatoria*), 136–62拿在競技場獵豔開玩笑。普林尼的反對態度寫在*Letters* 9, 6, Tertullian's at *On the Spectacles* 16。Pliny, *Speech of Praise* 51誇獎了圖拉真在競技場的「平等」。Herodian, *History* 4, 7 and 11提到卡拉卡拉在外地賽車，Cassius Dio 73, 17提到康茂德在夜裡駕駛戰車。紅隊支持者的自殺，見Pliny, *Natural History* 7, 186，而聞馬糞則見Galen, *On the Method of Medicine* 7, 6 (translated in Loeb Classical Library)。除了Suetonius, *Caligula* 55，Cassius Dio 59, 14也有提到卡利古拉多麼溺愛「飆速」，74, 4提到康茂德的佩勒蒂那克斯，以及這個名字的預兆。哈德良在大競技場裡用傳令，見Cassius Dio 69, 6。Josephus, *Jewish Antiquities* 19, 24直接提到皇帝面對民眾要求時的立場。Cassius Dio 74, 12–13 and 73, 13提到對狄狄烏斯．尤利阿努斯與克烈安德的抗議（他明確在79, 20提到「人多就不怕」）。

Richard C. Beacham, *The Roman Theatre and its Audience* (Harvard UP, 1996)介紹了羅馬各式各樣的戲劇表演，相當實用。劇場建築是Frank Sear, *Roman Theatres: An Architectural Study* (Oxford UP,

2006)的焦點。問梅內斯特人在哪裡的問題，見Cassius Dio 60, 28。尼祿與舞臺的問題，Catharine Edwards, 'Beware of Imitations: Theatre and the Subversion of Imperial Identity' in *Reflections of Nero*, edited by Elsner and Masters（見前〈第三章〉，83–97, Opper, *Nero*（見前〈第三章〉），158–73有充分介紹，Bartsch, *Actors in the Audience*（見前〈第一章〉），1–62有細緻分析。Tacitus, *Annals* 15, 33–4提到劇場倒塌。Suetonius, *Nero* 38, Tacitus, *Annals* 15, 39與Cassius Dio 62, 18對於尼祿「失火而我琴照彈」的紀錄稍有不同。尼祿的戲劇面具見Cassius Dio 62, 9。斐洛斯特拉圖斯的深思，見氏著*Life of Apollonius* 5, 7。Suetonius, *Nero* 26, Tacitus, *Annals* 13, 25, Cassius Dio 61, 9對於尼祿與蒙塔努斯的衝突，記錄的內容稍有不同；Bartsch, *Actors in the Audience*, 16–20討論了這件事。

J. K Anderson, *Hunting in the Ancient World* (University of California Press, 1985)是對羅馬與希臘狩獵行為的概述，比較新的研究有Steven L. Tuck, 'The Origins of Imperial Hunting Imagery: Domitian and the Re-definition of *Virtus* under the Principate', *Greece and Rome* 52 (2005), 221–45; Eleni Manolaraki, 'Imperial and Rhetorical Hunting in Pliny's *Panegyricus*', *Illinois Classical Studies* 37 (2012), 175–98；以及Matthew B. Roller, 'Dining and Hunting as Courtly Activities', in *The Roman Emperor and his Court*, edited by Kelly and Hug（見前〈通論〉），vol. I, 318–48, esp. 336–48。君士坦丁凱旋門上的哈德良狩獵場景，討論見Mary Taliaferro Boatwright, *Hadrian and the City of Rome* (Princeton UP, 1987), 190–202（她也提到來到哈德良獵城的「狩獵紀念幣」），以及Opper,

Hadrian（見前〈第四章〉），171–3。腳破皮的笑話見Varro, *Menippean Satires* fragments 293–6 (French translation by J.-P. Cèbe in his Varron *Satires Ménippées*, vol. 8)。普林尼打獵風格見Pliny, *Letters* 1, 6；馬可．奧里略的風格見*Letters to Marcus* 4, 5 (translated by Richlin, *Marcus Aurelius in Love*（見前〈第五章〉），no. 38)。普林尼對圖拉真與圖密善打獵風格的比較，見*Speech of Praise* 81–82；好皇帝與壞皇帝的比較，見Dio Chrysostom, *Discourse* 3, 133–8。哈德良的詩〈獻給厄洛斯〉（'To Eros'）很難懂。Birley, *Hadrian: The Restless Emperor*（見前〈General'), 184–5有節譯版；完整譯本（與相關討論）見Ewen Bowie, 'Hadrian and Greek Poetry' in *Greek Romans and Roman Greeks: Studies in Cultural Interaction*, edited by Erik Nis Ostenfeld et al. (Aarhus UP, 2002), 172–97 (esp. 180–1)。潘克拉提斯的詩文引自Athenaeus, *Deipnosophistae* (*Sophists at Dinner*) 15, 21，另外*POxy* 8, 1085 (= Loeb Classical Library, *Select Papyri* 3, no. 128)還有三十多行寫在莎草紙上的詩。性欲的暗示，討論見Vout, *Power and Eroticism*（見前〈第五章〉），59–60。哈德良以博呂斯瑟尼斯為題寫的詩，可以在Loeb Classical Library, *Minor Latin Poets* vol. II, Hadrian no. 4找到。

* * *

參觀景點：大競技場是羅馬的熱門觀光勝地；從外面看非常震撼，可惜很難感受到內部的原貌。大戰車競技場的遺跡可以自由參訪，場外的馬爾克勒盧斯劇院也是。城裡有個較小的劇場

——巴爾布斯劇場（Theatre of Balbus），其遺跡（巴爾布斯地下結構〔Crypta Balbi〕）是對外開放的。哈德良打獵像如今仍然可以在大競技場旁的君士坦丁凱旋門看到。

第八章
Chapter 8

我在*Civilisations* (Profile, 2018), 23–32討論過這尊會唱歌的雕像。Strabo, *Geography* 17, 1對所謂歌聲抱持懷疑。巴爾比爾拉的詩，在T. Corey Brennan, 'The Poets Julia Balbilla and Damo at the Colossus of Memnon', *Classical World* 91 (1998), 215–34與Patricia A. Rosenmeyer, *The Language of Ruins: Greek and Latin Inscriptions on the Memnon Colossus* (Oxford UP, 2018)有討論。那首刻在金字塔上的詩，Birley, *Hadrian: The Restless Emperor*（見前〈通論〉），246，有譯文（現在只能從中世紀抄寫的手稿看到原文）。巴爾比爾拉立的斐洛帕普波斯紀念碑，討論見Ian Worthington, *Athens after Empire: A History from Alexander the Great to the Emperor Hadrian* (Oxford UP, 2021), 299–302。提到籌備哈德良巡狩所需的莎草紙文件，細節可以在線上輕鬆找到，還有譯文，見https://papyri.info/ddbdp/sb;6;9617。

關於哈德良的旅程，Elizabeth Speller, *Following Hadrian: A Second-Century Journey Through the Roman Empire* (Review, 2003)有詳盡介紹，Danziger and Purcell, *Hadrian's Empire*（見前〈通

論〉），129–38有簡短描述。維塔利斯的墓誌銘，譯文見Brian Campbell, *The Roman Army, 31 BC–AD 337: A Sourcebook* (Routledge, 1994), no. 196，以及Purcell and Danziger, 163。Mary T. Boatwright, *Hadrian and the Cities of the Roman Empire* (Princeton UP, 2000), 140–2對於提到哈德良留心造訪陵墓的文獻，有蒐集與討論；Cassius Dio 76, 13提到塞普提米烏斯・塞維魯斯走訪龐培墓。Boatwright, 144–57對於哈德良與雅典的關係，對於他「改造」雅典的考古研究，以及相關的零星文獻都有爬梳；Worthington, *Athens after Empire* 302–31亦然（明確談到哈德良門〔Hadrian's Gate〕的重要性）。Philostratus, *Lives of the Sophists* 1, 25提到，宙斯神廟揭幕式上發表演說的文人是出身斯米納（位於今土耳其）的波勒門（Polemo）；崇拜哈德良的文人是Pausanias, *Description of Greece* 1, 18。Julia L. Shear, 'Hadrian, the Panathenaia, and the Athenian Calendar', *Zeitschrift für Papyrologie und Epigraphik* 180 (2012), 159–72討論到紀年體系。Dylan K. Rogers, 'Roman Athens', in *The Cambridge Companion to Ancient Athens*, edited by Jenifer Neils and Rogers (Cambridge UP, 2021), 421–36 (esp. 430–2)簡短概述雅典地方上層人士的影響力。帕德嫩神廟內的哈德良肖像，見Pausanias, *Description of Greece* 1, 24.

關於巡狩，Helmut Halfmann, *Itinera principum; Geschichte und Typologie der Kaiserreisen im Römischen Reich* (Frank Steiner, 1986)是整體的奠基之作，不過Halfmann也有一篇比較短的英文文章，'Imperial Journeys', in *The Roman Emperor and his Court*, edited by Kelly and Hug（見前〈通論〉），vol. I, 267–87。Suetonius, *Tiberius* 10提到提比留離開前往羅德斯島的各種可能原因。古代

文人對於尼祿造訪希臘，主要的紀錄有：Suetonius, *Nero* 19 and 22–24; Cassius Dio 62, 8–18；現代學者的深入討論，則有Susan Alcock, 'Nero at Play? The Emperor's Grecian Odyssey', in *Reflections of Nero*, edited by Elsner and Masters（見前〈第三章〉），98–111，以及Shushma Malik, 'An Emperor's War on Greece: Cassius Dio's Nero', in *Emperors and Political Culture in Cassius Dio's Roman History*, edited by Davenport and Mallan（見前〈通論〉），158–76。不懷好意的文章指*Nero*（又名*The Digging of the Isthmus*），傳說是二世紀諷刺作家琉善（Lucian）的作品，但其實幾乎不可能是他：Tim Whitmarsh, 'Greek and Roman in Dialogue: the Pseudo-Lucianic Nero', *Journal of Hellenic Studies* 119 (1999), 142–60有巧妙的分析。David Pettegrew, *The Isthmus of Corinth: Crossroads of the Mediterranean World* (University of Michigan Press, 2016), 166–205追溯現存文獻中有關尼祿對於運河的研究。

尼祿那篇將自由授予希臘的演說詞，以及得到的回應，譯文見Sherk, *The Roman Empire from Augustus to Hadrian*（見前〈第四章〉），no. 71，希臘與原文、英譯文可見https://www.judaism-and-rome.org/nero-and-freedom-greece。Plutarch, *Flamininus* 10提到以前宣布希臘解放的事情。日耳曼尼庫斯造訪埃及，討論見Tacitus, *Annals* 2, 59–61，近年來，Benjamin Kelly, 'Tacitus, Germanicus and the Kings of Egypt', *Classical Quarterly* 60 (2010), 221–37對此有一番剖析。Cassius Dio 54, 7提到神像吐血；有一篇據說是普魯塔克寫的文章，*Sayings of Romans*, 'Caesar Augustus' 13提到奧古斯都對雅典人相當憤怒。奧古斯都弄壞亞歷山大鼻子的事情，記錄在Cassius Dio 51, 16。

伊莉莎白時代的小貴族指的是亨利・李爵士（Sir Henry Lee），他在一封日期押在一六〇〇年六月十三日、寄給勞勃・塞西爾（Robert Cecil）的信上拒絕女王巡幸，只不過他以前其實曾接待過女王（或許就是因為這樣，所以後來才會拒絕）。Sue Simpson, *Sir Henry Lee (1533–1611): Elizabethan Courtier* (Ashgate, 2014)討論了這幾次巡幸（與拒絕）。Cassius Dio 78, 9批評卡拉卡拉的要求。J. David Thomas and W. Clarysse, 'A Projected Visit of Severus Alexander to Egypt', *Ancient Society* 8 (1977), 195–207以 及Peter Van Minnen and Joshua D. Sosin, 'Imperial Pork: Preparations for a Visit of Severus Alexander and Iulia Mamaea to Egypt', *Ancient Society* 27 (1996), 171–81探討了亞歷山大・塞維魯斯預計將到訪的文獻。關於帕諾城莎草卷宗，Roger Rees, *Diocletian and the Tetrarchy* (Edinburgh UP, 2004), 33–6有很實用的介紹，以及簡潔的翻譯，no. 21。原件發表在T. C. Skeat, *Papyri from Panopolis in the Chester Beatty Library Dublin* (Chester Beatty Monographs 1, 1964)：關於皇帝即將巡幸的文件，在第一卷。

J. B. Campbell, *The Emperor and the Roman Army, 31 BC to AD 235* (Oxford UP, 1984)全面探討了皇帝的軍事角色。「生靈塗炭的戰爭」見Twelfth Book of *Sibylline Oracles* (lines 19–23)：古代文學中這種不可謂不常見的文類，以及前述的特定段落，David Potter, *Prophets and Emperors: Human and Divine Authority from Augustus to Theodosius* (Harvard UP, 1994), 71–97, 99–110, 137–45 (esp. 140–1)有一番討論。*Sibylline Oracles*有一份歷史悠久，但不盡然不可信的一本，可以在線上找到：https://www.sacred-texts.com/cla/sib/index.htm。特定軍事行動的背景，可以在前面〈通

論〉部分的通史找到。個別皇帝的參戰與否，除了在古代的傳記中提到之外，還有以下的一些出處。Tacitus, *Annals* 1, 11記錄了奧古斯都給提比留的建議。David Cherry, 'Frontier Zones', in *The Cambridge Economic History of the Greco-Roman World*, edited by Scheidel et al.（見前〈第六章〉），720–40探討疆界的流動。關於哈德良長城的功能，Richard Hingley, *Hadrian's Wall: A Life* (Oxford UP, 2012), 298–9有相關論辯的梗概。朱庇特「無止境的帝國」預言出自Virgil, *Aeneid* 1, 279。對於以弗所的大安敦寧祭壇（Great Antonine Altar at Ephesus），Roland R. R. Smith在Great Antonine Altar at Ephesus in 'The Greek East Under Rome', in *A Companion to Roman Art*, edited by Barbara E. Borg (Blackwell, 2015), 471–95 (esp. 476–7)有清楚說明。「大戰略」一詞，借自Edward N. Luttwak曾經很有影響力的書*The Grand Strategy of the Roman Empire: From the First Century CE to the Third* (revised ed., Johns Hopkins UP, 2016, originally published, 1979)。不列顛在羅馬人的想像（以及政局）中扮演的角色，David Braund, *Ruling Roman Britain: Kings, Queens, Governors and Emperors from Julius Caesar to Agricola* (Routledge, 1996)有深入討論。Cassius Dio 60, 19–22提到是次入侵，包括部隊的猶疑、打氣喊話、克勞狄烏斯與大象的馳援。塔西陀對不列顛「羅馬化」的現實評估，見氏著*Agricola* 21。Ammianus Marcellinus, *Roman History* 16, 10提到西元三五七年，皇帝君士坦提烏斯二世（Constantius II）第一次造訪羅馬時，備受圖拉真廣場所震懾。Bennett, *Trajan Optimus Princeps*（見前〈第二章〉），183–204回顧了圖拉真的帕提亞行動。Cassius Dio 68, 17–33從頭到尾道盡了這場軍事行動，連同其動機——這也是戰爭細節的主要證據。

Pliny, *Speech of Praise* 15把圖拉真標榜為弟兄；金口狄歐的牧羊人比喻，見*Discourse* 1, 28。維吉爾勾勒的、阿克提烏姆海戰中的奧古斯都，見*Aeneid* 8, 678–81；Strauss, *The War that Made the Roman Empire*（見前〈第一章〉），183–6說明了實情。圖拉真急就章做繃帶與塞普提米烏斯．塞維魯斯帶頭喝髒水的故事，見Cassius Dio 68, 8 and 75, 2；卡拉卡拉正面、尚武的特質，見Herodian, *History* 4, 7。哈德良在蘭巴埃西斯對部隊演說的全文翻譯，可見Michael P. Speidel, *Emperor Hadrian's speeches to the African Army – a new Text* (Römisch-Germanischen Zentralmuseum, 2006)。凱旋式的演變歷史與儀式（包括假人版本），我在*The Roman Triumph*（見前〈第一章〉）有深入討論細節。尼祿的儀式見Cassius Dio 62, 20，以及蘇埃托尼烏斯的相應段落（*Nero* 25）。羅馬諷刺作家佩爾西烏斯（Persius）在*Satires* 6, 43–7挖苦卡利古拉之妻替所謂的戰俘訂製戲服。Domitian's fake triumph is criticised by Pliny, *Speech of Praise* 16, Tacitus, *Agricola* 39以及Cassius Dio 67, 7（提到從庫房拿東西用）批評圖密善的假凱旋式。*Imperial History, Hadrian* 6提到在圖拉真離世後進行的儀式。

* * *

參觀景點：哈德良在雅典興建的許多大型建築現今仍能看到。哈德良圖書館遺跡（蒙納斯提拉奇廣場〔Monastiraki Square〕附近）天天開放，但需要一點想像力才能感受原有的輝煌。至於奧林帕斯宙斯神廟（就在衛城東邊）的巨柱，即便你沒有選擇付錢買門票靠近看，也絕對不可能錯過；哈德良門（或者說拱門）就在街邊。

第九章
Chapter 9

這兩個「皇帝夢」皆出自Artemidorus, *The Interpretation of Dreams* 4, 31；死亡預兆見2, 30。Peter Thonemann, *An Ancient Dream Manual: Artemidorus'* The Interpretation of Dreams (Oxford UP, 2020), 198–204探討皇帝在這份手冊中的角色（Oxford World's Classics有很好的譯本，譯者為Martin Hammond）。Jennifer Trimble, '*Corpore enormi*: the Rhetoric of Physical Appearance in Suetonius and Imperial Portrait Statuary', in *Art and Rhetoric in Roman Culture*, edited by Jaś Elsner and Michel Meyer (Cambridge UP, 2014), 115–54細緻比較了雕像與蘇埃托尼烏斯的描述之間的差異。現代對於羅馬皇帝形象的挪用，有其漫長歷史，這是我在*Twelve Caesars: Images of Power from the Ancient World to the Modern* (Princeton UP, 2021)所探討的主題，而我在本書簡短談到的古代「肖像」類雕像的辨識問題，這本書也有詳細談到其中幾個（尤其是歷代人們以為是尤利烏斯・凱撒樣貌的不同雕像）。

Cassius Dio 44, 4提到有各式各樣的尤利烏斯・凱撒像；Antony E. Raubitschek, 'Epigraphical

Notes on Julius Caesar', *Journal of Roman Studies* 44 (1954), 65–75, and by Jakob Munk Højte, *Roman Imperial Statue Bases: From Augustus to Commodus* (Aarhus UP, 2005), 97研究了雕像底座。Dietrich Boschung, *Die Bildnesse des Augustus* (Gebr. Mann, 1993)是奧古斯都形象的權威目錄。Jane Fejfer, *Roman Portraits in Context* (Walter de Gruyter, 2008), 373–429全面檢視皇帝像的意識形態、製作、重製並展示，還有Caroline Vout, *Exposed: The Greek and Roman Body* (Profile, 2022), 235–68，以及Susan Wood, 'Portraiture', in *The Oxford Handbook of Roman Sculpture*, edited by Elise A. Friedland et al, (Oxford UP, 2015), 260–75。Clifford Ando, *Imperial Ideology and Provincial Loyalty in the Roman Empire* (University of California Press, 2000), 206–45聚焦於皇帝形象的社會與政治重要性。R. R. R. Smith, 'Typology and Diversity in the Portraits of Augustus', *Journal of Roman Archaeology* 9 (1996), 30–47（對Boschung目錄的回應）探討了模型的重要性，以及透過髮型細節辨識身分的作法，Caroline Vout, 'Antinous, Archaeology and History', *Journal of Roman Studies* 95 (2005), 80–96（提出了一些值得懷疑的問題）與Klaus Fittschen, 'The Portraits of Roman Emperors and their Families', in *The Emperor and Rome* edited by Ewald and Noreña（見前〈第一章〉），221–46（對Vout的回應，學養深厚，只是稍顯暴躁）。那位寫信提醒哈德良的朋友是阿里安（Arrian），見氏著*Periplus* (or *Circumnavigation*) 2（譯見Aidan Liddle, Bristol Classical Press, 2003）。John Pollini, *The Portraiture of Gaius and Lucius Caesar* (Fordham UP, 1987), 100 and 101，提到兩尊有爭議的雕像，談到彼此互斥的指認。對於哈德良的鬍子，不同的解釋見Paul Zanker, *The Mask of Socrates* (University of

Journal of Roman Studies 77 (1987), 88–138有比較簡短的討論。「標誌性征服」一詞是Smith的說法（見*The Marble Reliefs*, 142）。R. R. R. Smith（還是他）在'*Maiestas Serena*'（見前〈第四章〉），no. 39探討了阿格麗普庇娜與尼祿的浮雕寶石。我在*Twelve Caesars*, 247–9進一步探討皇后與神祇之間的刻意模糊。科赤斯特出土的金牌（現藏大英博物館）在Catherine Johns, *The Jewellery of Roman Britain: Celtic and Classical Traditions* (UCL Press, 1996), 191有簡短探討。Anthony A. Barrett, *Livia: First Lady of Imperial Rome* (Yale UP, 2002), 263–4說明了利薇雅圖案的籌碼。Dahmen, *Untersuchungen*（見前〈序幕〉）探討了許多皇帝主題小飾品。Martina Minas-Nerpel, 'Egyptian Temples' in *The Oxford Handbook of Roman Egypt*, edited by Christina Riggs (Oxford UP, 2012), 362–82探討皇帝對於埃及神廟的影響，以及皇帝在神廟中的再現。馬可・奧里略像的誤辨，是Peter Stewart, 'The Equestrian Statue of Marcus Aurelius', in *A Companion to Marcus Aurelius*, edited by van Ackeren（見前〈第五章〉）264–77的其中一個主題。

繪畫（或者有著色的雕像）見Fronto, *Letter to Marcus* 4, 12（收錄在Davenport and Manley, *Fronto*，見前〈第四章〉，no. 24）。Pliny, *Natural History* 35, 51提到尼祿巨型畫像的故事；Herodian, *History* 5, 5提到埃拉加巴盧斯先行的畫像。Thomas F. Mathews, with Norman E. Muller, *The Dawn of Christian Art* (J. Paul Getty Museum, 2016), 74–83探討塞普提米烏斯・塞維魯斯一家的現存畫像（包括不太可信的莎草紙文獻），Jane Rowlandson, *Women and Society in Greek and Roman Egypt: A Sourcebook* (Cambridge UP, 1998), no. 44對莎草紙文獻有部分準確的翻譯。「相當

粗糙」是Jaś Elsner, *The Art of the Roman Empire* (2nd ed., Oxford UP, 2018), 51的評價；「水準絕佳」是Mathews, 74的評價。Barrett, *Rome is Burning*（見前〈第四章〉）199–201以及Fred C. Albertson, 'Zenodorus's "Colossus of Nero"', *Memoirs of the American Academy in Rome* 46 (2001), 95–118探討了尼祿巨像。普林尼對於巨像的讚美，見氏著*Natural History* 34, 45–47。Cassius Dio 65, 15提到提圖斯的臉（但也表示雕像其實是在維斯帕先統治時豎立的）；*Imperial History*, *Hadrian* 19提到這尊雕像的位置；Herodian *History* 1, 15, Cassius Dio 73, 22與*Imperial History*, *Commodus* 17提到康茂德做的調整。圖密善巨像是Statius, *Silvae* 1, 1的主題，討論亦見於Newlands, *Statius'* Silvae（見前〈第三章〉）51–73以及Daira Nocera, 'Legacy Revisited: Augustus and Domitian in the Imperial Fora and the Roman Forum', in *Domitian's Rome and the Augustan Legacy*, edited by Raymond Marks and Marcello Mogetta (University of Michigan Press, 2021), 57–75 (esp. 65–74)。

奧古斯都在*What I Did*, 24提到銀雕像；馬可．奧里略與盧奇烏斯．烏耶魯斯的拒絕，記錄在一份銘文中（*Die Inschriften von Ephesos* I no. 25），https://www.judaism-and-rome.org/re-casting-imperial-images-phesus-under-marcus-aurelius有完整討論，但沒有全譯文。巨像的關鍵問題，在於是不是在皇帝在世時立像。比方說，奧古斯都廣場那尊超過真人大小的奧古斯都戰車像，確實是在世時豎立的，而其他的雕像（包括殘留至今的殘片）則是在他身故後才豎立的。Martial, *Epigrams* 8, 44提到的可能是他統治時豎立的雕像。提比留巨像（現以其基座的古代複製品聞名）的複雜歷史，見Ando, *Imperial Ideology and Provincial Loyalty*, 311的回顧。Rutledge, *Ancient*

Rome as a Museum（見前〈第四章〉，215–20，討論了巨像的壓迫感。形象的「抹消」，討論見Peter Stewart, *Status in Roman Society: Representation and Response* (Oxford UP, 2003), 267–90。Mathews, with Muller, in *The Dawn of Christian Art*, 80駁斥了屎的傳說。Thorsten Opper, *The Meroë Head* (British Museum Press, 2014)深入探討了麥羅埃頭像。關於君士坦丁凱旋門上的哈德良浮雕，討論見前〈第七章〉。Statius *Silvae* 1, 1, 84–7開了凱撒頭像的玩笑。皇帝雕像的重塑，是*From Caligula to Constantine: Tyranny and Transformation in Roman Portraiture*, edited by Eric R. Warner (Michael C. Carlos Museum, Emory University, 2000), esp. 9–14的主題，解釋了這一類雕像的諸多個案。

奧多被人放上雕像底座的故事，見Tacitus, *Histories* 1, 36，卡利德羅穆斯的苦難故事見Pliny, *Letters* 10, 74。皇帝雕像的威能，討論S. R. F. Price, *Rituals and Power: The Roman Imperial Cult in Asia Minor* (Cambridge UP, 1984), 191–205，以及（也探討了錢幣上的圖像）Ando, *Imperial Ideology and Provincial Loyalty*, 206–3（亦見相應的古代傳記）。盧奇烏斯・烏耶魯斯別墅發現的皇帝像收藏，見Fejfer, *Roman Portraits*, 422–5，完整討論見Valentina Mastrodonato, 'Una residenza imperiale nel suburbio di Roma: La villa di Lucio Vero in località Acquatraversa', *Archeologia Classica* 51 (1999–2000), 157–235。

* * *

參觀景點：大博物館通常至少都有幾尊羅馬皇帝半身像。羅馬卡比托利歐博物館的皇帝之間（Room of the Emperors）最能引發思古幽情，從尤利烏斯・凱撒以降的歷代皇帝像（以及皇后像）盡列在前（最早一次聚集起這些雕像，是在一七三〇年代）。康茂德海克力士扮相雕像與馬可・奧里略騎馬像這兩尊知名雕像，則展示在同博物館的其他分館。利薇雅第一拱別墅出土的奧古斯都像，今藏於梵蒂岡博物館。出了羅馬，烏耶雷亞雕像收藏於北義大利的帕爾瑪考古博物館（Archaeological Museum of Parma）。阿芙蘿黛西雅發現的雕像，今藏於就地興建的博物館，位於土耳其西南。丹鐸神廟的奧古斯都浮雕，現藏於紐約大都會博物館。

第十章
Chapter 10

Christopher L. Whitton, 'Seneca, *Apocolocyntosis*' in *A Companion to the Neronian Age*, edited by Emma Buckley and Martin Dinter (Blackwell, 2013), 151–69是這篇小品的絕佳介紹。皇帝臨終的情境與遺言，通常可以在相應的古代傳記中找到（往往也是重要主題）。退位弄巧成拙的是維特爾利烏斯（Tacitus, *Histories* 3, 68–70; Suetonius, *Vitellius* 15）。尤莉亞・多姆娜收到兒子的骨灰後自盡的故事，是Herodian, *History* 4, 13寫的其中一個版本（Barbara Levick, *Julia Domna: Syrian Empress* (Routledge, 2007), 105–6討論各版的差異）。共和時代葬禮進行方式的主要文獻

是Polybius, *Histories* 6, 53–4（譯見Beard et al., *Religions of Rome*, vol. II〔見前〈第四章〉〕）no. 9.3，附有Cassius Dio, 75, 4–5對於佩勒蒂那克斯葬禮描述的譯文）；Harriet I. Flower, 'Spectacle and Political Culture in the Roman Republic', in *The Cambridge Companion to the Roman Republic*, edited by Flower (Cambridge UP, 2004), 331–7討論葬儀。Cassius Dio 56, 34–43以及Suetonius, *Augustus* 100描述了奧古斯都的葬禮。Herodian, *History* 4, 2詳述了塞普提米烏斯．塞維魯斯的葬禮。Eve D'Ambra, 'The Imperial Funerary Pyre as a Work of Ephemeral Architecture' and Javier Arce, 'Roman Imperial Funerals *in effigie*'探討了葬禮的不同面向，收入在*The Emperor and Rome*, edited by Ewald and Noreña（見前〈第一章〉）289–308 and 309–23。皇帝陵墓是Davies, *Death and the Emperor*（見前〈第二章〉）的主題。Boatwright, *Hadrian and the City of Rome*（見前〈第七章〉），161–81以及Opper, *Hadrian*（見前〈第四章〉）208–16聚焦於哈德良陵墓。皇帝的墓誌銘可見*Corpus Inscriptionum Latinarum*（見前〈通論〉）VI, 886 (and 40372)（阿格麗普庇娜）、887（提比留）、992（康茂德）–887與992只剩中世紀傳鈔手稿；阿格麗普庇娜墓誌銘譯文可見Emily A. Hemelrijk, *Women and Society in the Roman World: A Sourcebook of Inscriptions from the Roman West* (Cambridge UP, 2020), 304。

整體而言，皇帝的神格化與皇帝崇拜是現代對羅馬帝國研究的重要主題。Beard et al., *Religions of Rome*, vol. I, 206–10 and 348–63是對這個主題的通論。Simon Price, 'From Noble Funerals to Divine Cult: the Consecration of Roman Emperors', in *Rituals of Royalty: Power and

Ceremonial in Traditional Societies, edited by David Cannadine and Price (Cambridge UP, 1987), 56–105是分析皇帝葬禮與神格化儀式的開創之作——還有Price對帝國東部的皇帝崇拜的分析，*Rituals and Power*（見前〈第九章〉），把這個地區過往對君主的崇拜也考慮進來。Ittai Gradel, *Emperor Worship and Roman Religion* (Oxford UP, 2004)聚焦在羅馬與義大利。塔西陀在*Annals* 15, 23痛斥女嬰克勞狄雅的神格化為奉承諂媚之舉。新神升天的目擊證詞，見Cassius Dio 56, 46 and 59, 11（談到對德魯西利爾拉所受之哀榮）；兩段故事都提到了金錢獎賞。祭獻皇帝及其家屬（或代皇帝祭獻）的行事曆，譯見Beard et al., *Religions of Rome*, vol. II, nos. 3.3b and c, 3.4 and 3.5（歐羅巴要塞出土的行事曆）。地方行政長官的暗示，銘文譯本見Sherk, *Rome and the Greek East*（見前〈序幕〉），no. 101，線上版連同完整討論，見https://www.judaism-and-rome.org/augustus%E2%80%99s-birthday-and-calendar-reform-asia。Tacitus, *Annals* 14, 31主張皇帝崇拜對於布狄卡之亂有其影響（不過，Duncan Fishwick, 'The Temple of Divus Claudius at Camulodunum', *Britannia* 26 (1995), 11–27探討了這件事仍需商榷的部分）。

對於傳統羅馬多神信仰特色，實用的概論有Beard et al., *Religions of Rome*, vols. I and II; John Scheid, *The Gods, The State and The Individual: Reflections on Civic Religion in Rome* (University of Pennsylvania Press, 2015)與Jörg Rüpke, *Pantheon: A New History of Roman Religion* (Princeton UP, 2018)。我在'Priesthood in the Roman Republic', in *Pagan Priests: Religion and Power in the Ancient World* (Duckworth, 1990), 17–48專門探討了祭司。部分棘手問題的詳細討論，見S. R. F. Price,

Rituals and Power（見前〈第九章〉），207–33以及'Between Man and God: Sacrifice in the Roman Imperial Cult', *Journal of Roman Studies* 70 (1980), 28–43（談獻祭的嚴格規矩）；Price, 'Gods and Emperors: the Greek Language of the Roman Imperial Cult', *Journal of Hellenic Studies* 104 (1984), 79–95（談術語）；D. S. Levene, 'Defining the Divine in Rome', in *Transactions of the American Philological Association* 142 (2012), 41–81（談人神之間的界線）；以及David Wardle, '*Deus* or *Divus*: The Genesis of Roman Terminology for Deified Emperors' in *Philosophy and Power in Graeco-Roman World*, edited by Gillian Clark and Tessa Rajak (Oxford UP, 2002), 181–92（試圖確定界線）。我和John Henderson在'The Emperor's New Body: Ascension from Rome', in *Parchments of Gender: Deciphering the Bodies of Antiquity*, edited by Maria Wyke (Oxford UP, 1998), 191–220探討封神的彆扭視覺形象。

Fik Meijer, *Emperors Don't Die in Bed* (Routledge, 2004)是一本大眾取向的書，描述了從尤利烏斯．凱撒以降每一位皇帝的死。Seneca, *Apocolocyntosis* 4模仿、諷刺克勞狄烏斯的遺言。Cassius Dio 77, 15 and 17提到塞普提米烏斯．塞維魯斯的遺言，78, 2是蓋塔的遺言。Cassius Dio 56, 30感覺把奧古斯都臨死前的這番話詮釋得像在嘲笑凡俗。D. Wardle, 'A Perfect Send-Off: Suetonius and the Dying Art of Augustus (Suet. *Aug*. 99)', *Mnemosyne* 60 (2007), 443–63把他的死視為完美的演出。

* * *

參觀景點：目前羅馬的奧古斯都陵墓未對外開放，但哈德良陵墓（聖天使城堡）則是有定期開放。

劇終
Epilogue

亞歷山大·塞維魯斯之死，記錄在Herodian, *History* 6, 8–9與*Imperial History*, *Alexander Severus* 59–62（主張不列顛是他遇刺的地方）。Kenneth Painter and David Whitehouse, 'The Discovery of the Vase', *Journal of Glass Studies* 32 (1990), 85–102討論羅馬那座可能的亞歷山大·塞維魯斯的墳墓。亞歷山大·塞維魯斯死後一段時間的情勢發展，在前面〈通論〉提到的若干敘事性歷史書裡曾提到。三世紀的「危機」問題（乃至於是不是**真有**危機）是數十年來學界熱議的焦點。*Crises and the Roman Empire*, edited by Olivier Hekster et al. (Brill, 2007)可以讓讀者品嚐不同的取徑與解答。Touraj Daryaae, 'The Sasanian Empire (224–651 CE)', in *The Oxford Handbook of Iranian History*, edited by Daryaae (Oxford UP, 2012), 187–207 (esp. 189–90)對沙普爾浮雕的背景有簡短說明。Christopher Kelly, 'Pliny and Pacatus: Past and Present in Imperial Panegyric' in *Contested Monarchy: Integrating the Roman Empire in the Fourth Century ad*, edited by Johannes Wienand (Oxford UP, 2015), 215–38主張皇帝脫離「吾輩之一員」的風格，其斷裂並無一般呈現的那麼激

烈。關於基督徒的人數，我的說法是根據Keith Hopkins, 'Christian Number and its Implications', in *Sociological Studies in Roman History*, edited by Kelly（見前〈第五章〉），432–80，以及Kate Cooper, 481–7的附錄（我也是從這裡借來「不要太緊張」的說法）。尼祿對待基督徒的方式，可見Tacitus, *Annals* 15, 44. *Roman Games*, edited by Futrell（見前〈第七章〉），160–88，其中也有一些重要的文獻，是談殉道與羅馬人對基督徒的反應（里昂教難見176–9）。帝祚短暫的統治者是指德奇烏斯（Decius，西元二四九至五一年治世）。我們不清楚他要求的精確細節，但有些證明個人已經行獻祭的證明文件傳世（譯文見Beard et al., *Religions of Rome*, vol. II〔見前〈第四章〉〕no. 6.8c）。Kelly, *The Roman Empire*（見前〈General'), 78–94精準呈現了隨著基督教而來的激烈文化與政治變革。

* * *

參觀景點：據信為亞歷山大．塞維魯斯及其母的陵墓，也就是今稱「穀堆」（Monte del Grano，因其形狀而得名）的這個地方，距離庫因提利別墅（位於羅馬市中心和錢皮諾機場之間）並不遠；「穀堆」對外開放，但通常必須預約。無論是不是亞歷山大．塞維魯斯的骨灰罈，波特蘭花瓶都是令人讚歎的古代琉璃作品，也是倫敦大英博物館羅馬館的明星。

圖次
List of Illustrations

彩圖（Colour plates）

1. 勞倫斯・阿爾瑪—塔德瑪，《赫利奧加巴盧斯的玫瑰》（*The Roses of Heliogabalus*, 1888）。Photo: © Whitford Fine Art, London, UK / Bridgeman Images
2. 馬努耶爾・多明格斯・桑切斯（Manuel Dominguez Sanchez），《塞涅卡之死》（*The Death of Seneca*, 1871）。Photo: © Fine Art Images / Bridgeman Images
3. 圓形畫：塞普提米烏斯・塞維魯斯一家人的嵌板，約西元二〇〇年，現藏柏林國家博物館（Staadliche Museum, Berlin）。Photo: © Bridgeman Images
4. 利薇雅別墅中的花園壁畫，西元前二〇年至前三〇年，現藏於羅馬國家博物館馬西莫浴場宮（Palazzo Massimo alle Terme, National Museum of Rome）。Photo: © Carlo Bollo / Alamy Stock Photo
5. 綠松石浮雕，利薇雅抱著奧古斯都半胸像的樣子（西元十四年至三十七年，綠松石材質）。Photo: © 2023 Museum of Fine Arts, Boston. All rights reserved. / Henry Lillie Pierce Fund / Bridgeman Images
6. 義大利遊客參觀內米船，一九三二年。Photo: © agefotostock / Alamy Stock Photo
7. A・亞拉（A. Ala）臨摹的壁畫，畫中為忒修斯與亞莉阿德妮（Ariadne），原圖在古代狩獵之家（House of Caccia

Antica）。Photo: © Florilegius / Bridgeman Images

8. 奧古斯都邸松飾之間（Room of the Pine Garlands）的濕壁畫。Photo: © DeAgostini Picture Library/Scala, Florence

9. 羅馬帕拉丁丘皇宮謁見廳（Royal Audience Hall）重建圖。Photo: © Balage Balogh / archaeologyillustrated.com

10. 拼貼畫，圖為鴿子從花盆中喝水。出自義大利蒂沃利哈德良別墅。Photo: © DEA / G. DAGLI ORTI/De Agostini via Getty Images

11. 宴會場景，出自龐貝堅貞愛人之家（House of Chaste Lovers,）。Photo: © Alessandra Benedetti/Corbis via Getty Images

12. 佩德．塞維林．克羅耶（Peder Severin Krøyer），《梅薩麗娜》（*Messalina*）。Photo: © Painters / Alamy Stock Photo

13. 奧古斯都青銅頭像，人稱「麥羅埃頭像」（Meroe Head），是從超過真人大小的青銅雕像上切下的。Photo: © The Trustees of the British Museum

14. 紀念幣，慶祝圖拉真擊敗帕提亞人，攻占泰西封。Photo: © The Trustees of the British Museum

15 & 16. 左：第一拱門的奧古斯都（Augustus of Prima Porta），藏於羅馬梵蒂岡博物館。右：著色重鑄品，藏於阿什莫林博物館（Ashmolean Museum）。Photo: © Azoor Photo / Alamy Stock Photo and © Ashmolean Museum/Heritage Images/Getty Images

17. 法蘭西大寶石浮雕（Great Cameo of France），巴黎。Photo: © Pictures from History/ Marie-Lan Nguyen / Bridgeman Images

18. 羅馬穿宮（Domus Transitoria）天花板。Photo: Alessandro Serrano/ Photoshot / agefotostock

19. 古風天花板設計，靈感取自穿宮，據信為阿哥斯蒂諾．布魯尼亞斯（Agostino Brunias）所繪。Photo: © Christie’s Images / Bridgeman Images

20. 拉米阿別苑壁飾，現藏羅馬卡比托利歐博物館保守宮（Palazzo dei Conservatori）。Photo: Roma, Sovrintendenza Capitolina ai Beni Culturali

21. 法老形象的奧古斯都，原在丹鐸（Dendur）伊西斯神廟（temple of Isis），現經重組藏於紐約大都會博物館。Photo: Robin Cormack
22. 拼貼畫，大戰車競技場（Circus Maximus, Lyon）戰車競速比賽場面，里昂。Photo: © Photo Josse / Bridgeman Images
23. 法尤姆（Fayam）風格年輕男子肖像。Photo: © Pictures from History / Bridgeman Images
24. 鍍金青銅孔雀。Photo: © Governorate of The Vatican City State – Directorate of the Vatican Museums

黑白插圖（Illustrations）

1. 埃拉加巴盧斯的大理石半身像。Photo: © Bridgeman Images 2
2. 「里昂銘版」（Table of Lyon）。Photo: G. Dagli Orti /© NPL – DeA Picture Library / Bridgeman Images 14
3. 古代糕餅模複製品。Photo: © Budapest History Museum, Aquincum Museum, Budapest, Hungary – Inventory no. 51595 15
4. 耳環，上有塞普提米烏斯．塞維魯斯頭像。Photo: © The Trustees of the British Museum 15
5. 俄克喜林庫斯莎草紙第三十五號（papyrus Oxyrhynchus 35）細部。Photo: Courtesy of the Penn Museum, image E2749 20
6. 《就是》（*Istoé*）雜誌封面，二〇一九年八月號，第二五九二期。Photo: © *Istoé*/ Editora Três 22
7. 圖密善肖像，約西元九〇年，大理石材質，高二十三又十六分之七吋（五十九點六公分），寬十六又四分之一吋（四十一點三公分）。Photo: Toledo Museum of Art (Toledo, Ohio), Gift of Edward Drummond Libbey, and from Florence Scott Libbey. Bequest in Memory of her Father, Maurice A. Scott, 1990.30 27
8. 圖拉真肖像，梵蒂岡博物館藏。Photo: © Album / Alamy Stock 27
9. 錢幣上的尤利烏斯．凱撒頭像，由馬爾庫斯．梅特提烏斯（M Mettius）於西元前四十四年發行。Photo: Wikimedia GNU Free Documentation License/ Classical Numismatic Group, Inc. http://www.cngcoins.com 34

10. 浮雕，阿克提烏姆海戰一景，現藏西班牙哥多華（Cordoba）。Photo: © Album / Alamy Stock Photo 36
11. 羅馬奧古斯都廣場。Photo: © iStock / Getty Images Plus 44
12. 博斯科雷亞萊（Boscoreale）寶藏杯細部，呈現凱旋式中的提比留。Photo: © RMN-Grand Palais /Dist. Photo SCALA, Florence 47
13. 羅馬奧古斯都陵墓。Photo: Flickr/ Jamie Heath CC BY-SA 2.0 58
14. 大理石還願銘文，前奴隸安托尼烏斯（Antonius）獻，上有刮除痕跡。Photo: © The Trustees of the British Museum 75
15. 金幣，上有涅爾瓦的臉像。Photo: © The Trustees of the British Museum 79
16. 夏日三椅間，義大利龐貝青春之家（House of the Ephebe）。Photo: © Manuel Cohen/Scala, Florence 87
17. 人稱「利薇雅浴場」（Bagni di Livia，實為餐廳）的現況。Photo: Associated Press / Alamy Stock Photo 90
18. 利薇雅浴場重建圖，刊於*Nero: the Man Behind the Myth* (British Museum Press). Photo: © The Trustees of the British Museum 91
19. 圖密善皇宮大型餐廳遺跡。Photo: © iStock / Getty Images Plus 94
20. 圖密善皇宮餐廳重建圖。Photo: Courtesy of British School at Rome, Sheila Gibson Archive 95
21. 蒂沃利哈德良別墅卡諾卜餐廳。Photo: © Adam Eastland / Alamy Stock Photo 97
22. 提圖斯．阿耶利烏斯．普利米提烏斯的墓碑。Photo: © Governorate of The atican City State – Directorate of the Vatican Museums 103
23. 提貝利烏斯．克勞狄烏斯．佐西穆斯的墓碑。Photo: © Gabinetto Fotografico delle Gallerie degli Uffizi 104
24. 斯佩爾隆加用餐區與洞穴。Photo: Flickr © Carole Raddato CC-by-SA-2.0 117
25. 戳瞎波呂斐摩斯（細部），可能是羅馬人從希臘化時代的群像複製而來的。斯佩爾隆加。Photo: © DeAgostini Picture Library/Scala, Florence 118

26. 水肺潛水員與尤里西斯（Ulysses）同伴的雕像，地點是那不勒斯巴伊埃克勞狄烏斯寧芙神廟（Nymphaeum of Claudius，已被水淹沒）。Photo: © BIOSPHOTO / Alamy Stock Photo 120
27. 西元前五世紀的尼俄伯之子（Niobid）逃跑像，出自薩路爾斯特別苑（*horti Sallustiani*），今藏哥本哈根。Photo: © Ny Carlsberg Glyptotek, Copenhagen / Ole Woldbye 127
28. 提比留卡普里別墅空拍圖。Photo: © Gianpiero Chirico 128
29. 教宗若望十三世在夏宮甘多爾福堡，一九六一年八月。Photo: © TopFoto 130
30. 拉米阿別苑的鉛製水管。Photo: © Roma – Soprintendenza Speciale di Roma/ Museo Ninfeo – Fondazione Enpam 131
31. 羅馬馬耶克納斯講堂內部。Photo: © Sebastiano Luciano 133
32. 金宮的假想重建圖，出自'Staging Nero', in *The Cambridge Companion to the Age of Nero* (2017). Photo: Reproduced with permission of the Licensor through PLSclear 139
33. 金宮的八角間。Photo: © Alberto Pizzoli/ Sygma/Sygma via Getty Images 141
34. 金宮濕壁畫修復，羅馬，二〇一四年。Photo: © Marco Ansaloni/Science Photo Library 142
35. 帕拉丁皇宮內的法爾內塞避暑屋（Casino Farnese）。Photo: © Adam Eastland / Alamy Stock Photo 145
36. 帕拉丁競技場（Palatine stadium）。Photo: © iStock / Getty Images Plus 151
37. 這段斜坡從羅馬廣場一路往上到帕拉丁宮。Photo: Associated Press / Alamy Stock Photo 153
38. 帕拉丁宮找到的釘刑塗鴉。Photo: ©Zev Radovan / Alamy Stock Photo 158
39. 左：謬思烏拉尼亞（Muse Urania）；右：謬思厄剌托（Muse Erato），現藏馬德里普拉多博物館（Prado）。Photo: © Album / Alamy Stock Photo 164
40. 四尊女像柱排成一排，義大利蒂沃利。Photo: © Mauritius images GmbH / Alamy Stock Photo 166

41. 安提諾烏斯半身像，出土於蒂沃利，現藏巴黎羅浮宮。Photo: Flickr © Carole Raddato CC-by-SA-2.0 167
42. 哈德良別墅地下通道。Photo: Frank Buffetville/ Bridgeman Images 168
43. 哈德良別墅維納斯神廟，擺了阿芙蘿黛蒂像，義大利。Photo: © Moment Open / Getty Images 169
44. 馬可．奧里略青銅像，羅馬卡比托利歐博物館。Photo: © Paul Williams / Alamy Stock Photo 175
45. 帕拉丁尼祿皇宮的多座次廁所，羅馬帕拉丁山。Photo: © ALBERTO PIZZOLI/AFP via Getty Images 176
46. 利薇雅邸集體墓葬的十八世紀重建圖，收錄於Antonio Francisco Gorio (1727), *Monumentum sive columbarium libertorum Liviae Augustae et Caesarum*。Photo: archive.org 185
47. 穆西庫斯．斯古爾拉努斯墓誌銘。Photo: © Governorate of The Vatican City State – Directorate of the Vatican Museums 187
48. 蘇埃托尼烏斯履歷銘文殘片，出土於阿爾及利亞希波雷吉烏斯（Hippo Regius）遺址。Photos: (Top) from G. B. Townend 'The Hippo Inscription', *Historia*, 61 – public domain; (bottom) Livius.org, with permission 192
49. 押有皇后法烏絲蒂娜頭像的錢幣。Photo: © agefotostock / Alamy Stock Photo 199
50. 塞普提米烏斯．塞維魯斯莎草紙。Photo: Columbia Rare Book and Manuscript Library 224
51. 土耳其阿芙蘿黛西雅「檔案牆」局部。Photo: ©2007 King's College London 230
52. 廢除徵用運輸紀念青銅幣，涅爾瓦統治時發行。Photo: © Classical Numismatic Group, LLC https://www.cngcoins.com 234
53. 尤利烏斯．克拉斯西奇阿努斯（Julius Classicianus）墓碑。Photo: © The Trustees of the British Museum 237
54. 羅馬陶片山導溝。Photo: © Whitney Jones 244
55. 瓦金．菲尼克斯（Joaquin Phoenix）在《神鬼戰士》扮演康茂德。Photo: © Maximum Film / Alamy Stock Photo 254
56. 康茂德海克力士扮相半身像，羅馬卡比托利歐博物館。Photo: © Viktor Onyshchenko / Alamy Stock Photo 254
57. 羅馬大競技場大臺與部分修復的沙場。Photo: © imageBROKER/ Getty Images 258

58. 從羅馬帕拉丁皇宮往大戰車競技場望去。Photo: © Moment/ Getty Images 269
59. Obelisk originally from Circus Maximus, now situated in Piazza del Popolo, Rome. Photo: © Mauritius images GmbH / Alamy Stock Photo 270
60. 羅馬馬爾克勒盧斯劇院外觀。Photo: © Apostolis Giontzis /Shutterstock 277
61. 哈德良狩獵場景的浮雕，羅馬君士坦丁凱旋門。Photo: Carole Raddato/Following Hadrian 283
62. 埃及盧克索外的門農巨像。Photo: © Bildagentur- online/Universal Images Group via Getty Images 289
63. 尤莉亞．巴爾比爾拉所建斐洛帕普波斯紀念碑，雅典。Photo: © Archivio J. Lange / © NPL – DeA Picture Library / Bridgeman Images 290
64. Detail of Balbilla’ s poetry, inscribed on the left foot of the Colossus. Photo: © Jackie Ellis / Alamy Stock Photo 291
65. 奧林匹斯宙斯神廟遺跡，雅典。Photo: © Classic Image / Alamy Stock Photo 297
66. 雅典哈德良門。Photo: © Robin Cormack 298
67. 哈德良戎裝像，土耳其安塔利亞（Antalya）。Photo: ©Paul Williams / Alamy Stock Photo 307
68. 圖拉真柱（西元一一三年完成）一景，羅馬。Photo: © JAUBERT French Collection / Alamy Stock Photo 308
69. 馬可．奧里略柱一景，羅馬。Photo: © Andrea Izzotti / Alamy Stock Photo 309
70. 以弗所紀念碑一景，土耳其塞爾丘克。Photo: © Azoor Photo Collection / Alamy Stock Photo 310
71. 尼祿發行的青銅幣。Photo: © The Trustees of the British Museum 323
72. 十八名皇帝：提比留（© DeAgostini Picture Library/Scala, Florence）；卡利古拉（© Prisma Archivo / Alamy）；克勞狄烏斯（©INTERFOTO / Alamy Stock Photo）；尼祿（© Alfredo Dagli Orti / The Art Archive / Corbis）；維斯帕先（© Prisma/ Universal Images Group via Getty Images）；提圖斯（© Anderson / Alinari via Getty Images）；圖密善（Toledo Museum of

Art, Ohio）；涅爾瓦（© DEA/G. Dagli Orti / De Agostini / Getty Images）；圖拉真（© Album / Alamy Stock Photo）；哈德良（©Paul Williams / Alamy Stock Photo）；安敦寧．庇護（© Bibi Saint-Pol）；馬可．奧里略（© DEA / G. Nimatallah / De Agostini / Getty Images）；盧奇烏斯．烏耶魯斯（© Album / Alamy Stock Photo）；康茂德（© Viktor Onyshchenko / Alamy Stock Photo）；塞普提米烏斯．塞維魯斯（© 360b / Alamy Stock Photo）；卡拉卡拉（© Lanmas / Alamy Stock Photo）；埃拉加巴盧斯（©Bridgeman Images）；亞歷山大．塞維魯斯（© Peter Horree / Alamy Stock Photo）329

73. 約翰．麥可．留斯布拉克（John Michael Rysbrack）製作的英王喬治一世大理石像，扮像為羅馬皇帝。Photo: © The University of Cambridge, image reproduced with permission from The Fitzwilliam Museum 330

74. 法國亞爾（Arles）出土的半身像，亞爾古代博物館藏。Photo: ©REUTERS/Jean-Paul Pelissier 332

75. 奧古斯都的髮式圖解，根據 D Boschung, *Die Bildnisse des Augustus* (1993) 333

76. 共和風格寫實半身像。Photo: © Alinari / Bridgeman Images 335

77. 盧奇烏斯．烏耶魯斯雕像，那不勒斯國立考古博物館藏。Photo: © Album / Alamy Stock Photo 337

78. 提比留著托加袍雕像，法國羅浮宮。Photo: © DeAgostini Picture Library/Scala, Florence 337

79. 皇帝頭像，身分不明。Photo: © The Trustees of the British Museum 339

80. 維斯帕先肖像，現藏丹麥哥本哈根新嘉士伯美術館。Photo: © Prisma/Universal Images Group via Getty Images 341

81. 六位皇后：利薇雅（© World History Archive / Alamy Stock Photo）；小阿格麗普庇娜（© Fine Art Images/Heritage Images/Getty Image）；圖密媞亞．隆吉納（Domitia Longa）（© PHAS/Universal Images Group via Getty Images）；普羅蒂娜（Flickr © Carole Raddato）；法烏絲蒂娜（© DeAgostini Picture Library/Scala, Florence）；尤莉亞．多姆娜（© Peter Horree / Alamy Stock Photo) 344

82. 三名皇室女性的雕像，為十三尊從北義大利烏耶雷亞發現的雕像中的一部分，今藏帕爾瑪國立考古博物館。Photo: © Mario Bonotto / Photo Scala, Florence 346

83. 真人大小梅薩麗娜像，現藏巴黎羅浮宮。Photo: ©RMN-Grand Palais /Dist. Photo SCALA, Florence 347
84. 阿格麗普庇娜為其子尼祿嘉勉的浮雕，土耳其阿芙蘿黛西雅出土。Photo: © Paul Williams / Alamy Stock Photo 348
85. 不列顛尼亞最早的擬人化雕像，土耳其阿芙蘿黛西雅出土。Photo: © Paul Williams / Alamy Stock Photo 349
86. 尤莉亞·多姆娜替其子卡拉卡拉加冕的浮雕，可能出土於敘利亞。Photo: © DCOW/EUB / Alamy Stock Photo 350
87. 克勞狄烏斯朱庇特扮相雕像，義大利梵蒂岡。Photo: ©INTERFOTO / Alamy Stock Photo 352
88. 有皇帝像的小物品：戒指，嵌有卡拉卡拉頭像的硬幣。Photo: The Trustees of the British Museum；玻璃章，上有提比留頭像。Photo: gift of J. Pierpont Morgan, 1917 (17.194.18) The Met, New York；陶碗，碗中有奧古斯都的頭像。Photo: gift of J. Pierpont Morgan, 1917 (17.194.1979) The Met, New York 354
89. 皇帝大君士坦丁一世，羅馬卡比托利歐博物館。Photo: © Nevena Tsvetanova / Alamy Stock Photo 359
90. 戒指，鑲有刻了尼祿像的紫水晶。Photo: © bpk / Antikensammlung, SMB / Johannes Laurentius 360
91. 改刻為維斯帕先樣貌的尼祿半胸像。Photo: © The Trustees of the British Museum 364
92. 三尊盧奇烏斯·烏耶魯斯肖像，出土於羅馬郊區阿克瓦特拉維爾薩（Acqua Traversa）的別墅，今藏巴黎羅浮宮。Photo: © RMN-Grand Palais /Dist. Photo SCALA, Florence 368
93. 羅馬圖拉真柱底部。Photo: © Adam Eastland / Alamy Stock Photo 375
94. 哈德良陵墓，今羅馬聖天使城堡。Photo: © Dorling Kindersley/UIG / Bridgeman Images 376
95. 老阿格麗普庇娜墓碑，羅馬卡比托利歐博物館保守宮分館。Photo: Roma, Sovrintendenza Capitolina ai Beni Culturali 378
96. 呈現提圖斯乘坐老鷹背升天的嵌板，羅馬。Photo: Wikipedia/ MiguelHermoso/ CC BY-SA 3.0 379
97. 要塞行事曆（Feriale Duranum）莎草紙，現藏美國耶魯大學。Photo: Public domain 382
98. 獻祭場景，羅馬貨幣兌換人拱門（Arch of Argentarii）。Rome. Photo: © Bridgeman Images 388

99. 安敦寧‧庇護與法烏絲蒂娜成神，羅馬。Photo: © Sueddeutsche Zeitung Photo / Alamy Stock Photo 391
100. 克勞狄雅‧艾克羅格墓誌銘（Epitaph of Claudia Ecloge），羅馬卡比托利歐博物館攝影檔案。Photo: Roma, Sovrintendenza Capitolina ai Beni Culturali 394
101. 石刻浮雕，呈現羅馬皇帝向波斯王沙普爾宣示效忠。Photo: Wikipedia/ Diego Delso, delso.photo/ CC BY-SA 4.0 400
102. 狄奧多西一世紀念銀盤（Missorium of Theodosius I）。Photo: © WHPics / Alamy Stock Photo 405

作者與出版社已盡可能聯絡插圖的版權持有者，若任何相關資訊有誤，以至於無法聯繫時，作者與出版社非常樂意於再版時修正。

年表

文人		年代	事件	統治者、時期、戰爭
		前49年	凱撒跨越盧比孔河	**尤利烏斯**·凱撒任獨裁官及其餘波
		前48年	法薩盧斯戰役（Battle of Pharsalus）；龐培死於埃及	凱撒龐培內戰
		前46年	凱撒凱旋式	
		前44年	（門神月）凱撒獲選為「終身」獨裁官 （戰神月）凱撒遇刺	
西塞羅遇刺	前43年	前43年		刺殺凱撒的人與凱撒繼承人之間的戰爭
		前42年	腓立比戰役（Battle of Philippi）：布魯圖斯與卡斯西烏斯戰敗	
維吉爾，《牧歌集》（*Eclogues*）	前39年			
		前37年	屋大維與利薇雅成婚	
賀拉斯活躍期	前30年代中葉起			
		前31年	阿克提烏姆海戰	屋大維與馬克·安東尼開戰
		前30年	安東尼與克麗奧佩脫拉自殺：埃及成為羅馬一省	
維吉爾，《農事詩》（*Georgic*），可能開始寫《艾尼亞斯紀》	前29	前29年	屋大維返回義大利	

文人		年代	事件	統治者、時期、戰爭
		前27年	屋大維獲**奧古斯都**稱號	尤利—克勞狄朝 **奧古斯都**
維吉爾過世	前19年			
		前8年	「六月」改名為「奧古斯都月」	
		前4年	奧古斯都正式收養提比留	
		前2年	奧古斯都廣場啟用	
奧維德（Ovid）遭流放托米斯（Tomis）	8年			
		9年	條頓堡森林戰役	
史特拉波活躍期		14年	奧古斯都過世	**提比留**
法耶德魯斯、維爾雷伊烏斯·帕特爾庫盧斯（Velleius Paterculus）活躍期	20年代			
		26年	提比留遷往卡普里島	
		29年	利薇雅過世	
		33年	傳統認為的耶穌受釘刑年分	
		37年	提比留過世	**卡利古拉**
小塞涅卡活躍期	40年代起	40年	卡利古拉試圖入侵不列顛？ 猶太使節拜訪卡利古拉	
		41年	卡利古拉遇刺	**克勞狄烏斯**
		43年	克勞狄烏斯入侵不列顛	
		44年	克勞狄烏斯對不列顛凱旋式	
		48年	克勞狄烏斯里昂演說 克勞狄烏斯之妻梅薩麗娜遭處死	
塞涅卡，《南瓜化》	50年代			

文人		年代	事件	統治者、時期、戰爭	
		54年	克勞狄烏斯過世	**尼祿**	
		55年	不列顛尼庫斯過世		
老普林尼、**盧坎**（Lucan）、**佩特羅尼烏斯**、**佩爾西烏斯**活躍期	60年代	約60年	布狄卡之亂		
小普林尼出生	61/2年				
		64年	羅馬「大火」 金宮起建		
塞涅卡與**盧坎**自殺	65年				
佩特羅尼烏斯自殺	66年	66年	尼祿希臘行；將「自由」授予希臘		第一次猶太起義（66年至73/4年）
		68年	尼祿過世		
		68-69年	內戰：人稱「四帝之年」	內戰 **加爾巴**、**奧托**、**維特爾利烏斯**	
		69年		**弗拉維朝** 維斯帕先	
		70年	耶路撒冷聖殿被毀		
烏阿雷利烏斯·弗拉克庫斯（Valerius Flaccus）、**斯塔提烏斯**、**馬爾提阿利**、**愛比克泰德**活躍期	70年代至100年代	73/4年	第一次猶太起義以馬薩達（Masada）陷落告終		
約瑟夫斯開始發表《猶太戰爭》（*Jewish War*）	75年				
		79年	維蘇威火山爆發，龐貝與赫庫蘭尼姆被毀 維斯帕先過世	**提圖斯**	
普魯塔克首度活躍	80年	80年	大競技場完工		
		81年	提圖斯過世	**圖密善**	
		80年代晚期	圖密善的黑色晚宴		
約瑟夫斯，《猶太古史》（*Jewish Antiquities*）	93/4年				
		96年	圖密善遇刺	「繼」帝	
塔西陀擔任執政	97年		涅爾瓦收養圖拉真	**涅爾瓦**	

文人		年代	事件	統治者、時期、戰爭	
		98年	涅爾瓦過世	**圖拉真**	
普林尼，《書信集》卷一至卷九	約99-109年				
尤維納勒，《諷刺詩》（*Satires*）	約100年起				
普林尼擔任執政，向圖拉真致《頌辭》	100年				第一次達契亞戰爭（101-102年） 第二次達契亞戰爭（105-106年）
塔西陀，《歷史》（*Histories*）	109年	109-110年	普林尼擔任本都—比提尼亞行政長官		
普林尼，《書信集》卷十（致圖拉真書信）	110年				
		113年	圖拉真入侵帕提亞 圖拉真柱完工		圖拉真東征，113-117年
塔西陀，《編年史》（*Annals*）	117年	117年	圖拉真過世	**哈德良**	
		約118年起	哈德良興建蒂沃利別墅		
蘇埃托尼烏斯，《十二凱撒》	120年	120年代	哈德良長城興建		
		121-125	哈德良首度「巡狩」帝國		
		128年-134年	哈德良二度「巡狩」帝國 哈德良造訪蘭巴埃西斯（128年） 安提尼烏斯在尼羅河溺斃（130年） 哈德良一行造訪唱歌的巨像（130年）		
		138年	哈德良過世	**安敦寧·庇護**	

文人		年代	事件	統治者、時期、戰爭
弗朗托、奧盧斯·蓋爾利烏斯(Aulus Gellius)、琉善、阿普列尤斯(Apuleius)、弗列貢(Phlegon)活躍期	140年代-180年代			
阿瑞斯提德斯(Aristides),《羅馬演說》(*Roman Oration*)	144年			
保薩尼亞斯(Pausanias)與**蓋倫**活躍期	約160年代-170年代	161年	安敦寧·庇護過世	**馬可·奧里略與盧奇烏斯·烏耶魯斯**
		167年	羅馬城與帝國瘟疫	
		169年	盧奇烏斯·烏耶魯斯過世	**馬可·奧里略**
阿特米多魯斯(Artemidorus)活躍期	180年代起	180年	馬可·奧里略過世	**康茂德**
		192年	康茂德在大競技場演出 康茂德遇刺	
		193年	史稱「五帝之年」	內戰 佩勒蒂那克斯、狄狄烏斯·尤利阿努斯、佩斯肯尼烏斯·尼格爾、克洛狄烏斯·阿爾比努斯
		193年		塞維魯朝 **塞普提米烏斯·塞維魯斯** 塞普提米烏斯·塞維魯斯東征,195年-198年
卡斯西烏斯·狄歐開始寫史	約202年			
卡斯西烏斯·狄歐擔任執政	約205年			塞普提米烏斯·塞維魯斯征不列顛,208年-211年
斐洛斯特拉圖斯活躍期	210年代起			
		211	塞普提米烏斯·塞維魯斯過世 卡拉卡拉殺害蓋塔	**卡拉卡拉與蓋塔** **卡拉卡拉**

文人	年代	事件	統治者、時期、戰爭
	212	公民資格擴大至帝國內所有自由人	
	217	卡拉卡拉遇刺	**馬克里努斯**（Macrinus）
	218	馬克里努斯遇刺	**埃拉加巴盧斯**
	220年代	歐羅巴要塞行事曆	
	222	埃拉加巴盧斯遇刺	**亞歷山大・塞維魯斯**
	235	亞歷山大・塞維魯斯及其母尤莉亞・瑪麥雅遇刺	
	238	斯卡普托帕拉人請願（戈爾迪安三世治世）	
《帝王紀》成書	300年代末		

謝辭
Acknowledgements

我醞釀了很長一段時間，才完成《羅馬皇帝》。這一路走來，我得益於人者甚多，知識上如此，其他方面亦然。這本書構想的開端，可以回溯到一九九〇年代，我跟John Henderson等人在劍橋合開的課程——〈羅馬皇帝：形象的建構與解構〉（The Roman emperor: construction and deconstruction of an image）。一起開課的同仁，以及前來上這門課的學生讓我學習到很多，而最近我以蘇埃托尼烏斯為題開了一系列研討專題，參與的研究生更是令我收穫甚豐。他們激起了我對皇帝傳記諸多面向的興趣，我也因而得以掌穩方向。

寫作過程中，許多友人與同仁不吝提供專業且慷慨的協助，謝謝Christopher Burden-Strevens、Emlyn Dodd、Lisa Fentress、Roy Gibson、Christopher Kelly、Pamela Takefman、Peter Thonemann、Carrie Vout、Andrew Wallace-Hadrill與Peter Wiseman。Peter Stothard（有時我表達得不到位，他卻仍然看得出我想說的是什麼）、Liveright出版社目光敏銳的Bob Weil以及Profile出版社的Penny Daniel與Andrew Franklin。Debbie Whitaker從頭到尾徹底檢查，讓我免於一些

尷尬的錯誤。在Profile出版社（以及相關）的諸多友人中，Claire Beaumont、Catherine Clohessy-McCarthy、Peter Dyer（封面設計）、Alex Elam、Emily Hayward-Whitlock（The Artists Partnership經紀公司）、Susanne Hillen、Ruth Killick（Ruth Killick Publicity廣告公司）、Niamh Murray、Flora Willis與Valentina Zanca特別令我銘感五內。還要謝謝Lesley Hodgson的圖片蒐集與James Alexander（Jade Design設計）的排版。美國方面，我亦非常感謝Inkwell Management的George Lucas，以及Peter Miller與Haley Bracken（Norton and Liveright出版社）。

而我的家人，從老到少（Robin、Zoe與Akin、Raph以及Pamela，還有Ifeyinka、Ayodeji和Elijah），他們始終將就包容。

國家圖書館出版品預行編目（CIP）資料

羅馬皇帝：廣袤帝國，權力之顛，重現古羅馬帝制萬象／瑪莉．畢爾德（Mary Beard）著；馮奕達譯. -- 一版. -- 臺北市：麥田出版：英屬蓋曼群島商家庭傳媒股份有限公司城邦分公司發行, 2024.07
面；　公分
譯自：Emperor of Rome : ruling the ancient Roman world
ISBN 978-626-310-678-9（平裝）
1.CST: 古羅馬 2.CST: 帝王 3.CST: 傳記
740.22　　113006101

羅馬皇帝

廣袤帝國，權力之顛，重現古羅馬帝制萬象

Emperor of Rome: Ruling the Ancient Roman World

作者　瑪莉．畢爾德（Mary Beard）
譯者　馮奕達
特約編輯　劉懷興
責任編輯　林虹汝
封面設計　徐睿紳
印刷　前進彩藝有限公司
內頁排版　李秀菊
國際版權　吳玲緯　楊靜
行銷　闕志勳　吳宇軒　余一霞
業務　李再星　陳美燕　李振東
總編輯　劉麗真
事業群總經理　謝至平
發行人　何飛鵬
出版　麥田出版
台北市南港區昆陽街16號4樓
電話：886-2-25000888　傳真：886-2-2500-1951
發行　英屬蓋曼群島商家庭傳媒股份有限公司城邦分公司
台北市南港區昆陽街16號8樓
客服專線：02-25007718；25007719
24小時傳真專線：02-25001990；25001991
服務時間：週一至週五上午09:30-12:00；下午13:30-17:00
劃撥帳號：19863813 戶名：書虫股份有限公司
讀者服務信箱：service@readingclub.com.tw
城邦網址：http://www.cite.com.tw
香港發行所　城邦（香港）出版集團有限公司
香港九龍土瓜灣土瓜灣道86號順聯工業大廈6樓A室
電話：852-25086231　傳真：852-25789337
電子信箱：hkcite@biznetvigator.com
馬新發行所　城邦（馬新）出版集團
Cite（M）Sdn. Bhd.（458372U）
41, Jalan Radin Anum, Bandar Baru Seri Petaling,
57000 Kuala Lumpur, Malaysia.
電話：+6(03)-90563833　傳真：+6(03)-90576622
電子信箱：services@cite.my

一版一刷　2024年7月

ISBN 978-626-310-678-9（紙本書）　ISBN 978-626-310-681-9（EPUB）

售價：台幣750，港幣250
（本書如有缺頁、破損、倒裝，請寄回更換）